AF554922

IACOCCA: AUTOBIOGRAFÍA DE UN TRIUNFADOR

A mi querida Mary,
por su valor...
y su dedicación a nosotros tres.

Indice

Agradecimientos

Es costumbre que el autor de un libro dé las gracias a las personas que le han ayudado en su tarea. Pero habida cuenta que este texto es una autobiografía, quiero empezar por expresar mi agradecimiento a unas cuantas personas que me echaron una mano en diversas contingencias, amigos que estuvieron a mi lado cuando parecía que el mundo se me venía encima: el obispo Ed Broderick, Bill Curran, Vic Damone, Alejandro DeTomaso, Bill Fugazy, Frank Klotz, Walter Murphy, Bill Winn y Gio, mi barbero. También a James Barron, mi médico, que me ayudó a mantener la cabeza en su sitio.

Asimismo, deseo dar las gracias al grupo de profesionales que abandonaron su tranquilo retiro para colaborar conmigo en la Chrysler, y concretamente a Paul Bergmoser, Don DeLaRossa, Gar Laux, Hans Matthias y John Naughton, así como a los «jóvenes turcos» Jerry Greenwald, Steve Miller, Leo Kelmenson y Ron DeLuca, que dejaron trabajos seguros y bien remunerados para entregarse de lleno a la tarea de sacar de apuros a una empresa que estaba a punto de derrumbarse.

A lo largo de los treinta y ocho años que llevo trabajando en la industria del automóvil, he tenido la inmensa fortuna de contar con tres secretarias que facilitaron considerablemente mi gestión. La primera fue Betty Martin, una mujer tan inteligente que hacía parecer mediocres a muchos dirigentes de la Ford. La segunda, Dorothy Carr, dejó la empresa el mismo día en que me despidieron de la Ford, y movida por escuetas razones de lealtad se vino conmigo a la Chrysler, a pesar de los riesgos que ello suponía de cara a su pensión de jubilación. Y la tercera es mi actual secretaria, Bonnie Gatewood, una antigua empleada de la casa que merece situarse al mismo nivel de las otras dos.

No puedo por menos que dar las gracias a mis viejos amigos de la Ford, un grupo reducido de fieles cuya amistad fue para mí un auténtico tesoro en los días difíciles, hombres como Calvin Beauregard, Hank Carlini, Jay Dugan, Matt McLaughiln, John Morrissey, Wes Small, Hall Sperlich y Frank Zimmerman.

Deseo expresar también mi reconocimiento a Nessa Rapoport, que ha tenido a su cargo la edición de este libro procurando que no se demorase más de lo necesario, así como a los redactores de Bantam Books, que tanto empeño e interés pusieron en su trabajo, muy en especial Jack Romanos, Stuart Applebaum, Heather Florence, Alberto Vitale y Lou Wolfe; sin olvidar, por supuesto, a William Novak, mi inapreciable colaborador.

Y no hace falta decir que mi agradecimiento lo hago extensivo a mis hijas, Kathi y Lia, que a decir verdad lo fueron todo para mí y lo siguen siendo todavía.

Unas palabras introductorias

Donde quiera que voy, la gente me formula siempre las mismas preguntas: ¿Por qué Henry Ford me despidió? ¿Qué es lo que me llevó al éxito? ¿Cómo me las arreglé para dar un giro en redondo a la Chrysler?

Nunca he sido capaz de dar una respuesta rápida y convincente a estas preguntas, por lo que he adquirido el hábito de contestar:

—Esperen a que salga mi libro y lo sabrán.

Con el paso de los años he repetido tantas veces estas palabras que yo mismo he terminado por creérmelas, y a la postre no tuve más remedio que escribir el libro del que venía hablando hacía tanto tiempo.

¿Qué me ha inducido a escribirlo? Desde luego, no ha sido el afán de ganar publicidad. Por desgracia, los anuncios televisivos de la Chrysler me han hecho más famoso de lo que deseaba.

Tampoco lo he escrito para lucrarme. Poseo todos los bienes materiales que una persona pueda necesitar, y éste es el motivo por el que he decidido donar los ingresos que me procure el libro al Centro de Diabetes Joslin, de Boston.

No me ha movido a escribirlo el afán de vengarme de Henry Ford por haberme despedido; eso ya lo he hecho al viejo estilo americano, es decir, abriéndome paso con denuedo en el terreno de los negocios.

La razón última que me decidió a emprender la tarea fue el deseo de poner las cosas en claro (y, también, de ordenar mis ideas), de contar lo que fue en verdad mi trayectoria profesional en el seno de empresas como la Ford y la Chrysler. Mientras ponía manos a la obra y revivía los años de mi vida, no dejé de pensar un solo instante en los jóvenes a los que tuve ocasión de dirigirme en el curso de conferencias y cursillos en las universidades y en las escuelas superiores de administración de empresas. Si este libro consigue proporcionarles una visión genuina del estímulo y la pasión que suscita en los Estados Unidos de hoy la gestión de la gran empresa, si logra darles una idea aproximada de aquellos valores por los que merece la pena luchar, consideraré que el arduo trabajo que me ha supuesto escribirlo no ha sido en vano.

Prólogo

Van ustedes a leer el relato de la vida de un hombre al que el éxito le ha sonreído con creces. Sin embargo, en esta singladura no han faltado las circunstancias penosas ni las adversidades. Para ser sincero, cuando contemplo en retrospectiva esos treinta y ocho años de permanencia en el sector de la industria automovilística, el día que más se ha grabado en mi mente no tiene nada que ver con nuevos modelos de coches, ni con ascensos profesionales ni con beneficios contables.

Yo era hijo de emigrantes, y a base de trabajar mucho conseguí llegar poco a poco hasta la presidencia de la Ford Motor Company. Una vez en el cargo tuve la impresión de que me hallaba en el techo del mundo; pero el destino me dijo: «Aguarda, que aún no hemos acabado contigo. ¡Ahora vas a saber lo que se siente cuando a uno le dan un patadón y le echan del monte Everest!».

El 13 de julio de 1978 me despidieron de la empresa. Llevaba ocho años al frente de la Ford y treinta y dos al servicio de la casa. No había trabajado en otro sitio, y he aquí que, de repente, me encontré en la calle. Era como para volverse loco.

Oficialmente, mi contrato de trabajo expiraba a los tres meses, pero a tenor de los acuerdos inherentes a mi «dimisión», transcurrido este lapso se me asignarían nuevas funciones hasta que encontrase otro empleo.

El 15 de octubre, fecha en que expiraba el plazo y que casualmente coincidía con mi cumpleaños (cumplía 54 años), mi chófer me llevó por última vez a la sede central de la firma en Dearborn. Al salir de casa me despedí con un beso de mi mujer y de mis dos hijas, Kathi y Lia. Durante los últimos y agitados meses de mi permanencia en la Ford, las tres habían sufrido mucho y esta circunstancia me llenaba de rabia. Es posible que yo fuera responsable de mi suerte, pero ¿qué culpa tenían Mary y las niñas? ¿Por qué tenían que pasar por aquel calvario? Eran las víctimas inocentes del déspota cuyo nombre figuraba en la fachada del edificio.

Todavía hoy no he podido borrar de la mente las angustias que soportaron. Era como el caso de la leona y sus cachorros. Si un cazador sabe lo que le conviene, más le valdrá que deje en paz a las crías. Henry Ford hizo sufrir a mis niñas, y eso nunca se lo podré perdonar.

Al día siguiente de mi despido me dirigí en coche al centro de trabajo que me habían asignado. Era un sombrío depósito de coches sito en Telegraph Road, a muy pocos kilómetros de la casa matriz. Sin embargo, tuve la impresión de encontrarme en otro planeta.

No sabía con exactitud dónde estaba ubicada mi oficina, y me llevó algún tiempo dar con el inmueble. Cuando por fin llegué a mi destino, ni siquiera sabía dónde debía estacionar el coche.

Lo cierto es que no tardé en descubrir que había bastante gente esperándome para indicármelo. Alguien se había encargado de avisar a los periodistas y a la televisión de que el antiguo presidente de la Ford, ya dimitido del cargo, acudiría a trabajar allí por la mañana, y se había congregado un nutrido grupo de gente. Un reportero de la televisión me acercó un micrófono y me preguntó:

—¿Qué sensación le produce hallarse en este depósito después de ocho años en la cúspide?

No acerté a contestarle. ¿Qué podía decir? Pero cuando me hallé fuera del campo de foco de las cámaras, farfullé la verdad:

—Me siento hecho una porquería.

Mi nuevo despacho era poco más que un cubículo con una mesa y un teléfono. Dorothy Carr, mi secretaria, me estaba esperando allí con lágrimas en los ojos. Sin decir palabra, señaló con un ademán el agrietado suelo de linóleo y las dos tazas de plástico para el café puestas encima del escritorio.

Sólo un día antes, ella y yo ocupábamos un despacho lujosamente amueblado. En efecto, la oficina del presidente de la compañía venía a ser del tamaño de una espaciosa suite *de hotel. Disponía incluso de cuarto de baño y vivienda. En mi calidad de alto directivo de la Ford contaba con un servicio de camareros con chaqueta blanca las veinticuatro horas del día. Recuerdo que en una ocasión les mostré el despacho a unos parientes de Italia y se quedaron boquiabiertos, sin dar crédito a lo que veían.*

Pero aquella mañana era como si me hallase a un millón de kilómetros de distancia. A los pocos minutos asomó la cabeza el gerente del depósito para dispensarme una visita de cortesía. Me ofreció una taza de café de la máquina instalada en el vestíbulo. Fue un detalle amable por su parte, pero la incongruencia de la situación nos colocó a los dos en una tesitura un tanto violenta.

Aquel lugar se me antojó Siberia. Tenía la impresión de haber sido desterrado al rincón más alejado del reino. Tal era mi sorpresa que necesité varios minutos para darme cuenta de que no existía razón alguna para quedarme allí. En casa tenía teléfono y siempre habría alguien para entregarme el correo dirigido a mi nombre. A las diez abandoné el edificio y nunca volví a poner los pies en él.

Esta humillación postrera era mucho peor que el hecho de haber sido cesado. La conmoción que me causó bastaba para incitarme a desear la muerte, no sé si la mía o la de Henry Ford. La verdad es que ni el asesinato ni el suicidio me pasaron por la mente, pero empecé a beber un poco más y mis temblores de manos se redoblaron. Tenía la sensación de que el mundo se abría bajo mis pies.

En la vida uno encuentra a su paso millares de pequeñas encrucijadas, pero sólo unas pocas bifurcaciones de importancia, instancias en las que uno debe reflexionar a fondo y encarar la realidad sin concesiones. Este era mi caso mientras me preguntaba qué hacer. ¿Abandonarlo todo y retirarme? Tenía cincuenta y cuatro años y había recorrido un buen trecho. Por otra parte, no tenía problemas económicos: podía pasarme el resto de mis días jugando al golf.

Hay momentos en la vida de una persona en que se logra levantar algo constructivo en medio de la adversidad; hay veces en que las cosas se le ponen a uno tan mal que te ves obligado a agarrar al destino por el cuello y zarandearlo. Estoy convencido de que fue aquella visita mañanera al depósito de coches de la Ford lo que me indujo a aceptar la presidencia de la Chrysler un par de semanas más tarde.

Me veía capaz de soportar el daño causado estrictamente a mi persona, pero aquella humillación intencionada de cara al público resultaba superior a mis fuerzas. Estaba lleno de ira, y no tenía más que una elección: encauzarla contra mí mismo, con las previsibles y calamitosas consecuencias, o hacer uso de esta energía y aplicarla a una empresa constructiva.

«No pierdas la cabeza —repetía Mary—. Serénate.» Cuando se pasan épocas de gran tensión y contrariedad, lo mejor es mantenerse ocupado, trocar la cólera y la energía en un factor positivo.

Como luego se vio, fui a parar de Herodes a Pilatos. Un año después de haberme incorporado a la Chrysler, la compañía estuvo a punto de ir a la bancarrota. Muchos días me preguntaba cómo diablos me había metido en aquel fregado. Que a uno le despidieran de la Ford era de por sí un mal trago, pero hundirme con el barco en el seno de la Chrysler era más de lo que merecía.

Por suerte, la Chrysler se salvó del naufragio y en la actualidad soy un hombre que goza de gran reputación. Lo curioso, sin embargo, es que todo hay que atribuirlo a la decisiva realidad de mi confinamiento en el mencionado depósito de automóviles. Con firmeza, suerte y la ayuda de numerosos y buenos elementos pude resurgir de las cenizas.

Y ahora, sin más, paso a relatarles mi vida.

«Fabricado en América»

I
La familia

Nicola Iacocca, mi padre, llegó a este país en 1902, cuando contaba doce años, pobre, solo y asustado. Solía decir que al pisar suelo americano sólo estaba seguro de que la tierra era redonda, y ello gracias a que un gran navegante llamado Cristóbal Colón le había precedido cuatrocientos diez años antes, casi exactos día por día.

Mientras el barco entraba en aguas del puerto de Nueva York, mi padre levantó la vista y contempló la Estatua de la Libertad, símbolo magno de esperanza para millones de emigrantes. Durante su segunda travesía, cuando volvió a divisar la estatua, era ya un flamante ciudadano norteamericano y únicamente llevaba consigo a su madre, su joven esposa y un montón de ilusiones. Para Nicola y Antoinette, Estados Unidos era la tierra de la libertad; libertad para convertirse en lo que uno quisiera, siempre y cuando lo deseara con todas sus fuerzas y estuviese dispuesto a trabajar cuanto hiciera falta.

Fue la única lección que mi padre enseñó a su familia. Confío en haber cumplido con mi parte.

Durante mi infancia y adolescencia en Allentown, Pensilvania, nuestra familia estaba tan unida que a veces daba la impresión de constituir un solo cuerpo dividido en cuatro partes.

Mis padres siempre hicieron que mi hermana Delma y yo nos sintiésemos importantes y objeto de una especial atención. Ni el exceso de trabajo ni las dificultades mermaron este apego a los hijos. Aunque mi padre llevara mil cosas entre manos, siempre tenía tiempo para nosotros, y en cuanto a mi madre, se desvivía por ofrecernos los platos que más nos gustaban para tenernos contentos. Aún hoy, cuando acudo a visitarla, me prepara mi comida favorita: sopa de pollo con albóndigas y raviolis rellenos con queso fresco. De todas las grandes cocineras napolitanas, no me cabe duda de que ella debe de contarse entre las mejores.

Mi padre y yo éramos grandes amigos. Me satisfacía complacerle y él, a su vez, se mostraba tremendamente orgulloso de mis éxitos. Si ganaba un concurso de ortografía en el colegio, se sentía transportado al cielo. Más tarde, siendo yo adulto, cuando me ascendían de categoría llamaba en seguida a mi padre y a él le faltaba tiempo para contárselo a sus amigos. Estando en la Ford, siempre que sacábamos un nuevo modelo, quería ser el primero en probarlo. En 1970, cuando me nombraron presidente de la compañía, no sé quién de los dos estaba más entusiasmado, si él o yo.

Al igual que la mayoría de los americanos nacidos en Italia, mis padres no se recataban de sus sentimientos ni del afecto que nos profesábamos, tanto en público como en privado. La mayoría de mis amigos jamás daban un abrazo a sus progenitores, seguramente porque temían no parecer lo bastante fuertes e independientes. Pero yo no perdía ocasión de abrazar a los míos; se me antojaba la cosa más natural del mundo.

Era un hombre inquieto e imaginativo que andaba siempre experimentando con las cosas más dispares. En una ocasión se hizo con un par de higueras y se las ingenió para que dieran fruto en una zona de clima tan inclemente como Allentown. También fue el primero del pueblo en tener una moto. Se trataba de una vieja Harley Davidson con la que circulaba por las polvorientas calles de la pequeña comunidad donde residíamos. Por desgracia, mi padre y la moto no se llevaban bien. Sufrió tantas caídas que al fin se desprendió de ella, y desde entonces nunca más volvió a confiar en un vehículo con menos de cuatro ruedas.

Por culpa de la dichosa motocicleta no conseguí tener una bicicleta cuando era niño. Si quería ir en bici me veía obligado a pedirla prestada a un amigo. Por otra parte, tan pronto cumplí los dieciséis mi padre me dejó conducir el coche, lo que me convirtió en el único muchacho de Allentown que pasó directamente del triciclo a un Ford.

Mi padre era un entusiasta de los coches, hasta el punto de que tuvo uno de los primeros Ford modelo «T», el primer vehículo que se fabricó en serie. Era una de las poquísimas personas residentes en Allentown que sabía conducir, y siempre estaba reparando coches y pensando en la forma de mejorarlos. Como todos los conductores de la época, pinchaba los neumáticos con frecuencia, y durante años le obsesionó hallar el medio de poder recorrer unos kilómetros más con un neumático desinflado. Aún hoy, cuando tengo noticia de una mejora en la calidad de las ruedas, me viene a la mente la imagen de mi padre.

Era un enamorado de su patria adoptiva y persiguió tenazmente el «sueño americano». Al estallar la primera guerra mundial se incorporó voluntario a filas, en parte por patriotismo y en parte, según me confesó posteriomente, para estar en mejor situación de obtener un buen destino. Le había costado mucho esfuerzo ir a los Estados Unidos y conseguir la ciudadanía, y le asustaba la mera perspectiva de que le enviasen a Europa para luchar en Francia o en Italia. Pero tuvo la suerte de que le destinaran a Camp Crane, un centro de instrucción militar distante de casa poco más de tres kilómetros, y como sabía conducir, se le encomendó el adiestramiento de los conductores de ambulancias.

Nicola Iacocca era oriundo de San Marco, población situada a unos treinta y siete kilómetros al noroeste de Nápoles, en la provincia italiana de Campania. Al igual que otros muchos emigrantes, estaba lleno de ambición y de esperanzas. Una vez en Estados Unidos, vivió una corta temporada en Garrett, Pensilvania, en casa de su hermanastro. Allí, mi padre fue a trabajar a una mina de carbón, pero el trabajo le gustó tan poco que lo dejó al día siguiente. Le complacía decir que fue el único día de su vida que trabajó por cuenta de otro.

Al poco tiempo se trasladó al sector este del estado, y se instaló en Allentown, donde vivía otro hermano suyo. En 1921 había conseguido ahorrar dinero suficiente —haciendo toda clase de trabajos, sobre todo como aprendiz de zapatero— para regresar a San Marco en busca de su madre, que había enviudado. A la postre acabó trayéndose tambien a mi madre, y es que durante su estancia en Italia, aquel solterón de treinta y un años se enamoró de una muchacha de diecisiete, hija de un zapatero, y a las pocas semanas contrajeron matrimonio.

A lo largo de los años, bastantes periodistas han informado (o repetido) que mis padres pasaron la luna de miel en la playa del Lido, en Venecia, y que a mí me pusieron el nombre de Lido en recuerdo de aquella feliz semana. Resulta una versión encantadora; lástima que no sea verdad. Es cierto que mi padre estuvo en el Lido, pero antes de la boda, no después, y dado que en aquellos días fue allí con el hermano de mi madre, dudo que fueran unas vacaciones muy románticas.

El viaje a los Estados Unidos no resultó muy placentero, pues mi madre contrajo la fiebre tifoidea y se pasó toda la travesía en la enfermería del barco. Para cuando llegaron a Ellis Island se le había caído casi todo el cabello. Según las leyes de inmigración hubiese tenido que regresar a Italia, pero mi padre era un hombre práctico, con iniciativa y suficiente don de gentes, que había aprendido a moverse en el Nuevo Mundo. El caso es que se las compuso con los funcionarios de inmigración y les convenció de que su joven esposa padecía un simple mareo.

Yo nací tres años después, el 15 de octubre de 1924. Entonces mi padre era propietario de un restaurante de cocina rápida (perros calientes, hamburguesas, etc.) que ostentaba el nombre de Orpheum Wiener House. Era el negocio ideal para una persona con poco dinero, ya que para ponerlo en marcha sólo se requería una parrilla, un calentador de panecillos y unas cuantas banquetas.

Mi padre me inculcó dos cosas: la primera, no meterse nunca en negocios que requieran gran aportación de capital, ya que los bancos, me decía, terminarán por convertirse en los dueños (debí prestar más atención a esta recomendación); la segunda, estar en el negocio de la alimentación en época de vacas flacas, porque por mal que vaya la economía, la gente no puede pasar sin comer. El Orpheum subsistió a lo largo de toda la Depresión, en los peores momentos de recesión económica.

Con posterioridad incorporó al negoció a mis tíos Theodore y Marco. Hoy, los hijos del primero, Julius y Albert Iacocca, siguen al frente del puesto de hamburguesas en Allentown. Pero son dueños de una cadena llamada Yocco's, que es la manera en que los holandeses afincados en Pensilvania pronunciaban el nombre familiar.

Yo mismo estuve a punto de introducirme en el ramo de la alimentación. Hubo un momento, en 1952, en que pensé seriamente dejar la Ford para abrir un establecimiento con uso de nombre autorizado. Los concesionarios de la Ford operaban como agentes autónomos, y se me ocurrió que si alguien decidía aplicar este tipo de concesión a un restaurante o establecimiento expendedor de «comida rápida» podría ganar montones de dinero en poco tiempo. Mi plan era tener diez locales de este tipo y una central de abastecimiento. Esto sucedió bastante antes de que McDonald's fuese siquiera un atisbo en la mente de Ray Kroc, y a veces me he preguntado si dejé escapar lo que era mi auténtica vocación en esta vida. ¿Quién sabe? Quizás hoy podría ser dueño de un activo de 500 millones de dólares y lucir en mis establecimientos un rótulo que proclamara: «Hemos atendido a más de diez mil millones de clientes».

Pocos años más tarde abrí mi propio negocio, un pequeño establecimiento de emparedados en Allentown llamado The Four Chefs. Allí despachaba *Cheese steaks*, es decir bistés cortados finos con queso derretido y formando un bollo, al estilo italiano. Mi padre cuidó de la instalación y yo puse el dinero. Las cosas me fueron bien, demasiado para ser sincero, porque lo que en realidad necesitaba era encontrar la fórmula de que aplicasen desgravaciones fiscales.

El primer año el puesto de comida dio 125.000 dólares, lo que me colocó en una categoría impositiva que me obligó a traspasar el negocio. Fue éste mi primer contacto con los tipos impositivos progresivos y la peculiar legislación tributaria estadounidense.

La verdad es que me metí en el sector alimentario mucho antes de probar fortuna en el negocio de los automóviles. Tendría yo unos diez años cuando se inauguró en Allentown uno de los primeros supermercados del país. Después del colegio y los fines de semana, yo y mis amiguitos nos poníamos en fila ante la puerta del establecimiento con nuestras carretillas rojas, como una hilera de taxis a las puertas de un hotel. A medida que iban saliendo los compradores, nos ofrecíamos para llevarles los paquetes a sus casas por una pequeña propina. Visto en retrospectiva, esta actividad resulta coherente; al fin y al cabo, era una faceta del ramo de la alimentación relacionada con el *transporte*.

En mi adolescencia aprovechaba los fines de semana y trabajaba en una frutería regentada por un griego denominado Jimmy Kritis. Solía levantarme antes del alba para ir al mercado de abastos y comprar lo necesario. El tendero me pagaba dos dólares diarios, más toda la fruta y hortalizas que era capaz de cargar después de una jornada de dieciséis horas.

A la sazón mi padre tenía otros negocios entre manos además del Orpheum Wiener House. Con anterioridad había comprado una participación en una empresa de ámbito nacional llamada U-Drive-It, que fue una de las primeras firmas de alquiler de automóviles. Más adelante llegó a reunir una flota de treinta coches, casi todos ellos de la marca Ford. Mi padre, además, era buen amigo de un tal Charley Charles, cuyo hijo, Edward Charles, trabajaba en una concesionaria de la Ford. Con el tiempo, Eddie compró su propio establecimiento de venta de coches, y allí me introdujo en el fascinante mundo de la venta de automóviles al por menor, es decir, directamente al usuario. Para cuando cumplí los quince, Eddie me había convencido de que me dedicase al negocio de los automóviles y desde entonces todas mis energías se encauzaron hacia este objetivo.

Seguramente debo a mi padre el olfato que poseo para la comercialización y la gestión empresarial. Era propietario de un par de cines, uno de los cuales, el Franklin, aún sigue en pie. Los antiguos residentes de Allentown me han contado que mi padre tenía tantas dotes para la promoción, que los muchachos iban a las sesiones de los sábados por la tarde más por las ofertas especiales que mi padre les hacía que por las propias películas. La gente aún habla con estupor del día en que anunció que dejaría entrar gratis a los diez chicos que tuviesen la cara más sucia.

Dudo mucho de que hoy los niños vayan al Franklin. Ha cambiado su antiguo nombre por el de Jenrette, y en vez de películas de Tom Mix y Charlie Chaplin exhibe filmes pornográficos.

En el plano económico la familia pasaba sus más y sus menos. Como para la mayoría de los ciudadanos, durante el decenio de 1920 nuestros asuntos fueron a pedir de boca. Mi padre empezó a ganar mucho dinero en la especulación inmobiliaria, sin dejar por ello los restantes negocios que manejaba. Durante unos años puedo asegurar que vivimos en una posición muy desahogada..., hasta que vino la gran recesión económica de los treinta.

Nadie que haya vivido esta época podrá borrarla nunca de la memoria. Mi padre perdió todo su dinero y poco faltó para que nos quedásemos también sin vivienda. Recuerdo que yo le pregunté a mi hermana, que era dos años mayor que yo, si tendríamos que mudarnos y cómo íbamos a encontrar un sitio donde vivir. Tenía yo entonces seis o siete años solamente, pero aún llevo grabada en la mente la angustia por lo que el futuro iba a depararnos. Las épocas pavorosas, como fue la Depresión, jamás se olvidan, están siempre presentes en el recuerdo.

Durante aquellos años difíciles mi madre dio pruebas de ser una mujer de recursos. Era la viva imagen de una madre inmigrante, el alma de la casa y de la familia. Sabía hacer unas sopas a base de huesos de cerdo o de ave como para chuparse los dedos, y todo por cinco centavos. También me acuerdo de que solía comprar pichones —tres por veinticinco centavos—, y ella los mataba y desplumaba porque temía que el carnicero le vendiera las aves ya pasadas. A medida que la Depresión iba causando más estragos, tuvo que echar una mano a mi padre en el restaurante. Incluso hubo un momento en que trabajó en una industria sedera, cosiendo camisas. Fuera cual fuese la coyuntura del momento, siempre estaba de buen humor. En la actualidad es todavía una mujer de buen porte que incluso parece más joven que yo.

Como tantas otras familias en aquellos días, la firme fe en Dios nos ayudó en tan difícil trance. Rezábamos a todas horas. Yo tenía que ir a misa todos los domingos y comulgar cada una o dos semanas. Me costó bastantes años llegar a comprender del todo por qué tenía que confesarme a conciencia antes de ir a comulgar, pero ya adolescente empecé a valorar la importancia de este rito católico por lo general tan mal interpretado. No sólo tenía que reflexionar sobre las malas pasadas que había jugado a mis compañeros, sino que además debía acusarme de ellas en voz alta. En años posteriores, después de una confesión me sentía como nuevo. Hasta llegué a frecuentar los retiros espirituales en los fines de semana, en el transcurso de los cuales los jesuitas, tras un examen de conciencia cara a cara, me indujeron a reflexionar sobre el giro que estaba imprimiendo a mi vida.

A la postre, la obligación de sopesar periódicamente lo bueno y lo malo que había en mí se convirtió en la mejor terapia que he conocido.

A pesar de lo preocupante de la situación, nos divertíamos de lo lindo. En aquel entonces no había televisión, por lo que la gente tenía más contacto personal con amigos y vecinos. Los domingos, después de la misa, nuestra casa se llenaba de parientes y amigos; reíamos, comíamos pasta y bebíamos vino tinto. También leíamos muchos libros, y todos los domingos por la noche nos reuníamos junto al aparato de radio Philco para escuchar nuestros programas favoritos, como los de Edgar Bergen y Charlie McCarthy, y también *Inner Sanctum*.

No obstante, para mi padre la recesión económica constituyó un choque difícilmente asimilable. Fue más de lo que podía soportar. Después de años de lucha había logrado finalmente reunir bastante dinero, pero he aquí que de la noche a la mañana sus ganancias se esfumaron como por ensalmo. De pequeño me decía que tenía que ir a la universidad para aprender lo que significaba la palabra «recesión económica». Él no había pasado del cuarto grado de enseñanza elemental.

—Si alguien me hubiese enseñado lo que era la Depresión —decía— no habría hipotecado un negocio garantizándolo con el resto.

Todo esto sucedía en 1931. Yo tenía sólo siete años, pero aún así intuía que algo muy serio se había venido abajo. Años después, en la universidad, aprendería todo lo relativo a los ciclos económicos, y en la Ford y en la Chrysler los medios de capear el temporal. Pero las circunstancias por las que atravesó la familia no eran sino un temprano indicio de lo que el futuro nos deparaba.

Mis padres eran muy aficionados a sacar fotos, y el álbum familiar me trae a la memoria multitud de recuerdos. Desde mi nacimiento hasta los seis aparezco vestido con ropitas bordadas y con zapatos de satén. En algunas instantáneas de mi infancia llevo en la mano un sonajero de plata. De repente, hacia 1930 se me ve con atuendos un poco raídos. Mi hermana y yo no estrenábamos trajes, y yo no acababa de entender la razón. Por otra parte, mi padre no habría encontrado palabras para explicárnoslo. ¿Cómo se le puede decir a un chiquillo: «Mira, hijo, he perdido mi camisa, pero no sé por qué»?

Los años de recesión económica me convirtieron en un materialista. Cuando me licencié en la universidad, mi postura era: «No me vengáis con filosofías. A los veinticinco pretendo ganar diez mil dólares al año, y después quiero ser millonario». No me interesaba presumir de tener un título universitario; prefería ir tras el dinero.

Incluso en la actualidad, como miembro activo de la clase adinerada, he colocado mis ganancias en inversiones seguras. No es por miedo a quedarme sin un centavo; pero en el fondo de mi cerebro algo sigue repitiéndome que pueden volver los malos tiempos y quizá mi familia no tendría nada que llevarse a la boca.

Al margen de mi economía particular, los años de la recesión económica, de la «Depresión», siguen vivos en mi interior. La prueba está en que me molesta extraordinariamente que se tiren las cosas o se desperdicie la comida. Cuando pasó la moda de las corbatas de nudo estrecho, guardé las que tenía en un cajón, me puse las de nudo ancho y esperé a que las otras volviesen a estar en boga. Me irrita que se desaproveche la comida o que se tire a la basura un bisté a medio comer. Creo que he logrado inculcar un poco de este espíritu a mis hijas, pues observo que no gastan el dinero hasta estar bien seguras de lo que compran y, gracias a Dios, acuden con frecuencia a las rebajas.

Durante la época de la Depresión mi padre se encontró más de una vez con la devolución de un talón estampillado con el imperecedero aviso de «falta de fondos». Este percance siempre lograba sacarle de sus casillas, pues estimaba que una buena clasificación crediticia era absolutamente indispensable para la solvencia e integridad de una persona o de un negocio. No se cansaba de predicar su evangelio sobre la responsabilidad fiscal, y nos instaba a Delma y a mí a no gastar nunca más dinero del que ganábamos. Consideraba que los préstamos o los créditos bancarios eran traicioneros. En la familia *nunca* se nos permitió sacar una tarjeta de crédito o cargar una factura a cuenta.

Puede afirmarse que en este terreno mi padre se anticipó un poco a los tiempos. Intuyó que las compras a plazos y la facilidad para empeñarse harían que le gente perdiese la noción de seriedad en todo lo referente al dinero. Predijo que las facilidades de crédito acabarían por impregnar y socavar a toda la comunidad nacional y que los consumidores se meterían en líos por considerar que las famosas tarjetitas plastificadas eran algo así como una cuenta de ahorros en el banco.

—Si alguna vez pides prestado a un compañero de escuela —solía decirme—, aunque sea veinte centavos, asegúrate de que lo anotas y así no olvidarás devolverlos.

Con frecuencia me pregunto cuál hubiese sido su reacción si hubiese vivido lo suficiente para ver cómo llegue a endeudarme en 1981, con objeto de reflotar a la Chrysler. La diferencia estaba en que en esta ocasión el crédito no fue de veinte centavos, sino de

1.200 millones de dólares. Si bien me acordé de las recomendaciones de mi padre, tuve la curiosa sensación de que no hacía falta que anotara esta cantidad y que no se me olvidaría devolverla.

Es un lugar común que la gente vota con el bolsillo, y desde luego mi padre era de los que ajustaba sus ideas políticas a los ingresos que percibía. Cuando éramos pobres votábamos a los demócratas. Como es bien sabido, los demócratas son el partido del ciudadano de a pie. Consideraban que si uno tiene ganas de trabajar a conciencia en vez de holgazanear, el individuo ha de poder alimentar a la familia y dar una educación a los hijos.

Pero en época de vacas gordas —antes de la recesión y después de ella—, nos decantábamos por los republicanos. En fin de cuentas, habíamos sudado nuestro dinero y estaba justificado que nos aferrásemos a él.

Ya adulto, experimenté igual mimetismo político. Mientras estuve en la Ford y todo iba sobre ruedas votaba por los republicanos, pero cuando accedí a la presidencia de la Chrysler y me di cuenta de que varios cientos de miles de personas podían perder su empleo, entonces estimé que los demócratas tenían un programa más realista para adoptar las medidas que exigía la situación. Si la crisis de la Chrysler se hubiese dado durante un mandato republicano, la empresa se habría ido al garete en menos que canta un gallo.

Siempre que las cosas se ponían mal, mi padre era invariablemente el encargado de animarnos a todos. Fuera cuales fuesen las adversidades, allí estaba él para apoyarnos. Era un filósofo que se sacaba de la manga toda suerte de dichos y frases acuñadas sobre las contrariedades de la vida. Una de sus cantilenas favoritas era que la vida tenía su lado bueno y su lado malo, y que el ser humano tiene que adaptarse a su porción de malos tragos.

—Tienes que aceptar la existencia y todas las penas que traiga consigo —me decía cuando yo estaba decepcionado por una mala nota o por cualquier otro contratiempo—. Nunca sabrás lo que es la dicha si no tienes un punto de referencia para establecer comparaciones.

Pero al mismo tiempo no soportaba vernos cabizbajos y ponía todo su empeño en animarnos. Si me veía abatido por algún incidente, me decía:

—Vamos a ver, Lido, ¿por qué estabas tan preocupado hace un mes, o hace un año? ¿Te das cuenta...? Ni siquiera te acuerdas. Piensa entonces que lo que hoy te parece tan grave, a lo mejor no tiene tanta importancia como eso. Déjalo correr y piensa que mañana será otro día.

En épocas difíciles mi padre era el optimista de la casa.

Espera y verás —me decía en los momentos de desánimo—. Ten la seguridad de que volverá a lucir el sol; siempre es lo mismo.

Muchos años después, cuando pugnaba por salvar a la Chrysler de la bancarrota eché en falta las palabras de aliento de mi padre, y me decía a mí mismo: «¡Eh, papi! ¿Y el sol? ¿Dónde está el sol?». Nunca permitió que ninguno de nosotros se dejase llevar por la desesperación, y debo confesar que en 1981 hubo más de un momento en que estuve a punto de arrojar la toalla. Si mantuve entonces mi entereza fue porque recordé su lema favorito:

—Ahora todo cobra un mal cariz, pero verás como también pasa.

Era realmente todo un carácter y exigía que la gente diese de sí todo lo que podía. Si acudíamos a un restaurante y la camarera se mostraba antipática, terminada la comida se dirigía a ella y le soltaba su discurso de rigor:

—Mire, voy a darle una buena propina de verdad —decía—. ¿Por qué realiza su trabajo tan a desgana? ¿Acaso alguien la ha obligado a ser camarera? Cuando se comporta así está pregonando que no le gusta lo que hace. Hemos salido a pasarlo bien y usted nos lo está estropeando. Si de veras quiere ser camarera, entonces debe esforzarse en ser la mejor del mundo en el oficio, y si no, búsquese un trabajo que sea más de su agrado.

En su restaurante despedía sin contemplaciones al empleado que se mostraba descortés con el cliente. Iba y le espetaba:

—Usted no puede trabajar aquí, por bien que conozca su oficio, porque me está espantando a la clientela.

Era un hombre que iba derecho al asunto y me parece que yo he heredado este rasgo. A estas alturas sigo pensando que por muchas cualidades que uno tenga, nada le da derecho a mostrarse grosero o brusco intencionadamente.

Mi padre, por lo demás, procuraba recordarme que tenía que *disfrutar* de la vida, y él predicaba con el ejemplo. Por dura que fuese la jornada de trabajo, siempre se las arreglaba para encontrar un momento para divertirse. Le encantaba jugar a los bolos y al póquer, y también comer bien, beber y, por encima de todo, charlar con los amigos. Siempre trababa amistad con mis compañeros de trabajo. Creo que durante los años que estuve en la Ford conocía a más empleados de la casa que yo mismo.

En 1971, dos años antes de su muerte, obsequié a mis padres con una gran fiesta para celebrar cumplidamente sus bodas de oro. Tenía un primo que trabajaba en la Casa de la Moneda y le pedí que mandara acuñar una medalla de oro con la efigie de ellos en el anverso y la pequeña capilla donde contrajeron matrimonio en Italia en el reverso. Durante la fiesta se distribuyó una réplica de esta medalla en bronce entre los invitados.

A finales de aquel año mi esposa y yo acompañamos a mis padres a Italia para que visitasen el pueblo donde habían nacido y saludaran a los amigos y a la parentela. Por entonces yo sabía ya que mi padre sufría leucemia. Cada dos semanas le hacían transfusiones y se adelgazaba a ojos vista. Un día le perdimos de vista y en seguida temimos que se hubiera desmayado o caído fulminado; pero al fin le descubrimos en una pequeña tienda de Amalfi, comprando lleno de entusiasmo cerámicas para traerlas como recuerdo a sus amigos de los Estados Unidos.

Hasta el final de su vida, en 1973, se esforzó en disfrutar de la existencia. Por supuesto que ya no bailoteaba ni comía en exceso, pero era en verdad un hombre valiente y resuelto a vivir. De todos modos, los dos últimos años de su vida fueron duros, tanto para él como para nosotros. No nos resignábamos a verle tan vulnerable; no nos cabía en la cabeza.

Hoy, cuando pienso en mi padre, lo recuerdo sólo como un hombre lleno de vigor y de inagotable energía. En una ocasión, a raíz de una convención de concesionarios de la Ford en Palm Springs, le invité porque quería que se tomase unas cortas vacaciones. Al término de las reuniones yo y un colega nos fuimos a jugar al golf, y aunque mi padre nunca había pisado el césped, le pedimos que nos acompañase.

Después de haberle dado a la pelotita emprendió una carrerilla en pos de ella; eso en un hombre de setenta años. Al final tuve que recordarle:

—Despacio, papá, en el golf no se corre; ¡se *camina*!

Pero mi padre era así: genio y figura hasta la sepultura. Él siempre decía:

—¿Por qué andar si uno puede correr?

II
Los años escolares

Hasta que cumplí once años no supe que era de ascendencia italiana. Hasta esa edad sabía que mis padres eran oriundos de un país de verdad, aunque desconocía el nombre e incluso su emplazamiento geográfico. Recuerdo que consultaba un mapa de Europa en busca de nombres como «Dago» y «Wop», como a veces me llamaban despectivamente por ser italiano.

En aquel tiempo, sobre todo si uno residía en una ciudad pequeña, ser italiano era una peculiaridad que tratabas de ocultar. En Allentown casi todos los habitantes eran holandeses o de origen holandés, y de pequeño tuve que aguantar lo mío por no ser como la mayoría. A veces me peleaba con otros chicos que me insultaban, pero siempre tenía muy en cuenta la advertencia de mi padre:

—Si el que te insulta es más fuerte que tú, no le pegues ni le insultes. Utiliza el cerebro en vez de los puños.

Por desgracia, los prejuicios en contra de los italianos no se limitaban a los niños de mi edad. También había algunos maestros que por lo bajo me llamaban «bachichón» (despectivo de «italiano»). La discriminación por motivos étnicos que tuve que soportar llegó a su culminación el 13 de junio de 1933, cuando cursaba el tercer grado en la escuela primaria. Recuerdo perfectamente la fecha porque era la festividad de san Antonio, todo un acontecimiento en el ámbito de mi familia. Mi madre se llamaba Antoinette, y Anthony es mi segundo nombre de pila, por lo que todos los años, cuando llegaba el 13 de junio, en casa se organizaba una fiesta en la que no se escatimaba nada.

Para celebrar el santo, mi madre preparaba una pizza. Ella era de Nápoles, donde ese plato ocupa un lugar preminente en la gastronomía popular. Hasta el día de hoy mi madre hornea las mejores pizzas del país, por no decir que del mundo entero.

Aquel año celebramos una fiesta especialmente espléndida en

compañía de amigos y parientes. No faltaba el clásico barrilito de cerveza. Aunque yo sólo contaba nueve años, me dejaron probar un poco del dorado líquido, pero sólo en casa y bajo estricta vigilancia. Tal vez fuera esta la causa de que en la escuela secundaria, durante el bachillerato, jamás llegase a emborracharme, y tampoco más tarde, en la universidad. En casa el alcohol era un ingrediente cotidiano de nuestra vida, pero siempre consumido con moderación.

Ahora bien, en aquel entonces la pizza era prácticamente desconocida en Estados Unidos. No hace falta decir que en la actualidad es, con las hamburguesas y el pollo frito, uno de los platos favoritos de los norteamericanos. Pero entonces sólo los italianos estaban familiarizados con este plato.

A la mañana siguiente empecé a presumir delante de mis condiscípulos.

—Chicos, ¡menuda fiesta la de ayer noche!

—¿Ah, sí? —dijo alguien—. ¿Qué clase de fiesta?

—Una fiesta a base de pizza —respondí.

—¿A base de pizza? Pero ¿qué idiota palabreja *bachicha* es ésa?

—Eh, un momento —dije—. ¿No coméis vosotros pasteles? —todos estaban bastante gordos, de modo que sabía que pisaba terreno seguro—. Pues eso es una pizza: un pastel hecho con tomates.

Más me hubiera valido callarme la boca cuando aún estaba a tiempo, porque al oír mis palabras se pusieron histéricos. No tenían la menor idea de lo que les estaba hablando, pero sí sabían que era algo italiano y por tanto desdeñable. El único factor positivo de la pelea que se suscitó fue que ya faltaba poco para terminar el curso, y con la llegada del verano el asunto de la pizza quedó olvidado.

Sin embargo, yo lo he tenido siempre presente. Aquellos chicos se alimentaban a base de pasteles de crema y azúcar moreno, pero yo nunca me burlé de ellos por comer tortas de melaza en el desayuno. Qué caramba, hoy uno no se tropieza con los dichosos pasteles de crema y azúcar cuando viaja por el país. Sin embargo, para un chiquillo de nueve años resultaba poco halagüeño pensar que más tarde iba a pasar por un bicho raro.

Pero yo no era el único de la clase víctima de la intolerancia y el fanatismo racista. Había en ella dos alumnos judíos, con los que tenía buena amistad. El primero era una niña llamada Dorothy Warsaw, que tenía siempre las mejores notas (yo era el segundo de la clase). El otro era Benamie Sussman, hijo de un judío ortodoxo que lucía una barba negra y un sombrero del mismo color. En Allentown, a los de la familia Sussman se les consideraba poco menos que unos forajidos.

Los restantes chicos se mantenían alejados de ellos como si tuviesen la lepra. Al principio no acertaba a entenderlo, pero al llegar al tercer grado empecé a ver por dónde iban las cosas. Mi condición de italiano me colocaba un poco por encima de los chicos judíos, pero no mucho. Nunca vi a una persona de raza negra en Allentown hasta que asistí a la escuela secundaria.

Que de niño uno padezca las consecuencias del racismo deja su huella. A mí aún no se me ha ido de la cabeza y todavía me deja un mal sabor de boca.

Por desgracia, cuando dejé Allentown pude constatar que había por esos mundos un montón de prejuicios, pero ya no de colegiales, sino de hombres que ocupaban puestos de gran responsabilidad y gozaban de prestigio en el marco de la industria automovilística. En 1981, después de nombrar a Gerald Greenwald vicepresidente de la Chrysler, supe que esta decisión no tenía predecentes. Hasta entonces ningún empleado de raza judía había escalado los puestos de más responsabilidad dentro de las filas de los «tres grandes» del sector. Me extraña que no llegasen a encontrar ninguno que reuniese las cualidades requeridas.

Hoy, contemplando las cosas en retrospectiva, puedo recordar una serie de incidentes en mi infancia y adolescencia que me obligaron a reflexionar sobre los métodos que imperaban en el mundo de los adultos. Cuando cursaba el sexto grado hubo elecciones para nombrar al capitán de la patrulla escolar. Los componentes de esta formación lucían unos cinturones blancos con un emblema plateado, pero el capitán y el teniente tenían derecho a vestir uniformes especiales con distintivos también diferentes. En la escuela primaria, el jefe de la patrulla estudiantil era el equivalente del «director de actividades» de la escuela secundaria. Me seducía la idea de vestir aquel uniforme y me propuse alcanzar el nombramiento de capitán.

El día de las elecciones perdí frente a mi oponente por un margen de veinte contra veintidós. Me sentí muy desengañado. Al día siguiente fui a la sesión de tarde —era sábado— en el cine del pueblo, donde solíamos acudir para ver las películas de Tom Mix.

Sentado en la fila de delante se hallaba el chico más corpulento de mi clase. Se dio la vuelta y al reconocerme me espetó:

—Bachicha idiota, has perdido la votación.

—Ya lo sé —dije—, pero ¿por qué me llamas idiota?

—Porque somos treinta y ocho en clase y votaron cuarenta y dos. ¿Es que los bachichotes no sabéis contar?

¡Mi antagonista había introducido más papeletas de la cuenta! Me fui a ver a nuestra profesora y le conté que algunos chicos habían votado dos veces.

—Bueno, tengamos la fiesta en paz, ¿eh? —fue su respuesta.

Prefirió enterrar el asunto por miedo al escándalo, pero este suceso me afectó en lo más hondo. Era mi primera y sonada lección de que la vida no siempre era de color de rosa.

Por lo demás, mis años escolares me depararon muchas satisfacciones. Era un alumno aplicado, el favorito de bastantes maestros, que siempre me llamaban a mí para golpear los borradores, limpiar la pizarra o tocar los timbres en el colegio. Si me preguntaran los nombres de los profesores que tuve en la universidad no podría recordar más de tres o cuatro, pero aún me acuerdo de los nombres de los maestros que moldearon mi mente y mi carácter en el colegio.

Lo más importante que aprendí en la escuela fue cómo comunicarse con los demás. La señorita Raber, profesora de noveno grado (tercero de bachillerato aproximadamente), nos obligaba a entregarle todos los lunes por la mañana una redacción de quinientas palabras. Una semana sí y otra también teníamos que traerle la maldita composición, pero al término del curso habíamos aprendido a expresarnos mediante la escritura.

En clase nos examinaba por sorpresa. Tomaba la sección «Verifique sus conocimientos lingüísticos» del *Reader's Digest*, arrancaba la página y nos sometía a la prueba de vocabulario. Esto acabó convirtiéndose en un hábito para mí, e incluso hoy busco la lista de vocablos en cada número del *Digest* que cae en mis manos.

Pocos meses después ya habíamos aprendido un montón de palabras. Sin embargo, no sabíamos ensamblarlas ni formar oraciones, por lo que la señorita Raber nos inició en el arte de la improvisación. Yo me desenvolvía bien y ello me permitió formar parte del equipo de debates, que dirigía el señor Virgil Parks, nuestro profesor de latín. Fue en este marco donde perfeccioné mis facultades oratorias y aprendí a pensar sobre la marcha.

Al principio estaba muy asustado y sentía que se me revolvía el estómago, y este nerviosismo aún aflora hoy cuando tengo que hacer un discurso. Pero la experiencia que supuso integrarme en el equipo de debates fue un factor determinante. Uno puede tener ideas brillantes, pero si no eres capaz de expresarlas adecuadamente, de poco sirve el talento. A los catorce años nada aguza tanto las propias aptitudes como, por ejemplo, ponerse a discutir sobre «la abolición de la pena capital» desde una doble perspectiva, y éste era el tema de candente actualidad en aquel año de 1938. Conseguí exponer dos opiniones contrapuestas en sendos debates y hablé por lo menos veinticinco veces en defensa de mis argumentos.

El año siguiente fue realmente crucial en mi vida. Contraje la fiebre reumática. La primera vez que tuve palpitaciones casi me desmayo... del susto. Tenía la sensación de que el corazón iba a salírseme del pecho, pero el médico manifestó: «Tranquilízate; basta con que te apliques un pedazo de hielo sobre la parte dolorida». Me invadió el pánico: ¿Qué demonios hacía yo con aquel trozo de hielo en el pecho? ¡Debía de estar al borde de la muerte!

Lo cierto es que en aquellos tiempos la gente moría de fiebre reumática, la cual se trataba con pastillas de corteza de abedul, para combatir la infección en las articulaciones. Las píldoras eran tan fuertes que uno se veía obligado a ingerir pastillas antiácidas cada cuarto de hora para no vomitar (Hoy, claro está, se echa mano de los antibióticos).

La persona que padece fiebre reumática corre el riesgo de contraer una dolencia cardiaca. Pero en este sentido tuve suerte, ya que si bien perdí dieciocho kilos y guardé cama seis meses, me recuperé del todo. Sin embargo, será difícil que olvide aquellos toscos entablillados rellenos de algodón impregnado de aceite de gualteria, para mitigar el fuerte dolor en las rodillas, codos, tobillos y muñecas. Los médicos conseguían aliviar el dolor interno... aplicándote quemaduras de tercer grado en la superficie. En la actualidad se nos antoja un método primitivo, pero entonces aún no se habían inventado otros remedios más eficaces.

Antes de caer enfermo jugaba bastante bien al béisbol. Era un ferviente admirador de Joe DiMaggio, Tony Lazzeri y Frankie Crossetti —italianos todos ellos— y, como la mayoría de los adolescentes, soñaba con jugar algún día en las grandes competiciones. No obstante, aquella larga dolencia dio al traste con mis planes. Tuve que renunciar al deporte y dedicarme a jugar al ajedrez, al bridge y, sobre todo, al póquer, al que sigo siendo muy aficionado y en el que casi siempre gano. Es un pasatiempo estupendo para aprender a sacar partido de una posición ventajosa, a echarse atrás y fanfarronear cuando es preciso (no me cabe duda de que me resultó de mucha utilidad años después, durante las complejas y duras negociaciones con los sindicatos).

Pero, muy en particular, aproveché el forzado reposo para leer libros. Devoraba todo lo que caía en mis manos. Me gustaban mucho los relatos de John O'Hara. Mi tía me trajo *Cita en Samarra*, un libro bastante subido de tono teniendo en cuenta los tiempos. Cuando el médico lo vio en la cabecera de la cama casi le dio un ataque. Desde su punto de vista, aquella no era una lectura apta para un chico con palpitaciones.

Años después, cuando la sexóloga Gail Sheehy me realizó una entrevista para *Esquire*, le mencioné de pasada la lectura de aquel libro. Ella señaló que era una novela que trataba de unos directivos empresariales y me preguntó si había influido en la elección de mi trayectoria profesional. Le dije que no, que todo lo que podía recordar sobre el texto en cuestión era que fomentó mi interés por la sexualidad.

También debí de leer no pocos textos escolares, porque durante el bachillerato terminé los cursos entre los mejores de la clase, y hubo asignaturas, como las matemáticas, en que obtuve matrícula de honor. Formaba parte del club de latín y me dieron un premio por ser el alumno más destacado en esta disciplina; y durante tres años seguidos, además. Lo bueno del caso es que no me ha servido de nada en cuarenta años. Pero me ayudó a reforzar mi vocabulario inglés, y era uno de los poquísimos muchachos capaz de seguir la misa en latín, hasta que vino el papa Juan y cambió a la lengua vernácula.

Ser un buen estudiante era algo de gran importancia para mí, pero no lo estimé suficiente. Por ello me inscribí en una serie de actividades extraescolares, a las que dedicaba mucho tiempo. Mientras estuve en la escuela secundaria formé parte activa del club teatral y de la sociedad o grupo de debates, y después de mi enfermedad, cuando me fue imposible participar en las actividades deportivas, fui mánager del equipo de natación (eso quería decir que yo era quien llevaba las toallas y limpiaba los vestuarios...).

Desde el séptimo grado de la primaria empecé a apasionarme por el jazz y el *swing*. Eran los tiempo de las grandes bandas, y en compañía de los amigos iba todos los fines de semana a oír a los músicos de renombre. Por lo general escuchaba la música, aunque también me desenvolvía a gusto bailando cosas tan movidas como el *shag* y el *lindy hop*. Frecuentábamos el Empire Ballroom de Allentown y el Sunnybrook de Pottstown, Pensilvania, y cuando el bolsillo me lo permitía, hacía una escapada al hotel Pensilvania de Nueva York, o al Meadowbrook de Frank Daley, al borde de la autopista de peaje de Pompton.

En una ocasión tuve oportunidad de oír a Tommy Dorsey y a Glenn Miller en un mano a mano, en el espectáculo denominado «Confrontación entre grandes bandas», y todo por ochenta y ocho centavos. En aquellos días la música lo era todo para mí. Estaba suscrito a *Downbeat* y *Metronome*, y me sabía de memoria los nombres de todos los componentes de las grandes bandas.

En esta época empecé a tocar el saxo tenor. Hasta me pidieron que hiciera de primera trompeta en la banda de música de la escuela. Pero dejé la música para dedicarme a la «política». Quería ser el brigadier de mi clase en los dos últimos cursos de la primaria, y lo conseguí.

En el noveno grado (inicio del bachillerato superior) me presenté al puesto de presidente de toda la escuela. Jimmy Leiby, mi mejor amigo, era un verdadero genio. Se convirtió en el jefe de mi campaña y llegó a crear una verdadera maquinaria política. Gané la elección por un amplio margen de votos y el éxito se me subió a la cabeza. Para decirlo con el habla de la época, llegué a considerarme un «superclase».

Sin embargo, una vez elegido perdí el contacto con mis votantes. Me creía un poco por encima de los otros chicos, y empecé a comportarme con cierta presunción y a darme importancia. Todavía no había aprendido lo que ahora sé: que la aptitud para relacionarse lo es todo en esta vida.

A consecuencia de mi actitud perdí la elección en el segundo semestre. Fue como un mazazo en la cabeza. Había renunciado a la música para formar parte del comité directivo estudiantil y he aquí que mi carrera política se había truncado porque se me olvidó estrechar la mano de mis seguidores y mostrarme amistoso con todos.

Fue una lección importante de cara al «caudillaje» o liderazgo de la comunidad escolar y, también, en general.

A pesar de mis actividades marginales logré ocupar la duodécima plaza de una promoción de más de novecientos alumnos. Para que vean qué tipo de cosas se esperaba de mí en la familia, la reacción de mi padre fue: «¿Y por qué no has sido el primero?». A juzgar por sus palabras, diríase que me habían suspendido.

Para cuando llegó la hora de ir a la universidad poseía una sólida base en las disciplinas básicas: lectura, redacción y expresión oral. Con estas cualidades, buenos profesores y una adecuada capacidad de concentración se puede llegar lejos.

Años más tarde, cuando mis hijas me consultaron acerca de la especialidad que debían escoger, les recomendé que se procurasen una buena formación en el campo de las humanidades. Si bien soy un hombre que cree firmemente en la importancia de aprender las lecciones que nos depara la historia, me importaba un comino que se aprendiesen de memoria las fechas, lugares y efemérides de la guerra civil. La clave está en tener una buena base en materia de lectura y redacción.

Súbitamente, a mitad del último curso en el instituto, Japón lanzó el ataque contra Pearl Harbor. Los discursos del presidente Roosevelt nos exaltaban el ánimo y lograron que el país cerrase filas en torno a su bandera. En un abrir y cerrar de ojos, los Estados Unidos se unieron y galvanizaron en una sola pieza. Aquella crisis me enseñó una cosa que nunca he olvidado: a menudo es preciso que se den circunstancias de adversidad para que las personas se unan en un bloque solidario.

Como la mayoría de los jóvenes, en diciembre de 1941 no veía llegado el momento de alistarme en el Ejército. Por extraña ironía, es muy posible que la enfermedad que estuvo a punto de mandarme al otro mundo fuera lo que a la postre salvó mi vida. Con tremenda decepción, los médicos militares me declararon «no apto para el servicio» (4F), es decir que no pude incorporarme a la Fuerza Aérea para participar en la guerra, como era mi deseo. Aunque me había recuperado de la dolencia y me sentía en excelente forma física, el Ejército decidió no aceptar a ningún voluntario que presentara un historial de fiebre reumática. Pero yo no me sentía enfermo en absoluto, y uno o dos años después, al pasar mi primer examen físico para hacerme un seguro de vida, el doctor me miró y dijo:

—Eres un muchacho saludable. ¿Cómo no te han mandado a ultramar?

Muchos de mis compañeros de clase fueron movilizados y buen número de ellos hallaron la muerte en combate. Pertenecíamos al reemplazo de 1942, y los chicos de diecisiete o dieciocho años fueron primero a un campo de instrucción militar y de allí directamente al otro lado del Atlántico, donde los alemanes nos estaban zurrando seriamente. Cuando alguna vez echo una ojeada al anuario del colegio, sacudo la cabeza con gesto de tristeza e incredulidad, al pensar en los alumnos del instituto de Allentown que murieron lejos defendiendo la causa de la democracia.

Teniendo en cuenta que la segunda guerra mundial no guarda parecido alguno con la guerra de Vietnam, es posible que los jóvenes que lean este libro no entiendan por qué me sentía tan abatido al no poder luchar por la patria cuando más te necesitaba. El patriotismos alcanzó entonces su punto culminante, y toda mi ilusión era pilotar un bombardero sobre Alemania para desquitarme de Hitler y de sus tropas.

Ver que a uno no le querían en el ejército durante la guerra se me antojaba una calamidad y empecé a considerarme un ciudadano de segunda categoría. Casi todos mis amigos y parientes estaban fuera del país combatiendo a los alemanes. Así las cosas, hice lo único que estaba en mi mano: sepultar mi cabeza en los libros.

A la sazón había comenzado a interesarme por la mecánica, y estaba buscando un politécnico universitario especializado en este tipo de estudios. Uno de los más acreditados del país era Purdue (Lafayette, Indiana). Solicité una beca y me quedé anonadado cuando no me la concedieron. Pero los institutos politécnicos o tecnológicos de California, Massachusetts, Cornell y Lehigh gozaban también de gran prestigio. Finalmente me decidí por este último centro, porque distaba sólo media hora en coche de mi casa en Allentown y así no tendría que separarme en exceso de los míos.

La Universidad de Lehigh, en Bethlehem, Pensilvania, venía a ser un centro de formación satélite de la siderúrgica Bethlehem Steel. Los departamentos de metalurgia e ingeniería del politécnico se contaban entre los mejores del mundo. Pero ser allí alumno de primer curso era el equivalente académico de un recluta en un campo de instrucción militar. Todo estudiante que al término de su segundo año no alcanzara determinado nivel tenía que dejar el centro. Se impartían clases seis días a la semana, incluyendo un curso de estadística que empezaba los sábados a las ocho de la mañana. La mayor parte no asistía, pero yo saqué un sobresaliente, no tanto por mi rendimiento real como por la aplicación que demostré al no faltar nunca a clase, mientras que los otros compañeros estaban en cama recuperándose de la juerga del viernes por la noche.

Con eso no quiero dar a entender que no me divirtiera durante esos años en la universidad. Me gustaba armar un poco de jaleo y asistía con frecuencia a los partidos de fútbol y a las fiestas regadas con abundante cerveza. También iba de vez en cuando a Nueva York y a Filadelfia, donde tenía un par de amigas.

Pero con la guerra en marcha no estaba en disposición de rehuir mis responsabilidades. Ya de pequeño aprendí a realizar los deberes en seguida después de terminar el colegio, con objeto de poder jugar después de la cena. Así, cuando ingresé en la universidad, sabía cómo centrarme y cómo estudiar sin necesidad de la radio u otras distracciones. Solía decir para mis adentros: «Durante las tres próximas horas voy a estudiar como un loco, y pasado este tiempo dejaré los libros y me iré al cine».

La aptitud para concentrarse y sacar el maximo partido del tiempo disponible es un factor esencial si uno quiere tener éxito en los negocios, y prácticamente en todo lo demás a este respecto. Desde que dejé la universidad siempre he trabajado con intensidad durante la semana, a la vez que he tratado de tener los fines de semana libres para dedicarlos a la familia y al asueto. Salvo las temporadas verdaderamete críticas, jamás trabajo los viernes por la noche, sábados y domingos. El domingo por la noche hago otra vez acopio de fuerzas trazando un bosquejo de los asuntos que van a reclamar mi atención la semana entrante. En el fondo, es el mismo horario o calendario que seguía en Lehigh.

No puedo por menos de asombrarme ante el gran número de personas que, al parecer, no son dueños de su agenda. A lo largo de muchos años, innumerables veces se me han acercado ejecutivos de la empresa para confesarme con mal disimulado orgullo: «Chico, el año pasado tuve tal cúmulo de trabajo que no pude ni tomarme unas vacaciones». Pero no me parece que eso sea motivo de presunción. En estos casos tengo que contenerme para no contestar: «¿Serás idiota? ¿Pretendes hacerme creer que puedes asumir la responsabilidad de un proyecto de ochenta millones de dólares y que eres incapaz de encontrar dos semanas al año para pasarlas con tu familia y divertirte un poco?».

Si uno quiere aprovechar ventajosamente su tiempo, antes tiene que dilucidar qué es lo más importante y a continuación dedicar a ello todas sus energías. Esta es otra lección que aprendí en Lehigh. Muchos días tenía cinco clases, entre ellas algún examen oral en el que deseaba lucir un poco, de forma que tenía que prepararme a conciencia.

Todo aquel que pretenda convertirse en un empresario capaz de resolver dificultades debe aprender en edad temprana cómo establecer un orden de prioridades. Claro está que el marco temporal cambia un poco. En la universidad tenía que hacer planes a un día vista, mientras que en el campo empresarial las previsiones suelen hacerse a tres meses o a tres años vista, con todos los lapsos intermedios que se quiera.

A tenor de mi experiencia, uno o bien desarrolla esta mentalidad constructiva cuando es muy joven o luego le resulta imposible. Establecer un orden de prelación y saber sacarle partido al tiempo de que uno dispone son cosas que no se aprenden en las escuelas de administración de empresas, ni siquiera en la de Harvard. La enseñanza académica puede enseñarle al individuo un montón de cosas, pero muchas de las aptitudes básicas para andar por la vida son fruto de uno mismo, del esfuerzo y la lucha constantes por desarrollarlas.

Pero no fue sólo mi facilidad para concentrarme lo que me sirvió de ayuda en la universidad. También intervino el factor suerte. Conforme crecía el número de estudiantes movilizados, las aulas de Lehigh se iban vaciando y los grupos de alumnos eran reducidos. Si un profesor tenía en tiempos normales cincuenta estudiantes por clase, súbitamente se encontró con que dictaba un seminario a cinco asistentes. En consecuencia, el azar hizo que disfrutase de una enseñanza universitaria de altísimo nivel.

Cuando el número de alumnos por clase es muy reducido, todos se benefician de un grado de atención superior por parte del catedrático. Éste puede permitirse el lujo de indicar: «Dígame por qué no puede solucionar este problema de proyecto de máquinas y le ayudaré a comprenderlo». Así pues, como ya he dicho, por un accidente histórico conté con una formación académica fuera de lo corriente. Es muy posible que después de la guerra, con la aprobación del G.I. Bill,* las mismas aulas que yo frecuenté en Lehigh dieran cabida a sesenta o setenta estudiantes. En estas circunstancias seguro que no habría asimilado ni la mitad de lo que aprendí.

Otra de las razones que me incitaba al estudio era mi padre, caso muy típico entre las familias de los inmigrantes, donde se esperaba que cualquier hijo de emigrante que accediese a la universidad compensara la falta de educación de sus progenitores. En consecuencia, me correspondía sacar buen partido de todas las oportunidades que ellos nunca tuvieron y ser el alumno modelo.

Pero eso era más fácil pensarlo que llevarlo a la práctica. Mi primer semestre me resultó francamente duro. Cuando no alcancé el lugar de privilegio en la lista del decanato mi padre intervino. ¡Vaya si lo hizo! Me dijo que si en el instituto yo era uno de los mejores —pues me gradué entre los primeros de la promoción—, no veía razón para que de repente me hubiese vuelto estúpido, habiendo pasado sólo unos meses. Creyó que le estaba engañando. No conseguí hacerle entender que la universidad nada tiene que ver con un instituto de enseñanza media. En Lehigh *todos* eran buenos estudiantes, pues de lo contrario, y para empezar, ya no hubiesen estado allí.

En mi primer año poco faltó para que suspendiera la física. Teníamos un profesor de física de nombre Bergmann, inmigrante vienés, con un acento tan marcado que me costaba gran esfuerzo entender lo que decía. Era hombre muy docto en su especialidad, pero carecía de paciencia para enseñar a un estudiante bisoño. Por desgracia, su asignatura era obligatoria para titularse en ingeniería mecánica.

De todos modos, a pesar de los problemas que tenía en su clase, el profesor Bergmann y yo llegamos a ser buenos amigos. Paseábamos por el recinto universitario y él aprovechaba para ponerme al corriente de los últimos hallazgos en el campo de la física. Su interés se centraba particularmente en la fisión del átomo, que en aquel entonces aún parecía un relato de ciencia ficción. Sus palabras me sonaban a chino, y apenas entendía una mínima parte de lo que me explicaba, aunque conseguí comprender las líneas maestras de sus exposiciones.

Había un no sé qué de misterio en torno a ese personaje. Todos los viernes terminaba la clase con extrema puntualidad y no aparecía por allí hasta el lunes siguiente. Varios años más tarde averigüé su secreto. Habida cuenta de la índole de sus intereses, hubiese tenido que intuirlo: solía dedicar todos los fines de semana a trabajar en el llamado Proyecto Manhattan, en Nueva York, o lo que es lo

* Ley aprobada en los días de la primera guerra mundial, por la cual todos los soldados desmovilizados después de la contienda podían reemprender sus estudios universitarios, con cargo al presupuesto federal. *(N. del T.)*

mismo, cuando Bergmann no daba clases en Lehigh realizaba investigaciones archisecretas sobre la bomba atómica.

A pesar de mi amistad con él y de las clases particulares que recibía del sabio, saqué un aprobado justo en la física de primer año. En el instituto las matemáticas se me daban muy bien, pero, sencillamente, no estaba preparado para adentrarme en el complejo mundo del cálculo superior y de las ecuaciones diferenciales.

Finalmente enderecé la situación y cambié de especialidad, escogiendo la ingeniería industrial. Al poco, empecé a mejorar las calificaciones, y en el último curso dejé a un lado la avanzada ciencia de la hidráulica y la termodinámica para lanzarme al estudio de aspectos concretos de la gestión empresarial, como los conflictos laborales, y también la estadística y la contabilidad, disciplinas en las que me desenvolví con holgura, hasta el punto de concluir el curso con sobresaliente en todas las asignaturas. Me había fijado el propósito de alcanzar una nota media de 3,5 con objeto de licenciarme habiendo obtenido una mención especial; lo conseguí por los pelos, ya que mi promedio fue de 3,53. ¡Y luego dicen que la actual generación es competitiva! ¡Si nos hubieran visto a nosotros!

Además de los estudios de ingeniería y ciencias empresariales también estudié cuatro años de psicología y psiquiatría en Lehigh. No bromeo cuando digo que estos cursos fueron probablemente los más enriquecedores de mi estancia en la universidad. Aunque no se preste a las bromas ni a los juegos de palabras, debo manifestarlo: me han servido más los conocimientos que extraje de estos cursos a la hora de tratar en el trabajo con individuos que estaban mal de la cabeza, es decir, a quienes faltaba un *tornillo,* que los aprendidos en los cursos de ingeniería en lo tocante a *tornillos* y pernos de automóvil.

Durante uno de estos cursos íbamos tres tardes completas a la semana a la sección psiquiátrica del hospital estatal de Allentown, que distaba unos ocho kilómetros de la universidad. Allí tuvimos ocasión de conocer casos de maniacodepresivos, esquizofrénicos y de sujetos agresivos y violentos. Nuestro profesor se llamaba Rossman, y verle tratar a los pacientes era todo un espectáculo.

El curso se centraba nada menos que en los determinantes esenciales de la conducta humana. ¿Qué motiva el comportamiento de este individuo? ¿Cuál es el origen de la enajenación de esta mujer? ¿Qué es lo que impulsa a correr a Sammy? ¿Qué contingencia motivó que Joe fuese recluido allí para comportarse como un adolescente a la edad de cincuenta años? El examen final consistió en contactar con un grupo de nuevos pacientes y efectuar un diagnóstico de cada caso en cuestión de minutos.

Como resultado de esta formación marginal aprendí a conocer a la gente con notable rapidez. En la actualidad puedo, las más de las veces pronunciarme sobre los rasgos de un individuo después de una primera entrevista. Es una cualidad muy útil, porque lo más importante que puede hacer un buen gerente es saber escoger al personal más idóneo para cada tarea.

Sin embargo, hay cosas importantes acerca de un candidato que no se pueden adivinar en el breve lapso de una entrevista de selección. La primera es precisar si es trabajador u holgazán, y la segunda determinar si tiene o no sentido común. No existe ningún tipo de análisis cualitativo que permita detectar si es un sujeto inhibido y sin iniciativa, o si tiene astucia —o talento práctico— para tomar las decisiones que corresponda.

¡Ojalá dispusiéramos de alguna máquina capaz de medir estos rasgos, porque son los que marcan la diferencia entre el hombre y el niño!

Completé mis estudios en Lehigh en ocho trimestres seguidos, lo que significaba quedarse sin vacaciones de verano. Ojalá hubiese tenido tiempo de ir al campo a airearme, como mi padre siempre me había aconsejado. Pero la guerra se hallaba en plena efervescencia, y con mis amigos luchando —y muriendo— en Europa, tenía que rendir al máximo.

Además de los estudios propiamente dichos, participaba en gran número de actividades extraescolares. En aquellos días lo más interesante fueron las horas que dedicaba al periódico de la universidad, *The Brown and White*. Mi primer cometido como periodista fue entrevistar a un profesor que se había construido un cochecito que funcionaba mediante carbón. (Por supuesto que eso era antes de los años de la crisis energética.) Mi artículo debía de ser bueno, porque la Associated Press nos lo solicitó y lo distribuyó a un centenar de periódicos de todo el país.

A raíz del éxito obtenido con el mentado artículo me nombraron encargado de la confección del periódico. Muy pronto me di cuenta de que el impacto de la prensa escrita radicaba precisamente en aquel puesto. Años más tarde leí el libro del escritor Gay Talese sobre el *New York Times*, y en él uno de los jefes de redacción comentaba que la posición más influyente de un periódico no es la del redactor encargado de la página editorial, sino la de los redactores que están a cargo de los títulos y de la confección de las páginas.

Fue ésta una lección que aprendí con rapidez. En calidad de redactor-confeccionador, en seguida vi que la mayoría de la gente no lee el texto de los artículos, sino que echan un vistazo a los titulares y subtítulos, lo cual significa que la persona que los redacta logra un impacto sobre los lectores que condiciona la percepción de la noticia.

Además formaba parte de mi tarea determinar la extensión de todos los artículos en función del espacio disponible. Me apliqué a ello con total impunidad; a menudo tenía que amputar cinco centímetros de un buen artículo porque me hacía falta aquel espacio para colocar los anuncios. También aprendí a sacar el máximo partido de nuestros reporteros mediante el empleo sensato de títulos y subtítulos. Años después detectaba con facilidad cuándo los encargados de confección de los periódicos y revistas más prestigiosos del país me habían hecho una trastada. ¡Hay que vivir las experiencias para poder juzgar!

Ya antes de terminar la licenciatura deseaba trabajar en la Ford. Yo conducía un desvencijado modelo Ford de 1938 de sesenta caballos, y fue eso lo que fomentó mi interés por la empresa. Más de una vez, subiendo la cuesta, se soltaban de golpe los engranajes del cambio de marcha. Por lo visto, algún anónimo ejecutivo de la casa matriz de la Ford en Dearborn, Michigan, decidió que se economizaba más combustible en un motor de ocho cilindros en «V» añadiéndole sólo sesenta caballos de potencia. La idea no estaba mal... si se hubiese limitado el uso del vehículo a estados como Iowa; pero Lehigh se hallaba situado en una colina.

—Estos tipos me necesitan —solía decirles en broma a mis amigos—. Cualquiera que sea capaz de fabricar un coche tan malo como éste agradecerá un poco de ayuda.

En aquellos días, ser propietario de un Ford era una fórmula excelente para aprender el funcionamiento de un coche. Durante la guerra, las fábricas de automóviles habían reconvertido su producción y se dedicaban a fabricar armamento; de aquí que no salieran coches nuevos de las plantas de montaje. Hasta las piezas de repuesto escaseaban. La gente solía procurárselas en el mercado negro o acudiendo a los «cementerios» de automóviles. Si uno tenía la suerte de poseer un coche, aprendía de grado o por fuerza a cuidar de él. Tan grande fue la escasez de coches durante la guerra, que después de licenciarme vendí el mío por cuatrocientos cincuenta dólares. Teniendo en cuenta que mi padre me lo compró por doscientos cincuenta, creo que realicé un trato ventajoso.

Mientras estaba en la universidad, la gasolina costaba sólo 13 centavos por galón (3,78 litros), pero la guerra provocó una auténtica carestía de combustible. Como estudiante de ingeniería me dieron una de las llamadas tarjetas-C, lo que significaba que mis estudios se consideraban de vital importancia para la marcha de la guerra. ¡Cuesta trabajo creerlo! No era tan patriótico como estar en el frente, pero por lo menos aquel pequeño distintivo acreditaba que un día, tarde o temprano, yo contribuiría a levantar el país.

Al comienzo de mi cuarto año había una gran demanda de ingenieros industriales. Celebré al menos veinte entrevistas de cara a encontrar un empleo, y puede decirse que habría podido escoger el trabajo que se me antojase.

Pero mi campo de intereses tendía hacia el sector del automóvil. Como seguía alimentando el deseo de entrar en la Ford, concerté una entrevista con el encargado de selección de la compañía, que ostentaba el inefable nombre de Leander Hamilton McCormick-Goodheart. Vino a entrevistarme a la universidad en un Mark I, uno de aquellos llamativos Lincoln Continental que parecía fabricados por encargo. El coche me dejó maravillado. Un vistazo a la carrocería y el olor a piel curtida de los asientos fueron dos detalles suficientes para reforzar mis ansias de trabajar en la Ford para el resto de mis días.

A la sazón, la política de selección de personal de la Ford consistía en visitar cincuenta universidades y seleccionar a un alumno por centro. Este criterio siempre me ha parecido un poco necio. Suponiendo que Isaac Newton y Albert Einstein hubiesen sido condiscípulos, Ford se hubiera quedado con uno de ellos prescindiendo del otro. McCormick-Goodheart tuvo entrevistas con varios estudiantes de Lehigh, pero al fin me escogió a mí. Me sentí como transportado de felicidad.

Después de graduarme al término de los cuatro primeros años de universidad, y antes de iniciar el curso de adiestramiento en la Ford, me fui a pasar unas cortas vacaciones con mis padres a Shipbottom, Nueva Jersey. Pero mientras me hallaba en esta localidad recibí una carta de Bernardine Lenky, directora de asignación de empleos y becas de mi universidad, en la que incluía una hoja que ofrecía una beca de posgraduado para Princeton. La subvención incluía las clases, los libros y hasta dinero para otros gastos.

Bernardine me indicaba que todos los años se concedían únicamente dos de estas becas, y me recomendó que la solicitara. «Ya sé que no entraba en tus planes tomar cursos de posgrado —manifestaba—, pero esto tiene todo el aire de ser una verdadera oportunidad». Así pues, escribí a Princeton en solicitud de más datos y contestaron pidiéndome mi expediente académico. La siguiente noticia que tuve de ellos fue que me habían otorgado la beca Wallace Memorial.

Después de visitar el recinto universitario, comprendí que me convenía aceptar la beca. Me dije que poner el título de *master* después del nombre no perjudicaría mi carrera.

De repente me encontré con dos oportunidades tremendas. Llamé a McCormick-Goodheart y le expuse el dilema.

—Si te requieren en Princeton —declaró—, no lo pienses y obtén el *master*. Te haremos un hueco en espera de que termines los estudios.

Ésas eran las palabras que esperaba oír, y me sentí transportado al quinto cielo.

Princeton era un lugar sugestivo donde los haya. Comparado con el ritmo de trabajo de Lehigh, aquello parecía un lago de aguas plácidas. Como asignaturas optativas escogí la ciencia política y un campo de estudio nuevo para mí: los plásticos. Al igual que en Lehigh, también en Princeton la proporción de alumnos por clase era muy reducida. Uno de mis profesores, un hombre llamado Moody, pasaba por ser la primera autoridad mundial en hidráulica. Había participado en la construcción de la presa Grand Coulee y otros muchos proyectos, pero aun así éramos sólo cuatro alumnos en su clase.

Un día asistí a una conferencia de Einstein. La verdad es que no me enteré mucho de lo que decía, pero el mero hecho de tenerle delante resultaba apasionante. El departamento donde yo estudiaba no estaba lejos del Instituto de Estudios Superiores, centro donde Einstein impartía clases, y de vez en cuando le atisbaba dando un paseo por los jardines.

Se me concedieron tres trimestres para escribir la memoria o tesis, pero tal era mi deseo de empezar a trabajar en la Ford que acabé la tarea en sólo dos. El proyecto que tenía encomendado consistía en diseñar y construir —manualmente— un dinamómetro hidráulico. Un profesor llamado Sorensen se ofreció a prestarme ayuda y entre los dos terminamos el artefacto, que luego acoplamos a un motor que General Motors había donado a la universidad. Pasé todas las pruebas experimentales, terminé la memoria y la hice encuadernar... en piel; hasta ese punto estaba orgulloso de ella.

En el ínterin, Leander McCormick-Goodheart, en Dearborn, había sido llamado a filas. Por una idiotez mía, no me tomé la molestia de llamarle durante el año que permanecí en Princeton; más aún, ni siquiera le pedí que dejase constancia por escrito de la promesa de reservarme plaza en la empresa. O sea que al terminar los estudios en Princeton, nadie en la Ford tenía la menor idea de mi identidad.

Por fin pude ponerme en contacto telefónico con Bob Dunham, el superior de McCormick-Goodheart, y le expuse las circunstancias del caso.

—El grupo de adiestramiento está ya al completo —manifestó—, y tenemos los cincuenta muchachos que necesitabamos, pero atendiendo a lo que me dice, no me parece justo dejarle en la estacada.

Si tiene medio de venirse en seguida para acá, haremos que sea el número cincuenta y uno.

Al día siguiente mi padre me condujo hasta Filadelfia, y allí subí en el *Red Arrow*, con destino a Detroit, dispuesto a iniciar mi trayectoria profesional.

Viajé en tren toda la noche, pero estaba demasiado excitado para pegar ojo. Cuando me bajé en Ford Street Station, con una bolsa de lona a la espalda y cincuenta dólares en el bolsillo, salí al exterior y pregunté a la primera persona que se me cruzó en el camino:

—¿Podría indicarme el camino de Dearborn?

—Joven, siga hacia el oeste..., hacia el oeste, ¡a unos quince kilómetros de aquí! —fue su respuesta.

Mi peripecia en la Ford

III
El primer aprendizaje

En agosto de 1946 empecé a trabajar para la Ford en calidad de «ingeniero en prácticas». El curso de formación que recibíamos se consideraba de «ciclo cerrado», porque los alumnos visitaban una por una todas las instalaciones. Trabajábamos en el marco de la empresa y pasábamos unos días o una semana en cada departamento. Se daba por supuesto que al término del programa de capacitación estaríamos familiarizados con todas las fases de la fabricación de un coche.

La empresa no regateaba esfuerzos para que adquiriésemos experiencia de primera mano. Nos destinaron a la famosa instalación fabril de River Rouge, el complejo industrial más vasto del mundo. Además, la compañía Ford era propietaria de las minas de carbón y de piedra caliza, de forma que nos fue dado asistir a todo el proceso de fabricación, de principio a fin, o sea, desde la extracción del mineral a la fabricación de acero y a la construcción de los automóviles.

Nuestro itinerario comprendía la fundición o taller de fundición dedicado a trabajos no seriados (es decir, no especializada en un tipo determinado), la fundición especializada o en serie, el transporte de mineral en barcazas, los talleres de máquinas herramientas y matrizado, la pista experimental, la forja industrial y las cadenas de montaje. Pero no todo nuestro tiempo en la Ford estaba dedicado a menesteres relacionado con la fabricación. También nos destinaron unos días al departamento de compras, e incluso al centro hospitalario anexo a la fábrica.

Lo cierto era que no había mejor lugar en el mundo para enterarse de cómo se construía un coche en la práctica y de los procedimientos o técnicas industriales que se aplicaban. La inmensa fábrica de River Rouge era el orgullo de la empresa, y cuando acudía una delegación de otro país siempre se les mostraba aquella impresionante instalación. De momento los japoneses no se interesaban por Detroit, pero al final también ellos acudieron en peregrinación, por millares, al santuario del Rouge.

Por fin podía ver aplicado en la práctica todo lo que había leído en los libros. En Lehigh estudié metalurgia, pero a la sazón contribuía a realizarla, trabajando en los altos hornos y en las soleras abiertas. En el departamento de máquinas herramientas y matrizado tuve que hacer funcionar una serie de máquinas de las que hasta entonces sólo había oído hablar, como cepilladoras, fresadoras y tornos.

Hasta pasé cuatro semanas en la línea de acabado. El trabajo que me encargaron consistía en colocar un artilugio para sostén de cables en el interior de un bastidor de rodaje. No era una labor muy fatigosa, pero sí tremendamente aburrida. Un día mis padres vinieron a visitarme, y cuando mi padre me vio vestido con el traje de faena, sonrió y dijo:

—Te has pasado diecisiete años estudiando. ¿Ves lo que les pasa a los idiotas que no son los primeros de la clase?

Los capataces que nos supervisaban era gente amigable, pero los obreros nos miraban con recelo y resentimiento. Al principio, creíamos que se debía a los brazaletes con la indicación «ingeniero en práctica». Nos quejamos y nos dieron otros en que ponía simplemente «Administración», lo cual no hizo más que empeorar las cosas.

Pronto aprendí bastante historia para comprender lo que sucedía. Henry Ford, el fundador de la compañía, se había hecho viejo, y en aquella época la dirección corría a cargo de un grupo de colaboradores de su confianza, entre los que destacaba Harry Bennett, de quien se decía que era mala persona. Las relaciones entre la cúpula de la empresa y los trabajadores estaban muy deterioradas, y los aprendices como nosotros nos vimos atrapados entre dos fuegos. A pesar de las enseñas con el indicativo de «Administración», los obreros estaban convencidos de que éramos espías enviados por la dirección para someterlos a vigilancia. El hecho de que acabásemos de salir de las aulas universitarias y de que fuéramos unos novatos no contribuía a facilitar las cosas.

A pesar del tenso clima de trabajo, procurábamos divertirnos lo más posible. Éramos una pandilla variopinta de cincuenta y un jovenzuelos procedentes de diferentes universidades que dormíamos bajo el mismo techo, bebíamos cerveza en mutua compañía e intentábamos disfrutar de la vida cuando no estábamos atados al trabajo. El curso de capacitación estaba bastante mal organizado, y si uno quería tomarse dos días de asueto e irse a Chicago nadie le echaba en falta.

A mediados del ciclo de formación tuvimos una entrevista de evaluación con los supervisores del programa. El mío murmuró:

—Ah, Iacocca... Ingeniería mecánica, dinamómetros hidráulicos, transmisiones automáticas. Bien, veamos... Estamos creando una unidad de transmisión automática, o sea caja de engranajes o cambio de marchas. Te mandaremos para allá.

Llevaba ya nueve meses de curso y aún me faltaban otros nueve. Pero la mecánica ya no me interesaba. El primer día de mi llegada me dijeron que proyectara un muelle o resorte para el embrague. Me llevó toda la jornada realizar un dibujo detallado, y luego me dije: «¿Qué demonios estoy haciendo? ¿Es así cómo pretendo pasar el resto de mi existencia?».

Quería trabajar en la Ford, pero no en la parte técnica. Ansiaba encontrarme en medio del auténtico «jaleo», es decir, en la gestión empresarial, o en comercialización o en ventas. Prefería trabajar con personas, en vez de estar plantado ante una máquina. Como es lógico, mi salida no fue del agrado de los directores del programa de capacitación. En resumidas cuentas, la compañía nos había sacado de una escuela técnica, nos había ofrecido un contrato y había invertido tiempo y dinero en mi formación. Y ahora yo salía diciendo que deseaba trabajar en el departamento de *ventas*. Les parecía una incongruencia.

Dada mi insistencia, llegamos a una fórmula de compromiso. Les dije que no era necesario que terminase los nueve meses restantes de programa, ya que quedaban cubiertos con el título que había obtenido en Princeton. Consintieron en dejarme ir para que tratase de encontrar un empleo en el campo de las ventas, pero me dijeron que tendría que arreglármelas yo solito.

—Nos gustaría tenerte con nosotros en la Ford —manifestaron—, pero tendrás que dejar eso y espabilarte por tu cuenta si decides emprender el camino comercial.

Sin pérdida de tiempo me puse en contacto con Frank Zimmerman, mi mejor amigo en el curso de capacitación. *Zimmie* fue el primero en ser aceptado en el programa de adiestramiento y el primero en terminarlo. Al igual que yo, optó por dejar a un lado la mecánica, y había conseguido ya convencer a la persona idónea para que le diesen trabajo en el departamento de ventas, sección de camiones, en el distrito de Nueva York. Cuando acudí a visitarle parecíamos dos niñitos perdidos en la jungla de la urbe. No parábamos de visitar restaurantes y salas de fiesta, y nos quedábamos deslumbrados ante el esplendor de Manhattan. «Dios mío —me dije—, he de arreglármelas para afincarme aquí.» Al fin y al cabo yo era del Este, de modo que bien podía considerar que aquélla era mi patria chica.

Cuando me presenté en la oficina del director de ventas del distrito neoyorquino éste se hallaba ausente, por lo que me entrevisté con sus dos adjuntos. Estaba nervioso. Mi formación era de tipo técnico, no comercial. Seguramente el único modo de conseguir un puesto en la zona era causar una impresión muy favorable.

Traía una carta de recomendación que me dieron en Dearborn y se la entregué a uno de los sujetos. Extendió el brazo y la tomó sin apartar los ojos del periódico. A decir verdad, se pasó la media hora de la entrevista leyendo *The Wall Street Journal*, sin alzar la vista ni una sola vez.

El otro individuo era más tratable. Me miró los zapatos y luego el nudo de la corbata, para ver si estaba bien hecho, y después me formuló un par de preguntas. Podía jurar que no le gustó en absoluto que tuviese formación universitaria ni que hubiese pasado unos meses en Dearborn. Quizá pensó que estaba allí para controlarle. En todo caso, se veía bien a las claras que no tenía intención de contratarme. «No nos llames —apuntó—; ya lo haremos nosotros.» Me sentí como debe de sentirse un actor de variedades que pasa una sesión de prueba en Broadway y sale con la sensación de que le han dado una patada. La única posibilidad que tenía era probar fortuna en la central de ventas de otro distrito, de modo que concerté una cita con el director de la oficina de ventas de Chester, Pensilvania, no muy lejos de Filadelfia. En esta ocasión la suerte estuvo de mi lado. No sólo el director de distrito estaba en su despacho, sino que parecía dispuesto a darme una oportunidad. En resumen, fui contratado para un trabajo administrativo de poca monta en la sección de ventas al por mayor (por flotas o parques de automóviles) o de contrato múltiple.

Mi tarea en Chester consistía en conversar con los agentes o intermediarios de compra y llegar a un acuerdo sobre el cupo de automóviles nuevos que les correspondía. No resultaba un trabajo fácil. Yo era entonces un joven tímido y torpe. Cada vez que tenía que ponerme al teléfono me ponía a temblar. Antes de una llamada repetía lo que iba a decir una y otra vez por miedo a que mi interlocutor me colgase el aparato.

Hay personas que creen que un buen vendedor nace y no se hace. Pero yo no tenía una aptitud natural. Incluso algunos de los que trabajaban conmigo en la oficina tenían un carácter más despreocupado y un talante más abierto. Durante el primero o los dos primeros años me mostré en exceso pomposo y poco práctico, pero acabé por acumular un poco de experiencia y las cosas empezaron a mejorar.

Una vez impuesto de la situación, me esforzaba en hallar el modo más idóneo para enfocar los puntos en discusión. Al poco tiempo observé que la gente comenzaba a prestar atención a lo que yo decía.

Aprender el arte de las ventas lleva tiempo y esfuerzo. Es preciso practicar una y otra vez el modelo de personaje hasta que se convierte en una especie de segunda personalidad. En la actualidad, no todos los jóvenes quieren entender eso. Ven a un empresario que tiene éxito en los negocios y no se paran a pensar en la cantidad de errores que seguramente cometió en su etapa de aprendizaje, cuando también era joven. Equivocarse forma parte de la vida cotidiana, y es imposible no incurrir en errores de vez en cuando. Sólo cabe esperar que no tengan consecuencias desmesuradas y que uno no repita dos veces la misma equivocación.

También entonces, como antes en la universidad, llegué en un momento propicio. Durante la guerra se interrumpió la fabricación de automóviles, de modo que entre 1945 y 1950 la demanda era muy fuerte. Todo coche salido de la fábrica se vendía a precio de catálogo..., si no más alto. Todos los distribuidores y concesionarios andaban a la búsqueda de clientes que fuesen dueños de un automóvil usado, aunque apenas pudiera funcionar, porque sabían que incluso así podrían revenderlo y obtener un margen sustancioso.

Aunque yo ocupaba un puesto anodino en la jerarquía de la central de ventas, la gran cantidad de pedidos pendientes de servir hacía que mi trabajo se prestara a todo tipo de manipulaciones. Si hubiese querido jugar sucio me habría podido sacar un buen sobresueldo. Eran muchos los del oficio que realizaban operaciones de venta bastante turbias. Casi por doquier, los empleados de distrito distribuían los coches a los amigos y conocidos a cambio de favores o de prestaciones económicas subrepticias.

Los agentes autorizados de las marcas ganaban mucho dinero. No se conocían los precios de «oferta» ni las «ocasiones», porque los compradores pagaban lo que se les pedía. Algunos de los tipos que manejaban el asunto en las distintas circunscripciones de venta no se andaban con miramientos y querían su tajada en el negocio. Yo, como universitario bisoño, no salía de mi asombro.

Un buen día me sacaron de la mesa y del teléfono. Puede decirse que pasé del trabajo burocrático a la venta dura, sobre el terreno. Mi tarea consistía en visitar a los concesionarios como agente itinerante en el ámbito de la venta de camiones y cupos de automóviles, y darles unas cuantas indicaciones sobre la mejor manera de vender los vehículos. Me encantaba este trabajo. Por fin me hallaba fuera del reducto universitario, en un mundo real de hechos tangibles y de realidades palpables. Me pasaba los días viajando por mi zona en un flamante automóvil, haciendo partícipes de mis recién adquiridos conocimiento a unos doscientos concesionarios y distribuidores autorizados, todos pendientes de que yo les proporcionase la clave para hacerse millonarios.

En 1949 me nombraron director de zona en Wilkes-Barre, Pensilvania. La tarea que se me había asignado consistía en trabajar en estrecha unión con dieciocho concesionarios. Fue aquélla una experiencia que marcó una etapa decisiva en mi vida.

Son esos hombres, los gerentes de una agencia concesionaria de automóviles, quienes han levantado la industria del automóvil en los Estados Unidos. Si bien mantienen una relación obvia con la casa matriz, son los genuinos representantes del negociante norteamericano por excelencia. Son los que forman el núcleo del sistema capitalista vigente en Estados Unidos; y, además, son los que se encargan de vender y reparar todos los coches que salen de las fábricas.

Debido a este contacto personal con los propietarios de establecimientos concesionarios, era consciente del papel fundamental que representaba su labor. Con posterioridad, cuando me integré en la dirección de la Ford, me esforcé mucho en atenderlos como se merecían. Si uno quiere tener éxito en esta actividad comercial es preciso trabajar formando equipo, y esto significa que la sede central de la firma y sus agentes de venta autorizados tienen que militar en el mismo bando.

Por desgracia, muchos directivos del sector del automóvil no acaban de asimilar este concepto. Por su parte, los distribuidores y concesionarios se sienten vejados porque nadie parece concederles demasiada importancia. En lo que a mí concierne, lo tengo muy claro: los representantes de la marca son en realidad los *únicos* clientes de una compañía. De ahí que el sentido común más elemental aconseje escuchar atentamente lo que esos hombres tienen que decir, aunque a veces sus palabras no halaguen nuestros oídos.

Durante los años que permanecí en Chester aprendí mucho sobre el negocio de la venta detallista de automóviles y vehículos en general, sobre todo de un director de ventas de Wilkes-Barre llamado Murray Kester. Murray era un auténtico experto en la formación y motivación de equipos de venta.

Uno de sus trucos consistía en llamar a todos los clientes treinta días después de que hubiesen adquirido un automóvil. Murray preguntaba invariablemente: «¿Qué maravillas dicen sus amigos del automóvil que se ha comprado?». Era una estrategia sin complicaciones. Según su argumentación, si le preguntabas al cliente lo que opinaba *él* de su coche, probablemente se sentiría obligado a creer que el vehículo tenía algún fallo; pero interrogarle acerca de las ventajas que los amigos del comprador apreciaban, era tanto como forzarle a reconocer que había adquirido un coche estupendo. Pero aun en el supuesto de que a los amigos no les gustase el automóvil, no lo admitiría, por lo menos en una fase tan temprana. Todavía estaba en el período en que necesitaba justificarse a sí mismo que había hecho una compra buenísima. Luego, por poco que uno conociese el oficio, el concesionario solicitaba del cliente los nombres y teléfonos de sus amigos, alegando que en fin de cuentas quizás a ellos también les gustase adquirir un coche similar.

Recuerde bien este axioma: todo individuo que compra una cosa, sea un coche, una casa o unas acciones, estará unas semanas diciéndose que ha realizado una magnífica inversión, aunque no haya sido así.

Además de lo dicho, Murray sabía cantidad de chistes. La mayor parte de su repertorio lo extraía de su cuñado, que resultó ser Henny Youngman. Una vez mandó llamar a su pariente de Nueva York para que se dirigiese a una convención de vendedores en el marco del hotel Broadwood de Filadelfia. Henny calentó el ambiente y luego yo realicé la presentación de los nuevos modelos. Fue la primera vez que oí aquellas famosas palabras:

—¡Por favor..., se lo cambio por mi mujer!

Siguiendo las orientaciones de Murray, solía visitar a los concesionarios y representantes de la marca y les prodigaba unas cuantas recomendaciones. Les decía, por ejemplo, que tenían que «habilitar» o «poner en situación» al comprador potencial, preguntarle las cosas pertinentes que pudieran inducirle a formalizar el trato.

Si un tipo quería comprarse un descapotable rojo, no le daba más vueltas: se le vendía el automóvil que pedía y listo. Pero muchos compradores no sabían muy bien lo que deseaban, y parte de la tarea del vendedor consistía en ayudarles a aclarar ese extremo. Me atrevería a decir que comprar un coche no es tan distinto a comprar unos zapatos como pudiera parecer. Si usted trabaja en una zapatería, lo primero que hace es medir el tamaño del pie de la persona y luego le pregunta si quiere un modelo deportivo o uno elegante. Pues lo mismo puede decirse de los coches. Tiene que averiguar previamente para qué necesita el coche y qué otros miembros de la familia van a conducirlo. También tiene que dilucidar cuánto se piensa gastar el cliente en ciernes con objeto de ofrecerle una fórmula de pago que convenga a sus posibilidades.

Murray hablaba siempre de la importancia de cerrar el trato. Vimos que la mayoría de nuestros vendedores cumplían muy bien en las fases iniciales de la negociación, pero luego, por miedo a asustar al cliente, a menudo dejaban que se les fueran de las manos personas que habían entrado muy predispuestas a dejarse convencer. No conseguían nunca esforzarse y acabar diciendo: «Firme aquí».

Mientras me hallaba desempeñando mis menesteres en Chester experimenté el influjo de otro personaje notable, el hombre que, después de mi padre, habría de ejercer mayor impacto en mi vida. Se trataba de Charlie Beacham, director regional de la Ford para toda la Costa Este. Al igual que la mía, su formación era la de ingeniero mecánico, pero después se pasó al campo de las ventas y de la comercialización o *marketing* . Fue lo más parecido a un mentor que he tenido en mi vida profesional.

Charlie era del Sur, hombre cordial y vivaz, muy corpulento y de imponente apariencia, con una agradable sonrisa. Era un gran motivador; el tipo de individuo por el que uno se lanza al asalto de un reducto, aunque te vaya la vida en el empeño.

Poseía el raro don de ser inflexible y generoso a la vez. Recuerdo que en una ocasión, de los trece representantes de zona que abarcaba el distrito, yo fui el que presentó el balance de ventas más bajo. El hecho me abatió, y Charlie, viéndome pasear cabizbajo por el garaje, se me acercó y pasándome el brazo por los hombros me preguntó:

—¿Por qué estás tan deprimido?

—Señor Beacham —respondí—. Hay trece zonas de ventas, y este mes he ocupado la última plaza en función de los resultados.

—Vamos, hombre, no te vengas abajo por *eso* ; alguien tiene que ser el último —dijo, y empezó a alejarse. Mas cuando estuvo junto a su automóvil se detuvo, volvió la cabeza y añadió: —Pero, oye, procura no ser el último dos meses seguidos.

Su forma de expresarse era pintoresca y gráfica. Una vez se habló de enviar a unos cuantos vendedores recién contratados para que visitasen a los agentes y concesionarios autorizados de Filadelfia, que eran gente bastante dura de pelar. A Beacham la idea le pareció muy mal, y lo subrayó diciendo:

—Esos chicos están tan *verdes* que en primavera las vacas se los zamparán de un bocado.

En ocasiones hablaba sin rodeos:

—Gana dinero. Aprieta las clavijas a todo el mundo. Mira, muchacho, aquí lo que cuenta es el dinero; lo demás son pamplinas.

A Beacham le gustaba referirse al talento práctico, a las cosas que uno aprende sin más, las realidades de la vida que nadie puede enseñarte.

—No lo olvides, Lee —decía—. Lo único que tienes a tu favor en tanto que ser humano es tu aptitud para razonar y el sentido común. Es la única ventaja auténtica que les llevamos a los monos. Recuerda que un caballo es más fuerte y un perro más amistoso que un hombre, de modo que si no sabes distinguir entre un montón de mierda de caballo y un montón de helado de vainilla (y te aseguro que muchos no ven la diferencia), no tienes remedio, porque nunca serás capaz de salir adelante.

Aceptaba que uno cometiese errores, siempre que afrontara la responsabilidad de los mismos. Con frecuencia decía:

—Ten siempre presente que todos cometemos errores. Lo malo está en que muy pocos los aceptan como propios. Cuando un tipo se equivoca, pocas veces se echa la culpa, a menos que no tenga posibilidad de escape. Pero si le dejas, es capaz de cargarle el muerto a su mujer, a su querida, a los hijos, al perro o al mal tiempo..., pero nunca a sí mismo. Así que ya sabes, si metes la pata no me vengas con excusas... Ponte delante del espejo, mírate y luego ven a verme.

A veces, durante las reuniones con los vendedores, Charlie dedicaba cinco minutos a enumerar todas las excusas que se le habían dado últimamente para justificar un descenso en las ventas de coches, con objeto de que ninguno de los presentes se sintiese tentado a utilizarlas. Respetaba a los tipos que sabían encararse con sus fracasos. En cambio, no simpatizaba con aquellos que siempre tenían una coartada a mano o dramatizaban más de la cuenta. Charlie era un hombre de la calle, tenaz y porfiado, y también un estratega, siempre pensando en cuál iba a ser su próximo movimiento.

Era un fanático de los puros, y a pesar de que el médico le prohibió que fumara, no logró quitárselos de la boca. En vez de encender los puros y fumárselos, empezaba a masticarlos. A cada momento se sacaba el cortaplumas y cortaba la porción de puro ya masticada a conciencia. Después de una reunión con él, parecía que un conejo había estado rondando por allí, pues te encontrabas en tu mesa diez o quince pedacitos de puro masticado que se parecían extraordinariamente a los excrementos de esos roedores.

Cuando las circunstancias lo exigían, Charlie era un patrón duro e inflexible. En el curso de una cena para conmemorar mi elección a la presidencia de la Ford, en 1970, hice acopio de firmeza para decirle a Charlie lo que pensaba de él.

—Nunca habrá otro Charlie Beacham —manifesté—. Tiene una hornacina especial en mi corazón... y a veces pienso que la excavó poquito a poco y con la mano. No sólo fue mi mentor; era más que todo eso. Fue mi «atormentador», pero le profeso un cariño entrañable.

A medida que iba adquiriendo confianza y obtenía mejores resultados, Charlie me encomendó la tarea de enseñar a los concesionarios cómo vender camiones y furgonetas. Incluso escribí un librito titulado *Selección y adiestramiento de vendedores de camiones.* No cabía duda de que había obrado acertadamente al renunciar a la mecánica industrial. El «jaleo» estaba en este tipo de trabajo, y me encantaba andar metido en el fragor de la pelea.

Al igual que en la universidad, el éxito que obtuve en Chester no se debió exclusivamente a mi esfuerzo. También aquí tuve la suerte de aterrizar en el momento y lugar oportunos. Ford se hallaba en plena etapa de reorganización y, como resultado, había bastantes cargos que cubrir. La oportunidad estaba ahí y no la desaproveché. Al poco tiempo, Charlie me envió a viajar por esos mundos.

Iba con el coche a lo largo de toda la Costa Este, de una población a otra, cargado con los útiles de mi oficio: un proyector para pasar diapositivas, carteles y cuadernos con diagramas y esquemas de consulta rápida. Llegaba a una localidad el domingo por la noche y programaba un curso de formación de cinco días para los vendedores de camiones de la Ford en la zona. Me pasaba hablando todo el día, y como ocurre en todos los trabajos, si pones esfuerzo y dedicación, acabas conociendo a fondo lo que haces.

Como parte de mi trabajo tenía que realizar muchas llamadas de larga distancia. Como en aquellos días la red telefónica no estaba automatizada, tenía que solicitar conferencia a la telefonista. Siempre me preguntaban el nombre, y yo les decía: «Iacocca». Por supuesto, no tenían la menor idea de cómo se deletreaba, de forma que siempre había sus más y sus menos hasta conseguir que lo escribieran correctamente. Después me preguntaban cuál era mi nombre de pila, y cuando les contestaba «Lido», rompían a reír. Finalmente me dije: «¿Quién lo quiere?», y empecé a darme el nombre de Lee.

Una vez, antes de emprender mi primer viaje al Sur, Charlie me llamó a su despacho y me dijo:

—Oye, Lee, vas a visitar mi patria chica y quiero darte un par de recomendaciones. En primer lugar, hablas demasiado aprisa para el gusto de esos tipos, de modo que echa el freno. En segundo lugar, no les va a gustar tu nombre, así que atiende y haz lo que voy a decirte. Les cuentas que tienes un nombre de pila un poco estrafalario (Iacocca) y que tu apellido de familia es Lee. A los del Sur, eso les gustará.

Y, en efecto, les encantó. Empezaba todas las reuniones y entrevistas con la misma introducción, y acabé por desarmar completamente a los buenos sureños. Se olvidaron de que era un «yanqui» de ascendencia italiana, y de la noche a la mañana me aceptaron como uno de su tierra.

Trabajé de firme en aquellos periplos, subiéndome a los trenes para visitar lugares como Norfolk, Charlotte, Atlanta y Jacksonville. Llegué a conocer a todos los agentes y vendedores de la marca en el Sur. Tragué más sémola y jugo de carne picante del que mi estómago podía soportar, pero me sentía dichoso. Quería trabajar en el sector comercial del negocio de los automóviles y codearme con la gente, y por fin lo había conseguido.

IV
Los expertos en tesorería

Después de unos años fructíferos en Chester, tuve un inesperado contratiempo. A principios de los años cincuenta hubo una moderada recesión en el sector del automóvil y la Ford decidió cortar por lo sano. Una tercera parte de los vendedores fueron despedidos, entre ellos algunos de mis mejores camaradas. Creo que salí bastante bien librado, pues sólo me rebajaron a otra categoría, pero desde luego me sentí muy insatisfecho. Pasé una temporada en un estado de ánimo deplorable. Incluso se me ocurrió la idea de dedicarme al ramo de la alimentación y abrir una cadena de puestos de comida rápida.

Pero si de verdad tienes fe en tu trabajo, hay que perseverar hasta cuando surgen obstáculos por todas partes. Después de que terminase de lamentarme, redoblé mis esfuerzos y me puse a trabajar con más ahínco que antes. Al cabo de unos meses me habían reincorporado al cargo que venía desempeñando antes de la crisis. Los reveses son moneda corriente en la vida, por lo que hay que ser mesurado a la hora de reaccionar ante las contrariedades. De haberme compadecido demasiado tiempo de mi mala estrella, lo más probable es que hubiesen terminado por despedirme.

En 1953 había ido ascendiendo en la jerarquía hasta ser nombrado director adjunto de ventas del distrito de Filadelfia. Al margen de la actividad de los agentes de venta, las cadenas de montaje de la fábrica seguían produciendo coches, y no podías quedarte cruzado de brazos. Llega un momento en que aprendes a gatear y a moverte con rapidez felina. O das un rendimiento adecuado, o te ves metido en un lío de buenas a primeras.

Se dice que las desgracias nunca vienen solas, y en aquel año de 1956 tuve mi lote correspondiente. Fue el año en que la Ford decidió promocionar la seguridad del conductor, en vez de hacer hincapié en la prestación y la potencia de los vehículos. Entre las medidas de seguridad que introdujo la compania, se contaba el relleno del panel de instrumentos. La dirección había dispuesto la realización de una película para que nosotros la exhibiésemos a los agentes y concesionarios de la marca. Se estimaba que bastaría para poner de relieve la eficacia del nuevo almohadillado en caso de que el conductor colisionara y su cabeza chocara contra el tablero de instrumentos. Para expresar de una manera gráfica ese extremo, el narrador de la película decía que el relleno era tan tupido que si se arrojaba un huevo sobre el almohadillado desde un edificio de treinta y dos pisos, no se rompería.

Me sentí atrapado. Decidí que en vez de explicar a los vendedores la novedad del relleno, a partir del filme, impresionaría mucho más llevar a la práctica el experimento propuesto y lanzar un huevo contra el relleno de seguridad. En la sala de juntas de la sede regional se hallaba congregado un auditorio de algo más de mil personas. Entonces les largué el discursito sobre las increíbles ventajas que reportaba el panel de mandos almohadillado que la firma había incorporado a nuestros modelos de 1956. Previamente había esparcido por el pavimento tiras de relleno, y a continuación me subí a una escalera muy alta provisto de una caja de huevos frescos.

El primer huevo que lancé no dio en el blanco y se estrelló contra el entarimado. La concurrencia se echó a reir ruidosamente, divertida con el espectáculo. Tomé el segundo huevo y afiné la puntería, pero mi ayudante, que era quien sostenía la escalera, se movió precisamente en aquel momento hacia donde no debía, y el huevo le cayó en el hombro. También este incidente fue saludado por un coro de risas y fuertes aplausos.

El tercero y el cuarto huevo hicieron diana, pero por desgracia no aguantaron el impacto y se rompió la cáscara. Por fin, tras lanzar el quinto huevo logré el resultado propuesto y, de pasada, me llevé una sonada ovación, con la concurrencia puesta en pie. Aquel día aprendí dos lecciones. En primer lugar, que jamás deben utilizarse huevos en una asamblea de ventas y, segundo, que antes de presentarse ante la clientela hay que ensayar las palabras que uno piensa dirigirles —así como lo que se propone *hacer*— con objeto de promocionar las ventas.

Aquel día tenía la cara cubierta con residuos de huevo, circunstancia que resultó todo un augurio en lo referente a los modelos Ford de 1956. La campaña de seguridad fue un sonado fracaso. Estaba bien concebida y muy bien promocionada, pero los consumidores no respondieron a las expectativas.

Las ventas de los Ford 1956 fueron poco satisfactorias en todas las zonas, pero nuestro distrito arrojó el balance más pobre de todo el país. Después del episodio de los huevos, se me ocurrió un plan que confiaba diese mejores frutos. Establecí que todo comprador de un Ford modelo 1956 podría adquirirlo mediante una moderada entrada (el veinte por ciento del precio total), y pagar el resto a razón de 56 dólares mensuales en tres años. Era una oferta que estaba al alcance de casi todos los bolsillos, y esperaba que fomentase el porcentaje de ventas en nuestro distrito. A este plan lo llamé «56 para un 56».

Por aquella época las facilidades de pago en lo tocante a coches salidos de fábrica estaba aún en mantillas. El programa «56 por un 56» tuvo una acogida meteórica. Al cabo de sólo tres meses, el distrito de Filadelfia pasó directamente del último puesto a la cabeza de la clasificación nacional. Robert S. McNamara —posteriormente secretario de Defensa con el presidente Kennedy— era entonces vicepresidente ejecutivo de la división Ford, en la casa matriz, y le gustó tanto mi estrategia que la incorporó a la política comercial de la firma en todo el ámbito nacional. Con posterioridad, calculó que el plan había contribuido a la venta de 75.000 vehículos suplementarios.

He aquí que, después de diez años de aprendizaje, mi iniciativa me deparaba un éxito súbito y apoteósico. De repente, mi nombre empezó a sonar en la sede central de la empresa. Durante diez años me había esforzado mucho trabajando en lo más duro del negocio, pero entonces se me presentó una gran oportunidad. Súbitamente el futuro se me apareció lleno de posibilidades. Como premio, la empresa me ofreció el cargo de director del distrito de Washington, D.C.

En medio de tantos y tan apretados acontecimientos contraje también matrimonio. Mi esposa, Mary McLeary, trabajaba como recepcionista en la planta de montaje de la Ford en Chester. Nos habíamos conocido ocho años atras, en el curso de una recepción que siguió a la presentación de nuestros modelos de 1949 en el hotel Bellevue Stratford de Filadelfia. Salimos juntos muchas veces a lo largo de varios años, pero yo no paraba de viajar, lo cual no facilitaba un noviazgo continuado. Finalmente, el 29 de setiembre de 1956, celebramos la boda en la iglesia católica de St. Robert, en Chester.

Mary y yo estuvimos varios meses buscando una casa apropiada en Washington, pero cuando formalizamos la compra de la vivienda, llamó Charlie Beacham y me dijo: «Te trasladan». Yo le respondí: «Supongo que bromeas, ¿no? Me caso la semana entrante y acabo de comprarme una casa», a lo que él terció: «Chico, lo siento en el alma, pero si quieres cobrar tendrás que recoger tu cheque en Dearborn». No sólo tenía que decirle a Mary que debíamos de desplazarnos rápidamente a Detroit, sino que durante la luna de miel le comuniqué que a la vuelta a nuestra bonita casa de Maryland pasaría una noche con ella y luego tenía que irme a toda prisa.

Charlie Beacham, que a su vez había sido ascendido a jefe de la división de coches y camiones de la Ford, reclamó mi presencia en Dearborn para hacerme cargo de la dirección de marketing de los autocamiones para todo el territorio nacional, siempre a sus órdenes. Un año después era jefe de marketing de la rama de automóviles, y en marzo de 1960 me hice cargo de las dos tareas.

La primera vez que conocí a Robert McNamara, mi nuevo jefe, hablamos de alfombras y moquetas. A pesar de la satisfacción que suponía mi ascenso y el destino en la casa matriz, me preocupaba el mucho dinero que había desembolsado en la compra y decoración de nuestra casa de Washington. McNamara trató de serenar mi ánimo diciendo que la empresa me compraría la casa. Por desgracia, Mary y yo nos habíamos gastado la bonita suma de dos mil dólares en alfombrarla, cantidad nada despreciable en aquellos días. Confiaba en que la Ford me compensara también de aquel gasto, pero McNamara negó con la cabeza.

—Sólo la casa —manifestó—. Pero no se preocupe —añadió en seguida—, ya nos ocuparemos de que la gratificación suplementaria cubra este apartado.

Sus palabras sonaron bien en mis oídos, pero de vuelta al despacho volví a reflexionar sobre el asunto. «Eh, un momento —me dije—; si ni siquiera sé a cuanto ascendería la prima sin descontar la moqueta. ¿Seguro que el trato me conviene?» Visto en retrospectiva, este episodio parece un poco absurdo y, de hecho, años después McNamara y yo nos reímos más de una vez al referirnos al mismo. Pero en aquel entonces no me interesaba el prestigio ni el poder; sólo el dinero.

Robert McNamara había entrado en la Ford once años antes que yo. Formaba parte del famoso grupo conocido como los Whiz Kids, «los Fenómenos». En 1945, cuando Henry Ford II dejó la Marina de Guerra para hacerse cargo de la dirección de la enorme pero renqueante compañía de automóviles que heredara de su abuelo, necesitaba ante todo gente con talento en la gestión y organización empresariales. Como atendiendo a una llamada del destino, la solución le vino a las manos casi sin quererlo, y fue lo bastante listo, todo hay que decirlo, para no dejar escapar la oportunidad.

Poco después del fin de la guerra, Henry recibió un telegrama poco habitual y enigmático suscrito por un grupo de diez jóvenes oficiales de la Fuerza Aérea que manifestaban interés en hablar con él sobre «un asunto de interés empresarial», según se leía en el texto del cable. Daban como referencia el nombre del secretario de

Defensa. Este grupo de diez oficiales, que dirigieron el Servicio de Control Estadístico de la Fuerza Aérea, deseaba seguir trabajando en equipo, aunque en el sector privado.

Henry Ford les invitó a ir a Detroit, y allí, el portavoz del grupo, el coronel Charles (*Tex*) Thornton, le expuso que sus hombres estaban en condiciones de racionalizar los costos de la Ford como hicieran antes en la aviación militar. Thornton también dejó bien sentado que su oferta era de carácter global; es decir, que si Henry se mostraba interesado, tendría que contratar los servicios de todo el equipo. A pesar de que ninguno de ellos tenía una formación específica en el terreno del automóvil, dos de sus miembros, McNamara y Arjay Miller, llegarían a ser presidentes de la Ford.

El grupo de oficiales de la Fuerza Aérea entró en la Ford al mismo tiempo que yo iniciaba mis prácticas de ingeniería mecánica en la fábrica. También ellos realizaron un curso de «circunvalación» por su cuenta, pero en vez de orientarlo hacia la fabricación, tomaron como referencia la gerencia y la administración de la compañía. Se pasaron los cuatro primero meses yendo de un departamento al otro, y formularon tantas preguntas que la gente empezó a llamarles Quiz Kids, es decir, «los Preguntones». Luego, cuando se vieron los resultados de su labor, se les aplicó el remoquete de Whiz Kids, «los Fenómenos».

Robert McNamara era muy distinto del resto de sus compañeros, y también de los demás ejecutivos de la firma. Muchos pensaban que era poco simpático, y creo sinceramente que daba una imagen de frialdad y distanciamiento. Desde luego, no era hombre de risa fácil, salvo cuando estaba en compañía de Beacham. Charlie lograba que se sintiera a sus anchas, y aunque los dos hombres eran el polo opuesto —o quizá gracias a eso—, el caso es que se llevaban magníficamente. Pese a que McNamara tenía fama de ser algo así como un robot humano, en la práctica era una persona amable y un amigo leal. Pero tenía tal inteligencia y una mente tan disciplinada, que a menudo estos rasgos se sobreponían a su personalidad.

No siempre resultaba fácil entenderse con él y, en ocasiones, su extrema honradez le volvía loco a uno. Una vez en que había proyectado ir a esquiar unos días, tuvo necesidad de un coche provisto de portaesquíes. «No hay problema —le dije—. Mando poner un portaesquíes en uno de nuestros coches, en Denver, y no tiene más que recogerlo.» Pero no quiso ni oír hablar del asunto. Se empeñó en que le alquilara un vehículo en Hertz, en pagar de más por el portaesquíes y en que le mandásemos la factura. Se negó de plano a utilizar un automóvil de la casa en sus vacaciones, a pesar de que todos los fines de semana prestábamos centenares de ellos a gran número de personajes importantes.

McNamara solía decir que el director general tiene que ser más papista que el papa y tener las manos limpias como una patena. Abogaba por un cierto distanciamiento, y llevaba a la práctica sus prédicas. Nunca fue de veras uno de los integrantes del famoso grupo.

Así como la mayoría de los directivos de la compañía vivían en barrios residenciales como Grosse Pointe y Bloomfield Hills, McNamara y su esposa vivían en Ann Arbor, cerca de la Universidad de Michigan. Bob era un intelectual, y prefería codearse con profesores universitarios que con altos cargos del sector. También era muy independiente en cuanto a ideario político. En un medio que automáticamente prestaba su apoyo a los republicanos, ligados al gran capital, McNamara era a la vez liberal y demócrata.

Además, era uno de los hombres más inteligentes que he conocido, con un altísimo coeficiente intelectual y un cerebro que lo asimilaba todo. Era realmente un superdotado, con una prodigiosa capacidad para retener datos y cuantos asuntos se sometían a su consideración. Pero es que, por si fuera poco, McNamara estaba impuesto no sólo de los hechos presentes y reales, sino que también controlaba los de orden hipotético. Si hablabas con él te dabas cuenta de que su mente ya había reflexionado sobre los aspectos más destacados de todas las alternativas y enfoques posibles. Me enseñó a no adoptar jamás una decisión trascendental sin darse a uno mismo la posibilidad de elegir por lo menos entre «vainilla» y «chocolate», y en el caso de que la operación en juego pasara de los cien millones de dólares, según él era aconsejable añadirle también una opción de helado de «fresa».

Siempre que se veía en la tesitura de tener que utilizar grandes sumas de dinero, McNamara calculaba al detalle las repercusiones de todas y cada una de las decisiones factibles. De cuantos hombres he conocido, era el más capacitado para retener una docena de planes distintos y de dar todas las cifras y datos pertinentes sin tener que recurrir a guiones escritos.

Con todo, me aconsejaba que anotase siempre mis ideas en el papel:

—Aunque seas tan convincente en el trato directo con la gente, y a pesar de que puedes vender lo que sea al más pintado, tenemos que gastar en esta operación cien millones de dólares. Esta noche, cuando llegues a casa, anotas tu magnífica sugerencia en una hoja, y si no puedes hacerlo, señal de que todavía no has madurado suficientemente la idea.

Era una valiosa recomendación y desde entonces he procurado seguir siempre sus directrices. Hoy, siempre que algún colaborador quiere proponer un plan, le pido que lo ponga por escrito. No quiero que nadie me convenza de la consistencia de una idea sólo por el tono agradable de su voz o por su fuerte personalidad. Ciertamente, desde las alturas uno no puede permitirse estos lujos.

McNamara y los restantes «fenómenos» formaban parte de una nueva estirpe de empresarios que aportaron a la Ford algo que la compañía necesitaba con urgencia: fiscalización financiera. Durante muchos años éste había sido el punto vulnerable de la empresa, y se remontaba a la época en que el mismísimo Henry Ford llevaba las cuentas garrapateando los números en el dorso de un sobre de correos.

Los Whiz Kids situaron a la compañía en las coordenadas del siglo veinte. Introdujeron una fórmula de control contable a tenor de la cual —por vez primera en la historia de la empresa— todas las operaciones de la compañía podían medirse en términos de pérdidas y ganancias, y a partir de entonces todos los gerentes de área serían responsables del cumplimiento o incumplimiento de los programas financieros en el ámbito de su competencia.

Además del grupo de «fenómenos», Henry Ford II contrató a docenas de diplomados en la Escuela Superior de Administración de Empresas de Harvard. Nosotros, los que trabajábamos en el campo de las ventas, planificación del producto y comercialización, considerábamos a los administradores financieros como una especie de intelectuales soñadores, individuos provistos de un título superior en administración de empresas que formaban un grupo elitista en el seno de la compañía. Se les había llamado para que pusieran orden en una situación caótica, y realizaron su labor a conciencia. No obstante, cuando dieron por concluida la tarea, detentaban los puestos de más relieve en la compañía Ford.

En el ámbito empresarial estadounidense se alude con frecuencia a los encargados de la tesorería y la gestión financiera con el término o expresión de *bean counters* (o «contadores» de dinero). Pues bien, McNamara era la personificación misma de este espécimen; en su persona se compendiaban la fortaleza y las debilidades de la raza. En su aspecto más positivo —y Bob era un elemento destacado allí donde lo hubiera—, este tipo de profesionales poseían una aptitud prodigiosa para todo lo relacionado con la planificación y control de tesorería a la vez que una formidable capacidad analítica. En la época anterior a las computadoras, cabe afirmar que estos talentos hacían las veces de un ordenador.

Por su íntima naturaleza, los especialistas en análisis financiero suelen actuar a la defensiva; son conservadores y pesimistas en sus apreciaciones. En el extremo opuesto se hallan los sujetos que trabajan en las ventas y la comercialización, individuos emprendedores, arriesgados y de talante optimista. Siempre están diciendo: «Adelante, vamos a por ello», en tanto que los administradores del patrimonio no dejan de prevenir a la dirección sobre lo que no conviene hacer. Toda empresa necesita de ambas partes, ya que la natural tensión entre lo que propugnan ambos grupos crea un peculiar sistema de pesos y contrapesos que dotan a la compañía del equilibrio necesario.

Si los encargados de la gestión financiera se muestran endebles, la empresa puede acabar gastando maś de la cuenta y acabar en la bancarrota. Pero si sus opiniones dominan o prevalecen en demasía, la firma no estará a la altura del mercado ni resistirá los embates de la competencia. Esto es lo que sucedió en la Ford durante los años setenta. Los directores de la tesorería llegaron a convencerse de que eran los únicos empleados dotados de la necesaria prudencia. Su actitud era, por expresarlo de algún modo, la siguiente: «Si no les paramos los pies, estos payasos nos van a hundir». Consideraron que su cargo les obligaba a salvar a la compañía de los soñadores exaltados y radicales dispuestos a «cargarse» a la Ford, a acabar con ella. Pero no tuvieron en cuenta la rapidez con que se suceden los cambios en el sector del automóvil. Aunque la empresa estuviese agonizando en el mercado del consumidor, eran incapaces de introducir un solo cambio hasta que llegase la próxima asamblea para decidir el presupuesto anual.

Robert McNamara era de otra laya. Estaba en la órbita del empresario, del hombre de negocios, pero tenía la mentalidad del consumidor medio. Creía firmemente en la viabilidad de un coche utilitario, de un vehículo que tuviese como único objetivo cubrir las necesidades básicas de la gente. Los modelos de lujo y los proyectos de automóviles aparatosos se le antojaban una frivolidad inútil, y sólo permitía que se fabricasen en razón al elevado margen de beneficios que procuraban estas unidades. Pero McNamara era un gerente tan capacitado y valioso para la compañía que continuó subiendo puestos en el escalafón, pese a la independencia de sus puntos de vista políticos.

Por más que contemplaba la posibilidad de llegar un día a la presidencia de la Ford, no confiaba mucho en lograrlo: «Nunca llegaré a la poltrona —me confesó una vez—, porque Henry y yo no coincidimos en *nada*.» Tenía razón en su declaración, pero estaba equivocado en su vaticinio.

Sin embargo, personalmente no creo que McNamara hubiese estado equivocado a largo plazo. Era un hombre de temple que luchaba por sus convicciones, y Henry Ford —como tendría ocasión de apreciar en mi propia persona— tenía el deplorable hábito de sacudirse de encima a los directivos con empuje y garra. El 10 de noviembre de 1960, McNamara fue nombrado presidente de la empresa, y el mismo día yo pasé a ocupar la vacante que él había dejado, como vicepresidente y director general de la división Ford. Nuestros respectivos nombramientos coincidieron con la elección de John F. Kennedy para la presidencia de los Estados Unidos. Pocos días después, mientras Kennedy realizaba las gestiones necesarias para formar Gobierno, acudieron a Detroit unos enviados especiales para entrevistarse con Bob. McNamara, que contaba en su currículo profesional con el mérito de haber sido profesor de la Escuela de Administración de Empresas de Harvard, recibió la propuesta de hacerse cargo del Ministerio de Hacienda (Secretaría del Tesoro), pero acabó desechando la oferta. No obstante, causó una fuerte impresión en el presidente, y cuando más tarde Kennedy le pidió que aceptase el cargo de secretario de Defensa, Bob contestó afirmativamente.

En 1959 McNamara sacó al mercado un coche a la medida de sus deseos. El Falcon fue el primer automóvil de tamaño intermedio, y por decirlo de alguna manera, era un coche barato, construido para seguir siéndolo en su andadura. También fue todo un éxito de aceptación, ya que sólo en el primer año se vendieron 417.000 unidades, hecho sin precedentes en la historia del automóvil y más que suficiente para reportarle a McNamara la presidencia de la Ford.

McNamara pensaba en las necesidades básicas de desplazamiento del usuario, y con el Falcon llevó a la práctica sus concepciones en la materia. Aunque el diseño del coche —en el supuesto de que lo tuviera— no me decía nada en absoluto, hube de rendirme a la evidencia de la aceptación que tuvo. Era un coche cuyo precio le permitía competir con los utilitarios de importación, que empezaban a gozar de cierto auge en el país y que constituían casi el diez por ciento del mercado norteamericano del automóvil de turismo. Con todo, el Falcon tenía la ventaja de que podía transportar a seis ocupantes, lo que lo hacía suficientemente espacioso para la mayoría de las familias norteamericanas.

No fue sólo la Ford la que afrontó la competencia de los coches de importación. Poco más o menos hacia la misma época, la General Motors sacó el Corvair, en tanto que la Chrysler ofrecía el Valiant. Pero fue el Falcon el que acabó ganando, en parte porque era el más barato de todos.

Además de ser barato, el Falcon ofrecía excelentes prestaciones. Si bien en 1960 la economía de combustible no era un aspecto de primordial importancia, la relación entre consumo de gasolina y autonomía en kilómetros era excelente. Pero lo más importante era que tenía fama de ser un coche silencioso que daba pocos problemas a su dueño, y que requería un mínimo de mantenimiento. La sencillez del diseño abarataba bastante las reparaciones, y tenía relativamente pocas. En fin, las compañías de seguro terminaron ofreciendo descuentos en las pólizas a los conductores de este vehículo.

Con todo, a pesar de la fantástica aceptación del modelo, el Falcon no supuso a la compañía unos ingresos tan altos como se esperaba. Por ser un coche utilitario y relativamente barato, el margen de beneficios era limitado. Tampoco ofrecía muchas opciones, lo cual hubiera podido procurar pingües beneficios suplementarios. Después de que me ascendieran a director de la división Ford, empecé a madurar la idea de un coche que, siendo popular, rindiera grandes beneficios a la compañía. Un par de años después tendría la oportunidad de llevar esas ideas a la práctica.

V
La clave de la gestión empresarial

A la edad de treinta y seis años era director general de la división más vasta de la segunda compañía industrial del mundo, pero a la vez era un hombre prácticamente desconocido. La mitad de los que trabajaban en la Ford no tenían idea de quién era yo, y la otra mitad no sabían pronunciar mi apellido.

El día que Henry Ford me llamó a su despacho, en diciembre de 1960, fue como si hubiese recibido una invitación del Olimpo. Nos habíamos dado la mano algunas veces, pero aquella era la primera entrevista auténtica que iba a tener con él. Tanto McNamara como Beacham me habían dicho que ya le habían convencido de que me nombrase director de la división Ford, pero me recomendaron que no me diera por enterado, pues les constaba que a Henry le gustaría dar la impresión de que la idea se le había ocurrido a él.

El ascenso me encandiló, pero a la vez me di cuenta de que me colocaba en una situación delicada. De repente me hallaba al frente de la división más destacada de la empresa. El propio Henry Ford me había entronizado. Por otro lado, había pasado por encima de un montón de gente con más experiencia que figuraban en posiciones jerárquicas superiores. Sabía con certeza que algunos de ellos se sentirían molestos por tan súbita promoción. Además, yo no podía presumir todavía de auténticas credenciales en lo tocante al producto de la casa, es decir los automóviles. En esta fase de mi trayectoria profesional, ningún coche de la firma llevaba mi impronta; nadie podía decir: «Mira, este modelo fue idea de Iacocca».

Sólo me restaba el terreno en el que sabía desenvolverme: el trato con la gente en el ámbito del negocios de coches. Tenía que ver si podía aplicar mi formación y conocimientos en materia de ventas y comercialización al trato profesional con la gente que me rodeaba. Tenía que recurrir a todo lo que había aprendido de mi padre, de Charlie Beacham y de los dictados de la experiencia y el sentido común. Había llegado el gran momento de someterme a prueba.

Una de las primeras ideas me vino de Wall Street. En 1956, hacía sólo cuatro años, las acciones de la Ford empezaron a cotizarse en Bolsa, y a la sazón la empresa era en parte propiedad de un vasto número de accionistas muy interesados en el «estado de salud» y rentabilidad de la Ford. Al igual que otras muchas empresas cuyos títulos tienen cotización bursátil, nosotros enviábamos a los tenedores de acciones un informe económico pormenorizado cada tres meses. O sea, que cuatro veces al año nos sometían a fiscalización a través de estos informes trimestrales, y otras tantas veces les liquidábamos dividendos a tenor de los beneficios obtenidos.

Me dije entonces que si nuestros accionistas disponían de un sistema de control trimestral, también nuestros ejecutivos podían aspirar a otro tanto, y fue entonces cuando empecé a perfeccionar una técnica de gestión que sigo empleando en la actualidad. Con el transcurso de los años, he pasado a formular periódicamente a mis hombres de confianza unas cuantas preguntas que juzgo esenciales, y a su vez ellos preguntan a sus colaboradores más allegados, y éstos a sus subordinados, y así hasta llegar a la base. Preguntas como: ¿Qué objetivos tiene previstos para los próximos noventa días? ¿Cuáles son sus proyectos, prelaciones y expectativas? Y, lógicamente, ésta: ¿Qué medidas piensa adoptar para llevarlos a la práctica?

A primera vista, este método quizá parezca un medio expeditivo de que los empleados rindan cuentas de sus actos ante sus jefes. Algo hay de eso, pero no es todo, ni muchísimo menos, ya que la técnica de esta interpelación trimestral pretende que los empleados, a todos los niveles, se responsabilicen y se pidan cuentas *a ellos mismos* de su actuación. Además de que se obliga al mando involucrado a reflexionar sobre sus objetivos, es también un procedimiento eficaz para recordar a la gente que no pierda de vista los planes que se ha trazado.

Cada tres meses, los encargados de departamento se reúnen con su inmediato superior para pasar revista a los progresos realizados en este lapso y fijar las metas que deben alcanzarse en el período siguiente. Una vez existe acuerdo sobre dichos objetivos, el jefe de departamento lo plasma por escrito y el supervisor pone el visto bueno. Tal como aprendí de McNamara, la norma de poner por escrito las cosas que uno pretende realizar es el primer paso para que se lleven efectivamente a la práctica. En el curso de una conversación, uno puede perderse en toda suerte de especulaciones y desatinos, a menudo de forma inconsciente; pero el hecho de dar forma escrita a las propias ideas obliga a concretar más los detalles. Así es más difícil engañarse a uno mismo... o a los demás.

El sistema de las confrontaciones trimestrales quizá suene muy simplista; pero da resultado, y eso es lo que importa. Y da resultado por varias razones. Primero, permite que un hombre se convierta en su propio jefe y se fije los objetivos a conseguir. Segundo, hace que rinda más y le induce a motivarse por iniciativa propia. Tercero, permite que las ideas originales lleguen a conocimiento de la alta dirección de la empresa. La evaluación trimestral, en fin, obliga a los mandos intermedios a detenerse unos instantes y a reflexionar sobre las realizaciones materializadas hasta el momento, a fijar los objetivos y a precisar de qué manera se pretende alcanzarlos. Hasta ahora no he descubierto ningún otro sistema que favorezca tan abiertamente la concepción de métodos novedosos para resolver las dificultades que salen al paso.

Otras de las ventajas que comporta la valoración trimestral de resultados y objetivos —sobre todo en una gran empresa— es que la gente no queda «camuflada». Es muy difícil que la labor de un encargado pase desapercibida si cada tres meses debe despachar con su superior inmediato e, indirectamente, esta labor es también fiscalizada por el jefe de su superior y las sucesivas jerarquías. Ello facilita el que los buenos elementos se hagan notar, y, cosa no menos trascendente, pone en evidencia a los que dan muestras de incompetencia.

Por último —y éste es tal vez el factor más positivo—, la evaluación y despacho trimestral obliga a un diálogo entre el encargado y la persona que lo supervisa. En un plano ideal quizá no fuese necesario instituir una estructura específica con el solo objeto de asegurarse de que existe una mutua interacción. Pero si un mando concreto no se lleva bien con su jefe, es indudable que por lo menos cuatro veces al año han de reunirse mal que les pese y ponerse de acuerdo acerca de las tareas que pueden llevar a cabo conjuntamente. Como no hay forma de eludir este intercambio de opiniones, a medida que pasa el tiempo y uno y otro se van conociendo mejor, lo normal es que las relaciones de trabajo mejoren sustancialmente.

En el curso de estos contactos trimestrales corresponde al mando superior dar respuesta a los interrogantes que suscita el plan expuesto por su subordinado. El jefe puede aventurar opiniones: «Oye, me parece que apuntas demasiado alto, pero si te ves con ánimos de acometer la empresa en los próximos tres meses, ¿por qué no intentarlo?». O bien: «Tu proyecto me parece coherente, pero hay una serie de puntos prioritarios con los que no acabo de estar de acuerdo. Quizá será mejor que lo hablemos, ¿no te parece?». Sea cual fuere la índole de la discusión, el papel de «jefe» empieza a diluirse y éste deja de adoptar la pose de una figura autoritaria y asume la función de un asesor o de un colega más veterano.

Si yo soy el supervisor de Dave, puede que empiece por preguntarle cuáles son, en su opinión, las expectativas de cara a los próximos meses. Tal vez me conteste que incrementar medio punto la incidencia de la firma en el mercado, momento en el cual yo responderé: «Estupendo; y ahora dime cómo piensas llevarlo a término».

Pero antes de formularle esta última pregunta es preciso que Dave y yo estemos de acuerdo en cuanto al objetivo específico que se propone alcanzar, aunque eso pocas veces constituye un escollo. Si existe entre nosotros disparidad de criterio, lo más probable es que afecte no tanto al *qué*, sino al *cómo*. Muchos empresarios ven con reticencia que sus subordinados lleven la iniciativa, pero se quedarían muy sorprendidos si vieran con qué habilidad puede gestionar un asunto el empleado que conoce a fondo la situación y que está fuertemente motivado.

Cuanto más convencido está Dave de que él se ha marcado sus propios objetivos, más probabilidades existen de que se lance con impulso irresistible hacia su consecución. En definitiva, él ha establecido su propio orden de prioridades y cuenta, además, con el visto bueno por escrito de su jefe. Y como además a Dave le gusta hacer las cosas a su manera, no regateará esfuerzos para demostrar que sus métodos son efectivos.

El método de confrontación y evaluación trimestral funciona asimismo muy bien en el supuesto de que Dave no haya estado a la altura de las previsiones. Llegados a este punto, el superior inmediato poco tiene que decir. Casi siempre, Dave sacará a relucir la cuestión por iniciativa propia, debido a que el fracaso es dolorosamente manifiesto.

A tenor de mi dilatada experiencia, transcurrido el margen de noventa días, el individuo que no ha conseguido alcanzar sus objetivos hace acto de presencia y expone cabizbajo su fallo en la gestión antes de que sea su jefe quien decida llamarle y pedirle explicaciones. Si se repite el hecho durante varios trimestres seguidos, el individuo en cuestión empezará a dudar de su capacidad y se dará cuenta de que lo que está sucediendo no es imputable a su superior jerárquico, sino a su propia actuación.

Pero incluso en esta fase, aún se está a tiempo de adoptar alguna medida constructiva. Con frecuencia es el mismo interesado el que manifiesta: «Mira, no puedo con el trabajo; está fuera de mis posibilidades. ¿Puedes asignarme otro puesto en diferente sección?».

Todo resulta más fácil cuando el empleado llega por sí solo a esta conclusión. No hay empresa que no haya malgastado las cualidades de empleados a los que ha encomendado tareas para las que no servían y que hubieran estado más satisfechos y rendido más en caso de habérseles trasladado a otra esfera de actividad, en vez de optar por el despido. Es evidente que cuanto antes detecte usted este tipo de problema, mayores son las probabilidades que hay de resolverlo.

Sin un sistema periódico de diálogo y discusión, es posible que un mando que no se desenvuelve adecuadamente en un terreno determinado acabe experimentando resentimiento contra su supervisor. O puede que el encargado en cuestión se imagine que si no ha logrado alcanzar los fines propuestos, se debe a que su jefe le tiene inquina. He tenido ocasión de conocer muchos casos de empleados que han estado adscritos durante años a un trabajo poco adecuado para ellos, y la mayor parte de las veces no se había arbitrado una fórmula para que la dirección descubriese el hecho antes de que fuera demasiado tarde.

Por lo general, no soy proclive a la rotación del personal. Me siento un tanto escéptico frente a la tendencia actual a mandar a los empleados a los distintos departamentos de la empresa, como si sus aptitudes fueran idénticas e intercambiables. La verdad es que no lo son. Es como si tomásemos a un cardiólogo y dijéramos: «Es un magnífico cirujano. La semana próxima destinadle a la sala de partos». El afectado será el primero en declarar que la obstetricia es una especialidad muy distinta de la suya y que adquirir conocimientos en un área no conlleva la automática aplicación de las aptitudes que demostraba en su actividad anterior. Pues otro tanto cabe afirmar tratándose del mundo empresarial.

Primero en la Ford y más tarde en la Chrysler, he tratado en todo momento de que las personas que trabajaban a mis órdenes pusieran en práctica el sistema de evaluaciones trimestrales. «Así tengo por norma fiscalizar mi gestión —explico—, y les voy a mostrar cómo funciona. No les pido que hagan las cosas a mi gusto, pero si no lo hacen, entonces será mejor que den con un sistema que produzca los mismos resultados.»

Después de experimentar este procedimiento durante muchos años, he aprendido a prepararme para dos tipos de dificultades. En primer lugar, hay veces en que un colaborador come más con los ojos que con el estómago, por expresarlo de manera gráfica. En ocasiones, aunque no lo parezca, esta actitud es una ventaja inestimable, porque denota que el empleado en cuestión lleva su esfuerzo al máximo, y en lo que a él concierne, incluso un éxito parcial representa una valiosa compensación. Cualquier directivo supervisor que merezca este nombre preferirá mil veces habérselas con empleados que se fijan expectativas desmesuradas que con aquellos que acotan en exceso su campo de actividad y reducen el porte de sus objetivos.

La segunda dificultad radica en la tendencia del mandamás a interferirse en los asuntos antes de la cuenta. Y debo reconocer que a medida que iba escalando puestos en la empresa, yo tenía en grado sumo esta mala costumbre. No sabía resistir el impulso de meter las narices en lo que hacían mis subordinados. Pero a base de paciencia aprendí a contenerme. En buena medida, el método de las reuniones trimestrales se regula por sí mismo; funciona mejor si no intervengo antes de tiempo. Dejado a su propia inercia, esta técnica conjuga los esfuerzos del equipo humano de forma muy constructiva, orientándolo hacia objetivos idóneos y sobre los que existe acuerdo total. No se puede pedir más.

Si tuviese que resumir en una palabra las cualidades que caracterizan al buen empresario, las reduciría al término «resolución». Puede disponer de los ordenadores más sofisticados del mundo y contar con todas las gráficas y estadísticas que quiera, pero a la postre uno tiene que aglutinar todo el cúmulo de información, fijar un calendario y *actuar*.

Y con ello no quiero decir que deba procederse alocadamente. A veces los diarios y revistas me describen como un directivo exuberante que obra temerariamente; una especie de mandamás que actúa siempre al borde del abismo, agarrando las oportunidades por los pelos. Es posible que en determinadas circunstancias yo transmita esta impresión, pero si ello fuera siempre así, jamás habría tenido éxito en el negocio de los automóviles.

A decir verdad, mi forma de gestionar la empresa ha sido siempre bastante tradicional y precavida. Si decido correr un riesgo, lo hago después de comprobar que las pruebas y los estudios de mercado apoyan mis intuiciones. Sí, puede que obre a instancias de un antojo o de la inspiración momentánea, pero en todo caso siempre que esta percepción se apoye en datos sólidos.

Hay muchos directores de empresa que se dejan entorpecer y abrumar a la hora de tomar decisiones, sobre todo los que tienen una formación cultural más amplia. Una vez le dije a Philip Caldwell, que pasó a ocupar el pináculo de la jerarquía en la Ford después de mi partida:

—Lo malo que tienes, Phil, es que estudiaste en Harvard, donde te enseñaron a no tomar decisión alguna hasta haber reunido *todos* los datos. Dispones ahora del noventa y cinco por ciento de ellos, pero necesitarás seis meses más para obtener el cinco por ciento restante, y entonces tus datos ya no serán válidos, porque las exigencias del mercado se te habrán venido encima.

Éste es el secreto de la vida: el sentido de la oportunidad, el *timing* correcto.

Un director de empresa no puede actuar conforme a estas pautas. Es muy natural que uno desee contar con el máximo número de datos y requerir todas las pruebas necesarias para garantizar la viabilidad de un programa. En fin de cuentas, si uno se dispone a gastar trescientos millones de dólares en un producto nuevo en el mercado, es lógico que quiera asegurarse de que va por el buen camino.

Todo esto es perfecto en teoría, pero en la práctica las cosas funcionan de otra manera. Como es obvio, a usted le corresponde acumular tantos datos relevantes y tantas previsiones como le sea posible, pero llegará un momento en que tendrá que arriesgarse. Primero, porque incluso las decisiones acertadas se convierten en erróneas si se toman demasiado tarde; y después, porque no existe eso que se llama «certeza absoluta». Hay veces en que incluso el mejor director de empresa es como el niño que lleva sujeto a un perrazo por la correa y que aguarda a que el can se decida a tirar para llevarle hasta donde quiere ir.

¿Qué debe entender como *información suficiente* la persona responsable de una decisión? No se puede avanzar una cifra o un porcentaje, pero cabe aventurar que si se lanza a la palestra conociendo sólo un cincuenta por ciento de los datos, está en clara desventaja. Si se halla en esta contingencia, más le vale que la suerte esté de su lado... o que su intuición sea fabulosa. A veces no hay más remedio que entrar en el juego, pero desde luego no es forma de llevar la nave de la empresa.

Por otra parte, está el hecho incontestable de que nunca se dispone del ciento por ciento de los datos. Al igual que ocurre en muchos otros sectores, hoy la industria del automóvil cambia con suma rapidez. El gran problema con el que nos enfrentamos en Detroit consiste siempre en anticipar qué va a atraer el interés del hipotético cliente dentro de tres años. Mientras escribo estas palabras, nuestro equipo está ya trabajando de cara a los modelos para 1988 y 1989. Así pues, en cierta medida me veo obligado a realizar previsiones de venta a tres o cuatro años vista, aunque ni siquiera puedo afirmar con absoluta certeza cuáles serán los gustos del comprador de aquí al mes entrante.

Cuando no se cuenta con toda la información necesaria, a veces uno tiene que echar mano de la experiencia. Siempre que leo en un periódico que a Lee Iacocca le gusta actuar de forma temeraria, me digo: «Bueno, quizá Lee lleva tanto tiempo actuando así que al fin tiene una idea bastante clara de cómo dar en el blanco».

Hasta cierto punto, siempre me he movido por «agallas». Me gusta estar en primera línea. Nunca he sido uno de esos estrategas de salón que se pasan el día sentados detrás de una mesa.

Pero en la actualidad ha surgido una nueva especie de empresarios, en su mayor parte diplomados en administración de empresas, a los que no les seduce en lo más mínimo la idea de obrar a base de intuiciones. Y en parte no les falta razón. Por lo general, la mera intuición no constituye una plataforma suficiente para efectuar un movimiento clave. Sin embargo, muchos de ellos se han pasado al otro extremo. Parecen estar convencidos de que todas las contingencias comerciales pueden estructurarse y reducirse a un caso práctico como los que se le presentan en la escuela o en la facultad. Tal vez en el marco académico las cosas sean así, pero en la vida real alguien tiene que irrumpir y ordenar: «Vamos, chicos, ha llegado el momento. Dentro de una hora, todos listos para partir». Siempre que leo algún relato histórico de la segunda guerra mundial y del desembarco en Normandía, me asalta la misma idea: Eisenhower estuvo a punto de echarlo todo a perder porque dudó mucho tiempo, pero un buen día dijo: «Olvidémonos de si el estado del tiempo es bueno o malo; ahora es el momento de lanzar el ataque. Si esperamos, el riesgo aún podría ser mayor, de modo que ¡adelante!».

Lo mismo cabe decir de la gestión empresarial. Nunca faltarán los que traten de solicitar uno o dos meses más para efectuar nuevos ensayos sobre la forma o diseño del techo de un nuevo modelo. Si por un lado estas pruebas tienen su utilidad, también pueden echar por los suelos sus planes de producción. A partir de un punto determinado, cuando ya se han tenido en cuenta la mayor parte de los datos de importancia, puede encontrarse a merced de la llamada «ley de los rendimientos decrecientes».

Por este motivo es tan importante asumir algunos riesgos. Reconozco que la fórmula no está al alcance de todo el mundo. Hay personas que son incapaces de salir de casa sin el paraguas, aunque luzca un sol radiante. Por desgracia, la coyuntura del mercado no siempre espera a que usted termine de prever las pérdidas. En ocasiones, no le queda más alternativa que correr el riesgo... y corregir los errores sobre la marcha.

En la década de los sesenta y la mayor parte de los setenta, estos pormenores no tenían la trascendencia que revisten en la actualidad. Era la época de las vacas gordas para la industria del automóvil. Pero, hoy, pocas empresas pueden permitirse el lujo de frenar la toma de decisiones, tanto si conciernen a un sujeto que ocupa un puesto poco acorde con su talento como si se trata de planificar con cinco años de anticipación una nueva gama de coches.

A pesar de lo que dicen los manuales, las decisiones importantes en el marco empresarial las toman los individuos, no los comités. Por mi parte, he seguido siempre el criterio de los procedimientos democráticos, justo hasta el punto en que debe tomarse una decisión, momento en que asumo sin contemplaciones mi papel de gran capitán. «Está bien, ahora ya conozco el parecer de todos —digo—. Pero esto es lo que vamos a hacer.»

La constitución de comités es un elemento necesario, porque en ellos la gente expone sus puntos de vista y sus objetivos. Pero tan pronto los comités sustituyen al individuo aislado —y en la actualidad la Ford tiene más comités que la General Motors—, la productividad empieza a disminuir.

Para resumir: en este mundo nada está quieto en su sitio. Me gusta salir a cazar patos, porque el movimiento incesante y el cambio son realidades palpables e irremisibles. Usted apunta a un pato silvestre, lo centra en su punto de mira, pero el ave sigue su trayectoria. *Para acertar el tiro no tiene más remedio que mover la escopeta.* Sin embargo, si se confronta a un comité con una decisión trascendente, sus componentes no pueden seguir el ritmo y se ven desbordados por los acontecimientos que intentan controlar. Para cuando el comité está en disposición de apretar el gatillo, el pato ha remontado el vuelo.

Además de tomar decisiones, los directores de empresa tienen que saber *motivar* adecuadamente.

Siendo yo director general de la división Ford, recibí una invitación para dirigir la palabra a los beneficiarios de la beca Sloan, en la Escuela de Administración Alfred P. Sloan, que forma parte del Instituto Tecnológico de Massachusetts (MIT). Se trata de un grupo de individuos de elevado coeficiente intelectual que siguen un programa muy sofisticado de entrenamiento, el cual comprende una semana en Europa para estudiar el Mercado Común, una semana en Wall Street, otra en el Pentágono, etcétera.

Todos los jueves por la noche un invitado procedente del campo empresarial o técnico se reúne con esos estudiantes. Cuando en 1962 me pidieron que hablase en una de estas asambleas me sentí muy halagado, pero también un poco nervioso. «Tranquilícese —me dijeron—. Los alumnos se congregan después de la cena en el salón. Cuente usted algunos pormenores sobre el sector del automóvil y después ellos le harán preguntas.»

En consonancia con esta recomendación realicé una breve exposición sobre la fabricación y venta de automóviles, y acto seguido pedí que los allí presentes formulasen sus preguntas o comentarios. Teniendo en cuenta la categoría intelectual de aquel grupo, esperaba que me planteasen cuestiones de tipo abstracto y teórico, por lo que me quedé sorprendido cuando uno de los asistentes me preguntó:

—¿Cuántos empleados trabajan en la división Ford?

—Alrededor de once mil —respondí.

—Bien, pero usted pasará dos días aquí: hoy y mañana. Mientras se halla ausente, ¿quién se ocupa en su oficina de motivar a estas once mil personas?

Era una pregunta muy inteligente, y todavía recuerdo el semblante del joven que me la formuló. Había dado en el clavo, porque nada hay tan importante en la gestión empresarial como el saber motivar a la gente.

Como es lógico, no tenía en la cabeza los nombres de los once mil empleados que trabajaban a mis órdenes. Así pues, tenía que haber algo más que las reuniones trimestrales capaz de motivarlos a todos en bloque.

La única manera de motivar a la gente es *comunicarse* con ellos. Si bien yo era miembro del grupo de debates en el instituto de enseñanza secundaria, solía asustarme mucho cuando tenía que hablar en público. Durante los primeros años de mi vida profesional fui un tipo introvertido, propenso a encogerme como las flores marchitas.

Pero eso fue antes de que me decidiera a inscribirme en un curso de oratoria en el Instituto Dale Carnegie. Por aquel entonces me habían nombrado director nacional de formación de vendedores de camiones en el ámbito de la Ford. La empresa nos matriculó a unos cuantos de nosotros en el curso Dale Carnegie con objeto de que aprendiéramos los secretillos de la oratoria o la exposición ante un auditorio.

El curso empezaba por forzarnos a salir de la concha. Hay personas —y yo era una de ellas— que son capaces de hablar veinticuatro horas seguidas en presencia de uno o dos oyentes, pero que se ponen nerviosos si tienen que dirigir la palabra a una nutrida concurrencia.

Recuerdo que uno de los ejercicios consistía en improvisar durante dos minutos sobre un tema que desconocíamos por completo, digamos que el budismo zen. Uno podía empezar diciendo que no tenía la menor idea de qué iba la cosa, pero no podías detenerte, y muy pronto encontrabas *algo* que decir. El objetivo era enseñarte a pensar sobre la marcha.

Aprendimos entonces diversas técnicas básicas de expresión oral que todavía practico. Por ejemplo, aunque uno esté muy bien informado de un asunto concreto, debe tener presente que el auditorio al que piensa dirigirse no sabe nada sobre el particular, de modo que hay que empezar por informar al público de lo que se va a hablar. Seguidamente suelte lo que tenga que decir y, por último, hábleles de lo que ya ha expuesto. Hasta hoy nunca me he desviado de esta pauta.

Otra técnica que nos enseñaron fue la de inducir al público oyente a *llevar a cabo* una cosa antes de dar por terminada su perorata. Cualquier cosa: escribir a un diputado, llamar al vecino, reflexionar sobre cierta propuesta. En otras palabras, no abandone el estrado sin haber requerido a la concurrencia para que cumpla con un cometido.

A medida que pasaban las semanas empecé a sentirme más relajado. Muy pronto nació en mí el deseo de hablar sin necesidad de que me lo pidieran. Me atraía la empresa. El objetivo último del cursillo era que superáramos nuestras inhibiciones, y puedo afirmar que en mi caso concreto la fórmula dio pleno resultado. Una vez empezaba a disertar, no había forma de pararme (a este respecto, estoy seguro de que más de alguno habría deseado que no me aficionara tanto a la expresión oral).

Hasta hoy tengo gran confianza en los métodos del Instituto Dale Carnegie. He conocido muchos técnicos con brillantes ideas, pero que no sabían perfilarlas ante un grupo de personas. No deja de ser una verdadera lástima que un tipo con talento se quede pasmado en presencia del Consejo de Administración o de un comité y no consiga transmitir con claridad lo que lleva en la cabeza. No pocas veces le bastaría seguir un curso Dale Carnegie para salir del atasco.

No es que todos los encargados de departamento o de sección tengan que ser oradores ni escritores. Pero cada vez más, los graduados universitarios carecen de las condiciones mínimas para expresarse con claridad. Yo he mandado a los cursos Dale Carnegie a varias decenas de muchachos introvertidos con cargo al presupuesto de la empresa, y en muchos casos este hecho ha supuesto un cambio en su vida.

Y ojalá existiese también un instituto en el que se enseñara a la gente a *escuchar*. En resumidas cuentas, un directivo necesita en la misma medida saber hablar y prestar atención a las palabras de quienes están a sus órdenes. Son muchos los que no se dan cuenta de que eso que llamamos «comunicación» es una vía que discurre en doble sentido.

En el ámbito de la actividad empresarial es necesario estimular a los empleados a que contribuyan al patrimonio común y a que expongan mejores procedimientos de llevar a cabo su tarea. No es preciso que uno acepte todas y cada una de las sugerencias, pero si no tienes la delicadeza de dirigirte al individuo que la ha propuesto y le dices: «Muchacho, fue una idea buenísima», a la vez que le das una palmadita en la espalda, será difícil que vuelva a manifestarse una segunda vez. Este tipo de comunicación hace que el personal tenga la real sensación de que sus opiniones también cuentan.

Es necesario que sepa escuchar en la debida forma si se propone motivar a las personas que trabajan bajo su dirección. Este punto es, ni más ni menos, lo que marca la diferencia entre una empresa mediocre y una empresa que alcanza niveles de excelencia.

Personalmente, nada me compensa tanto en mi función gestora como observar que un individuo al que el «aparato» cataloga de normal o mediocre, alcanza el éxito y la estimación que realmente merece, y todo porque alguien se ha molestado en escuchar sus problemas y le ha ayudado a resolverlos.

Por supuesto, la forma más usual de comunicarse con sus empleados es dirigirse a ellos en grupo. Expresarse ante un auditorio nada tiene que ver con una conversación privada. En principio, requiere prepararse a conciencia. No hay manera de escurrir el bulto; uno tiene que «hacer los deberes», le guste o no. Un orador puede estar muy bien documentado, pero si no ha meditado cuidadosamente lo que piensa decir en público, *en la circunstancia* y ante el *auditorio concreto* que justifica su intervención, no tiene sentido robarles un tiempo precioso a los demás.

Es muy importante dirigirse al auditorio en un lenguaje que entiendan. Si acierta en eso, los que le escuchan comentarán: «Cielos, ha dicho justamente lo que yo pensaba». Y en el momento en que empiezan a respetarle, le seguirán hasta la muerte. Y no porque usted posea un carisma especial, sino porque es usted el que les sigue a ellos.

Esta es la razón por la que Bob Hope, cuando tiene que actuar en público, manda siempre por delante a un colaborador que calibre la clase de público con el que debe enfrentarse, lo cual le permite ajustar los chistes y humoradas a las circunstancias y condición de su auditorio. Es posible que si uno está sentado frente al televisor no acabe de entender lo que cuenta, pero quienes asisten en directo a su espectáculo siempre saben apreciar sus comentarios jocosos, y lo mismo puede decirse de todo orador que se haya tomado la molestia de informarse mínimamente sobre el tipo de gente a la que debe dirigirse. No todos los que hablan en público pueden permitirse el lujo de mandar a un emisario que pulse el tono del ambiente; pero una cosa está clara: hablar en público no significa hablar de una forma impersonal.

No me cabe duda de que yo puedo improvisar un discurso de dos horas, pero prefiero atenerme a un guión. Improvisar resulta, sencillamente, demasiado agotador. Por ello busco una fórmula intermedia: preparo un texto y me aparto del guión siempre que me parece oportuno.

En la Chrysler, cuando me dirijo a una asamblea, lo más seguro es que me muestre menos protocolario y divertido que en una cena.

Tratándose de personas que trabajan a mis órdenes, pretendo ser lo más preciso y franco posible. He comprobado que el mejor método para motivar a colaboradores y empleados es exponerles el plan sin tapujos, de forma que puedan integrarse en el juego. Me impongo la obligación de explicar los objetivos que me he fijado, de la misma manera que otros ejecutivos tienen que determinarlos de acuerdo con sus supervisores. Y si alcanzan la meta que les he propuesto, hay que compensarles con algo más que palabras. El dinero y los ascensos de categoría son los medios tangibles de que dispone una empresa para reconocer la eficacia de un empleado.

En el instante en que uno asciende a un colaborador hay que proceder también a aumentar sus responsabilidades. Mientras su moral es alta, usted le recompensa por los servicios prestados y, a la vez, lo motiva para que se supere. Procure exigirle al máximo cuando su estado de ánimo esté boyante, pero no se muestre implacable si pasa por una fase de abatimiento. Piense que si su hombre está transtornado por un fallo cometido, corre el riesgo de herirle en lo más hondo y de arrebatarle todo el estímulo y afán de superación que le reste. O para decirlo con palabras de Charlie Beacham: «Si quieres encomiar la labor de un hombre, díselo por escrito, pero si quieres echarle una bronca, entonces hazlo por teléfono».

Charlie Beacham insistía siempre en la conveniencia de trabajar en equipo. «Quieres hacerlo todo tú solito —solía decir—. No sabes delegar. No pretendas, pues, engañarme. Eres el mejor colaborador que he tenido. Hasta es posible que tu trabajo valga por el de dos, pero aun así, el asunto se dirime a dúo. Tienes ahora bajo tu mando a un centenar de hombres. ¿Qué será el día que tengas diez mil?».

Hay que reconocerle intuición, porque en la división Ford tenía once mil empleados y obreros a mis órdenes. Él me enseñó a no querer realizar el trabajo que correspondía a otros, y también cómo proponerles una meta y motivarlos para alcanzarla.

Siempre he considerado que uno de los supremos logros de un directivo, encargado o mandamás es saber *motivar* a otras personas. Llegado el punto en que es preciso avanzar para que la cosa funcione, la motivación lo es todo. Quizá pueda usted realizar el trabajo de dos personas, pero no *ser* dos personas superpuestas. Lo que procede, pues, es incitar al que le sigue en la jerarquía y convencerle de que estimule a los suyos.

Recuerdo que en el curso de una cena amigable con Vince Lombardi, el mítico entrenador de fútbol americano, por lo demás conocido mío, le pregunté cuál era la receta del éxito. Quería saber exactamente qué ingredientes conferían a un equipo categoría de vencedor. La respuesta que me dio vale tanto para el deporte como para el ámbito empresarial.

—Ante todo hay que enseñar a los chicos las reglas básicas —contestó Lombardi—. Para que un jugador sepa moverse en su posición, antes tiene que aprender los fundamentos del juego. Después hay que mantenerlo en vereda, lo cual supone disciplina. Los hombres tienen que jugar formando un bloque, no un manojo de individualidades. No hay sitio para las *prima donnas*.

Y siguió diciendo:

—Pero siempre ha habido un montón de entrenadores que aun disponiendo de una excelente y bien disciplinada plantilla, no se hacían con el triunfo. Y aquí es donde interviene el tercer elemento: si te propones formar un equipo imbatible, hay que conseguir que prive el compañerismo, que cada jugador esté en la mejor disposición para con los demás. Es preciso que todos los jugadores estén pendientes del que marcha a su lado y que piensen en su fuero interno: «Si no bloqueo a este tipo, Paul acabará con las piernas fracturadas. Debo cumplir mi cometido a conciencia para que pueda rematar la jugada».

Más adelante, Lombardi añadió:

—La diferencia entre mediocridad y la excelencia es el aprecio que se tienen estos chicos. La mayoría le llaman a esto «espíritu de equipo». En el momento en que los jugadores están imbuidos de esta especial disposición hacia sus compañeros, te das cuenta de que has logrado formar un equipo con posibilidades de alcanzar la victoria.

Pero en seguida me miró y dijo un poco tímidamente:

—Vamos Lee, ¿qué tengo yo que contarte a ti? Estás al frente de una empresa. Entrenar a un equipo o dirigir una compañía se reduce a lo mismo, porque, vamos a ver: ¿acaso un coche es obra de un solo individuo?

Lombardi me expresó el deseo de visitar la Ford y asistir al proceso de fabricación. Le prometí cursarle una invitación para que viniera a Detroit. Por desgracia, poco tiempo después de la cena en cuestión tuvieron que hospitalizarlo, víctima de una enfermedad incurable. Le había visto sólo en un par de ocasiones, pero sus palabras están grabadas en mi mente:

—Cada vez que un jugador de fútbol sale al terreno de juego, tiene que darse por entero, desde la punta de los pies hasta la cabeza. Cada centímetro de su cuerpo participa en el encuentro. Hay jugadores que juegan con la cabeza, y por supuesto no se puede ser el mejor si no tienes suficiente materia gris. Pero todavía es más importante jugar con el corazón. Si tienes la suerte de contar con un jugador que reúna ambas cualidades, te aseguro que nunca saldrá inadvertido de la cancha.

Huelga decir que Lombardi tenía toda la razón del mundo. Son muchos los individuos inteligentes y cualificados que han desfilado ante mis ojos, pero que no sirven para el trabajo en equipo. Son los clásicos encargados y directivos acerca de los que la gente se sorprende: «No comprendo cómo no ha ido más allá». Todos nos hemos topado con individuos de esta especie, personas que parecen reunir todas las condiciones necesarias y que nunca llegan muy lejos. Y no me refiero a los que no desean realmente promocionarse, ni a los que son demasiado perezosos para intentarlo. Estoy pensando en los sujetos emprendedores que se atienen a un plan, que van a la universidad, logran un buen empleo, trabajan de firme... y luego se quedan donde están o poco menos.

Cuando uno habla con estos individuos, suelen justificarse diciendo que han tenido mala suerte, o que su jefe les tiene inquina. Lo seguro es que siempre adoptan el papel de víctimas. Pero uno no tiene más remedio que preguntarse por qué nunca les ha sonreído la fortuna y por qué la suerte no ha estado de su lado, aunque sea una sola vez. Por supuesto que el factor suerte tiene su importancia, pero una de las razones que impiden el ascenso de este tipo de personas es su incapacidad para trabajar y compenetrarse con sus colegas.

Conozco a un individuo que lleva toda su vida trabajando en el ramo del automóvil. Es una persona muy culta y organizada. Es, también, un brillante estratega y sin duda uno de los elementos más valiosos de la compañía donde presta servicio, pese a lo cual nunca ha podido acceder a las altas esferas, simplemente porque carece de la cualidad de manejar a la gente.

Valga mi propio ejemplo. He conocido a muchos tipos más dotados que yo y que entienden de coches mil veces más, y, no obstante, se han quedado rezagados. ¿Por qué? ¿Porque yo soy exigente e implacable? Claro que no. Uno no puede mantenerse en primera fila mucho tiempo a base de repartir coces a diestro y siniestro. La explicación es mucho más sencilla: hay que conocer y saber cómo *tratar* a la gente.

Ahora bien, hay una frase crítica que detesto hallar en la evaluación de las capacidades de un ejecutivo, por mucho talento que posea, y es la siguiente: «Tiene dificultades para llevarse bien con otras personas».

Desde mi óptica, este juicio equivale al beso de la muerte. «Habéis acabado con ese chico —me digo siempre—. ¿Que no se puede compenetrar con las personas? Menudo problema el que se le viene encima, porque por esos pagos no hay otra cosa... Ni perros, ni monos; sólo personas, compañeros de trabajo. Y yo me pregunto: si el individuo en cuestión es incapaz de trabajar en equipo con sus colegas, ¿qué beneficio reporta su presencia a la compañía? En tanto que ejecutivo, su función consiste en motivar e incentivar a otros individuos, y si no puede hacerlo, entonces es señal de que se ha equivocado de sitio.»

Otro espécimen de la *vedette*. Suele ser un tipo que no cae bien a nadie, aunque sus ínfulas se le pueden pasar por alto si tiene suficiente talento. En la Ford había un ejecutivo que se empeñó en redecorar su oficina a base de muebles y accesorios antiguos, y cursó una solicitud en tal sentido por un importe de 1.250.000 dólares (¡estamos hablando de una habitación y un aseo anexo!). Por pura casualidad vi cuál era la respuesta de Ford, y por lo que había escrito en el memorándum comprendí que estaba irritado. En la misma solicitud había garrapateado: «Arrégleselas con tres cuartos de millón». Se trata de un directivo que conoce a fondo el sector del automóvil, pero en mi opinión su forma de actuar le incapacita para el cargo que detenta.

Recuerdo otro caso que se dio hace ya muchos años. Ford contrató los servicios de un alto directivo para reforzar el departamento de marketing. A la postre logró que le echaran por un gesto increíble: el hombre contrató a un agente de relaciones públicas por su cuenta y pretendió hacerlo pasar por consultor del departamento. Sin embargo, la verdad no tardó en salir a la luz. El interés primordial del citado ejecutivo era lograr que sus éxitos apareciesen reseñados en los periódicos. No es extraño, pues, que durase muy poco en el cargo.

Por otra parte, conviene que se dé un cierto grado de autobombo; me parece natural y hasta necesario. He conocido a altos cargos que rehúyen a los periodistas o a quienes asusta el trato con los chicos de la prensa, y otros que no desean que se divulge lo que hacen o dejan de hacer. Por más que la General Motors ha estimulado con cierto éxito este género de anonimato, no cuenta con mi aprobación. Si sus directivos más encumbrados no poseen un mínimo de egotismo, de orgullo o de amor propio, ¿cómo revulsionar y lograr que la empresa sea competitiva?

Hay una diferencia abismal entre una recia personalidad, cualidad absolutamente esencial, y un yo desmedido, factor que puede ser destructivo. El sujeto con carácter es consciente de su fortaleza. Tiene seguridad en sí mismo y una idea realista y cabal de lo que es capaz de lograr, y su actuación profesional se mueve intencionadamente en esta dirección.

Pero el individuo con un yo «catedralicio», por así decirlo, anda siempre en busca de que se le reconozcan los méritos. Necesita constantemente que se le den unas palmaditas en el hombro. Considera que está un poco por encima del bien y del mal, y cuando habla con sus colaboradores adopta aires de superioridad.

En una ocasión *The Wall Street Journal* escribió que yo tenía «un orgullo como una catedral». Pero si esta afirmación fuese verdad, pienso que no habría podido abrirme camino en una actividad comercial que depende en tan alto grado de la aptitud para trabajar en buena armonía con otras personas.

He dicho con anterioridad que soy partidario de registrar los hechos en el papel. Pero también en este punto hay personas que se exceden ostensiblemente. Si dependiese de ellas, convertirían la empresa en una fábrica de papel. En parte, es una reacción muy humana. Muchas veces se dan situaciones en las que determinados individuos experimentan una necesidad compulsiva de cubrirse las espaldas a base de redactar informes de cara al archivo general. Insisto en que anotar por escrito las propias ideas suele ser el medio más idóneo de llevarlas a la práctica; pero eso no significa que todo lo que uno escribe tenga que distribuirse a los colegas de otros departamentos.

El mejor modo de *aplicar* sus ideas es contrastando opiniones con otros cargos dentro del escalafón. Este aserto saca a relucir la enorme importancia del trabajo en equipo y de las aptitudes de trato con la gente. La «química» de la relación entre dos personas que se sientan juntas a discutir un asunto tiene unas repercusiones formidables... y siempre la he considerado parte esencial de mi propio éxito.

De ahí que sea ferviente partidario de que los cargos ejecutivos se reúnan y comenten los problemas. No precisamente en asambleas protocolarias, sino mediante meras tomas de contacto tendentes a prestarse mutua ayuda y a salir de los atascos que puedan presentarse.

A menudo, la gente que acude a visitarme a mi despacho de la Chrysler se sorprende de que no disponga de una terminal de ordenador en mi mesa de despacho. Quizá no tienen en cuenta que alguien ha tenido que introducir antes en el armatoste todo lo que sale de un ordenador. El más grave problema que hoy se cierne sobre las empresas norteamericanas es que la mayoría de los directores cuentan con una avalancha de información, un cúmulo de datos que les aturde y con los que muchas veces no saben qué hacer.

La clave de una gestión acertada no es la información, sino la gente, los *colaboradores*. Y las personas que yo busco para promocionarlas a los cargos de más compromiso son los individuos entusiastas y diligentes, hombres que hacen más de lo que se espera de ellos, o por lo menos lo intentan; individuos que siempre están en disposición de echar una mano, de entablar contacto con sus compañeros de trabajo, de contribuir a mejorar la prestación de los empleados.

Así, es por dentro y por fuera, esta especie de colaborador enfervorizado.

Luego está el resto de la pandilla, los que entran a las nueve y salen a las cinco. A esta gente lo que les interesa es ir tirando y que se les diga lo que tienen que hacer. Son los que comentan: «Yo no quiero meterme en el fregado. Mi corazón podría resentirse del esfuerzo».

Pero por el mero hecho de poner entusiasmo en la tarea y de entregarse de lleno a los asuntos que llevan entre manos no es probable que les dé un ataque al corazón a la semana siguiente.

En resumen, quienes a mí me interesan son las personas que poseen este entusiasmo y que ponen toda la carne en el asador. No es preciso que cuente con una legión de ellas. Con veinticinco individuos de este fuste me veo capaz de manejar el Gobierno de los Estados Unidos.

En la Chrysler tengo una docena de ellos, poco más o menos. Lo que confiere una calidad única a la gestión de estos directivos es que saben delegar y motivar. Saben cómo hacer para detectar los aspectos determinantes y establecer un orden de prelación. Son la clase de individuo que muy bien podría decir: «Olvídate de eso; nos llevaría diez años. Mira, esto es lo que hay que hacer *ahora* sin falta».

VI
El Mustang

Los años que estuve al frente de la división Ford fueron los más felices de mi vida. Tanto mis compañeros de trabajo como yo vivíamos pletóricos de ilusiones. Nuestra elevada moral era un patrimonio privativo y exclusivo: una mezcla de sueños ambiciosos y de entrega incondicional al trabajo.

Eran tiempos en que me levantaba por la mañana con enormes ganas de ir al trabajo, y por la noche me costaba despegarme de mis tareas. Estábamos todo el tiempo dando vuelta a mil ideas y probando nuevos modelos en la pista de ensayo. Éramos jóvenes y un tanto petulantes. Nos considerábamos unos artistas en trance de crear los modelos más espléndidos que el mundo había visto.

En 1960 un ambiente de optimismo invadía todo el país. Al acceder el presidente Kennedy a la primera magistratura de la nación empezó a soplar una fresca y tonificante brisa que llegaba a todos los rincones, un soplo de aire nuevo que llevaba implícito el mensaje de que no había empresa imposible. El marcado contraste entre el decenio que se iniciaba y los años cincuenta, entre Kennedy y Eisenhower, se podía resumir en una sola palabra: juventud.

Sin embargo, antes de que se tuviera ocasión de poner en práctica mis sueños de juventud me aguardaban otros menesteres. Después del éxito espectacular del Falcon, Robert McNamara dio el visto bueno para la producción de otro coche que se construiría en Alemania, un modelo de tamaño intermedio bautizado con el nombre de Cardinal. Según el calendario previsto, saldría al mercado en el otoño de 1962, y cuando yo me hice cargo de la dirección de la división Ford, una de mis atribuciones fue supervisar la fabricación del vehículo en cuestión.

Dado que la principal preocupación de McNamara era obtener la máxima prestación con el mínimo consumo de combustible y la funcionalidad estricta de los coches, el Cardinal se había concebido como una réplica a la americana del Volkswagen. Como el Falcon, era un automóvil pequeño, sin adornos y barato. Ambos modelos traslucían fielmente la convicción de McNamara de que un coche era un medio de transporte, no un juguete.

Después de unos meses en mi nuevo puesto, me trasladé a Alemania para verificar la fase en que se hallaba el coche concebido por McNamara. Era mi primer viaje a Europa, y este detalle era de por sí un gran aliciente. Pero cuando al fin pude ver el prototipo del Cardinal, el alma se me cayó a los pies.

Era un excelente automóvil para los estándares europeos, con un motor de cuatro cilindros en «V» y tracción delantera; pero era imposible que en los Estados Unidos se lograsen vender las trescientas mil unidades previstas. Entre otras deficiencias, el Cardinal era demasiado pequeño y carecía de maletero. Y si bien el consumo de gasolina era mínimo, en aquellos momentos esto aún no era un factor decisivo para esgrimirlo como argumento de venta ante el comprador norteamericano. Por si fuese poco, el diseño de la carrocería era francamente feo. El Cardinal parecía haber sido diseñado por un comité.

Como de costumbre, McNamara iba por delante de su época; diez años para ser exactos. Transcurrido un decenio y tras la crisis del petróleo, el Cardinal hubiese batido todos los récords de venta.

Hay sectores de la industria en la que anticiparse a los tiempos es una gran ventaja; pero no así en Detroit. Del mismo modo que el ramo del automóvil no puede ir muy rezagado con respecto al usuario, tampoco se puede permitir el andar muy por delante de sus gustos coyunturales. Salir al mercado con un nuevo producto demasiado pronto tiene consecuencias tan nefastas como hacerlo en una fase tardía.

Existe un tópico muy divulgado de que quienes manejamos la industria automovilística manipulamos al público de forma más o menos encubierta. Se nos reprocha convencerles del tipo de coche que deben comprar, y se parte del supuesto de que la gente nos hace caso. Siempre que oigo decir estas cosas sonrío y pienso: «¡Ojalá tuviesen razón!».

La realidad es que nosotros sólo podemos vender lo que los compradores tienen ganas de adquirir. A decir verdad, somos nosotros los que vamos a remolque del público y no a la inversa. Claro está que hacemos lo imposible para persuadir a la gente de que adquieran los productos que fabricamos, pero a veces, por más empeño que uno ponga en la tarea, no es suficiente.

En 1960 no necesitaba que nadie me recordase estas verdades. La compañía aún no se había recuperado del tremendo fracaso que supuso la producción del Edsel dos años antes. No es éste el lugar más apropiado para analizar las diversas razones que intervienen en tan deplorable asunto, pero baste decir que el Edsel –en el que ni McNamara ni yo tuvimos la menor intervención– fue un tropiezo tan descomunal, que el término *Edsel* se ha convertido en sinónimo de fracaso.

A mi vuelta de Alemania me fui directamente a ver a Henry Ford y le espeté:

–Con el Cardinal no hay nada que hacer; sacar otro fracaso estando tan reciente lo del Edsel podría ser fatal para la compañía. No podemos sacar un nuevo modelo que no va a despertar el menor interés en los compradores jóvenes.

Subrayé el impacto del factor juventud por dos razones. En primer lugar, porque cada vez era más consciente del poder adquisitivo de la joven generación, hecho que aún no había sido reconocido en esta rama de la industria; y luego porque sabía que al jefe le gustaba dárselas de hombre que se las sabe todas y de opiniones modernas, capaz de comprender lo que los jóvenes deseaban.

A renglón seguido celebré sendas reuniones con los altos cargos de la empresa y con el consejo de administración para decidir la suerte del Cardinal. En el transcurso de estos contactos tuve la sensación de que todo el mundo tenía unas ideas muy difusas sobre el coche en cuestión y de que los directivos más veteranos estarían encantados de que un advenedizo como yo les evitase el engorro de tomar una decisión. De esa forma ninguno de ellos asumiría una responsabilidad directa si la interrupción de la producción del Cardinal resultaba ser un error de vastas consecuencias. Si bien la empresa había invertido ya treinta y cinco millones de dólares en el nuevo modelo, sostuve el criterio de que no tendría aceptación en el mercado y de que más valía evitar mayores pérdidas y ocuparse en otros menesteres.

Debí de mostrarme muy convincente, porque mi punto de vista contó con el respaldo de casi todos los consultados, excepto dos personas: John Bugas, jefe de operaciones con el mercado exterior, y Arjay Miller, interventor general. Aunque Bugas y yo éramos muy amigos, él defendía la idea de producir el Cardinal por el hecho de ser un coche fabricado en otro país. En cuanto a Miller, le preocupaban los treinta y cinco millones de dólares ya invertidos. Como buen «contable» que era, sólo veía la suma gastada por aquel concepto.

Una vez decidido que el Cardinal no se fabricaría, me hallé en libertad de movimientos para estudiar los proyectos que tenía en la cabeza. En un santiamén reuní a un grupo de jóvenes brillantes y creativos de la división Ford y juntos empezamos a celebrar una vez a la semana una cena de trabajo en el marco del Fairlane Inn de Dearborn, distante apenas dos kilómetros de nuestra empresa. Decidimos reunirnos en el hotel porque eran muchos los tipos de la oficina que esperaban con fruición ver cómo nos dábamos el gran batacazo. Yo era un «joven turco», por así decirlo, un vicepresidente bisoño que aún tenía que demostrar cuáles eran sus talentos. En cuanto a mis colaboradores, poseían grandes cualidades, pero no todos se contaban entre los elementos más populares de la compañía.

Un miembro clave del grupo era Don Frey, nuestro director de producto, y tambíen Hal Sperlich, que aún trabaja conmigo en la Chrysler, donde ocupa un alto cargo. Entre los restantes figuraban Frank Zimmerman, del departamento de marketing; Walter Murphy, nuestro director de relaciones públicas y leal amigo durante todos los años que estuve en la Ford; y, por último, Sid Olson (de la agencia publicitaria J. Walter Thompson), escritor brillante que tiempo atrás escribía discursos para Roosevelt y que, entre otras cosas, acuñó la conocida frase «el arsenal de la democracia».

El Comité Fairlane, como nos bautizamos nosotros mismos, podía dar mucho de sí. Sabíamos de manera más o menos intuitiva que en los próximos años el mercado del automóvil respondería a la oferta de los fabricantes, aunque no podíamos precisar en qué medida. También sabíamos que la General Motors había tomado el Corvair —un coche económico— convirtiéndolo en el Corvair Monza —que se vendió por millares—, para lo cual recurrió al simple expediente de añadirle algunos accesorios deportivos, como asientos bajos y cóncavos, una corta y recta palanca de cambio y un llamativo acabado interior. En la Ford no teníamos nada que ofrecer a la gente que pensaba comprar un Monza, pero lo que sí estaba claro era que este sector de compradores iba en rápido aumento.

Entretanto, nuestro departamento de relaciones públicas recibía un constante flujo de cartas pidiéndonos que sacáramos un nuevo Thunderbird de dos plazas, lo cual constituyó una sorpresa para nosotros, ya que este modelo no había tenido mucha aceptación en su día (en tres años sólo se vendieron cincuenta y tres mil unidades). Con todo, el correo nos indicaba que los gustos del consumidor estaban cambiando. Nos dijimos que tal vez el Thunderbird fue un modelo que se anticipó un poco a su época. Empezábamos a convencernos de que si el Thunderbird estuviera aún disponible se venderían bastantes más de dieciocho mil al año.

Al mismo tiempo, los del departamento de prospección de mercado confirmaron que el sello juvenil de la nueva década se asentaba en datos demográficos fiables. Entre otras cosas, la edad media de la población descendía a un ritmo inusitadamente rápido. Millones de adolescentes fruto de la explosión demográfica que siguio a la posguerra, estaban a punto de incorporarse al número de potenciales compradores en el mercado interior. Durante la década de 1960, la tasa de jóvenes comprendidos entre los veinte y los veinticuatro años se incrementaría en más de un cincuenta por ciento. A mayor abundamiento, los jóvenes adultos entre los dieciocho y los treinta y cuatro años iban a constituir al menos el cincuenta por ciento del gran incremento en las ventas de automóviles previstas para el ramo automovilístico tomado en conjunto durante los diez años siguientes.

Los investigadores o prospectores de mercado facilitaron una información suplementaria algo vaga, pero digna de tenerse en cuenta. No sólo se produciría un aumento espectacular en cuanto al número de jóvenes, sino que su nivel cultural sería más alto que el de las generaciones precedentes. Sabíamos ya que los individuos con estudios universitarios compraban coches a un ritmo mucho mayor que aquellos sujetos de la misma edad que no habían tenido acceso a la enseñanza superior. Además, nuestras previsiones indicaban que en 1970 se habría doblado la población universitaria.

Asimismo, se estaban produciendo cambios no menos interesantes entre los compradores de más edad. Empezaba a percibirse un desinterés generalizado hacia los coches más o menos utilitarios que se lanzaron al mercado en los años cincuenta y que hicieron del Falcon un éxito de ventas sin precedentes. Los consumidores comenzaban a buscar algo más que la sobriedad de líneas y la funcionalidad estricta, y mostraban inclinación por los modelos deportivos o de lujo, al igual que vuelve ocurrir en la actualidad.

Cuando analizamos todo este cúmulo de datos, no pudimos por menos de llegar a una conclusión. En tanto que el Edsel fue un automóvil en busca de unos compradores, *a la sazón era un mercado comprador el que iba en pos de un automóvil*. En Detroit, el método habitual consistía en fabricar un coche y luego tratar de identificar al posible comprador. Pero ahora estábamos en situación de avanzar en sentido opuesto y de ajustar un nuevo producto a la medida de un mercado comprador ávido y predispuesto.

Todo vehículo que se destinase a satisfacer el interés de esta clientela joven debía poseer tres rasgos principales: una línea sugestiva, una excelente prestación y un precio asequible. No resultaba fácil proyectar un automóvil de estas características, pero era una empresa factible; había que intentarlo a toda costa y apuntarse un éxito resonante.

Profundizamos un poco en la investigación y prospección del mercado y logramos unos cuantos datos suplementarios sobre el cambiante gusto del público hacia los nuevos automóviles. Ante todo, se observaba un formidable auge de las familias que poseían dos vehículos, el segundo de los cuales era invariablemente más pequeño y deportivo que el primero. En segundo lugar, las mujeres ya habían empezado a comprar automóviles en proporción creciente; ellas los preferían de tamaño más bien pequeño y de fácil manejo. También los solteros de toda condición mostraban una curva ascendente en el seno de los compradores de los nuevos modelos, con marcada preferencia por coches más pequeños y de línea más deportiva que los de sus compatriotas casados. Por último, cada vez se hacía más evidente que en los próximos años los norteamericanos iban a disponer de más dinero que nunca para gastarlo en medios de transporte y recreos de todo tipo.

Procesamos toda la información y empezamos a examinar las cifras de venta del Falcon para ver qué datos obteníamos de nuestra clientela. Los resultados fueron sorprendentes. Si bien el Falcon se ofreció al público como un vehículo barato y económico, advertimos que un porcentaje de compradores muy superior al que pensábamos empezaba a solicitar variantes opcionales, tales como cambio de marchas automático, neumáticos de banda blanca y motor más revolucionado. Fue mi primer atisbo de un aspecto importante relacionado con los coches de tamaño más bien pequeño y que sigue siendo tan válido hoy como hace veinte años: el comprador norteamericano desea hasta tal punto el ahorro, la economía, que está dispuesto a pagar lo que sea para obtenerlo.

El Comité Fairlane empezó a concretar un poco más el tipo de coche que deseábamos fabricar. Tenía que ser pequeño, pero no *demasiado* pequeño. Es posible que la demanda de coches biplaza estuviera en auge, pero seguía limitándose a cien mil unidades aproximadamente, lo cual significaba que nunca gozaría de una atención generalizada. En consecuencia, estimamos que nuestro coche debía tener capacidad para cuatro personas. Teniendo en cuenta la prestación, era obligado que fuese un coche ligero, de unos 1.125 kilos de peso como máximo. Y, por último, tenía que ser barato. Hicimos cálculos para que el vehículo, completamente equipado, no pasara de los 2.500 dólares.

En cuanto a la línea, yo tenía una idea bastante cabal de lo que quería. En casa solía entretenerme en pasar las páginas de un libro titulado *Auto Universum*, en el que se mostraban fotografías de todos los automóviles aparecidos desde el invento del primer artefacto. El modelo que siempre atraía mi atención era el primer Continental Mark que se construyó. Fue el coche con el que soñaba todo el mundo; o al menos con el que soñaba yo desde el día en que Leander Hamilton McCormick-Goodheart se presentó con este modelo en Lehigh, allá por el año 1945. Los rasgos distintivos del Mark eran el capó alargado y el corto recorrido exterior del maletero. La longitud de aquél le confería aspecto de potencia y calidad de prestación, y eso, me dije, era lo que los aficionados al motor andaban buscando.

A medida que se sucedían las reuniones de trabajo, las ideas iban perfilándose con más nitidez. No cabía duda de que el turismo que proyectábamos tenía que ser un coche deportivo, con una línea muy característica y, a la vez, con un leve toque de nostalgia. Debía identificarse con facilidad y no parecerse a ninguno de los coches que ya existían en el mercado. Un coche fácil de conducir, pero con capacidad para cuatro personas y espacio para un maletero holgado. Tenía que ser un coche deportivo, pero también algo más que eso. Queríamos poner en manos del comprador un automóvil con el que ir al club de campo los viernes por la noche, hacer kilómetros y pisar el acelerador los sábados y desplazarse con él a misa los domingos.

En otras palabras, pretendíamos atraer a distintos tipos de comprador al mismo tiempo. Era preciso ampliar la base de los clientes potenciales porque el único modo de producir barato era vender un número ingente de unidades. En vez de ofrecer distintas versiones del mismo producto, convinimos en que la única solución inteligente era crear un prototipo único con amplia variedad de opciones. De estas forma, el cliente podía comprar tanta economía, lujo o rendimiento como desease... o pudiera pagar.

El problema, con todo, era fabricar un coche que resultara tan asequible como nos proponíamos. Si se construía nuevo del todo, a partir de cero, el costo se elevaría a 300 o 400 millones de dólares. La respuesta a tal dilema estaba en aprovechar los elementos de que ya disponían los distintos talleres. Ello nos ahorraría una fortuna en cuanto a costes de producción. Contábamos con los motores, transmisiones y ejes del Falcon, de forma que si lográbamos ajustarlos nos evitaríamos empezar desde el principio. Podíamos crear el modelo que deseábamos a expensas de todo lo aprovechable que tenía el Falcon. A la postre lograríamos fabricar el coche al reducido costo de 75 millones de dólares.

Todo esto sonaba muy grato a los oídos, pero no todo el mundo lo consideraba factible. Dick Place, especialista en planificación del producto, decía que sacar un coche deportivo partiendo del Falcon era como ponerle unos senos postizos a la abuelita. De todos modos, les dije a Don Frey y a Hal Sperlich que madurasen la idea. Realizaron pruebas con varios modelos distintos, pero finalmente llegaron a la conclusión de que el diseño y el exterior del automóvil de nuestros sueños tenían que ser originales. Podíamos, eso sí, aprovechar la plataforma y el motor del Falcon, pero, como decimos en Detroit, el coche necesitaba un nuevo pellejo y un invernadero propio, es decir, parabrisas, ventanas laterales y la entrada de luz por atrás (luneta, etc.).

En 1961 nos vimos frente al compromiso de marcar una fecha tope. En abril de 1964 abriría sus puertas la Feria Mundial de Nueva York, que nos parecía el marco más adecuado para lanzar el coche. Si bien los nuevos modelos suelen salir al mercado en otoño, considerábamos que nuestro vehículo era tan atractivo y diferente que podíamos atrevernos a sacarlo en plena temporada. Sólo la Feria Mundial ofrecía suficiente espectacularidad y estímulo para servir de plataforma a nuestro automóvil.

Pero aún quedaba una importantísima pieza por encajar. Nos faltaba un diseño a la medida de nuestras expectativas. Durante los primeros siete meses de 1962, los elementos del departamento de proyección realizaron nada menos que dieciocho maquetas de arcilla, con la esperanza de que alguna de ellas se ajustara al coche de nuestros sueños. Diversas maquetas eran realmente estupendas, pero ninguna acababa de dar la medida exacta de lo que buscábamos.

A esas alturas empezaba a impacientarme. Si el coche tenía que estar listo en abril de 1964, era preciso dar con el diseño adecuado. Disponíamos de veintiún meses para obtener el visto bueno del proyecto, ponernos de acuerdo sobre la línea definitiva del vehículo, comprar maquinaria e instrumental, determinar la fábrica que lo construiría, localizar las fuentes de suministro, coordinar la campaña de ventas con los concesionarios, distribuidores y agentes autorizados. Corría ya el verano de 1962 y la única forma de llegar a tiempo a la cita con la Feria Mundial era disponer de una maqueta para el día uno de setiembre.

Luchando contra reloj, decidí promover un concurso entre nuestros proyectistas. El 27 de julio, Gene Bordinat, el director de proyección y diseño, convocó en su despacho a tres de sus mejores hombres y les manifestó que los estudios que dirigían tomarían parte en una competición abierta sin precedentes, consistente en proyectar al menos una maqueta del pequeño coche deportivo que estábamos resueltos a fabricar.

Se dijo a los proyectistas que el 16 de agosto tuviesen listos los modelos porque serían inspeccionados por los altos directivos de la empresa. Era mucho lo que se les exigía, porque en circunstancias normales es imposible proyectar un coche en tan corto espacio de tiempo. Pero dos semanas después teníamos siete maquetas sobre las que tomar una decisión en el día citado.

El ganador fue sin duda el modelo proyectado por Dave Ash, director adjunto del estudio Ford, a cuyo frente se hallaba Joe Oros. Cuando la maqueta estaba a medio concluir, Joe me invitó a su taller para que echase un vistazo. Al verla, experimenté de pronto la sensación de que, aún hallándome de pie en el estudio, el modelo color arcilloso estaba ya en movimiento.

Joe y Dave, que veían el diseño de su coche dotado de rasgos felinos, empezaron a llamarle Cougar («puma»). La maqueta o modelo que habían preparado para la presentación del 16 de agosto llevaba las ruedas pintadas de rojo y blanco. El parachoques trasero del Cougar se levantaba un poco y formaba una leve protuberancia en el extremo. En la rejilla del radiador aparecía la figura de un puma estilizado que contribuía a conferir al modelo un aire de potencia y acertada estética.

Inmediatamente después de la muestra, el coche fue conducido a los estudios de diseño de la Ford para valorar su viabilidad. Por lo menos teníamos una propuesta activa que considerar, pero no todavía un automóvil. Para que fuera así necesitábamos el visto bueno del comité de diseño y proyección, integrado por los más altos cargos de la compañía.

Sabía que al comparecer ante el comité para vender la idea de fabricar el Cougar libraría una dura batalla. De entrada, los altos directivos no estaban convencidos como lo estábamos nosotros, de que la juventud del país constituía un mercado real. Por otra parte, como el fracaso del Edsel aún estaba vivo en su memoria, se mostraban reticentes y cautelosos en extremo hacia todo lo que fuera la producción de un nuevo modelo. Para dificultar aún más las cosas, ya se habían aportado los cuantiosos gastos inherentes al reequipamiento de la línea ordinaria de productos Ford para el año 1965. No veían muy claro que la empresa pudiera permitirse fabricar otro coche, aun en el supuesto de que los costos de producción fuesen relativamente bajos.

Arjay Miller, que en breve sería nombrado presidente de la Ford, solicitó un estudio de nuestra propuesta. Se mostraba bastante optimista respecto a las ventas, pero temía el «canibalismo», es decir, que la aceptación del automóvil incidiera en la disminución de las ventas de otros productos de la casa, como el Falcon, por ejemplo. El estudio que encargó arrojaba unas previsiones de ventas de ochenta y seis mil Cougar. Era una cifra respetable, pero no lo suficientemente alta para justificar la fuerte inversión que suponía iniciar la producción de un nuevo modelo.

Por suerte, Henry Ford se hallaba entonces en mejor disposición de cara a nuestro plan. Esta actitud contrastaba marcadamente con la primera vez que sometí la idea a la consideración de un comité formado por altos directivos de la firma. En medio de mi perorata, Henry dijo súbitamente: «me voy», y salió de la sala de juntas. Jamás le había visto tan indiferente respecto a una idea. Cuando llegué a casa le dije a Mary:

—Me ha echado abajo mi proyecto favorito. Henry me dejó con la palabra en la boca.

La verdad es que me sentía muy abatido. Sin embargo, al día siguiente nos enteramos de que la brusca salida de Henry nada tuvo que ver con mi exposición del asunto. Por lo visto, no se sentía bien y se fue pronto a su casa, donde pasó las seis semanas siguientes guardando cama, aquejado de mononucleosis. Cuando volvió de nuevo al trabajo estaba mucho más animado hacia todos los aspectos en general, entre ellos los planes referentes al automóvil que teníamos en proyecto.

Con posterioridad, mientras construíamos el prototipo, Henry hizo acto de presencia para echar un vistazo. Se montó en el coche y comentó:

—Es un poco estrecho en la parte de atrás. Agrandadlo un par o tres de centímetros para poder estirar mejor las piernas.

Lamentablemente, agrandar el interior de un coche, aunque sea unos centímetros, podía incrementar en gran manera los costos de fabricación. Pero también sabíamos que las decisiones de Henry no eran materia de discusión. Como le gustaba recordarnos de vez en cuando, su nombre figuraba en grandes letras en el exterior de la fachada. Además, en el punto en que nos hallábamos, no hubiésemos vacilado en hacerlo hasta veinticinco centímetros más grande si con ello nos asegurábamos la producción del vehículo.

Por otra parte, aunque en aquel entonces es probable que no lo supiese —y no me extrañaría que *siguiera* sin enterarse—, Henry también desempeñó un papel activo en el nombre del nuevo automóvil. Antes de que nos decidiésemos por llamarle Mustang, se le aplicaron otras denominaciones. Primero, en las primeras fases de planificación le llamamos Special Falcon, y después, una vez aceptada la maqueta Oros-Ash, recibió el apelativo de Cougar. Henry quería bautizarlo «T-Bird II» (Thunderbird II), pero la denominación no satisfizo a nadie.

En el curso de una reunión para decidir la estrategia del producto, celebrada en mayo, la lista de nombres se redujo a Montecarlo, Monaco, Torino y Cougar. Al enterarnos de que los dos primeros ya habían sido registrados en la Asociación de fabricantes de Automóviles por otras empresas, la cosa quedó entre Torino y Cougar. Por último convinimos en la denominación Torino, es decir, Turín en italiano. Era un nombre que, además, le confería cierto aire extranjero, que habíamos puesto mucho empeño en captar. Como solución de compromiso decidimos poner en el Torino el emblema del puma estilizado.

Mientras estábamos realizando los preparativos de la campaña de publicidad del Torino, recibí una llamada de Charlie Moore, que era el mandamás del departamento de relaciones públicas, y me dijo textualmente: «Tendréis que buscarle otro nombre al coche». Me explicó entonces que Henry estaba realizando los trámites para divorciarse y que mientras tanto estaba liado con Cristina Vettore Austin, una divorciada perteneciente a la alta sociedad italiana, a la que conoció en una fiesta en París. Algunos de los secuaces más serviles de Henry estimaban que dar un nombre italiano al modelo supondría una publicidad desfavorable y daría lugar a chismes y habladurías, cosa que pondría en situación embarazosa al patrón.

Así pues, tuvimos que pensar rápidamente en otro nombre. Siempre que se trata de bautizar un coche se produce un duro forcejeo, y con razón, porque a menudo cuesta horrores cribar una denominación. Es más fácil proyectar puertas y techos que acertar con un nombre, ya que en este terreno interviene una dosis considerable de subjetividad que concita fuertes emociones.

John Conley, que trabajaba para J. Walter Thompson, nuestra agencia de publicidad, era un verdadero especialista en el tema. Antaño halló nombres de aves idóneos que se aplicaron al Thunderbird y al Falcon (el primero es un ave mítica que produce el rayo y el trueno según los indios nativos; el segundo es el halcón). En aquellas circunstancias decidimos mandarle a la Biblioteca Pública de Detroit para que consultase los nombres de animales, de la *a* a la *z*. John volvió con un millar de sugerencias, que a la postre se redujeron a seis: Bronco, Puma, Cheetah, Colt, Mustang y Cougar (puma, león americano)

Mustang había sido el nombre que se dio a uno de los prototipos del coche. Lo curioso es que no aludía al caballo salvaje, como podría parecer, sino al mítico caza de la segunda guerra mundial. Daba lo mismo. El nombre nos gustó a todos y, como decían los de la agencia de publicidad, «tiene el atractivo de los grandes espacios y es norteamericano al ciento por ciento».

Todavía guardo en una de las estanterías de mi biblioteca una pieza fundida a presión del emblema del Cougar, que los proyectistas me remitieron en el interior de una cajita de madera de nogal, con un rollo de papel que decía: «Por favor, no haga tonterías. Su único nombre ha de ser Cougar». Fue una petición que no pude atender, pero utilizaríamos el apelativo en cuestión pocos años más tarde, para bautizar un magnífico coche fabricado en el ámbito de la división Lincoln-Mercury.

Desde que salió el Mustang, la gente se ha dedicado a señalar invariablemente que la silueta del caballo en la frontal del coche estaba orientada del revés, porque el alazán galopa en el sentido de las agujas del reloj, cuando en realidad los caballos que corren en los hipódromos norteamericanos lo hacen siempre en sentido contrario al de las agujas. Mi respuesta es siempre la misma; les digo que el Mustang es un potro salvaje y no un caballo de carreras, domesticado. Además, al margen de la posición del corcel, cada vez estaba más seguro de que el coche iba encaminado en el sentido correcto.

Una vez puestos de acuerdo sobre la línea que íbamos a darle, había que decidir algunas cuestiones básicas respecto al interior del vehículo. Por un lado, pretendíamos satisfacer a los compradores amantes de la elegancia, pero tampoco queríamos defraudar a los que se mostraban más interesados en la economía o las prestaciones del coche. Al mismo tiempo, no queríamos sacar un automóvil desguarnecido. Ya se hablaba del Mustang como del pariente pobre del Thunderbird; nada más lejos de nuestras intenciones. Decidimos que incluso el modelo más económico tenía que admitir comparación con las variantes que realzaban la distinción o el rendimiento del motor, por lo cual todos ellos exhibían asientos bajos y cóncavos, revestimiento interior de vinilo, tapacubos y alfombrado.

Pero además de todo ello, queríamos que nuestro coche fuese un vehículo fácil de reparar, que atrajese la atención de todos los segmentos del mercado. Si un comprador podía permitirse adquirir el modelo más elegante, nada impedía que le añadiese accesorios suplementarios y un motor de más potencia que el estándar. Si le gustaba el modelo elegante, pero no podía incurrir en más gastos, se sentiría igualmente satisfecho, porque concebimos diversas opciones que normalmente se pagan aparte, pero que en este caso irían comprendidas en el precio del automóvil, sin cargos suplementarios.

Bastante antes de que empezásemos a producir el coche iniciamos la prospección de mercado. Una de las últimas pruebas que llevamos a cabo resultó particularmente estimulante. Seleccionamos a cincuenta y dos matrimonios residentes en la zona de Detroit y les invitamos a visitar el salón de exposiciones del estudio de diseño. Todas las parejas eran propietarias de un turismo estándar y sus ingresos eran de tipo medio, lo cual significaba que no eran los mejores candidatos para adquirir un segundo automóvil. Así pues, los trajimos en grupitos y les mostramos el prototipo del Mustang a la vez que grabábamos sus comentarios en cinta magnetofónica.

Ello nos permitió averiguar que los matrimonios en que el marido trabajaba en una oficina veían en el Mustang un modelo de diseño atractivo, en tanto que los de extracción más baja lo consideraban como un símbolo de posición y prestigio. Al pedirles que dijeran el precio estimado del coche, casi todos avanzaron una cantidad que excedía en 1.000 dólares o más el precio que teníamos previsto. En respuesta a la pregunta de si adquirirían un Mustang, la mayoría contestó que no; dijeron que era demasiado caro, demasiado pequeño o demasiado difícil de conducir.

Pero cuando mencionamos el precio real del coche, sucedió algo verdaderamente curioso. La mayoría de los visitantes exclamó: «¡Al diablo con mis objeciones! ¡Me lo quedo!». Los pretextos, pues, se desvanecieron como por ensalmo y salieron a relucir argumentos de todo tipo para apoyar la decisión de comprar un automóvil como aquél, apuntando que en definitiva no era una idea tan descabellada. Uno de los invitados dijo: «Si estaciono este coche delante de casa, mis vecinos se preguntarían en qué clase de sucios negocios ando metido». Otro individuo manifestó: «Su aspecto no es el de un coche común, y por ese precio hoy no compras más que un coche corriente».

Las conclusiones de este sondeo eran claras. Llegado el momento de lanzar el Mustang al mercado, había que recalcar lo barato que resultaba.

El precio oficial que definitivamente se asignó al Mustang se correspondía con nuestra idea primera de que el precio estuviese por debajo de los 2.500 dólares. Terminamos fabricando un modelo 3,75 centímetros más largo de lo planeado y de 48 kilos más de peso. Pero en lo tocante al precio, nos salimos con la nuestra. El Mustang costaba 2.368 dólares.

Continuaron los buenos augurios y en enero de 1964, faltando pocas semanas para el lanzamiento, la coyuntura económica del país era más favorable de lo normal. Más tarde nos enteraríamos de que en el primer trimestre de 1964 se alcanzó la cota de ventas más alta de toda la historia del automóvil. Por si fuera poco, el Congreso se disponía a aprobar una reducción de los impuestos, por lo que la gente dispondría de más efectivo. Analizada la situación en bloque, el talante de la nación era de gran confianza y tremendo optimismo.

El 9 de marzo de 1964, quinientos setenta y un días después de que la carrocería diseñada por Oros-Ash hubiese sido escogida frente a los seis rivales en liza, salió de la cadena de montaje el primer Mustang. Se había dispuesto la producción de un mínimo de 8.160 coches antes del día de la presentación oficial —fijada para el 17 de abril–, con objeto de que todos los concesionarios Ford a lo largo y ancho del territorio nacional dispusieran de un modelo del Mustang en su salón de exhibiciones.

Promocionamos el coche por todo lo alto. Cursamos invitaciones a los directores de periódicos universitarios para que acudieran a Dearborn y les cedimos un Mustang para que lo condujesen durante unas semanas. Cuatro días antes del lanzamiento del automóvil, cien periodistas tomaron parte en un gigantesco *rally* al volante de sendos Mustang. Los coches demostraron su maniobrabilidad y consistencia, salvando airosamente los 1.120 kilómetros del recorrido sin ningún tipo de incidente. La prensa dio rienda suelta a su entusiasmo en un alud de artículos encomiásticos y reportajes gráficos que aparecieron en lugar destacado en centenares de revistas y periódicos.

El 17 de abril, todos los distribuidores y agentes autorizados de la Ford sufrieron el asalto de un nutrido tropel de gente deseosa de admirar el nuevo modelo. Un concesionario de Chicago tuvo que cerrar su salón de exhibiciones debido a la ingente multitud que se agolpaba ante los escaparates. Según nos comunicó otro distribuidor oficial de Pittsburgh, la afluencia de visitantes que acudían a su sede le impidió descolgar su Mustang del tren de lavado. En Detroit, otro concesionario manifestó que eran tantos los coches deportivos de clientes que acudían a ver el Mustang, que la zona de estacionamiento parecía el punto de salida de un concurso-competición de automóviles extranjeros.

En Garland, Texas, otro agente autorizado tuvo que entendérselas con quince clientes potenciales que licitaban por un solo Mustang expuesto en los escaparates. Lo vendió al mejor postor; un sujeto que se empeño en dormir en el coche para que nadie pudiera adquirirlo mientras se tramitaba el cheque con el que había pagado su flamante automóvil. En Seattle, el establecimiento de un concesionario sufrió desperfectos porque un camionero con una carga de cemento se quedó tan encadilado con el Mustang que se olvidó del volante y empotró el camión en uno de los escaparates.

El Mustang estaba destinado a obtener un éxito clamoroso. Durante el primer fin de semana en que se puso a la venta, cuatro millones de personas –una cifra sin precedentes– visitaron los locales de exposición de los distribuidores de la marca. La acogida que el público dispensaba al coche rebasaba con mucho nuestras previsiones más optimistas.

La prensa contribuyó notablemente a crear este ambiente. Debido a los incansables esfuerzos de Walter Murphy en el campo de las relaciones públicas, el Mustang apareció simultáneamente en las portadas de *Time* y *Newsweek,* lo cual constituyó una publicidad fabulosa para un proyecto comercial que comenzaba su andadura. Las dos revistas intuyeron que quel coche iba a ser un éxito de ventas, y la publicidad que le dieron en sus páginas hizo de su corazonada un augurio destinado a cumplirse por su propia naturaleza. Estoy convencido de que *Time* y *Newsweek* ayudaron por sí mismas a vender un suplemento de 100.000 unidades.

Las dos portadas gemelas surtieron el efecto de dos gigantescos anuncios publicitarios. *Time*, después de precisar para sus lectores que mi nombre «rima con Try-a-Coke-ah»,* añadía:

> Iacocca ha sacado algo más que un nuevo automóvil. Con su alargado capó, reducido maletero, estilo del Ferrari y amplias toma de aire, el Mustang se parece a los coches de carreras europeos que los entusiastas del motor norteamericano tanto admiran. No obstante, Iacocca ha logrado con el Mustang un coche de diseño tan flexible, a un precio tan razonable y tal variedad de opciones, que en teoría el vehículo puede atraer el interés de las dos terceras partes de ciudadanos aficionados al motor o deseosos de tener un coche. Adquirible por 2.368 dólares y capaz de acomodar a una familia reducida en sus cuatro asientos, el Mustang parece destinado a convertirse en una especie de modelo A** de los coches deportivos, al alcance tanto del público en general como de los aficionados al volante.

La prensa especializada se mostró no menos favorable. «Los compradores que van en busca de un coche de verdad ya lo tienen a su disposición», rezaba el artículo principal de la revista *Car Life*. Incluso *Consumer Reports*, que por lo general no era muy partidaria de Detroit, señaló que el Mustang ofrecía «un ajuste al que pocas taras podrían encontrársele y una ejecución notable tratándose de un coche que se ha fabricado a un ritmo endemoniado».

Pero como no contábamos con que la prensa se hiciera cargo de la publicidad, el día de la presentación oficial del turismo insertamos anuncios a toda plana en dos mil seiscientos periódicos. Utilicé lo que yo denomino «la técnica Mona Lisa», consistente en la imagen siluetada del coche, con el precio y un breve eslogan al lado: «Lo imprevisto». Cuando el producto es de primera, no es preciso ser un genio del marketing.

También inundamos la televisión con cuñas publicitarias del Mustang. La agencia J. Walter Thompson se encargó de la producción de una serie de anuncios inspirados en Walter Mitty, el personaje creado por James Thurber, que soñaba con ser piloto de carreras o de un reactor. En uno de estos anuncios se ve a Henry Foster,

* Juego de palabras entre Iacocca y «Prueba una coca-cola, ¡ah!», que refleja la similitud de pronunciación en inglés americano. *(N. del T.)*

** Referencia histórica al suceso del famoso «modelo T» de la Ford, el primer coche popular fabricado en serie. *(N. del T.)*

un anticuario vestido al modo tradicional, de modales circunspectos, que sale de su establecimiento con una bolsa de comida en la mano. Entonces, la señorita que atiende el comercio contiguo pregunta: «¿Sabe alguien quién es Henry Foster?». Henry camina hasta la esquina y se mete en un Mustang rojo. Después arroja el sombrero hongo a un lado y se toca con una gorra de paño que saca de la bolsa. Acto seguido se quita la chaqueta y deja ver un llamativo chaleco rojo y, por último, se cambia las anticuadas gafas por unas gafas protectoras como las que usan los corredores de automóviles. «Algo le ha sucedido a Henry», prosigue diciendo la voz de la señorita. «Le ha sucedido que ha encontrado un Mustang», añade otra voz femenina. Y entonces aparece la segunda interlocutora, joven y atractiva, que espera a Henry en un verde prado con una cesta y la comida preparada, con una botella de buen vino.

También llevamos a cabo campañas de promoción de primer orden en diversos puntos del país. Exhibimos el Mustang en quince de los aeropuertos con mayor densidad de tráfico, así como en los vestíbulos de doscientos hoteles de la cadena Holiday Inn, de costa a costa. En el curso de los campeonatos de futbol que se jugaron en la Universidad de Michigan, alquilamos un vasto espacio acotado en la zona de aparcamiento con un rótulo que decía: «El establo del Mustang». También recurrimos a la venta por correspondencia, y enviamos millones de folletos a propietarios de automóviles pequeños de una punta a otra del país.

Transcurridas apenas unas semanas, se nos hizo patente la necesidad de disponer de una segunda planta industrial. Según las previsiones originales, se calculó que durante el primer año las ventas alcanzarían las setenta y cinco mil unidades. Pero las expectativas iban en aumento, y antes del lanzamiento oficial del coche la planificación se hizo sobre un total de doscientos mil vehículos. Para poder fabricar tal contingente de automóviles fue preciso plantear a la plana mayor de la empresa la necesidad de reconvertir la instalación fabril de la Ford en San José, California, con objeto de atender la demanda del Mustang.

Debido a la escasez de coches resultaba difícil anticipar cuántas unidades venderíamos al fin, de modo que a las pocas semanas Frank Zimmermann planeó la realización de un experimento en Dayton, Ohio, población que se sabía afecta a la General Motors, pues la compañía tenía fábricas en la zona.

Nuestro hombre se reunió con varios distribuidores de coches de Dayton y les dijo:

—Chicos, estáis en una zona de dura competencia y el Mustang es un coche sensacional. Queremos verificar hasta qué punto es así, por lo que hemos pensado en facilitaros a cada uno diez modelos en depósito, con el compromiso de atender los pedidos directos del cliente tan pronto formalicéis el contrato con ellos.

Los resultados fueron asombrosos. Nos hicimos poco más o menos con el diez por ciento del mercado de coches de Dayton. No necesitábamos más demostraciones, y en setiembre se inició la reconversión de la planta industrial de San José.

Entonces nuestra capacidad de producción era de 360.000 unidades por año, y al poco reconvertimos una segunda fábrica en Metuchen, Nueva Jersey. Estas dos reconversiones representaron un elevado costo, pero con el Falcon marcamos unas previsiones demasiado bajas y nos vimos en la imposibilidad de producir las unidades que pedía el mercado. Era lógico, pues, que no quisiéramos incurrir dos veces en el mismo error.

La gente compraba el Mustang de manera imparable y la fabricación alcanzaba cifras récord. Lo mismo sucedía con las opciones y accesorios. Los clientes reaccionaron frente a la amplia gama de opciones que se les ofrecía con el hambre de un leñador sueco ante un *smorgasbord* (variedad de entremeses). Más de un 80 por 100 solicitaron neumáticos con bandas blancas, el 80 por 100 deseaba que se les instalara una radio, el 71 por 100 pidió la colocación de motores de ocho cilindros y el 50 por 100 se decantó por la transmisión automática. Uno de cada diez Mustang se vendió provisto de cuentakilómetros y de un reloj que formaba parte de un «conjunto para *rallies*». En fin, que para un coche cuyo precio oficial era de 2.368 dólares, los compradores gastaban nada menos que un promedio de 1.000 dólares en opciones y accesorios facultativos.

Yo me había trazado un objetivo de ventas para el primer año del Mustang. Durante su primer año, el Falcon vendió una cifra récord de 417.174 coches, y yo aspiraba a superarla. Habíamos inventado un eslogan: «417 por 17/4», que era la fecha de nacimiento del Mustang. Al atardecer del día 16 de abril de 1965, un joven californiano compró un Mustang rojo descapotable muy deportivo. Era el número 418.812 que se vendía aquel año, con lo que establecimos una nueva plusmarca.

Los «contables» «expertos» en tesorería volvieron a atrincherarse en sus fortalezas de papel murmurando por lo bajo que sin duda había más de una manera de fabricar un coche. El éxito se debió al diseño, un factor con el que no contaban. Sin embargo, no se mostraron pacatos a la hora de contar el dinero. Sólo en los dos primeros años, el Mustang produjo unos beneficios netos de 1.100 millones de dólares. ¡Y hay que tener en cuenta que eso era en moneda de 1964!

A las poca semanas del lanzamiento del Mustang nos llegó un aluvión de cartas de clientes que expresaban su satisfacción. Tengo la costumbre de leer siempre este tipo de correspondencia, y normalmente si un comprador escribe a la fábrica es para quejarse. Pero en el caso del Mustang, la gente quería dejar constancia de lo mucho que les había gustado y nos agradecía haber puesto en el mercado un modelo como aquel. La única crítica que recibimos se refería a lo difícil que resultaba encontrar un Mustang y a las largas listas de espera.

Una de mis cartas preferidas la escribió un vecino de Brooklyn cuando solamente hacía cuatro días que se había puesto a la venta el automóvil. «No estoy muy al día en este asunto de los coches —decía—, y nunca lo estuve desde que la mayoría de los automóviles quedaron "preñados". Además, Nueva York no es sitio para tener un coche. Los que tienen perros les enseñan a mearse en las ruedas; los golfos de los barrios bajos roban los tapacubos; los polis te multan; los pichones reposan en el techo, y otras muchas calamidades. Las calles están siempre en obras; los autobuses se te echan encima; los taxis te dan topetazos, y para comprar una plaza de aparcamiento hay que gravar el piso con una segunda hipoteca. La gasolina es un treinta por ciento más cara que en cualquier otro sitio; las pólizas de seguros están por las nubes; es imposible atravesar el distrito de las fábricas de confección; la zona aledaña a Wall Street es impenetrable, y dirigirse en coche a Nueva Jersey es una quimera.» Y como remate a lo expuesto, el corresponsal decía: «Así pues, en cuanto esté en condiciones de hacerlo pienso comprarme un Mustang».

Después de realizar un estudio de los poseedores de nuestro coche se determinó que la edad media de los compradores era 31 años, pero que uno de cada seis propietarios se encuadraba en el grupo de 40 a 50 años, lo que significaba que el automóvil no quedaba limitado a los jóvenes conductores. Otros datos: las dos terceras partes de los compradores estaban casados y más de la mitad habían cursado estudios universitarios.

Antes de que terminase el primer año proliferaban los clubs Mustang —centenares de ellos—, así como las gafas de sol, llaveros y gorras Mustang, sin contar los modelos a escala reducida para los chavales. Comprendí que habíamos dado en el blanco el día que vi colgado del aparador de una panadería un letrero que decía: «Nuestras rosquillas se venden como el Mustang».

No me hubiese sido difícil completar un volumen como el presente con anécdotas referentes al Mustang, pero me limitaré a exponer sólo una más.

Durante uno de los cincuenta y dos viajes que he realizado a Europa me hallaba dormitando en el avión de la empresa. Era un domingo por la mañana y el aparato seguía el itinerario del Ártico, por la zona donde se había hundido el *Titanic*. En un momento dado el avión sobrevoló a un buque meteorológico, desde el que un pobre tipo olvidado del mundo iba remitiendo partes del tiempo a los aviones que seguían nuestra ruta. Los chicos de la cabina se pusieron en contaco por radio y le preguntaron:

—¿Cómo está el ambiente?

—Esto no hay quien lo aguante —respondió el hombre—. hace un día fatal, con olas de casi cuatro metros.

Los muchachos echaron un vistazo al mar para cerciorarse de sus palabras, y entonces el meteorólogo se enteró de quiénes éramos.

—Yo tengo un Mustang —se apresuró a manifestar—. ¿Esta Iacocca a bordo?

Mientras los tripulantes daban respuesta por la radio, crepitante con ruidos parásitos, un avión de la KLM pasó en dirección contraria y el piloto comentó a los nuestros: «¡Eh, un momento! ¿Es éste el avión de la Ford que lleva a Iacocca? Me gustaría hablar con él». Justo en aquel preciso instante el azar quiso que surcara el aire un segundo avión comercial, esta vez de la Pan Am, y el piloto también terció en la conversación radiofónica.

Los hechos que estoy narrando acontecieron mientras yo estaba adormilado. De repente apareció el piloto de nuestro avión, se me acercó y dijo:

—Le llaman por teléfono. Tenemos en la línea un barco y dos aviones que quieren hablar con usted.

—Pero ¿es que no respetan a nadie? —exclamé—. ¡Es domingo por la mañana, estamos en un rincón del mundo y ni aún así puedo librarme de esta obsesión con el Mustang!

Normalmente se me considera el «padre» del Mustang, si bien, como ocurre con todo producto de gran aceptación, había un montón de gente que reclamaba para sí ese honor. Si un forastero se hubiese acercado a Dearborn preguntando por la gente relacionada con el Edsel hubiera parecido una especie de Diógenes provisto de una antorcha en busca de un hombre honrado. Por lo demás, son tantos los que han reclamado la paternidad del Mustang, que no me atrevería a salir en público con la madre.

Se dice que todo lo bueno acaba, y el Mustang no fue una excepción a la regla. En 1968, en una asamblea anual de accionistas de la Ford, uno de ellos subió al estrado y expuso una queja:

—Cuando salió el Thunderbird —dijo—, era un precioso coche deportivo. Entonces ustedes lo hincharon hasta el punto de que ya no parecía el mismo. Y ahora está ocurriendo otro tanto con el Mustang. ¿Por qué no pueden dejarlo tal como está? Persisten en agrandarlos, luego crean otro modelo pequeño, vuelven a hincharlo y así sucesivamente.

Por desgracia, la mujer que había tomado la palabra llevaba razón. Poco años después de su lanzamiento al mercado, el Mustang ya no era un lustroso corcel; se parecía más a un cerdo bien cebado. En 1968 Bunkie Knudsen se hizo cargo de la presidencia de la compañía, y sin pensarlo dos veces le añadió al coche un monstruoso motor que dobló sus prestaciones. Pero para aguantar el empuje fue preciso ensanchar todo el automóvil. En 1971, el Mustang era 20,32 centímetros más largo, 15,24 centímetros más ancho y casi 270 kilos más pesado que el modelo original.

Ya no era el mismo modelo, y la disminución de las ventas ponía claramente de relieve esta circunstancia. En 1966 se vendieron 550.000 coches, y en 1970 las ventas habían caído a 150.000 unidades, un declive desastroso. Nuestra clientela nos había abandonado porque nosotros abandonamos su coche. En aquellos momentos, los 2.368 dólares que costaba el turismo inicialmente se habían convertido en 3.368, y no todo el incremento podía imputarse a la tasa de inflación.

A finales de 1969 se empezó a proyectar el Mustang II, una vuelta al coche de tamaño intermedio que tan buena acogida había recibido. En Detroit eran muchos los que apenas creían lo que estábamos haciendo, pues la iniciativa transgredía una norma no escrita según la cual un coche introducido en el mercado siempre tiene que reconvertirse en uno más grande, pero nunca en un modelo más pequeño. Sacar un Mustang de este género equivalía a admitir que habíamos cometido una grave equivocación.

Y así era, en efecto. Para la concepción del Mustang II recurrí una vez más a Hal Sperlich, que tuvo un papel relevante en la creación del primer prototipo. Los dos nos trasladamos a Italia para visitar los estudios Ghia de Turín, donde nos entrevistamos con Alejandro DeTomaso, jefe del estudio. Dos meses más tarde llegaba a Dearborn el prototipo del italiano, un coche fabulosamente proyectado.

El Mustang II fue también un éxito de ventas, aunque sin llegar al extremo del primer modelo. Pero, como sabíamos muy bien, parecía difícil emular aquel objetivo sin precedentes.

VII
¡Bis!

El éxito obtenido por el Mustang se hizo evidente en tan corto lapso de tiempo que me ascendieron a un alto cargo pocos meses después de su aparición en el mercado. En enero de 1965 se me nombró vicepresidente del grupo de camiones y turismos. Entre mis competencias figuraban la planificación, producción y comercialización de todos los coches y camiones tanto de la división Ford como de la división Lincoln-Mercury.

Mi nuevo despacho se hallaba ubicado en el Invernadero (Glass House), nombre con que el personal de la Ford conocía a la sede central de la empresa. Finalmente era uno de «los peces gordos», componente del selecto grupo de altos directivos que almorzaban todos los días con Henry Ford. Hasta entonces, en lo que a mí se refería, Henry era simplemente el mandamás. De repente me encontré con que le veía casi a diario. No sólo formaba parte de la enrarecida atmósfera que reinaba en las altas esferas, sino que era el más nuevo, el genio bisoño que había impulsado la creación del Mustang.

Además, era en cierto modo el favorito de su majestad. Después de que McNamara dejase el puesto en 1960 para integrarse en la Administración Kennedy me había adoptado, por así decirlo, y desde mi arrancada no me quitó ojo de encima.

En mi calidad de vicepresidente del grupo me hallé frente a una serie de funciones y cometidos nuevos, sobre todo en el campo de la publicidad y la promoción del producto. Con todo, la principal misión que se me encomendó, por decirlo con palabras de Henry Ford, fue la de «aplicar un poco de ese ungüento del Mustang a la división Lincoln-Mercury».

Durante años, la mencionada división había sido el pariente pobre de la casa y una carga para el resto de la empresa. La división empezó a funcionar en los años cuarenta, pero al cabo de veinte años seguía sin consolidarse. Incluso se habló de abandonar la fabricación del Lincoln y de vender esta parte de la compañía.

Se trataba de la división que fabricaba los modelos de lujo, los más caros. La dirección de la Ford confió en que los clientes que empezaron comprando los fabricados por la división Ford terminarían «graduándose» con la adquisición de un Mercury o un Lincoln, de la misma forma que el cliente de General Motors dejaba el Chevrolet o el Pontiac para pasar a un Buick o un Oldsmobile.

Eso en teoría. Pero en la práctica los clientes de Ford acabaron por abandonar el barco, y los que lo hicieron se mostraron más inclinados a «graduarse» con un Oldsmobile o un Cadillac que con un Mercury o un Lincoln. Todo cuanto hacíamos, pues, era engordar futuros clientes para los modelos de lujo de la GM (General Motors).

Sencillamente, los coches no suscitaban entusiasmo. No es que fueran *malos*; les faltaba un sello distintivo. El Comet, por ejemplo, no era más que un Falcon llamativo, en tanto que el Mercury parecía un Ford de gran tamaño. El defecto de la división Lincoln-Mercury estaba en que sus modelos carecían de una identidad y un sello propios.

Con el paso de los años las ventas habían ido disminuyendo. En teoría el Lincoln competía con el Cadillac, pero en la práctica, por cada Lincoln vendido se compraban cinco Cadillac. La suerte del Mercury era parecida, y resultaba incapaz de competir seriamente con los dos grandes de la GM, es decir, el Buick y el Oldsmobile. A la sazón, en 1965, bien podía decirse que la división Lincoln-Mercury había fenecido y era urgente resucitarla de sus cenizas.

Habría resultado muy cómodo culpar a los distribuidores, pero eso hubiera sido una flagrante injusticia. Más aún, los concesionarios que lograron sobrevivir con aquellos modelos hasta 1965 debían ser forzosamente muy buenos en su oficio, porque no tenían la ventaja de contar con un producto de primerísima calidad. A ello había que añadir la falta de moral. Necesitaban que se les motivase; era preciso regenerar al equipo de directores de ventas de los respectivos distritos, y necesitaban que alguien del Invernadero se ocupase de veras de sus intereses.

Pero sobre todo necesitaban de nuevos productos. Sin más demoras pusimos manos a la obra y en 1967 teníamos dos nuevos automóviles a punto de lanzamiento. El Mercury Cougar era un deportivo de lujo destinado a seducir al comprador del Mustang que quisiera lucir un vehículo un poco más elegante. El segundo automóvil era el Mercury Marquis, un vehículo de gran lujo en condiciones de competir con el Buick y el Oldsmobile.

Resultaba muy sintomático de la problemática que atravesaba esta división el hecho de que Gar Laux, director de la misma, no quería ni oír hablar de que el Mercury se asociara al nombre de Marquis. El hombre estaba convencido de que decir Mercury era tanto como caer fulminado, aun cuando el nuevo modelo fuese un magnífico automóvil. Tuve que convencerle de que saliendo al mercado con el nuevo Marquis empezaríamos a realzar la imagen de la depauperada división.

Para suscitar esperanzas y estímulos en lo tocante a los dos vehículos de la división de lujo me esforcé por dar la mayor espectacularidad posible al acto de presentación a los concesionarios y agentes autorizados. Hasta hace unos diez años, la exhibición de los nuevos modelos que anualmente lanzaba la Ford era un acontecimiento sonado, tanto para los distribuidores como para el público en general. A medida que se acercaba la fecha fijada para el lanzamiento de un coche, los concesionarios mantenían tapado el modelo de que se tratase. Por toda la nación, los chiquillos atisbaban a hurtadillas por los escaparates con la ilusión de ver, aunque fuese de pasada, cómo lucía el automóvil, fuese un Ford o un Chevy. Hoy este ritual no es más que un recuerdo nostálgico y muy entrañable.

Tiempo atrás también existía la costumbre de festejar a los distribuidores, lo que solíamos hacer todos los años en Las Vegas. Llegado el verano les agasajábamos por todo lo alto y gastábamos millones en un aparatoso espectáculo, durante el cual se descubrían los automóviles de la próxima temporada. Los coches emergían entre el chorrear de las fuentes, luego un grupo de bellas muchachas salía del interior, se lanzaban bombas de humo y se confería vistosidad a todo ello con focos de diversos colores, amén de otras llamativas exhibiciones. En ocasiones, estos espectáculos superaban incluso a los de Broadway, sólo que en ellos los protagonistas eran los automóviles.

También solíamos disponer un programa de incentivos de cara a los concesionarios de venta. Por entonces los tres grandes del sector nadaban en la abundancia y andaban sobrados de liquidez. Todo lo que ideábamos se hacía sin reparar en gastos. Cuando se trataba de impresionar a los distribuidores no había límite alguno. Muchos de ellos ganaban un millón de dólares al año, e incluso los mediocres se desenvolvían muy bien.

Durante la década de 1960 organizamos un montón de viajes como incentivo y compensación suplementarios para los concesionarios y agentes oficiales. Por ricos que fueran, un bien organizado periplo a un lugar insólito siempre causaba su efecto. Estos viajes eran siempre un éxito clamoroso, al tiempo que fomentaban la mutua relación entre los representantes del ramo, lo cual reforzaba aún más su moral y les confería mayor resolución y lealtad a la marca o marcas.

En ocasiones, yo me enrolaba en estas singladuras como anfitrión oficial. En mi caso estos viajes me proporcionaban la oportunidad de mantener contacto directo con un montón de concesionarios en breve plazo. También constituían un medio ideal de armonizar el trabajo con la diversión; Mary y yo lo pasábamos muy bien.

En septiembre de 1966 la división Mercury-Lincoln organizó un grandioso crucero al que se invitó a todos los distribuidores que habían alcanzado un determinado índice de ventas. Alquilamos el navío *Independence* por 44.000 dólares diarios y desde Nueva York emprendimos rumbo al Caribe, donde teníamos previsto presentar nuestros nuevos modelos. Durante el segundo día de navegación, a la caída de la tarde, congregamos a todos nuestros invitados en la popa del buque. A una señal dada se lanzaron al aire centenares de globos de feria y mientras ascendían dejaron al descubierto la imagen del Mercury Marquis 1967. Junto con Matt McLaughlin, que había pasado a ser director de la división, presenté el coche y expliqué sus características más destacadas.

Dos noches después, en la isla de Santo Tomás, mostramos el nuevo Cougar. En una playa iluminada por infinidad de brillantes antorchas, una lancha de desembarco de la segunda guerra mundial se acercó hasta la primera línea de la costa, bajó su rampa y por ella descendió un reluciente Cougar blanco, mientras los concesionarios contenían el aliento. Después se abrió la puerta y apareció el cantante Vic Damone, que interpretó unas melodías. Reconozco que en el transcurso de aquellos años asistí a bastantes presentaciones espectaculares a nuestros distribuidores y agentes autorizados, pero creo que ésta obtuvo la primacía. Al igual que el Mustang, el modelo tenía una línea deportiva, formada por un capó muy largo y un maletero de corta superficie. Tal como imaginaron los distribuidores, el turismo constituyó un éxito inmediato y muy pronto se convirtió en la faceta más conocida de la división Lincoln-Mercury. En la actualidad, un buen Cougar 1967 es una pieza de coleccionista.

Gran parte del mérito de estos impresionantes despliegues corresponde a Frank Zimmerman, nuestro genio de la promoción. *Zimmie*, que en la actualidad se ha jubilado y vive en Carolina del Sur, es un personaje inolvidable, delgado y flexible como un junco, de inagotable energía y jocoso donde los haya.

Trabajar con Zimmie fue un verdadero placer, aunque había que andar con cuidado con él, porque solía tener una idea nueva cada cinco minutos. Alrededor de un diez por ciento de sus ideas eran geniales, pero algunas rondaban lo absurdo.

Para promocionar el Cougar, por ejemplo, Zimmie pretendía disponer de un oso amaestrado que condujese el coche desde Nueva York a California. En una de sus sugerencias, el animal iría acompañado de su domesticador, que se sentaría en el asiento de al lado. Otra variante consistía en situar a un conductor enano debajo del tablero de instrumentos y mediante un artilugio especial encomendarle la guía del vehículo. Según la forma en que Zimmie lo expuso, el coche se detendría una docena de veces al día para que la gente se aglomerase y pudiese sacar fotografías.

Imagínate los titulares —dijo Zimmie—. «Un oso conduce un Cougar de costa a costa.»

A mí me gustaban las ideas atrevidas, pero ésta me pareció excesiva. Algunos años más tarde Henry Ford recibió una carta de un tipo que alegaba haber enseñado a su caballo a conducir un Lincoln Continental. ¡Por lo visto el animal hasta tocaba la bocina con el morro! Henry me pasó la carta y yo se la entregué a Zimmie. No volví a saber del asunto, lo cual probablemente redundó en beneficio de todos.

Para promocionar el Cougar utilizamos un animal de verdad. A instancias de Kenyon & Eckhardt, la agencia publicitaria de la división Lincoln-Mercury, hicimos lo más obvio, es decir, valernos de un puma de carne y hueso. La oficina de la agencia en Nueva York recibió el amedrentador encargo de encontrar un puma domesticado y filmarlo sobre el distintivo o emblema de la Lincoln-Mercury. No fue tarea fácil, pero al cabo de un mes tuvimos ocasión de presenciar unos preciosos metros de película en la que aparecía un rugiente felino sobre el logotipo de la división. La división Ford acertó con lo del potro salvaje (el *mustang*), y ahora le tocaba a la Lincoln-Mercury verificar los efectos de aquel símbolo en el público comprador.

El puma resultó ser un símbolo tan efectivo que la agencia de publicidad recomendó emplear «el emblema del felino» para representar a la división en bloque. Así lo hicimos, y esta iniciativa supuso un paso crucial en el objetivo de crear una nueva identidad para la línea Lincoln-Mercury. Al cabo de poco tiempo, la imagen del puma rematando el emblema de la marca se hizo casi tan popular como la elipse de Ford y la estrella de cinco puntas de Chrysler.

Cuando se trata de dar a conocer una nueva marca, lo primero que hay que clarificar es dónde se puede obtener el producto. De aquí que el famoso doble arco de la «M» de McDonald's haya dado tanto resultado. Incluso un mocoso de diez años sabe que donde vea dicha señal se sirven hamburguesas. Antes de que el puma aderezase el emblema de los coches de referencia, la mayoría de la gente nunca había oído hablar de la Lincoln-Mercury. En la actualidad, pocos son los que desconocen su significado.

Entretanto, Zimmie seguía «regurgitando» ideas de cara a la promoción de la división que habíamos empezado a impulsar. Durante un tiempo se dedicó a explorar el país en busca de personas que ostentasen el mismo nombre que exploradores famosos, como Cristobal Colón o el almirante Byrd (que realizó notables expediciones a la Antártida). Después de localizarlas, les contrataba para que apareciesen en nuestros anuncios, en los que pregonaban cosas tan divertidas como ésta: «Cristobal Colón acaba de descubrir un nuevo Mercury».

La agencia Kenyon & Eckhardt realizó un magnífico trabajo en la campaña de publicidad del Cougar. En cuanto al Marquis, todos convinimos en que había que hacer hincapié en su magnífica suspensión.

Era un automóvil que había logrado un nivel sin precedentes en técnica de conducción silenciosa, sin trepidaciones ni sacudidas, y el resultado era una marcha suave, regular y cómoda como ningún otro vehículo podía proporcionar.

Pero ¿cómo transmitir estas características al público en general? Nuestros ingenieros manifestaron a los representantes de la agencia de publicidad que la suspensión y comodidad de marcha del Marquis era superior a la de los coches más caros de la competencia. La respuesta de la agencia fue: «Demuéstrenlo». Así, pues, los técnicos invitaron a unos cuantos ejecutivos de la agencia a nuestra pista de pruebas, les vendaron los ojos y después les pasearon en el Oldsmobile, el Buick, el Cadillac y el Marquis. Todos salvo uno declararon que este último ofrecía las mejores condiciones de marcha.

Finalmente, la prueba del paseo con los ojos vendados se incorporó a la campaña de publicidad. Kenyon & Eckhardt realizaron varios anuncios en los que se vendaba los ojos a un hipotético comprador, y en una de las cuñas se solicitaba de chóferes profesionales que clasificaran distintas marcas en función de la suspensión y marcha silenciosa de los vehículos.

Al poco tiempo, la agencia realizó otros anuncios que, asimismo, ponían claramente de manifiesto las características apuntadas. En uno de los anuncios aparecía un recipiente lleno de ácido corrosivo suspendido sobre un carísimo abrigo de pieles. En otro se veía un tocadiscos funcionando sobre el asiento delantero. Un tercer anuncio mostraba a Bart Starr, el gran jugador de fútbol americano, mientras era afeitado por un barbero con el vehículo en marcha. Luego, otro en el que aparecía un recipiente lleno de nitroglicerina colocado en el asiento trasero. Para demostrar que no había truco, al final se hacía estallar el coche, que volaba por el aire en mil pedazos.

Pero el anuncio más famoso realizado por la agencia fue aquel en que se filmaba a un tallista de diamantes holandés aplicándose a su tarea, mientras el automóvil circulaba por tortuosas y accidentadas carreteras. Quienes son demasiado jóvenes para recordar este anuncio quizá hayan tenido ocasión de ver una parodia clásica del mismo aparecida hace pocos años después en una cuña del programa *Saturday Night Live*. En esta versión más actual, el tallista era sustituido por un rabino que se disponía a circuncidar a un niño mientras el coche avanzaba bajo la lluvia por carreteras comarcales en pésimo estado. Pueden creerme: la expectación que provocaba el tallista de diamantes era cosa de nada en comparación con la tensión que suscitaba esta última escena.

Una vez colocados el Marquis y el Cougar, la línea Mercury se hallaba ya en una situación favorable. Pero nos faltaba un modelo que cumpliera los requisitos del automóvil grande y lujoso, un Lincoln que realmente pusiera las cosas difíciles al Cadillac.

Una noche en que me hallaba en Canadá para tomar parte en una reunión, yacía tumbado en la cama de la habitación del hotel, incapaz de conciliar el sueño. De repente me vino a la mente una idea. Sin pensarlo dos veces tomé el teléfono y llamé a Gene Bordinat, director de proyección y diseño de nuestra firma, diciéndole: —Quiero que se coloque la rejilla de un Rolls-Royce delante de un Thunderbird.

Por esa época la casa fabricaba un Thunderbird de cuatro puertas que, poco a poco, había visto reducidas sus ventas a la mínima expresión. Yo tenía el proyecto de utilizar la misma plataforma, motor y hasta el techo para crear un nuevo modelo, introduciendo pese a todo un número suficiente de cambios para que, en efecto, el automóvil resultante pareciese de nuevo cuño y no un «trasplante» del T-Bird.

Mientras intentaba figurarme cómo debía ser este gran turismo, me vino a la memoria un precedente que juzgué con interés. Años atrás, en la década de los treinta, Edsel Ford había fabricado el Mark, un coche de marcha silenciosa y de una elegancia nada ostentosa, pensado para un público selecto, capaz de apreciar el valor de los detalles. Mediada la década de los cincuenta, su hijo William Clay lanzó el Mark II, derivación del primitivo Mark. Ambos modelos eran de porte clásico, los Rolls-Royce del mercado norteamericano, por decirlo de algún modo. Era el tipo de coche con el que muchos soñaban pero que sólo unos pocos podían permitirse el lujo de adquirir.

Me dije que había llegado el momento de resucitar la línea Mark y sacar un Mark III, basado en nuestro Thunderbird, pero suficientemente transformado para conferirle un aire moderno y diferente. El Mark III tenía un larguísimo capó, un maletero más bien corto, un potente motor de ocho cilindros en «V» y el mismo neumático de repuesto a la eruropea, en la parte de atrás, como en los dos Mark que le precedieron. Era un automóvil enorme, espectacular, con un sello muy personal. Cuando un periodista lo comparó con uno de los automóviles que utilizaban los personajes del Estado Mayor alemán durante la segunda guerra mundial, tuve reacciones contrapuestas.

Lanzamos el coche, el Mark III, en abril de 1968, y en su primer año de vida superó en ventas al Cadillac Eldorado, que había sido uno de nuestros objetivos a largo plazo. Durante los cinco años siguientes obtuvimos saneados beneficios, en parte por el abaratamiento de los costos de producción. La suma invertida fue de treinta millones de dólares, una cantidad realmente baja, por no decir que bajísima, ya que logramos utilizar piezas que teníamos en el almacén y proyectos ya elaborados.

En principio, habíamos pensado presentar el Mark III en Cartier's la prestigiosa joyería de la Quinta Avenida. Los directores de la firma se mostraron muy interesados en la idea, de modo que Walter Murphy se desplazó a Nueva York para entrevistarse con ellos. Nuestro objetivo era realzar la elegancia y buen gusto del automóvil, para lo cual pensamos en invitar a la prensa a una cena que se celebraría a medianoche en los propios locales de la joyería. Hasta aquí todo muy bien. Pero cuando Walter manifestó que sería preciso derribar un par de paredes y ampliar uno o dos escaparates para introducir en ellos el vehículo, los de Cartier's volvieron a pensarlo. (De todos modos, nos permitieron dar su nombre al reloj del modelo Mark III.)

Finalmente optamos por presentar el Mark III en diferentes ciudades. En Hollywood lo colocamos en el plató de los decorados de *Camelot*, de forma que la gente que acudía a verlo tenía que subir una amplia escalinata, como si se dispusieran a rendir tributo a un rey.

En Detroit exhibimos el modelo en el curso de una cena con los editores de diversos periódicos y revistas, y en vez de asentar el coche en una plataforma giratoria, que era como normalmente se presentaban los nuevos modelos, lo hicimos al revés, es decir colocando a los comensales en una de estas plataformas. A medida que cambiaba el enfoque óptico, los editores pudieron ver una sucesión de antiguos modelos Lincoln y Mark. Finalmente se abrieron los cortinajes y ante sus ojos apareció la maravilla del nuevo Mark III. Los invitados quedaron tan impresionados que muchos de ellos formalizaron su pedido sobre la marcha.

Antes de la creación del Mark III, la división Lincoln-Mercury estaba realmente perdiendo dinero con cada uno de los modelos de lujo. Se vendían tan sólo alrededor de dieciocho mil Lincoln al año, lo cual no era suficiente para amortizar los gastos fijos. En el sector del automóvil estos costos son enormes. Fabrique un coche o fabrique un millón, hay que mantener una instalación fabril y tiene que contar con el equipamiento necesario para obtener matrices y estampar el metal. Si las previsiones de ventas son erróneas y no se alcanzan los mínimos previstos, los gastos fijos han de computarse sobre una producción menor de la proyectada; o dicho en pocas palabras: pierde usted hasta la camisa.

El viejo tópico es indiscutiblemente cierto: cuanto más grandes son los coches, mayores son los beneficios que reportan. Con la venta de un Mark, la compañía ganaba lo mismo que con la venta de diez Falcon. Nuestros beneficios se elevaron a la respetable suma de 2.000 dólares por vehículo. Además, el producto de las ventas empezó a afluir con tanta rapidez que apenas teníamos medio de controlarlo. El año más saneado arrojó un balance de casi 1.000 millones de dólares sólo en la división Lincoln, tal vez el éxito más sonado en toda mi trayectoria profesional.

En 1971 salimos con el Mark IV. La casa Ford continúa produciendo la serie; hoy andan ya por el Mark VII. Este modelo es el que rinde más beneficios a la empresa, como lo es el Cadillac para General Motors. Es la plasmación de la teoría de Alfred Sloan: hay que disponer de un producto para todos los compradores. Si uno quiere mantener el negocio de forma consistente, hay que pensar en el «utilitario» –el coche que Henry Ford fue el primero en concebir–, pero también necesita coches de lujo, porque uno nunca sabe en qué momento el trabajador se va a quedar sin trabajo o le van a despedir. Al parecer, en Estados Unidos la única verdad indiscutible, incluso durante la gran recesión económica, es que los ricos son cada vez más ricos. De ahí que las empresas tengan que estar siempre en condiciones de ofrecerles algunas golosinas.

VIII
El camino hacia la cumbre

En 1968 todos los indicios hacían presagiar que yo sería el próximo director general de la Ford Motor Company. El Mustang había demostrado que era un alto empleado con el que se podía contar, y el Mark III dejó bien sentado que esta primera impresión no era flor de un día. Contaba entonces cuarenta y cuatro años, Henry Ford se había erigido en mi protector y el futuro se me presentaba con las mejores perspectivas.

Pero de la misma manera que todo inducía a pensar que mi ascenso era imparable, el destino quiso decir también su palabra. En efecto, la General Motors obsequió a Henry con una oportunidad que no estaba en condiciones de resistir.

Por aquella época, la empresa antes mencionada contaba con un subdirector que gozaba de gran prestigio. Su nombre era Semon Knudsen, aunque todo el mundo le llamaba *Bunkie.* Knudsen era ingeniero diplomado por el MIT (Instituto Tecnológico de Massachussets), y la General Motors lo puso al frente de la división Pontiac cuando contaba sólo cuarenta y cuatro años, lo cual le convirtió en el jefe de división más joven en la historia de la compañía, cualificación que nunca pasa desapercibida en Detroit.

Una de las causas que contribuía al carisma de Knudsen era que su padre había sido en otros tiempos director general de General Motors, y muchos suponían que Bunkie seguiría los pasos de su progenitor. Pero cuando, a pesar de la fama de aquél como excelente conocedor del producto, la empresa nombró director general a Ed Cole, Bunkie se dio cuenta en seguida de que su trayectoria profesional en la GM había llegado a un límite.

De la misma manera que en el sector de automóviles de alquiler la firma Avis vigila a la Hertz y, en el sector de los grandes almacenes, Macy's a su competidora Gimbel's, en la Ford siempre estábamos alerta a los movimientos de General Motors, de la que

Henry era ferviente admirador y, a la vez, observador. Desde su óptica, el hecho de que, inesperadamente, se le presentara la ocasión de hacerse con los servicios de Bunkie Knudsen era un regalo llovido del cielo. Tal vez Henry creyera que el código genético de Knudsen contenía la famosa sabiduría empresarial de la GM. Sea como fuere, el caso es que se dio buena maña en la tarea de abordaje. Cuando se enteró de que Bunkie tenía pensado presentar la dimisión, se puso en contacto con él sin la menor dilación.

En realidad, Henry no podía pedirle a Bunkie que acudiera a visitarle a su despacho, puesto que era difícil que en el Invernadero (la sede central de la Ford) pudiera mantenerse algo en secreto por mucho tiempo. Al cabo de media hora la prensa conocería todos lo pormenores de la entrevista. También descartó invitarle a su residencia particular, pues pensó que sus vecinos de Grosse Pointe podían reparar en ello. Pero Henry era un enamorado de la intriga, por lo que finalmente alquiló un Oldsmobile en la Hertz, se caló un impermeable y en el mejor estilo del agente 007 se trasladó a casa de Bunkie, sita en Bloomfield Hills.

Una semana después los dos hombres habían llegado a un acuerdo, a tenor del cual Knudsen se haría cargo inmediatamente de la dirección general, con un sueldo anual de 600.000 dólares, el mismo que Henry.

Con objeto de entronizar a Knudsen, Henry tenía antes que deshacerse de Arjay Miller, que venía ocupando el cargo en cuestión desde hacía cinco años. Sin muchas explicaciones Henry se quitó de encima a Miller, ascendiéndole a la categoría de vicepresidente del consejo de administración, cargo creado especialmente para la ocasión. Al cabo de un año presentó la dimisión y pasó a ejercer como decano de la Escuela Superior de Administración de Empresas de la Universidad de Stanford.

Bunkie suscribió contrato con la Ford durante la semana del Día de Acción de Gracias (fiesta nacional que se celebra el cuarto jueves de noviembre), mientras yo me hallaba de vacaciones, esquiando con la familia. En plena semana de asueto recibí una llamada del despacho de Henry Ford reclamando mi presencia en la compañía para el día siguiente. La empresa incluso envió un avión DC-3 a recogerme.

A la jornada siguiente del Día de Acción de Gracias acudí a entrevistarme con el patrón. Henry sabía que yo iba a tomar muy mal la elección de Bunkie como director general y quería exponerme los argumentos que le habían movido a tomar aquella determinación. Comentó que estaba seguro de que un alto cargo de la General Motors en nuestro equipo se dejaría notar en los próximos años. Por lo demás, tuvo buen cuidado de precisar que la llegada de

Bunkie no significaba en modo alguno el fin de mi carrera en el seno de la empresa, sino todo lo contrario.

—Mira —manifestó—, tu sigues siendo mi favorito; pero eres demasiado joven. Aún te quedan unas cuantas cosas que debes aprender.

Desde la óptica de Henry, Bunkie aportaría una gran cantidad de datos valiosísimos sobre el esquema de funcionamiento de la General Motors. Me recordó que yo tenía doce años menos que Knudsen y me pidió que tuviese paciencia. Dejó bien sentado que no quería perderme, e insinuó claramente que mi actitud de resignación momentánea tendría en el futuro una holgada y merecida compensación.

Unos días más tarde recibí una llamada de Sidney Weinberg, uno de los miembros más antiguos del consejo de administración y mago casi legendario de las finanzas en Wall Street. Desde hacía varios años venía ejerciendo como mentor de Henry, pero era también un ferviente partidario mío. Siempre me llamaba «Lehigh».

Mientras almorzábamos en su piso de Nueva York, Weinberg dijo que suponía que yo estaría molesto por el nombramiento de Knudsen, pero me recomendó que esperase y me mantuviera a la expectativa. Sidney estaba al corriente de los mismos rumores llegados a mis oídos, en el sentido de que en el fondo General Motors estaba encantada de librarse de Knudsen. Weinberg lo supo por boca de un alto directivo de la compañía, el cual declaró:

—Nos habéis solucionado una tremenda papeleta. No sabíamos qué hacer con Knudsen hasta que el bueno de Henry le contrató. Le estamos pero que muy agradecidos.

—Si Bunkie es tan calamitoso como aseguran, pronto te llegará el turno —apostilló Sidney.

Yo tenía mis dudas. Por aquel entonces había emprendido una frenética carrera hacia la cúspide, y a pesar de las seguridades que me dio Henry, la llegada de Bunkie fue un golpe que encajé a duras penas. Ardía en deseos de ocupar el cargo de director general y tampoco estaba de acuerdo con eso de que todavía me faltaban algunas cosas que aprender. Desde mi punto de vista, había pasado por todas las pruebas que una compañía como la Ford era capaz de plantear, y las había superado con brillantez.

Durante varias semanas pensé seriamente en dimitir. Tenía una oferta muy interesante de Herb Siegel, diplomado de Lehigh, a la sazón director de ChrisCraft. Herb pretendía dar impulso a la empresa y hacer de la misma un conglomerado o pequeño grupo de sociedades en el ámbito de la industria del ocio. Me profesaba simpatía y apreciaba la labor que había realizado en la Ford.

—Mira, si te quedas aquí, estarás siempre a la merced de Henry Ford —argumentó—, y si fue lo bastante imbécil para no darte la presidencia, lo más probable es que siempre se comporte así.

Reconozco que me sentí tentado por su propuesta, y hasta llegué a buscar casa en Nueva York y Connecticut. También a Mary le satisfacía la idea de retornar al Este:

—Aunque sólo sea por comer marisco fresco otra vez —me dijo con un guiño de complicidad.

Pero tras meditarlo decidí continuar en la empresa. Me sentía a gusto en el negocio de los coches y muy compenetrado con la Ford Motor Company. No me imaginaba en otro tipo de trabajo. Estando Henry de mi lado aún le veía posibilidades al futuro. También contaba con que Bunkie no diese la medida en el cargo y que, tarde o temprano, llegara mi oportunidad.

En Detroit, el paso de Knudsen de la GM a la Ford era la comidilla de la ciudad. En el sector del automóvil es poco corriente que un cargo directivo deje su empresa para irse a trabajar con la competencia, y en el caso de General Motors aún resultaba más insólito, pues era una empresa que se nutría de sus propios mandos.

Pero lo más curioso de aquel suceso era que Bunkie no fue el primer Knudsen que prestaba servicio en la Ford. Hacía más de cincuenta años que William Knudsen, el padre de Bunkie, trabajó para el abuelo de Henry. El primero de los Knudsen supervisó la construcción de catorce plantas industriales en dos años para la producción del primer vehículo en serie de la Ford (el famoso modelo T), entre ellas la famosísima de River Rouge. Después de la primera guerra mundial la empresa lo destinó a Europa, donde desempeñó un papel importante en la puesta en funcionamiento de las actividades de la Ford en el viejo continente.

Después de escalar puestos en la jerarquía de la empresa, el primer Knudsen topó con el abuelo Ford, quien le despidió en 1921. En el momento de abandonar la empresa, Knudsen ganaba 50.000 dólares anuales, que en la época constituía un sueldo muy elevado. Al cabo de un año suscribió contrato con la General Motors.

He aquí que, una vez más, el círculo volvía a cerrarse. Detroit se apasionó con el incidente del segundo de los Knudsen, y la prensa se despachó a gusto tras el nombramiento de Bunkie: Henry Ford, nieto del hombre que despidió a Willian Knudsen reclamaba los servicios de su hijo como director de la Ford.

Al anunciarse el nombramiento de Bunkie como director general, muchos de los que ocupábamos cargos de responsabilidad en la empresa nos mostramos dolidos por el hecho de que un hombre procedente de la GM fuese ahora nuestro patrón. El incidente me afectaba directamente, puesto que corrían rumores de que Knudsen se disponía a sustituirme por John Z. DeLorean, que en aquel entonces era un «rebelde» en el seno de General Motors y que trabajó con Bunkie en la división del Pontiac.

Tanto mis compañeros como yo estábamos convencidos de que las técnicas de gestión de la GM no se adaptarían bien a la Ford. Pero según Henry veía las cosas, bastaría la mera presencia de Bunkie Knudsen en el Invernadero para que una parte del notable éxito de la General Motors se dejara sentir en nuestra compañía.

Pero nunca fue así. Ford tenía sus métodos y procedimientos propios. A nosotros nos gustaba proceder con rapidez, y Bunkie parecía tener dificultades en mantener el ritmo. Además, la gestión empresarial no era su fuerte. Muy pronto se puso de manifiesto que probablemente la General Motors tuvo sus buenas razones para no otorgarle el cargo de director general.

Knudsen siempre me miró con suspicacia. Dio por sentado que yo iba tras su cargo antes de su llegada y que me mantenía en la misma idea aun después de que él tomara posesión. Tenía razón en uno y otro aspecto. Por suerte, los dos estábamos demasiado ocupados para dedicarnos a la política de baja estofa típica de muchas empresas. No obstante, chocamos en varias ocasiones, sobre todo en lo referente al diseño y la línea de los nuevos modelos.

Tan pronto Knudsen se hizo cargo de la dirección de Ford empezó por añadir peso y agrandar el Mustang. Era un apasionado de la velocidad, pero no supo darse cuenta de que la época de acelerar los motores al máximo había quedado atrás. También se impuso la tarea de rediseñar el Thunderbird, de forma que se asemejase a un Pontiac, lo que resultó una completa calamidad.

Como dirigente, Bunkie Knudsen apenas dejó constancia de su huella. Además de otros fallos, no se trajo ninguno de los altos cargos de la GM para que le ayudasen a llevar a la práctica sus planes. En la Ford no contaba con la lealtad de colegas ni empleados, de modo que carecía de todo poder en la base. Como consecuencia de esta serie de factores, se encontró en un ambiente enrarecido y trabajando en solitario; en una palabra, cabe afirmar que en ningún momento se sintió realmente aceptado. Transcurridos diez años, al encargarme de la Chrysler, procuré no incurrir en el mismo error.

A menudo, revistas y periódicos han escrito que yo encabecé una rebelión contra Knudsen. Pero su fracaso poco tuvo que ver con mi actuación. Bunkie Knudsen intentó dirigir la Ford sin valerse del «aparato» o estructura de la empresa. Pasó por alto las líneas de autoridad existentes y se granjeó mi antipatía y la de muchos ejecutivos intrigando y politiqueando en esferas que no eran de su incumbencia.

Desde su origen, Ford y General Motors habían sido dos compañías completamente distintas. La GM siempre fue gregaria, exclusivista y discreta en la gestión interna, con docenas de comités y múltiples niveles de administración. En la Ford, por el contrario, reinaba un clima de trabajo más competitivo. Las decisiones se tomaban con más presteza, se supervisaban menos las operaciones y había más espíritu de empresa. En el universo lento y bien ordenado de la GM, Bunkie Knudsen pudo dar mejor la medida de sus capacidades; pero en la Ford estaba por completo fuera de su ambiente, como un pez fuera del agua.

Knudsen duró en el cargo sólo diecinueve meses. Henry Ford armó un gran revuelo publicitario al contratar a uno de los altos cargos de la GM, pero muy pronto se dio cuenta de que el éxito en una empresa no es garantía de la gestión acertada en otra.

Me gustaría poder decir que Bunkie fue despedido por haber estropeado el Mustang o porque todas sus ideas estaban equivocadas. Sin embargo, la causa real fue de orden muy distinto. Se le despidió porque había adquirido la costumbre de entrar en el despacho de Henry sin llamar a la puerta. Tal como suena: ¡Sin llamar a la puerta!

Ed O'Leary, uno de los ayudantes de Henry, solía comentar:

—A Henry eso le vuelve loco. De repente se abre la puerta de su despacho y allí aparece Bunkie tan campante.

Claro está que transgresión tan ínfima fue solamente la gota que colmó el vaso de una relación que, desde el principio, nunca fue muy amistosa. Henry era un autócrata que no toleraba que alguien pretendiera colocarse a su nivel, cosa que Bunkie pareció no captar. Intentó entablar amistad con Henry, y eso fue su perdición. Lo único que uno no podía permitirse en la Ford era acercarse más de la cuenta al trono del autócrata. «Procura mantenerte a distancia de Henry —me había aconsejado Beacham años antes—. Recuerda que su sangre es azul, pero la tuya sólo es roja.»

El modo en que Henry Ford despidió a Bunkie Knudsen merece la pena ser contado y, a la vez, resulta muy revelador de la idiosincrasia del personaje. El lunes por la noche del Día del Trabajo (fiesta nacional, que se celebra el primer lunes de setiembre), envió a Ted Mecke, subdirector del departamento de relaciones públicas, al domicilio de Bunkie, con el encargo de comunicarle que iba a ser despedido.

Pero Mecke no encontraba el medio de ser completamente explícito. No acertó a decir más que:

—Henry me envía para decirle que mañana será una jornada de trabajo tormentosa.

—Un momento —terció Florence Knudsen, mujer de fuerte carácter—. ¿Cuál es el verdadero motivo de su visita? ¿Quién le envía y con qué recado? ¿Ha venido para comunicarnos que mi marido está despedido?

Lo cierto es que ella había intuido la verdad, y Mecke no tuvo más remedio que corroborársela.

A la mañana siguiente Henry entró apresuradamente y empezó a corretear por los pasillos. Iba en busca de un aliado, y le constaba que me alegraría saber lo del despido de Knudsen. Pero todavía no se lo había comunicado personalmente a este último.

Por último, Mecke le dijo a Bunkie:

—Creo que debería acudir al despacho del señor Ford.

Cuando el hombre de la GM se presentó en la oficina del patrón, Henry le preguntó:

—¿Te ha puesto Mecke en antecedentes?

—Pero, bueno, ¿qué demonios pasa aquí? —preguntó Bunkie a su vez—. ¿Es que piensas echarme a la calle?

Henry asintió con la cabeza.

—Mira, la cosa no ha salido como esperábamos —manifestó. Este tipo de comentario ambiguo era una de las especialidades de Henry.

A los pocos minutos, Henry volvió a entrar en mi despacho.

—Bunkie quiere convocar una conferencia de prensa —dijo.

—¿Qué ha sucedido? —inquirí.

A estas alturas sabía muy bien lo que había acontecido, pero quería oírselo decir al «monarca».

Henry intentó explicarme que acababa de despedir a Bunkie, pero yo permanecía de pie, mirándole, con el oído atento, parecía no encontrar las palabras justas. Por fin, acertó a decir:

—Bunkie no lo entiende. Vamos a tener problemas.

Y lo que siguió fue como una de esas alocadas películas de cine mudo de los Keystone Kops. Entró Bunkie y me espetó:

—Creo que me han despedido, pero no estoy seguro.

A los pocos momentos de haberse esfumado Bunkie apareció de nuevo Henry y preguntó:

—¿Qué te ha dicho?

Pasaron unos minutos, y nueva aparición de Henry.

—¿Qué vamos a hacer? —dijo—. ¡Bunkie pretende celebrar una conferencia de prensa en su despacho!

—Bueno, si le han despedido así, algo tiene que decir, ¿no?

—Claro que le echamos a la calle —contestó Henry—; pero en mi opinión, la conferencia de prensa tendría que celebrarla en un hotel y no aquí, en el edificio.

Este incidente suscitó en mí reacciones contrapuestas. Por un lado me satisfacía que hubiesen despedido a Bunkie, pero al mismo tiempo no podía sino compadecerle. No me parecía un final adecuado para el que hasta hacía poco era el director de la empresa.

Pero Henry Ford nunca tuvo arrestos para despedir a un colaborador personalmente. Siempre echaba manos de un secuaz para que le hiciera el trabajo sucio.

A la vista de los hechos tuve que preguntarme si aquél era el futuro que me esperaba a mí también, y por la noche hablé con Mary del asunto.

—¿Por qué no dejas este trabajo? —dijo ella.

Una vez más sentí el gusanillo de la tentación, pero volví a optar por seguir en la brecha.

El día en que echaron a Bunkie hubo manifestaciones de alborozo y hasta se brindó con champaña. Uno de los chicos del departamento de relaciones públicas acuñó una frase que muy pronto se propagó por toda la empresa: «Henry Ford [el fundador] dijo en una ocasión que la historia es *bunk* ['monserga', 'tontería']; pero hoy *Bunkie* hace historia».

Sin embargo, ni siquiera después de la partida de Bunkie, Henry se decidió a encomendarme la dirección de la empresa, sino que prefirió crear una especie de dirección colegiada, una terna encargada de tomar decisiones propias de la presidencia. Yo me hice cargo de las operaciones de Ford en el ámbito nacional, lo que hacía de mí un *primus inter pares* (el primero entre los iguales); Robert Stevenson asumió la dirección de Ford Internacional, y Robert Hampson se puso al frente de las actividades no propiamente automovilísticas.

Por suerte, la *troika* no duró mucho tiempo. Al año siguiente, el 10 de diciembre de 1970, obtuve el premio que llevaba tanto tiempo esperando: la presidencia (o dirección general) de la Ford.

Unos días antes de anunciarlo oficialmente, Henry entró en mi despacho para ponerme en antecedentes. Recuerdo que entonces pensé: «Es el mejor regalo de Navidad que me han hecho hasta ahora». Estuvimos un par de minutos sentados frente a frente, él con un cigarrillo en los labios y yo con un puro en la boca, echándonos mutuamente el humo a la cara.

Tan pronto Henry salió de la estancia llamé a mi esposa y después a mi padre, en Allentown, para darles la buena noticia. Durante su larga y activa existencia mi padre conoció momentos muy dichosos, pero estoy seguro de que aquella llamada telefónica superó a casi todas las gratas experiencias anteriores.

Cuando fui nombrado director general de la Ford, la empresa tenía poco más o menos una plantilla de 432.000 empleados. La nómina ascendía en conjunto a más de 3.500 millones de dólares. Sólo en los Estados Unidos producíamos 2.500.000 automóviles y

750.000 camiones al año. En las distintas factorías del extranjero, la producción global era de otro millón y medio de vehículos. La suma total de las ventas en 1970 ascendió a 14.900 millones de dólares, que dejaron un beneficio neto de 515 millones de dólares.

Ahora bien, por más que esta suma no era nada despreciable, únicamente representaba el 3,5 por 100 del volumen total de negocios. Durante los primeros años de la década de 1960, el porcentaje sobre las ventas nunca bajó del 5 por 100. Estaba resuelto a que las cosas volvieran a ser como antes.

Como es bien sabido, sólo hay dos formas de ganar dinero: vender más o reducir los gastos generales. Estaba satisfecho en lo tocante a las ventas, al menos por el momento. Pero cuanto más inspeccionaba la actividad industrial y comercial de la empresa, los métodos de trabajo, más me convencía de que en este capítulo se podía hacer mucho para rebajar costes generales.

Una de las primeras medidas que adopté al ser nombrado director general fue convocar a una asamblea de los cargos directivos de más jerarquía con objeto de sentar las bases de un programa para reducir costos. A este proyecto le llamé «cuatro cincuentas», ya que el objetivo era disminuir en 50 millones los gastos de explotación en cada uno de los cuatro apartados siguientes: deficiencias en la distribución del tiempo, complejidad del producto, costos de proyecto y diseño, y fórmulas desfasadas de efectuar transacciones comerciales. Si lográbamos alcanzar esta meta en el plazo de tres años, podíamos incrementar los beneficios en 200 millones de dólares —un margen de casi el 40 por 100—, sin necesidad de vender un solo coche más de los que vendíamos.

Había una amplia gama de actividades susceptibles de mejora. Por ejemplo, se necesitaban dos semanas al año para adecuar las factorías a la producción de los modelos que iban a salir al mercado al año siguiente. Durante este lapso, las fábricas dejaban de funcionar, así de sencillo, lo que significaba que tanto los obreros como las máquinas permanecían forzosamente inmovilizados.

Mediante una programación más meticulosa de los ordenadores y un mejor ajuste del calendario, fue posible reducir las dos semanas a dos días. Por supuesto que este periodo de ajuste no se consigue en un abrir y cerrar de ojos. Sin embargo, en 1974 llegamos al punto en que pudimos reajustar nuestras instalaciones fabriles en un sólo fin de semana, periodo que, de todos modos, suponía el paro de las cadenas de montaje.

Otro terreno en el que rebajamos costos fue el relativo a expedición y transporte. Los fletes constituían un pequeño porcentaje en relación con el monto global de los gastos generales, pero teniendo en cuenta que superaban los 500 millones de dólares anuales, creí que merecía la pena echar un vistazo a esta suma. Nunca hasta entonces tuve la ocasión de expurgar el monto de los transportes, pero cuando pude hacerlo me di cuenta de que los ferrocarriles nos estaban tomando el pelo, ya que facturaban atendiendo al volumen más que al peso, y la Ford no planificaba según a estas coordenadas.

Empezamos a cargar los vagones plataforma aprovechando al máximo el espacio. Recuerdo que en un determinado momento recortamos el diseño de un guardabarros en cinco centímetros para que cupieran más vehículos en cada vagón. Teniendo en cuenta las elevadas sumas involucradas, lo último que deseaba era desaprovechar el espacio y dejar huecos entre coche y coche. Tratándose de cifras del orden de 500 millones de dólares, el mero ahorro de un 0,5 por 100 supone 2.500.000 dólares.

También impulsé un programa al que denominé «Eliminemos las pérdidas». Tratándose de una empresa de la magnitud de la Ford, existían docenas de actividades que o bien suponían una pérdida de dinero o bien procuraban beneficios irrisorios. Siempre he estado convencido de que toda operación industrial en una firma que fabrica automóviles es mensurable en función de su rentabilidad. Todos los directores de fábrica saben —deberían saber— si la actividad del centro o taller que dirigen procura beneficios a la compañía o si las partes o piezas que fabrican salen más caras que comprándolas a proveedores externos.

Así pues, en función del proyecto de saneamiento anuncié a los responsables de las diversas instalaciones fabriles y servicios anejos que disponían de un plazo de tres años para hacer rentable la planta o para echar el cierre definitivo. Era una simple cuestión de sentido común; como el gerente de unos grandes almacenes que conmina a ciertos empleados y les dice: «Esta sección está perdiendo una cantidad de dinero enorme, de forma que he decidido prescindir de este y aquel mostrador».

Gran parte de las pérdidas más considerables de la Ford provenían de Philco-Ford, una firma de adminículos eléctricos y electrónicos adquirida en 1961. La compra de esta sociedad constituyó una grave equivocación, puesto que durante diez años perdió millones de dólares hasta que finalmente se consiguió hacerla rentable. Fueron muchos los altos cargos que se opusieron a la compra, pero Henry se empeñó en llevarla a cabo y, como es bien sabido, en la Ford se hacía lo que a Henry le venía en gana.

A la postre, a principios de los años setenta, se habían liquidado veinte importantes partidas de números rojos. Una de ellas reflejaba las cuentas de una explotación dedicada a la producción de accesorios y material de lavado. Todavía hoy no he descubierto para qué demonios necesitábamos aquel equipo. Lo cierto es que nos costó diez años hincarle el diente a este dispendio que, por lo demás, no reportaba un solo centavo a la compañía.

Estos planes de reducción de gastos y supresión de pérdidas constituían un terreno en el que no había trabajado anteriormente. Hasta el momento siempre había concentrado la atención en la venta, la comercialización y el diseño en su sentido amplio (construcción, estructura y características del vehículo, además de la línea o atractivo externo), pero en tanto que presidente di prioridad a menesteres poco brillantes, como el detectar las cien maneras distintas de abaratar costos y aumentar los beneficios. A largo plazo esto me procuró el respeto de un estamento que siempre me había mirado con recelo: los contables o «expertos» en tesorería.

El gran número de nuevas tareas que debía atender me obligó a revisar mis métodos de trabajo. Aunque me costaba admitirlo, ya no tenía el ímpetu y el vigor de los años en que concebimos el Mustang, en que no me importaba comer una hamburguesa y permanecer en la oficina hasta medianoche.

La Ford Motor Company tenía una plantilla cercana al medio millón de empleados distribuidos por todo el orbe. Eso significaba que en ocasiones me era imposible corresponder a una llamada telefónica hasta transcurridas dos semanas. Finalmente llegué a la conclusión de que era más importante conservar la salud mental que tratar de complacer y quedar bien con todo el mundo.

En vez de ir a casa todos los días con un coche distinto al objeto de familiarizarme con los diversos modelos que fabricábamos, disponía a la sazón de un chófer y aprovechaba el trayecto para leer y contestar el correo. Con todo, mantuve mi viejo hábito de respetar los fines de semana. Salvo que tuviera que ausentarme por razones de trabajo, dedicaba este par de días a la familia y no abría mi cartera de mano hasta el domingo por la noche, momento en que me instalaba en la biblioteca de mi casa y examinaba con toda minuciosidad los asuntos pendientes, a la par que trazaba el plan de trabajo para la semana siguiente. De esta forma, el lunes retomaba con renovado ímpetu mi tarea, y lo propio esperaba que hicieran quienes estaban a mis órdenes. He podido comprobar que el ritmo que impone el director es la pauta que sigue el resto del equipo.

Durante los años que estuve al frente de la Ford hablé con muchísimas personas que me decían: «No quisiera estar en el puesto que ocupas ni por todo el oro del mundo». Yo no sabía qué responder a dicho comentario. Lo cierto es que disfrutaba con mi trabajo, aunque la gente lo considerase un cargo demoledor que acaba por destrozarte. Jamás lo viví de esta manera. Si he de ser sincero, cumplía con el mayor entusiasmo y los estímulos eran constantes.

Con todo, he de confesar que después de ser nombrado director general experimenté una cierta «ralentización». Durante años me esforcé por trepar a la cumbre, y cuando por último alcancé mi meta, empecé a preguntarme por qué tantas prisas para llegar hasta allí. Tenía sólo cuarenta y cinco años y no se me alcanzaba qué otra cosa podía hacer para superar mis anteriores logros.

Desde luego, me gustaban el prestigio y el poder inherentes al cargo que ocupaba. Pero ser un personaje conocido tiene sus ventajas y sus inconvenientes. Esta circunstancia se me hizo de lo más evidente un viernes por la mañana, en que me desplazaba en coche a mi trabajo. Llevaba la radio puesta y prestaba atención sólo a medias, hasta que de repente el locutor interrumpió el programa para leer un boletín especial. Por lo visto, la «familia» Manson (los asesinos de la actriz Sharon Tate) me había incluido en una lista de conocidos empresarios de la nación a los que pensaban dar muerte en su momento.

Tan seductora noticia procedía de Sandra Good, compañera de celda de *Squeaky* Fromme, la muchacha que intentó matar al presidente Gerald Ford en Sacramento. Si en alguna ocasión necesita usted que se le despeje la mente por la mañana, le aseguro que nada mejor que enterarse de que a uno le han incluido en una lista negra.

Sin embargo, no deseo formular excesivas quejas de uno de los puestos más relumbrantes en el mundo de los negocios. Si Henry era el rey, yo era su delfín; y no había duda alguna de que el monarca me halagaba con sus muestras de favor. En una ocasión, él y su esposa Cristina acudieron a cenar a mi casa. También mis padres estaban allí, y Henry se pasó la mitad de la velada pregonando mis excelencias y diciendo que sin mí no existiría la Ford Motor Company. Otra vez me llevó con él para charlar con su buen amigo Lyndon B. Johnson. Sí, en aquellos días Henry me consideraba su favorito y me dispensaba el trato correspondiente.

Eran los tiempos en que la vida parecía de color de rosa. Todos cuantos poblábamos los despachos del Invernadero disfrutábamos de los agasajos de la corte real. Formábamos parte de un entorno que rebasaba el ámbito de la primera clase; aquello era un ambiente de «realeza», por llamarlo de algún modo, en el que teníamos lo mejor de lo mejor: servicio de camareros las veinticuatro horas del día y almuerzo conjunto en el comedor reservado a los altos cargos.

Ahora bien, la comida no era la de una cafetería corriente, sino que más bien se nos ofrecía un menú de restaurante de lujo. Todos los días un avión traía de Gran Bretaña lenguado fresco de Dover; se servían las frutas más exquisitas, al margen de la época del año; bombones y chocolates refinados, flores exóticas..., en fin, todo lo imaginable y más. Y siempre los camareros impecablemente vestidos con chaqueta blanca, verdaderos profesionales que servían los distintos platos y atendían todas las demandas.

Al principio pagábamos dos dólares por aquellos almuerzos fuera de serie. Empezaron costando un dólar y medio, pero la inflación obligó a un «reajuste». Cuando Arjay Miller era todavía director adjunto responsable de las finanzas, se quejaba del precio. «No deberíamos pagar ni cinco por esos almuerzos –manifestó un día–. Las comidas que se sirven a los empleados de una empresa son gastos deducibles. Hay muchas empresas que no cobran nada por el servicio de comedor. Pero el dinero que pagamos nosotros es un beneficio neto, dinero percibido después de impuestos». Dado que todos nosotros estábamos en la categoría tributaria del 90 por 100, por cada dos dólares gastados obteníamos una ganancia de veinte.

Así las cosas, se planteó una discusión sobre lo que realmente costaba aquel servicio a la compañía. De manera muy acorde con las pautas de la Ford, se realizó un estudio para determinar el coste real que suponían los almuerzos en el comedor de altos directivos. El monto por persona resultó ser de 104 dólares... ¡Y de eso hace veinte años!

Uno podía pedir allí lo que se le antojara, desde ostras a la Rockefeller hasta faisán asado. Pero la dieta regular de Henry era una hamburguesa. Raras veces probaba otro alimento. Un día, durante el almuerzo, se volvió hacia mí y empezó a despotricar del *chef* que tenía en su residencia, que ganaba algo así como 30.000 ó 40.000 dólares al año, alegando que no era capaz de preparar hamburguesas dignas de este nombre. Además, ninguno de los restaurantes en que había estado sabían preparárselas como a él le gustaban, es decir, tal como se las servían en el comedor reservado a la plana mayor de la Ford.

Como soy aficionado a la cocina, me llamó la atención esta queja de Henry, así que me fui a la cocina para hablar con Joe Bernardi, el cocinero suizo-italiano que atendía a los capitostes.

–Joe –manifesté–, a Henry le gustan de veras tus hamburguesas. ¿Podrías enseñarme a cocinarlas?

–Claro –dijo Joe–; pero es preciso ser un gran cocinero para aprender, de forma que no se pierda detalle.

Fue al frigorífico, sacó un filete de casi tres centímetros traído de Nueva York, lo echó en la picadora y cuando tuvo suficiente carne le dio la forma clásica de la hamburguesa. A continuación la arrojó en la parrilla.

–¿Alguna pregunta? –dijo con aire socarrón. Y esbozando una sonrisa, añadio–. Es asombroso lo que se puede conseguir cuando se empieza con un pedazo de carne de cinco dólares.

IX
Algarabía en el paraíso

Hasta que me hice cargo de la dirección general, Henry había sido personaje bastante remoto, casi fuera de mi alcance. Pero a la sazón mi despacho en el Invernadero y el suyo eran contiguos, por lo que nos veíamos con frecuencia, si bien sólo en las reuniones. Cuanto mejor iba conociendo a Henry Ford, más me preocupaba el futuro de la empresa... y el mío propio.

Glass House —el Invernadero— era un palacio en el que Henry reinaba como dueño y señor. Cuando atravesaba el umbral de la empresa, todo el mundo se ponía en movimiento y corría la voz: «El rey acaba de llegar». A renglón seguido, los ejecutivos se demoraban en los pasillos con la secreta esperanza de encontrarse con el patrón. Con un poco de suerte el señor Ford reparaba en ellos y los saludaba, pero otras veces no se dignaba concederles la menor atención.

Siempre que Henry se presentaba inopinadamente en una reunión de trabajo el ambiente cambiaba de inmediato. Bien cabe afirmar que tenía derecho de vida y muerte sobre nuestras personas. Podía suceder que, de repente, despidiese a un interlocutor con un simple movimiento de cabeza, caso que se daba con relativa frecuencia, truncando caprichosamente la prometedora trayectoria profesional de uno de sus fieles, sin concederle siquiera la oportunidad de justificarse.

Para Henry lo que contaba eran las apariencias. Era un verdadero adalid de todo lo superficial y externo. Bastaba que un tipo vistiera correctamente y supiera expresarse por teléfono para que Henry se mostrase bien impresionado; pero si el individuo, por desgracia, no cumplía con los requisitos formales, mejor era que se encomendase al cielo.

Recuerdo que un día Henry me ordenó que echara a la calle a un ejecutivo que según él era «mariquita».

—No sea así —dije—. Es un buen chico y tengo amistad con él. Está casado y es padre de un hijo. Hemos cenado juntos más de una vez.

—He dicho que a la calle —insistió—. Es un marica.

—¿Por qué lo dice? —pregunté.

—Mírale. Observa que pantalones más ceñidos lleva.

—Henry —dije con la mayor serenidad—, ¿qué demonios tienen que ver los pantalones con lo que sea?

—Es un mariquita —repitió Henry—. Tiene aspecto de afeminado. Despídelo.

No me quedó más remedio que rebajar de categoría a un buen amigo y mandarlo del Invernadero a la selva, haciendo de tripas corazón. Pero no había otra alternativa: o eso, o a la calle.

Este uso y abuso de la autoridad era algo más que un defecto; era una filosofía que Henry practicaba y de la que estaba *convencido.*

Cuando hacía poco tiempo que ejercía mis nuevas funciones, Henry me explicó cuál era su criterio de la gestión empresarial.

—Si un tipo trabaja para ti, no permitas que se sienta demasiado a sus anchas —argumentó—. Impide que se rogodee en la poltrona y se acostumbre a que las cosas se hagan a su modo. Haz lo contrario de lo que espera. Mantén a tus colaboradores un poco en ascuas y confusos.

Después de estas palabras había razones más que suficientes para preguntarse por qué el presidente del consejo de administración de la Ford, uno de los hombres más influyentes de todo el orbe, se comportaba como un niño malcriado. ¿Qué le hacía sentirse tan inseguro de sí mismo?

Tal vez la respuesta sea que Henry nunca tuvo que esforzarse por obtener una cosa. Quizá sea éste el sino de los hijos de padres acaudalados que después heredan su fortuna. Van por la vida como si fuese una alfombra de flores, preguntándose que habría sido de ellos sin la presencia de papaíto. Los pobres se quejan de que nunca se les ha dado la menor oportunidad, pero los ricos jamás llegan a dilucidar si lo que han hecho en la vida es producto de su esfuerzo o de su talento, porque nadie les dice la verdad. Sólo oyen lo que desean oír.

Yo tenía la impresión de que Henry Ford II, nieto del fundador de la Ford Motor Company, se había pasado la vida asediado por el miedo a estropearlo todo y el temor a equivocarse.

Es posible que ésta fuera la causa de que pareciese sentirse tan amenazado y de que siempre estuviera al acecho ante la eventualidad de una «revuelta palaciega». En cuanto veía a un par de individuos charlando en el pasillo, imaginaba que se estaba fraguando una conspiración.

No quiero jugar a ser psiquiatra, pero tengo mi propia teoría sobre el origen de sus miedos injustificados. Cuando Henry era un niño, su abuelo tenía un miedo atroz a que le raptaran. Por ello, los pequeños de la familia crecieron en un ambiente de verjas, puertas cerradas y guardaespaldas, siempre recelosos de todos los que no fuesen miembros allegados del círculo familiar.

No es extraño, pues, que Henry tuviese gestos raros y reticencias anormales respecto a determinadas cosas. Por ejemplo, detestaba plasmar cualquier tema por escrito. Si bien dirigimos juntos la firma a lo largo de casi ocho años, apenas guardo en mis archivos un papel con su firma. A decir verdad, Henry se jactaba de no llevar archivo alguno. De forma más o menos periódica, quemaba todo lo que tenía en su despacho.

—Estos papeles no pueden hacer otra cosa que perjudicarte —me decía—. Todo aquel que se aferra a sus archivos se la está buscando. Siempre llega el momento en que caen en manos de quien no debe, y entonces él o la empresa acaban pagando las consecuencias.

Este hábito se intensificó, si cabe, después del escándalo Watergate, que repercutió en él de forma muy negativa.

—¿Lo ves? —decía—. Mira cómo tenía razón...¡Procura que no te ocurra lo mismo!

Una de las pocas veces que entró en mi despacho, paseó la mirada por mis archivos y carpetas llenas de recortes y comentó:

—Estás loco. Algún día te van a crucificar por guardar toda esa porquería.

Vivía según la máxima de su abuelo, quien decía: «La historia no son más que monsergas». En su caso se convirtió en una obsesión, y su actitud era la de destruir cuantos papeles tuviera a su alcance.

Siendo yo presidente de la compañía, Henry posó para el gran fotógrafo Karsh, oriundo de Ottawa. Como era habitual, el retrato de Karsh resultó soberbio. La foto causaba tan buena impresión que Henry envió copias con dedicatoria a sus parientes y amigos.

Un día Ted Mecke, adjunto de Henry, me vio admirando el retrato.

—¿Qué te parece el nuevo retrato del patrón? —preguntó.

—Me parece magnífico —respondí—. Por cierto, no tengo ninguna foto de Henry. ¿Crees que podría agenciarme una de ésas?

—Claro que sí —contestó Ted—; yo mismo se la presentaré a la firma.

Pocos días más tarde, Mecke me comunicó:

—El señor Ford no quiso firmar la foto en seguida, así que se la he dejado en el despacho.

En la primera oportunidad que tuve de entrevistarme con Henry en su despacho, observé que tenía en el escritorio una de las copias.

—Magnífico retrato —comenté.

—Gracias —respondió—. En realidad, esta foto es para ti, pero todavía no he tenido tiempo de firmarla.

Y nunca más se habló de ello. Me quedé sin fotografía. Comprendí que para Henry estampar su firma en ella era un gesto demasiado íntimo, aunque la copia estuviera destinada al hombre que dirigía su empresa.

Por lo visto, Henry no quería dejar ningún recordatorio concreto y duradero de nuestra amistad, ni siquiera en los días que estábamos en buenas relaciones.

Durante los primeros años de mi gestión al frente de la Ford tuvimos también nuestras diferencias, aunque siempre puse gran cuidado en no llevar las discrepancias demasiado lejos. Si surgía un problema de envergadura, me limitaba a esbozárselo. Si nuestros puntos de vista eran antagónicos, procuraba airearlos sólo en privado, cuando creía que estaba en condiciones de atender a mis argumentos de forma desapasionada.

En mi calidad de director general no podía permitirme gastar energía en disputas de poca monta. Mi obligación era trazar un panorama global y situar cada cuestión en su contexto. ¿Cuáles eran los objetivos de la empresa a cinco años vista? ¿Qué tendencias de relieve debían ser objeto de nuestra consideración?

Después del conflicto armado árabe-israelí de 1973 y de la subsiguiente crisis del petróleo, las respuestas a estas preguntas parecían bastante claras. El mundo andaba patas arriba y era preciso ofrecer una solución sin demora. El futuro de la industria del automóvil estaba sin duda en los coches pequeños, de poco consumo y tracción delantera.

No era preciso ser un prodigio para vislumbrar esta perspectiva. No había más que echar un vistazo a la cifra de ventas en 1974, un año pavoroso para Detroit. En la General Motors se dejaron de vender un millón y medio de vehículos. En la Ford, el declive fue de medio millón de unidades. Los japoneses fabricaban buena parte de los turismos utilitarios y los estaban vendiendo en cantidades realmente increíbles.

Maniobrar adecuadamente para producir coches de pequeño tamaño en Estados Unidos resulta una propuesta tremendamente cara. Pero a veces, la única salida es efectuar una inversión considerable. La General Motors estaba gastando en aquellos momentos miles de millones de dólares en «contraer» todos los productos que salían de sus cadenas de montaje. Hasta la Chrysler estaba invirtiendo una pequeña fortuna en la fabricación de modelos de bajo consumo de combustible.

Pero en opinión de Henry, producir coches pequeños era algo así como el fin del mundo. Su expresión favorita era «Minicoches, minibeneficios».

En efecto, es cierto que en Estados Unidos resulta imposible ganar dinero con automóviles pequeños, y a medida que pasa el tiempo esta realidad se hace más patente. Sencillamente, el coche de tamaño pequeño deja márgenes comerciales bastante bajos.

Pero de ello no debe deducirse que haya que renunciar a fabricarlos. Aun en el supuesto de que no se hubiese dado una segunda crisis del petróleo, era preciso satisfacer las demandas de nuestros concesionarios. Si no les proporcionábamos los turismos de tamaño pequeño o mediano que nos solicitaban, prescindirían de la Ford y se dirigirían a la Honda y a la Toyota, que sí estaban en situación de complacerles.

La realidad cotidiana demuestra que uno debe cubrir toda la gama de productos que pide el mercado, incluidos los de menos envergadura. Pero si encima hay de por medio una crisis petrolera, el argumento resulta definitivo. Para nuestra firma, el no ofrecer turismos baratos, de bajo consumo de gasolina, era como ser dueños de una zapatería y decirle al cliente: «Lo siento, pero sólo disponemos del número 48 para arriba».

Los vehículos de pequeñas dimensiones eran el tormento de Henry. Pero yo insistí en que era preciso contar con un coche mediano de tracción delantera; por lo menos en Europa, donde el precio de la gasolina es mucho más alto que en Estados Unidos y las calzadas de las carreteras más estrechas. Ni siquiera el mismísimo Henry podía negar la lógica de producir este tipo de vehículo de cara a los conductores europeos.

Envié a Hal Sperlich, jefe del departamento de planificación al otro lado del charco. En el término de sólo mil días, Hal y yo, trabajando de consuno, sacamos un flamante modelo, al que llamamos «Fiesta», un vehículo pequeño (para los estándares norteamericanos), de tracción delantera.

Entonces supimos que habíamos lanzado al mercado un turismo de gran aceptación.

Por espacio de veinte años, los expertos en tesorería habían argumentado siempre en contra de la fabricación de un coche de estas características. Pues bien, ni siquiera la división europea de la Ford puso reparos al Fiesta. Mi subdirector de transacciones internacionales me dijo que Phil Caldwell, entonces director de Ford-Europa, era adversario declarado de este modelo y que había dicho que yo debía de estar mal de la cabeza para emprender tal iniciativa, pues según él nuestro Fiesta sería un fracaso absoluto, y aunque no lo fuera no reportaría un centavo a la compañía.

Pero yo sabía que había que agarrar al toro por los cuernos, y sin pensarlo dos veces fui al despacho de Henry y le espeté:

—Mire, nuestros colegas europeos no quieren saber nada de este coche, de modo que tiene usted que respaldarme. No quiero que ocurra como en el caso del Edsel, en que se inventaron explicaciones justificativas *después* del fracaso. Si no está usted conmigo en cuerpo y alma, mejor será que demos el asunto por zanjado.

Henry tuvo un momento de lucidez y finalmente decidió asignar mil millones de dólares a la producción del Fiesta. Fue un acierto que me apoyara, porque el coche tuvo un éxito formidable. Tanto si Henry lo sabía como si no, la verdad escueta es que nuestro modelo salvó la coyuntura de la Ford en Europa y supuso un viraje tan rotundo en aquellas latitudes como lo fue el Mustang para la división Ford en los años sesenta.

Después de tan magnífica acogida en el mercado europeo, Sperlich y yo maduramos la idea de traer el Fiesta a los Estados Unidos y exhibirlo entre los nuevos modelos de 1979. Observábamos que las importaciones de turismos japoneses crecían de día en día; nos constaba que la línea de turismos de tracción delantera de la General Motors se hallaba en avanzada fase de producción y que la Chrysler se disponía a sacar el Omni y el Horizon, mientras que la Ford no tenía nada que ofrecer.

El prototipo europeo del Ford Fiesta resultaba un poco pequeño para los gustos del comprador norteamericano, de forma que Hal y yo decidimos introducir algunas modificaciones. Alargamos un poco la carrocería lateral con objeto de dotarle de más espacio. Llamamos a nuestro modelo retocado «el Fiesta hinchado», aunque su nombre clave era «Wolf».

Sin embargo, eran tiempos en que la competencia japonesa y el incremento sustancial de los gastos de personal hacían casi imposible que una empresa norteamericana pudiese fabricar coches de pequeño tamaño en condiciones de igualdad con otras firmas del extranjero. Sólo disponer las nuevas plantas industriales para los motores de cuatro cilindros y las transmisiones conllevaba una inversión de 500 millones de dólares, y Henry no estaba dispuesto en modo alguno a correr el riesgo.

Pero tanto Sperlich como yo mismo estábamos demasiado entusiasmados con este proyecto para renunciar sin oponer resistencia. Había que encontrar el medio de fabricar el «Wolf» contando, además, con un margen de beneficios.

Aprovechando un viaje al Japón concerté una entrevista con los altos cargos de la Honda. En aquellos momentos esta firma no se dedicaba propiamente a la producción de automóviles, sino que circunscribía su actividad a las motos. Pero contaban con el equipo necesario para fabricar motores de pequeña cilindrada y ansiaban tener contactos comerciales con nosotros.

Mi relación personal con el señor Honda discurrió por los mejores cauces. Me invitó a su casa y dio una gran fiesta, en la que hubo incluso un castillo de fuegos artificiales. Cuando abandoné Tokio habíamos sentado las bases de un acuerdo. La Honda nos suministraría trescientos mil trenes de engranaje al año a razón de 711 dólares la unidad. Era una oportunidad de oro: nada menos que 711 pavos por una transmisión y un motor en bloque, listos para ser acoplados al turismo que teníamos intención de producir.

A mi vuelta de Japón me sentía eufórico. Tal como estaban las cosas, el Wolf iba a dar en el blanco; no podía ser de otro modo. Sería una repetición del éxito del Mustang. Juntos, Hal y yo mandamos construir un prototipo pintado de negro y amarillo que causaba verdadero impacto. Aquel coche iba a impresionar al país entero.

Pero cuando puse en antecedentes a Henry sobre el acuerdo inicial con la Honda, vetó el proyecto de manera instantánea.

—¡Ningún coche con mi nombre en el capó va a llevar dentro un motor japonés! —dijo de modo tajante.

Y así se echó a perder tan fantástica oportunidad.

Es posible que a Henry los japoneses no le cayeran bien, pero en cambio le apasionaba Europa. En los Estados Unidos, sobre todo después de la guerra del Vietnam, el sentido de la autoridad se había ido degradando y, más en concreto, el nombre de Ford no suscitaba la misma curva de respeto que en otras épocas. Pero en el viejo continente las cosas tenían otro sesgo. Allí, un buen patrimonio familiar todavía causaba efecto. Europa vivía aún apegada a un sistema de clases que databa de siglos. Era la tierra de la nobleza terrateniente, de los palacios y de las familias reales. En Europa continuaba dándose importancia a la estirpe y al abolengo de los antepasados.

Recuerdo una experiencia que no se me borrará de la memoria: mi estancia con Henry en Alemania, en un castillo a orillas del Rin. Cuando se trataba de agasajar a Henry Ford, todo parecía poco. Al llegar al lugar los ojos se me salieron de las órbitas. Una banda de música al completo —de esas en que los hombres visten pantalones de cuero— aguardaba al magnate para darle la bienvenida. Mientras Henry cruzaba con paso cansino el puente levadizo y subía majestuosamente las escalinatas del castillo, la banda de música nos siguió sin dejar de tocar sus instrumentos. Me aresté para escuchar los aires marciales de «Gloria al caudillo...».

Siempre que Henry visitaba Europa estaba en contacto con miembros de la realeza local. Se codeaba con ellos, bebía en su compañía y le encantaba exhibirse en aquellos ambientes. Tanto le apasionaba Europa, que a menudo hablaba de retirarse a vivir allí. A raíz de una fiesta de la alta sociedad internacional, que se celebró en Cerdeña, Henry acudió con una bandera norteamericana cosida en el trasero, lo cual molestó incluso a los europeos. Sin embargo, a él se le antojó una idea de lo más divertida.

Fue precisamente el éxito que me apunté con el Fiesta lo que empezó a cortar la hierba bajo mis pies. En los Estados Unidos mis logros no afectaban a Henry, pero Europa era su coto privado. En el momento en que me vi cumplimentado en los salones del viejo continente, Henry empezó a sentir e incubar resentimientos contra mí.

Aunque nunca lo reconociera explícitamente, Henry consideraba como propias determinadas «circunscripciones», y Europa era un de ellas. Wall Street era otra.

En 1973 y a principios de 1974 la empresa obtuvo pingües beneficios, a pesar de la crisis del petróleo desencadenada por la OPEP. Algunos altos cargos de la empresa fuimos a Nueva York para hablar ante una convención de cien representantes de los grandes bancos y sociedades de inversión. Henry se opuso en todo momento a este tipo de asambleas.

—No me gusta andar por ahí dando pistas a los círculos bolsísticos —solía decir.

Sin embargo, todas las empresas con cotización en bolsa mantenían contactos periódicos con los integrantes de la comunidad financiera. Formaba parte de la mecánica del negocio.

Cuando le llegó el turno de hablar a Henry, estaba bastante bebido. Empezó a balbucir —ni más ni menos— cómo se desenvolvía la actividad económica de la empresa. Ed Lundy, director de los servicios financieros, se inclinó hacia mí y me dijo:

—Bueno, Lee, será mejor que te esfuerces al máximo; trata de salvar la cara de la empresa, pues de lo contrario nos tomarán por imbéciles.

Me levanté y tomé la palabra, cosa que tal vez fue el principio del fin en lo que a mis relaciones se refiere.

A la mañana siguiente Henry me llamó a su despacho y me soltó:

—Hablas con demasiada gente de fuera de la empresa.

Con ello pretendía decir que le parecía bien que mantuviese contacto con los concesionarios y los proveedores, pero que me convenía alejarme de los medios próximos a Wall Street; de lo contrario, la gente iba a creer que era yo quien dirigía la empresa, y ésta era una idea que Henry no podía digerir.

Aquel mismo día se anularon sendas convocatorias de parecida índole, a celebrar en Chicago y San Francisco.

—Se acabó. Nunca volveremos a participar en este tipo de asambleas —advirtió Henry—. Basta de ir por esos mundos pregonando lo que hacemos o dejamos de hacer.

A Henry le traía sin cuidado que yo adquiriese notoriedad pública, siempre y cuando me ciñera estrictamente al terreno del automóvil. Después de que mi imagen apareciese en la portada del suplemento dominical del *New York Times,* me envió un telegrama de felicitación al hotel de Roma donde me hospedaba. Pero si los elogios procedían de lo que consideraba su esfera de influencia, entonces le dolía en lo más hondo.

Ahora bien, no hay duda de que casi todo el mundo es responsable ante otra persona. Para unos son los padres o los hijos, para otros sus esposas, sus patrones y hasta sus perros, e incluso hay quienes se consideran responsables a los ojos de Dios.

Sin embargo, Henry Ford jamás se ha creído en la necesidad de rendir cuentas a nadie. En una empresa que se cotiza en Bolsa, el presidente del consejo de administración y consejero delegado se considera moralmente responsable ante sus empleados y accionistas y, por supuesto, la ley le obliga a rendir cuentas de su labor ante el consejo de admininistración. Pero de una manera u otra, Henry siempre salía bien librado de estas confrontaciones.

La Ford se convirtió en empresa pública, es decir, con cotización en Bolsa, en el año 1956; pero, en realidad, Henry nunca aceptó el cambio. Desde su óptica, él era como su abuelo, propietario legítimo y exclusivo de la empresa, y todos tenían que hacer lo que a él se le antojara. Tratándose del consejo de administración, creía —más que la mayoría de los presidentes de empresas— en la técnica de la cría de champiñones, consistente en echarles «fertilizante» a los consejeros y mantenerlos «a oscuras». Por supuesto que esta actitud venía facilitada por el hecho de que Henry y su familia, poseedores de sólo el 12 por 100 de las acciones, detentaban en la práctica el 40 por 100 de los derechos de voto.

Su actitud hacia el Gobierno no difería mucho de la posición que mantenía frente a la empresa. Un día me dijo:

—¿Pagas impuestos?

—¿Bromea? —pregunté—. ¡Pues claro que los pago!

Por más vueltas que le diera, lo cierto es que tributaba al Estado el cincuenta por ciento de mis ganancias.

—No sé, pero empiezo a estar preocupado. Este año tengo que pagar once mil dólares. ¡Es la primera vez en seis años que pago *algo!*

No daba crédito a mis oídos.

—Henry, pero ¿cómo se las arregla?

—Mis abogados se ocupan de eso —respondió.

—Vea usted —dije—. No estoy en contra de utilizar los agujeros tributarios que el Gobierno deja al ciudadano, pero los que trabajan en nuestras fábricas pagan casi lo mismo que usted. ¿No le parece justo contribuir con la parte que le corresponde? ¿Qué me dice de los gastos militares para la defensa del país? ¿Y los de la Armada y la Fuerza Aérea?

Pero no había forma de hacerle entrar en razón. Si bien no puedo asegurar que conculcaba las leyes fiscales, en su caso la norma era: «Aprovéchate del Gobierno todo lo que puedas».

Durante todos los años que trabajamos juntos, jamás le vi pagar nada de su bolsillo. En una ocasión, un grupo de accionistas de la Ford contrataron a Roy Cohn, destacado abogado neoyorquino, para que interpusiese una demanda conjunta contra Henry por cargar a la tesorería de la sociedad todos sus gastos personales. En el curso de los viajes a Londres, donde tenía una residencia particular, Henry seguía cargando sus gastos de estancia a la empresa matriz. Más aún, no me dejó en paz hasta que le dije lo que me costaba la habitación que yo ocupaba en el Claridge's, y ello con el único objeto de que sus notas de gastos no estuvieran por debajo de las mías.

La querella que presentó Roy Cohn también acusaba a Henry de utilizar aviones de la empresa para trasladar muebles desde Europa a Detroit, para llevar a los perros y gatos de su hermana cuando necesitaban un lavado o un rapado de las lanas, y también por transportar de un lugar de residencia a otro cajas de champaña Dom Pérignon y Château-Lafite.

No estoy en condiciones de precisar si todas estas acusaciones tenían fundamento, pero sí puedo atestiguar que en una ocasión cargué en mi avión una chimenea de salón desde Londres a Grosse Pointe, su lugar habitual de residencia.

Henry tenía verdadera locura por los aviones. En un determinado momento la empresa compró a Nippon Airways un Boeing-727 que el patrón convirtió en una aeronave de lujo. Los abogados le desaconsejaron que utilizase este aparato para sus viajes de recreo y sus escapadas a Europa, salvo que pagara los gastos de su bolsillo. Pero no cabe duda de que hubiera preferido cruzar el Atlántico a nado que avenirse a sufragar el coste con su propio dinero.

Entretanto, yo utilizaba el Boeing-727 periódicamente para viajes de negocios a otros continentes, y el avión se convirtió entonces en una espina atravesada en la garganta de Henry. No podía soportar la idea de que yo utilizase el aparato, cuando él no siempre podía hacerlo.

Un buen día Henry dio instrucciones súbitas de vender el reactor al sha del Irán por cinco millones de dólares.

El jefe de nuestra flota se quedó un tanto sorprendido.

—Pero, bueno, ¿no sería mejor esperar por si hay otras ofertas? —preguntó.

—No. ¡Quiero que este avión desaparezca de aquí *hoy* mismo!

La compañía Ford perdió una bonita suma en tan caprichosa transacción.

Después de una auditoría interna, Henry tuvo que pagar 34.000 dólares a la empresa. Había sido atrapado con las manos en la masa, y ni siquiera sus propios auditores estaban dispuestos a sacarle del atolladero. La única defensa de Henry fue cargarle el muerto a su esposa, pero el mero hecho de que admitiera la existencia de *un* abuso era de por sí toda una noticia.

Finalmente el tribunal desestimó la demanda interpuesta por Roy Cohn. Los accionistas no recibieron compensación alguna, pero el abogado presentó una factura de 260.000 dólares en concepto de honorarios. Una vez más, Henry había salido bien parado de sus trapicheos.

Sin embargo, todo lo dicho es insignificante en comparación con el asunto del Renaissance Center.

El RenCen, como se le conoce vulgarmente, es un imponente conjunto arquitectónico de oficinas, comercios, tiendas y el hotel más alto del mundo. Se proyectó para integrarlo en un sofisticado plan para revitalizar el centro de Detroit, que con el tiempo había ido adquiriendo un aspecto desastrado y era una zona de asaltos y robos constantes. La causa residía en que muchos de los antiguos moradores de la zona habían trasladado su domicilio a barrios residenciales de la periferia.

Henry decidió erigir aquel monumento a su mayor gloria y encontrar el dinero necesario para financiar el proyecto. La contribución oficial de la Ford fue de seis millones de dólares, naturalmente con cargo a los fondos de la empresa, y al poco tiempo la suma se elevó a doce millones. A la larga, el monto global de las aportaciones de la empresa sería de 100 millones de dólares. Esto según las versiones oficiales. Pero yo calculo que la inversión total en el RenCen fue de otros doscientos millones más, contando con el gasto que supone trasladar al centro a cientos de empleados para poder llenar aquel enjambre inmenso. Ni que decir tiene que sólo salió a la luz pública una mínima fracción de lo que la empresa Ford invirtió realmente en el vasto complejo.

A mí la idea me sentó como un tiro. Necesitábamos aquel dinero para mantenernos al nivel de producción de la General Motors, no para colocarlo en bienes raíces. La GM invertía sus beneficios en la producción de coches de pequeño o mediano tamaño. Varias veces le comenté en privado a Henry lo que opinaba del asunto; pero no me hizo ningún caso.

Muy distinto hubiese sido si Henry se hubiera embarcado en el proyecto RenCen con el espíritu filantrópico que prohombres como Carnegie, Mellon o los Rockefeller, familias que destinaron parte de su fortuna privada a la creación de fundaciones y obras de interés público.

Pero contrariamente a estos filántropos, la generosidad de Henry se basaba las más de las veces en las aportaciones de *otras personas;* en dinero que no le pertenecía a él, sino a la empresa y a sus accionistas. No es de extrañar que nunca se recabase la opinión de los accionistas en esta materia.

Desde el principio, el RenCen fue un fracaso. En 1974, la mitad de los locales y despachos estaban desocupados, y el capítulo de pérdidas que arrastraba ascendía ya a 100 millones de dólares.

Para colmar la brecha Henry encargó a Paul Bergmoser, subdirector de la división de compras, que recorriera en avión el país y presionara a otras firmas comerciales a «invertir» en RenCen. Cincuenta y una sociedades aportaron el dinero. De ellas, el 38 por 100 dependían por completo de la industria del automóvil, en especial de la Ford.

Bergmoser visitó a los capitostes de empresas como la U.S. Steel y la Goodyear. Entraba con rostro grave y empezaba su perorata con estas palabras:

—«Quiero puntualizar que no estoy aquí en mi condición de jefe de compras —a pesar de que anualmente se realizaban operaciones de millones de dólares con ambas compañías—, sino como enviado personal de Henry Ford, y que mi visita nada tiene que ver con las actividades de la Ford Motor Company.»

Los directivos de sociedades como Budd, Rockwell y U.S. Steel se morían de risa ante aquellos prolegómenos de Bergie. Ed Speer, director general de U.S. Steel, le dijo que el único símbolo apropiado para colocar en el exterior del edificio RenCen era un brazo retorcido.

Debido a la garantía que representaba el nombre de Ford, algunas de las más importantes tiendas y almacenes de los Estados Unidos y Europa se avinieron a abrir filiales en el Renaissance Center, pero todas pidieron garantías económicas a la empresa Ford, lo cual llevó a la absurda situación de que la Ford Motor Company participase en el sector de la alta confección, el negocio de joyería y de las bombonerías de lujo y que, a la vez, cubriese las pérdidas durante los dos primero años, que dicho sea de paso fueron sustanciales.

Mientras escribo estas palabras, el RenCen se halla el borde del colapso económico. Hoy, contemplado muy por encima, constituye un confuso montón de edificios y torres con una serie de galerías atestadas de comercios y establecimientos bastante corrientes, y por si fuera poco el aparcamiento cuesta un ojo de la cara. Ah, pero eso sí, hay en el centro un precioso despacho dúplex, con chimenea incluida, que costó la friolera de 2.700.000 dólares y que hace las veces de oficina del señor Henry Ford en el centro comercial de la ciudad.

Muchas veces me he preguntado por qué la prensa no aireó el asunto. Entonces se hablaba mucho de un tipo de periodismo basado en la investigación meticulosa de los hechos, pero, al menos en Detroit, nadie quiso husmear en lo que se ocultaba tras el pozo sin fondo del Renaissance Center.

He aquí una de las razones: Henry siempre era un personaje noticiable que daba trabajo a las rotativas y todo el mundo estaba dispuesto a pasarle por alto sus excesos. Además, la Ford procuraba suculentos ingresos en concepto de publicidad. Nadie en Detroit —y tampoco en otras ciudades para este caso concreto— quería correr el riesgo de irritar a tan pródigo caballero.

Desde mi punto de vista, Henry fue siempre lo que suele llamarse un vividor. Jamás sudó lo que ganaba. En cambio, se daba la gran vida. Todo lo que le importaba era el vino, la música melódica y las mujeres.

Lo curioso es que durante mucho tiempo estuve convencido de que detestaba al otro sexo (con excepción de su madre). Al morir el padre de Henry, Eleanor Clay Ford se hizo cargo de la familia y de la educación de Henry hijo, y también le llamó un poco al orden. Pero en 1976, cuando murió su madre, todo el mundo del heredero se desmoronó. Había desaparecido la única mujer por la que había sentido respeto. Henry se convirtió en un machista exaltado que estaba convencido de que Dios creó a la mujer para disfrute y placer de los hombres.

En una ocasión se me quejó de que las mujeres acabarían haciéndose con el control de la Ford y darían al traste con la empresa. Aducía, para el caso, el ejemplo de la Gulf Oil. Añadió que en ese momento sus trece nietos con participación en la compañía detentaban más poder de voto que él, su otro hermano y su hermana. Pero lo más preocupante era en realidad, que de los trece nietos siete eran niñas y sólo seis chicos. Ahí estaba el origen de todos los males, apostilló, porque las mujeres eran incapaces de dirigir el negocio más insignificante.

Como de costumbre, Mary captó su manera de ser desde el principio. Ella solía decirme:

—El alcohol destruye todas las inhibiciones y hace que una persona se muestre tal como es en realidad. Te lo advierto: ¡cuidado con ese hombre!

Lo curioso es que Mary fue una de las contadas mujeres a las que Henry no menospreció. En una ocasión, durante la celebración del quincuagésimo aniversario de una amiga íntima de la familia, Katie Curran, Henry y Mary se enzarzaron en una larga discusión, a la par que el patrón dejaba de lado a todos los demás. En aquella época, Henry seguía una cura de tratamiento antialcohólico, y Mary tampoco bebía a causa de la diabetes que padecía.

El tema de su conversación eran las asambleas de trabajo de los altos directivos, que normalmente se celebraban en lujosas estaciones de recreo o centros vacacionales. Henry se mostró en desacuerdo con Mary cuando ésta manifestó que debía invitarse también a todas las esposas.

—Ustedes, las mujeres, lo único que buscan es tener mejor aspecto y lucir más que sus compañeras —alegó Henry—. Sólo les importan los trapitos y las joyas.

—Está usted muy equivocado —respondió Mary—. Si las respectivas esposas estuvieran allí ustedes tendrían buen cuidado de retirarse a dormir puntualmente, en vez de andar por ahí perdiendo el tiempo. La factura de bebidas se reduciría a la mitad, y por la mañana todos ustedes estarían en las condiciones debidas para realizar su trabajo como Dios manda. Le aseguro que saldrían ganando mil veces si se optase por invitar a las mujeres.

Henry la escuchó sin interrumpirla, y luego se acercó y me comentó:

—Tu esposa tiene sentido común, ¿sabes?

Para decirle cuatro verdades a Henry había que pillarle sereno, agarrarle la nariz y retorcérsela. Mary siempre supo lidiarle sin que el otro le saliese con tarascadas.

Henry se esforzaba por parecer un hombre a la europea, de gustos refinados. Sabía mostrarse encantador cuando se lo proponía. Incluso era bastante entendido en vinos y en cuestiones de arte.

Pero, en el fondo, el hombre no era más que fachada. Después de echarse al coleto la tercera botella, se quitaba la máscara. Cambiaba de personalidad, como hacía el doctor Jekyll cuando se convertía en míster Hyde.

Debido a la funesta manía de beber más de la cuenta, siempre que se celebraban reuniones sociales yo procuraba mantenerme a distancia. Tanto Beacham como McNamara, mis dos mentores, me previnieron: «Aléjate de él —me dijeron—; se embriagará y te pelearás con él por una fruslería».

Ed O'Leary me hizo la misma recomendación: «Será difícil que te despidan por haber perdido millones —declaró—; pero Henry te echará a la calle cualquier noche que haya bebido en exceso. Te insultará llamándote "bachicha" y discutiréis. Tenlo presente, cuando ocurra será por una nadería. Por eso te sugiero que te mantengas fuera de su línea de fuego».

Procuré seguir el consejo, pero Henry empezó a comportarse de un modo que rebasaba la mera grosería.

Uno de los hechos que me hizo ver cuál era la catadura del personaje acaeció en 1974, durante una asamblea de directivos para discutir el programa de igualdad de oportunidades. Se pidió a las respectivas divisiones que dieran cuenta de los progresos en este área, sobre todo en lo tocante a la contratación y promoción de los negros. Después de prestar oídos a los informes, que no eran nada de particular, Henry se enfureció:

—Señores, me parece que ustedes lo que tienen es mucha boquilla, pero nada más.

A renglón seguido nos largó una apasionada perorata sobre cuál debía ser nuestra actitud hacia los negros. Incluso insinuó que, de seguir así las cosas, era probable que los avances en este terreno repercutieran sobre las gratificaciones extras de los directivos que no cumpliesen con los requisitos del programa.

—De este modo se decidirán a mover el trasero y a tomar las medidas que correspondan con respecto a la comunidad de raza negra —dijo a modo de conclusión.

Tan emotiva resultó su alocución en la mentada asamblea, que hizo afluir lágrimas a mis ojos, tal como suena. «Quizá esté en lo cierto y resulte que no estamos esforzándonos lo suficiente —me dije—. Tal vez me he mostrado remiso. Si el patrón se muestra tan afectado, creo que deberíamos poner más empeño en la tarea».

Finalizada la reunión, nos dirigimos al ático para tomar el almuerzo en el comedor de los directivos. Tan pronto nos sentamos a la mesa, Henry empezó a despotricar contra los negros:

—Malditos patanes —dijo—. Se pasean en coche arriba y abajo por Lake Shore Drive, enfrente de casa. Los detesto, estoy de ellos hasta la coronilla y he pensado en trasladar mi residencia a Suiza, donde no se ve ni uno solo.

Fue uno de aquellos momentos que nunca he podido olvidar. Me puse en guardia. El tipo me había hecho llorar de pena y una hora más tarde dejaba a los negros como un trapo sucio. Todo había sido una comedia. En el fondo, les odiaba a muerte.

Fue entonces cuando caí realmente en la cuenta de que estaba trabajando para un hijo de mala madre.

En Allentown aprendí que la intolerancia y el fanatismo son defectos reprobables; pero al menos, mis condiscípulos del instituto escolar no escondían su forma de pensar. Pero Henry, además de racista, era un hipócrita.

En público aparentaba ser el empresario más progresista del país; pero entre bastidores escarnecía a todo bicho viviente. Hasta 1975, la única minoría étnica a la que Henry no había vituperado eran los italianos. Sin embargo, muy pronto recuperaría con creces el tiempo perdido.

X

1975, el año fatídico

En 1975, Henry Ford empezó a poner en práctica su táctica encaminada a destruirme lenta y sistemáticamente.

Hasta entonces me había dejado en completa libertad de movimientos, pero aquel año se quejó de punzadas dolorosas en el pecho y, en verdad, su aspecto no era bueno. Fue entonces cuando el rey Henry empezó a cobrar conciencia de que era un ser mortal.

Sus modos cambiaron y se mostró insultante. Imagino que por dentro andaría diciéndose: «No quiero que ese intruso italiano se haga cargo del negocio. ¿Qué pasará con la participación familiar si me da un ataque al corazón y me muero? Antes de que me dé cuenta, entrará por la noche en mi despacho, mandará quitar el nombre Ford de la fachada y pondrá en su lugar el de Iacocca Motor Company. ¿Qué será entonces de Edsel, mi hijo?».

En el momento en que Henry llegó al convencimiento de que yo pretendía usurpar el trono fue cuando decidió librarse de mí. Pero le faltaban agallas para realizar él solito todo el trabajo sucio. Además, le constaba que abandonado a su solo esfuerzo jamás saldría impune. Por todo ello prefirió actuar con maquiavelismo y optó por infligirme toda suerte de humillaciones, en la creencia de que con ello me induciría a dejar la empresa.

Henry dejó caer la primera bomba estando yo ausente del país. A principios de 1975 partí para una rápida gira de dos semanas por Oriente Medio, como integrante de una delegación de altos directivos convocados por la revista *Time* para lograr un conocimiento más objetivo y directo del entorno árabe e israelí.

El 3 de febrero, fecha de mi retorno a Estados Unidos, me sorprendió mucho encontrarme con Chalmers Goyert, mi director adjunto, en el aeropuerto J. F. Kennedy de Nueva York.

—¿Qué sucede? —pregunté.

—La cosa se está poniendo muy fea —respondió.

Y no exageraba. Escuché el relato que me hizo Goyert del increíble suceso sobrevenido mientras me hallaba de viaje. Unos días antes, mientras un grupo de los componentes de la expedición visitábamos al rey Faisal de Arabia Saudí, Henry convocó inopinadamente una asamblea extraordinaria de altos cargos de la empresa.

Las repercusiones de esta reunión se dejan sentir incluso en la actualidad. Henry estaba muy preocupado por el giro de los acontecimientos a raíz de la situación creada por la OPEP. El hombre que se había otorgado el mérito de poner nuevamente en pie la Ford Motor Company después de la segunda guerra mundial se hallaba atenazado por el miedo. Los árabes habían lanzado una fuerte embestida contra las naciones industrializadas, y eso era más de lo que él podía soportar.

Convencido de la inminencia de una fuerte recesión económica, ordenó reducir en 2.000 millones de dólares el presupuesto elaborado con vistas a nuestra futura producción. Con esta decisión suprimió de un plumazo muchos de los productos que nos hubiesen permitido resistir a la competencia: productos tan básicos como los coches de pequeño tamaño y la construcción de todo lo relacionado con los turismos de tracción delantera.

En el curso de la asamblea, Henry proclamó: «Soy el Sewell Avery de la Ford». El augurio y la referencia eran de mal presagio.

Sewell Avery fue el director de los grandes almacenes Montgomery Ward, un empresario conservador que al término de la segunda guerra mundial decidió no invertir dinero alguno en la firma con vistas a su modernización y puesta al día. Estaba convencido de que el mundo se iba a partir en dos y de que Estados Unidos era una nación condenada al olvido. Su decisión demostró ser fatídica para la firma que dirigía, ya que Sears se le anticipó y le quitó la plaza que ocupaba en el mercado nacional.

Pues bien, las palabras de Henry tenían connotaciones parecidas en el sector que nos era propio.

A mí no me resultó difícil desentrañar el significado de aquel gesto. Henry esperó a que yo estuviese a muchos kilómetros de distancia para convocar una reunión que suplantaba de forma manifiesta mis competencias y responsabilidades, una asamblea que, además, iba contra todas mis teorías y convicciones en el campo profesional.

Aquel día Henry infligió un daño incalculable a la empresa. Los modelos Topaz y Tempo —coches de mediano tamaño con tracción delantera— no se pusieron a la venta hasta mayo de 1983, siendo así que yo había previsto su lanzamiento cuatro o cinco años antes, cuando la gente pedía a gritos coches de bajo consumo y tamaño reducido. Pero en 1979 el señor Ford ni siquiera tenía *planeada* la estrategia de respuesta a la crisis petrolera de 1973.

Yo estaba enfadadísimo. La OPEP ya había puesto en claro que sin automóviles económicos no teníamos nada que hacer. Por su parte, la GM y la Chrysler trabajaban a un ritmo endemoniado para sacar a tiempo sus respectivos utilitarios. Y mientras, en el pináculo de la Ford, el mandamás ocultaba la cabeza bajo la arena.

Todos los meses, después de la junta del consejo de administración, Franklin Murphy, el «padre espiritual» de la camarilla, se dejaba caer invariablemente por mi despacho. Había sido presidente de la Universidad de California en Los Ángeles (UCLA), y en aquel entonces era presidente del consejo de *Los Angeles Times-Mirror* Company y confidente de antiguo de Henry Ford.

Murphy siempre me daba sinceramente consejo, no sobre cómo dirigir la empresa, sino sobre el modo de entenderme con Henry.

—Está sometido a mucha tensión —me dijo un día—. Tienes que ser comprensivo. Está pasando un mal trago con su mujer.

Todos sabíamos que el matrimonio de Henry con Cristina estaba a punto de naufragar. Hacía pocos días que el patrón había sido detenido en Santa Bárbara por conducir en estado de embriguez, acompañado de su amiga Kathy DuRoss, mientras Cristina se hallaba ausente en Katmandú en casa de su buena amiga Imelda Marcos, esposa del presidente de Filipinas.

Justo unos días antes tuve que guardar cama por causa de la gripe, lo cual me impidió asistir a una ominosa reunión a propósito de un suceso sorprendente.

El día 14 de febrero, estando yo ausente, Henry convocó una reunión con la plana mayor de la empresa al objeto de debatir la «situación en Indonesia». Por lo visto, Henry había autorizado a Paul Lorenz, uno de nuestros subdirectores y hombre de confianza de la empresa, para que pagase una «comisión» de un millón de dólares a un general indonesio, a cambio de lo cual la Ford se beneficiaría de una contrata de 29 millones para la construcción de quince estaciones transmisoras-receptoras de captación de señales vía satélite.

Pero en cuanto se filtró la noticia de la «comisión», Henry envió a dos de los nuestros a Yakarta para explicarle al militar en cuestión que la Ford no tenía por costumbre operar comercialmente de acuerdo con estos módulos.

Ahora bien, Lorenz tabajaba bajo mi supervisión, y cuando me enteré de lo ocurrido lo llamé a mi despacho.

—Paul —dije—, ¿cómo se te ocurrió ofrecerle un millón de pavos a este general?

Paul era un hombre correcto y competente, y también digno de confianza. No quería comprometer a nadie en la empresa.

—Fue un error por mi parte —respondió.

—¿Un error? —proseguí—. ¡Nadie regala un millón de dólares por equivocación!

Guardó silencio, pero ante mi insistencia, manifestó:

—Supongo que no me crees capaz de hacer una cosa así por propia iniciativa, ¿verdad?

—No entiendo lo que quieres decir. ¿Insinúas que alguien te impulsó a ello?

A lo cual replicó Paul:

—Bueno, yo no diría tanto, pero el presidente del consejo vino a darme indirectamente el visto bueno, y comentó: «Así funcionan las cosas por aquellos andurriales».

Ahora bien, es cierto que en ocasiones las empresas norteamericanas que tienen intereses en países del Tercer Mundo han de recurrir al soborno. Pero que yo supiera, esta circunstancia nunca se había dado en el caso de la Ford.

Tan pronto la prensa y demás medios de difusión se hicieron eco de la noticia, se inició en el seno de la empresa una frenética labor de encubrimiento. Yo diría que fue al menos tan impresionante como lo ocurrido en el caso Watergate. Se procedió a una expurgación exhaustiva de los archivos y se convocaron reuniones especiales para coordinar las explicaciones y excusas de cara al exterior.

No hubo más remedio que despedir a Paul Lorenz y, como de costumbre, la tarea recayó sobre mí.

—Me iré sin armar revuelo si mi hoja de servicios queda limpia —manifestó—. Pero tú sabes que estoy pagando por otro. Nunca me hubiese atrevido a obrar como lo hice de no haber contado con la aprobación de las más altas esferas.

Conocía bien a Paul y me constaba que decía la verdad.

Al cabo de unos días Henry me hizo una especie de confesión.

—Pienso que tal vez Lorenz creyó que yo daba el visto bueno al pago de un soborno. Quizá desorientase al pobre infeliz.

Un año y medio más tarde tuve ocasión de echar un vistazo a la relación de primas y cantidades pagadas por indemnización, y descubrí que Henry decidió finiquitar a Paul Lorenz con la suma de 100.000 dólares.

—*Yo* despedí a ese chico —le dije a Henry—. ¿Cómo es posible que le concediera una compensación de cien mil dólares?

—Bueno —contestó Henry—, en realidad no era un mal tipo.

Otra vez aquellos procedimientos al estilo Watergate. Lorenz cargó con las culpas, mientras el patrón cuidaba de tenerle contento.

También en esta ocasión los medios de difusión trataron con mimo a Henry, y lo propio hicieron los tribunales. A mí me requirieron para que prestase declaración sobre el incidente de la «comisión», pero Henry ni siquiera compareció. No acierto a comprender cómo se las arreglaba.

Durante aquel invierno la compañía anunció a los accionistas que el balance del cuarto trimestre de 1974 se había saldado con unas pérdidas de 12 millones de dólares, lo que en términos absolutos era una nimiedad. En comparación con los resultados de la industria automovilística entre 1979 y 1982, una pérdida de este calibre hubiera sido motivo de celebración.

De todos modos era la primera vez, desde 1946, que la Ford Motor Company presentaba una cuenta trimestral de signo negativo. Así pues, además de su estado de salud y del naufragio de su matrimonio, Henry tenía un motivo más de preocupación. Como resultado, se incrementaron sus rarezas y extravagancias.

Por aquel entonces yo tenía como secretaria a una mujer de portentosas cualidades llamada Betty Martin. De no ser por el machismo que imperaba en la empresa, Betty hubiera podido ser subdirectora o directora adjunta; en todo caso, superaba con creces a la mayoría de los tipos que trabajaban a mis órdenes.

Betty siempre intuía cuándo el ambiente olía a podrido. Un día me dijo:

—Acabo de enterarme de que cada vez que usted hace uso de la tarjeta de crédito de la empresa, se manda un duplicado del cargo al despacho del señor Ford.

Y un par de semanas más tarde me expuso:

—Su mesa de despacho está siempre bastante desordenada, por lo que a veces, antes de salir, se la pongo un poco en orden. Siempre recuerdo perfectamente dónde dejo las cosas, pero a la mañana siguiente me encuentro con que han revuelto los papeles. Esto ha sucedido muchas veces, y he pensado que debía ponerlo en su conocimiento. No creo que sea cosa de las mujeres de la limpieza, precisamente.

Por la noche le confesé a Mary que estaba preocupado. Betty Martin era una mujer muy ponderada, que detestaba los chismorreos. No me hubiese mencionado lo ocurrido de no estimarlo oportuno. Algo se estaba cociendo y, como de costumbre, las secretarias eran las primeras en saberlo.

Después de estos hechos, las cosas empezaron a cobrar un sesgo cada vez más extraño. El 10 de abril, con ocasión de la junta mensual del consejo de administración, se decidió atajar las pérdidas antes aludidas reduciendo en veinte centavos los dividendos trimestrales, medida que por sí sola supuso un ahorro de 75 millones de dólares anuales.

Sin embargo, precisamente aquel día, Henry aumentó los emolumentos de los componentes del consejo, que pasaron a ser de 47.000 dólares al año, en vez de 40.000. A eso se le llama neutralizar la acción de un consejo de administración.

A finales de mes dimos a conocer que las pérdidas del primer trimestre, después de impuestos, eran de 11 millones de dólares, lo cual significaba que la empresa había tenido resultados negativos durante dos trimestres seguidos.

Henry empezaba a padecer verdaderos extravíos. El 11 de julio hizo una demostración pública de sus manías. Convocó una asamblea de los quinientos principales cargos ejecutivos de la empresa, sin indicar previamente cuál era el orden del día, ni tan siquiera a mí, cosa verdaderamente extraña tratándose de una convocatoria tan inusitada.

Una vez congregada la concurrencia en el salón de actos, Henry procedió a pronunciar un discurso. Empezó diciendo que él era el capitán de la nave. Luego afirmó que los altos cargos a los que tenía encomendada la gestión de la empresa se equivocaban siempre. Siendo yo el director general, no había que especular mucho para sacar conclusiones. Fue una asamblea sin precedentes. Henry divagó todo el tiempo y a menudo se mostró incoherente. La gente salió preguntándose qué demonios estaba pasando allí.

Después de la convocatoria todos empezamos a preguntarnos si Henry estaba volviéndose loco, y el personal empezó a ponerse nervioso. La empresa quedó como paralizada. Nadie se aplicaba a la tarea, sino que todo eran cábalas sobre lo que estaría tramando Henry y a favor de quiénes debían tomar partido.

Si bien, por lo general, la prensa estuvo bastante al margen de tales incidencias, nuestros concesionarios adivinaron que algo no marchaba como era debido. El 10 de febrero de 1976, la división Ford celebró en Las Vegas una asamblea de concesionarios y agentes de ventas autorizados. Las actas de las reuniones rezan textualmente: «A lo que parece, predominan las intrigas en la cúpula de la Ford Motor Company, lo cual menoscaba la eficaz gestión de los directores... Henry Ford II no ofrece, en la actual situación, una administración de la entidad y el nivel que sus concesionarios esperan de su persona».

Los distribuidores oficiales también manifestaron su inquietud por la falta de novedades en materia de vehículos y dijeron hallarse «bloqueados» en relación con la General Motors.

A lo largo de la pugna que sostuve con Henry, los concesionarios dejaron bien claro que estaban de mi lado, lo cual no hizo más que empeorar las cosas. Cada declaración de los distribuidores a favor de mi postura procuraba munición suplementaria a Henry para que disparara contra mí. La empresa Ford no era precisamente una democracia, de modo que el simple hecho de que yo gozara de popularidad entre las «tropas» constituía motivo suficiente para convencer al patrón de que era un individuo peligroso.

Pero esta serie de acontecimientos eran menudencias comparado con lo que fue auténtica primicia del año.

En el otoño de 1975 requirió la presencia de Paul Bergmoser y le hizo blanco de sus críticas por tener tratos con Bill Fugazy, dueño de una agencia de viajes y de alquiler de una empresa de coches de lujo con sede en Nueva York, que además cuidaba de los programas de incentivación de cara a los concesionarios de la marca.

—¿Es que no le da miedo Fugazy? —preguntó Henry—. ¿No teme acabar en el fondo del East River con un buen par de bloques de cemento por zapatos?

Pocos días después de esta entrevista, Henry me mandó llamar.

—Sé que Fugazy es un buen amigo tuyo, pero he dado instrucciones de que se investigue a fondo sobre él.

—¿Ocurre algo? —pregunté.

—Creo que está relacionado con la Mafia —respondió Henry.

—Pero esto es absurdo —manifesté—. Su abuelo empezó el negocio de la agencia de viajes en mil ochocientos setenta. Además, yo he cenado con él en compañía del cardenal Spellman. Está relacionado con gente de lo más honorable.

—No tengo constancia de este punto. Es dueño de una empresa de alquiler de turismos de lujo y ya sabemos que estos negocios y el transporte por carretera son cosa de la Mafia.

—Supongo que no habla en serio —repliqué—. Si estuviese metido en la Mafia, ¿por qué pierde tanto dinero?

No pareció que este argumento hiciese mucho efecto en Henry, de forma que cambié de rumbo y le recordé que fue precisamente Fugazy el que logró arreglar las cosas para que el papa Pablo VI viajara en un Lincoln y no en un Cadillac cuando el pontífice estuvo en Nueva York.

Pero Henry se mantuvo en sus trece. Después, lo único que supe fue lo que me contó Fugazy. Al parecer, se le habían llevado del despacho los archivos sin contar con su permiso. También estaba convencido de que tenía el teléfono intervenido, pero no fue posible hallar pruebas acusatorias.

Muy pronto se puso de manifiesto que el caso Fugazy no era más que un pretexto, una cortina de humo. El objetivo de la investigación de Henry no era Fugazy, sino Lee Iacocca.

Las pesquisas, que acabaron costando a la empresa casi dos millones de dólares, se iniciaron en agosto de 1975. Inspirado por el asunto Watergate, Henry incluso se tomó la molestia de designar a un fiscal especial: Theodore Souris, ex magistrado del Tribunal Supremo del estado de Michigan.

La investigación empezó centrándose en la asamblea de concesionarios Ford celebrada en Las Vegas. Wendell Coleman, director de nuestra filial de ventas de San Diego, cuidó entonces del capítulo relativo a los gastos de organización y demás. Pues bien, se le requirió para un interrogatorio en el que le trataron poco menos que a patadas. Tanto le dolió el hecho que escribió un informe detallado y me lo remitió personalmente.

Según dicho informe, el 3 de diciembre de 1975 Coleman fue convocado a la sede central, donde fue «entrevistado» por dos miembros del departamento de finanzas. Empezaron por enumerarle los derechos que le otorgaban las leyes y después le indicaron que no se trataba de una auditoría en el ámbito de la división Ford, sino de una investigación realizada a instancia de la casa central (World Headquarters), al tiempo que le pedían que no hablase del asunto con ninguna otra persona de la empresa.

La interpelación empezó con un detallado examen de varias cenas con los concesionarios de la Ford en Las Vegas. Se le preguntó a Coleman si en el curso de una cena-fiesta de ejecutivos en un lujoso restaurante se amenizó la reunión con la presencia de mujeres, y muy en especial si yo estaba acompañado de algunas féminas. Después le asediaron a conciencia sobre por qué había dado una generosa propina al jefe de comedor, si Fugazy formaba parte del grupo de invitados, si determinados ejecutivos se entregaron al juego y si Coleman les facilitó dinero a tal efecto.

—Fue una caza de brujas —me confesó Coleman—. Iban en busca de algo... no se qué: mujeres, juego, cualquier cosa.

Cuando Coleman se quejó del sesgo que tomaba el interrogatorio, le preguntaron sin tapujos:

—¿Facilitó usted dinero en algún momento a Lee Iacocca para que jugase?

—No.

—¿Hubo algún ejecutivo que le solicitara dinero para jugar?

—No.

Coleman llegó a la conclusión de que los que llevaban la pesquisitoria estaban convencidos de que él se dedicaba a repartir billetes sin freno a los altos directivos de la compañía presentes en el lugar.

So pretexto de llevar a cabo una auditoría sobre gastos de viaje y representación de altos cargos, Henry emprendió en realidad una investigación a fondo tanto de mi vida personal como profesional.

La «auditoría» en cuestión consistió en algo así como cincuenta y tantas entrevistas, no sólo con ejecutivos de la Ford, sino también con muchos de nuestros proveedores, como U.S. Steel y Budd, además de las empresas de publicidad con las que trabajábamos regularmente.

A pesar del gigantesco esfuerzo desarrollado, la pesquisitoria no consiguió sacar a la luz nigún hecho incriminatorio, ni en lo tocante a mí ni a mis colaboradores más allegados.

Se entregó un informe completo a Franklin Murphy, el cual vino a verme y manifestó:

—No tienes por qué preocuparte. Este asunto ha concluido.

Yo me sentía profundamente indignado.

—¿Por qué ninguno de los que estáis en el Consejo de Administración movisteis un dedo durante la investigación? —pregunté con extrañeza.

—Olvídalo —respondió Frank—. Ya conoces a Henry. Un niño siempre será un niño. Además, salió a la palestra con un cañón y éste se le convirtió en una pistola de bolsillo.

Parece que después de malgastar dos millones de dólares, para al final no descubrir indicio de culpabilidad alguno, una persona normal hubiera tenido que pedir disculpas o dar muestras de cierto arrepentimiento. Un individuo en sus cabales se habría dicho a sí mismo: «Bien, he ordenado verificar las actividades de mi presidente y de algunos directores adjuntos, y están más limpios que una patena, lo cual me llena de orgullo, porque se llevó a cabo una investigación en toda regla».

Sobre este último aspecto no cabía la menor duda. Durante los meses que duró la indagatoria, salíamos fuera del edificio para telefonear. Sabíamos que Henry había ido a Japón, y se quedó prendado de todos los adminículos electrónicos de escucha que tuvo ocasión de ver allí, algunos de ellos muy potentes. Según nos contó Bill Bourke, uno de nuestros directores adjuntos, Henry había comprado un aparatito de 10.000 dólares capaz de interferir conversaciones de un edificio a otro, y aseguró que él lo vio con sus propios ojos. Tratándose de Henry, no pongo en duda la veracidad de sus palabras.

Resulta difícil expresar el revuelo que armó este asunto entre los altos cargos de la empresa. Empezamos a mirar debajo de las mesas y a conversar en voz baja. Ben Bidwell, que posteriormente fue director general de la Hertz antes de que se incorporase a mi equipo en la Chrysler, solía comentar que durante aquel período tenía miedo de hablar incluso en los pasillos. Así pues, hombres hechos y derechos andaban como locos por miedo a que el rey pudiera condenarles a muerte.

Era una situación absurda. Un hombre rico desde la cuna provocaba una confusión sin precedente y sumía a una empresa en un infierno que duró tres años sólo por capricho. Jugaba con la vida familiar y profesional de la gente. A muchos les dio por beber más de la cuenta. El ambiente se deterioró en no pocos hogares, y todos se sentían impotentes. Era como una fuerza ciega, un monstruo destructivo campando por sus respetos.

Este era el ambiente que reinaba en la Glass House en 1975.

Y yo hubiese debido aprovechar aquella circunstancia para dejar la empresa.

Es indiscutible que Henry confiaba en que yo acabaría por hartarme y presentaría la dimisión. Imagino que al principio se diría: «—Voy a ver qué averiguo sobre este sujeto. Siempre viajando y dándose la gran vida. Si escarbo lo bastante hondo, encontraré el filón».

Pero le salió el tiro por la culata. Al término de las pesquisas mis amigos lanzaron un suspiro de alivio: «Menos mal que se ha terminado», dijeron.

Yo les respondí que se equivocaban:

—Henry ha salido con las manos vacías. Está como loco. Es ahora cuando vamos a tener problemas de verdad.

XI
La confrontación decisiva

A menudo me pregunto por qué no abandoné la empresa al término de 1975. ¿Por qué me resigné al destino que Henry estaba trazándome? ¿Cómo permití que otro hombre se hiciera con mi destino y la emprendiera con él?

Vistas las cosas en retrospectiva, apenas acierto a discernir cómo logré soportar la tensión de aquellos años. Era tal el cúmulo de anomalías que me ocurrían, que adquirí la costumbre de plasmar todos los incidentes sobre papel. Mary me alentaba en esta tarea:

—Conserva todo este material —me decía—. Puede que algún día quieras escribir un libro. Nadie daría crédito a las cosas que tenemos que soportar.

Así pues, ¿por qué no acabé con todo de una vez y me largué?

En primer lugar, porque todos los que atraviesan por malos momentos confían en que las cosas terminarán por encauzarse, y yo no era una excepción a la regla. Quizá Henry se serenase o el consejo de administración pusiera freno a sus desmanes.

También pensaba que tal vez su hermano Bill, que poseía el doble de acciones que Henry, anunciase un buen día: «Miren ustedes, mi hermano está chiflado y he venido a sustituirle». Me constaba, por supuesto, que la idea le había pasado por la cabeza, pero nunca llegó a ponerla en práctica.

¿Por qué aguanté en la firma? En parte, porque me resultaba difícil imaginarme a mí mismo trabajando para otra empresa. Había pasado en la Ford toda mi vida de adulto, y allí quería seguir. El Mustang, el Mark III y el Fiesta eran mis criaturas. Además, contaba con un montón de aliados. Los proveedores seguían recibiendo pedidos de importancia y los concesionarios comentaban que nunca habían hecho negocios tan saneados. Al propio tiempo, los directores de planta y de taller disfrutaban de elevados emolumentos y compensaciones suplementarias. A menos que yo fuese una especie de hechicero dotado de poderes mágicos, la lógica me inducía a pensar que la aceptación de que gozaba se debía a mi gestión.

No preveía que pudiera darse verdadero enfrentamiento, pero llegado el caso, estaba en condiciones de presentar batalla. Tenía conciencia de lo valiosos que eran mis servicios para la empresa. Atendiendo a todos los aspectos del negocio, mi labor era mucho más vital que la realizada por Henry. En el fondo, creía que por el mero hecho de que la nuestra era una sociedad cuyas acciones se cotizaban en Bolsa, acabaría por prevalecer la valía del hombre sobre las intrigas.

He de reconocer que también era codicioso y que me gustaba el disfrute del cargo que ostentaba, con las prebendas que llevaba aparejadas: aparcamiento especial, cuarto de baño privado, servicio de camareros. En fin, que me había reblandecido y caído en las redes de la buena vida, por así decirlo.

Además, me resultaba poco menos que imposible hacerme a la idea de ganar menos de 970.000 dólares anuales. Si bien yo era el segundo dentro de la segunda empresa más importante del ramo, en la práctica ganaba más que el presidente de la General Motors. Aquel millón de dólares al año me tenían robado el corazón y difícilmente podía encarar con objetividad los hechos.

Estoy convencido de que de los siete pecados capitales, la codicia es el más reprensible.

Por lo demás, en los recovecos de mi personalidad anidaba sin duda algún defecto o debilidad de espíritu. La gente suele decir que soy hombre tajante, resuelto y firme cuando las cosas van mal. Y yo pregunto: ¿Dónde estaban estas cualidades en los momentos en que me hacían falta de verdad?

Quizá hubiese tenido que oponer resistencia y defenderme de los ataques. Mary siempre decía que le hubiera gustado noquear a Henry: «Si me dejas que hable yo —solía decir—, voy a contarle cuatro verdades. Sé que te juegas el puesto, pero por lo menos nos quedaremos tranquilos».

Entretanto, Henry estaba resuelto a deshacerse de mí. Imagino que después de que la investigación que ordenó resultara un fracaso, pensó: «Este tipo no se va, así que voy a tener que probar otros métodos. No puedo echarle a la calle porque es demasiado popular, y no me queda más remedio que el recurso del navajazo. Le cortaré en rodajas poco a poco y ni siquiera sabrá a dónde han ido a parar los restos».

En seguida se vio que las «rodajas» eran personas de carne y hueso. Según rumores, Henry tenía una lista de todas mis amistades. Muy pronto tuve ocasión de comprobar que los rumores eran mucho más que eso.

Un buen día, sin un motivo que lo justificara, Henry tomó el teléfono y llamó a Leo-Arthur Kelmenson, director gerente de Kenyon & Eckhardt, la empresa de publicidad que llevaba la cuenta de la Lincoln-Mercury.

—¡Kelmenson! —bramó—. Despide a Bill Winn.

Ahora bien, Bill era uno de mis mejores amigos. Tiempo atrás fuimos compañeros de habitación en Ann Arbor, donde está ubicada la Universidad de Michigan. Hacía sólo dos días —antes de la llamada de Henry— que Kenyon & Eckhardt habían contratado los servicios de Bill para que se ocupara de las promociones especiales. Con anterioridad mi amigo tenía su propia productora y había colaborado numerosas veces con nosotros en el montaje de los espectaculares *shows* con que obsequiábamos a los concesionarios; su labor fue siempre de lo más encomiable.

Cuando Kelmeson pudo ponerse en contacto conmigo para comunicarme el despido de Bill, yo me disponía a pronunciar una conferencia ante un grupo de directivos de empresa, en un acto patrocinado por la universidad estatal de Michigan. Aquella noche, mi cabeza estuvo en todo momento pendiente de lo que le había ocurrido a Bill.

No acertaba a comprender qué fue lo que movió a Henry a tomar esta decisión. Bill Winn era un tipo de trato fácil y agradable; no era un hombre problemático. Resultaba imposible que Henry hubiese tenido un altercado con él, entre otras cosas porque ni siquiera le conocía. Por otra parte, Bill siempre había hecho una labor muy meritoria en cuantas ocasiones la Ford le encomendó una misión.

De repente comprendí. La arbitraria decisión de Henry respecto a Bill Winn era, sencillamente, un torpe e indirecto ataque contra Lee Iacocca.

El incidente con Bill Winn fue la primera salva de una larga guerra de desgaste cuya escalada decisiva se inició en 1976. Por si me quedaba alguna duda, la embestida contra Harold Sperlich, que fue la siguiente maniobra, me proporcionó las pruebas irrefutables que necesitaba.

Hal Sperlich es uno de esos personajes legendarios en Detroit sobre los que la gente dice que, en vez de sangre, «tiene gasolina en las venas». Trabajó conmigo en calidad de ingeniero y planificador de producto durante las décadas de 1960 y 1970. Desempeñó un papel de primer orden en la concepción de nuevos modelos, en especial el Mustang y el Fiesta.

Tan grande es su talento que resulta difícil encontrar los adjetivos adecuados. Es posible que sea el individuo que más sabe de coches en Detroit. Hombre de rápida acometida, poseía una extraordinaria capacidad para llegar a la raíz del problema... y resolverlo antes que nadie.

En mi condición de director general (presidente) de la Ford, una de mis tareas era presidir el comité para la planificación del producto. En el curso de estas reuniones, Hal Sperlich se sentaba a mi izquierda, mientras que Henry lo hacía a mi derecha. De vez en cuando Henry intervenía con un gruñido o con un movimiento de cabeza. En estas asambleas nunca hablaba demasiado. A decir verdad, por lo general los asistentes prestaban más atención a la expresión del semblante del patrón que a las ideas que se exponían.

Era obvio que a Henry no le gustaba Sperlich ni lo que decía. Hal era un sujeto impulsivo y brusco que jamás demostró mucha deferencia hacia el rey. Aunque intentaba contenerse y mostrarse un poco diplomático, era bien patente el antagonismo entre los dos hombres. Sperlich, en efecto, dotado de prodigiosa intuición, insistía en la producción de coches de pequeño tamaño, que era justamente lo último capaz de satisfacer los gustos de Henry y, también, lo último que deseaba oír.

Un día, después de una reunión del comité antedicho, Henry me llamó a su despacho y me espetó:

—Este Sperlich me cae muy mal, y no quiero que se siente a tu lado. Se pasa el rato murmurándote cosas al oído. No quiero veros más a los dos confabulados de esta manera contra mí.

No tuve más remedio que llamar a Sperlich y ponerle al corriente.

—Hal —dije—, ya sé que es ridículo, pero no puedes sentarte más a mi lado en el comité.

Hasta aquí podía llegar, pero no más. Hal era sin duda alguna el mejor de mis hombres, y nadie en el mundo podía obligarme a prescindir de sus servicios y «sentarlo en el banquillo».

A la postre resultó que lo único que pude hacer para salvar el pellejo de Hal fue apartarlo por completo de la vista de Henry, y le encargué la gestión de una serie de proyectos en Europa. Al poco tiempo empezó a cruzar el charco en ambas direcciones. Fuera cual fuese la dificultad o el problema, Hal venía en mi ayuda y tratábamos de enderezar la situación. El Ford Fiesta fue el más espectacular de sus logros, pero casi todo lo que tocaba se convertía en oro.

Transcurrido algún tiempo, Henry me llamó y me ordenó que despidiese a Hal Sperlich.

—Henry —dije—, supongo que bromeas, ¿no? Es el mejor elemento con que contamos.

—Despídele sin demora —insistió.

La jornada de trabajo tocaba a su fin y yo estaba a punto de salir del inmueble para tomar un avión con destino a Nueva York. Le pregunté a Henry si el asunto no podía esperar hasta mi vuelta.

—Si no lo echas a la calle ahora mismo, a lo mejor salís los dos por la misma puerta —respondió Henry.

Me constaba que era inútil ofrecer resistencia, pese a lo cual intenté argumentar una vez más con el reyezuelo.

—Sperlich concibió el Mustang —manifesté—. Ha hecho ganar millones a la compañía.

—Mira, no me vengas con exageraciones —replicó Henry—. No lo puedo ver, y tú no tienes ningún derecho a preguntar por qué. Simplemente, no me es simpático y quiero que se haga como digo.

A Hal aquella medida le sentó como un tiro. Aunque ambos preveíamos que podía ocurrir, uno siempre piensa que si cumple con su tarea, la justicia terminará por imponerse. Hal estaba plenamente convencido de que sus grandes cualidades eran suficientes para garantizar su permanencia en la Ford. Pero se olvidó de que el clima reinante en la empresa era una dictadura, no una democracia.

—Muchacho, esto es una basura —le dije a Sperlich—, y seguramente lo mejor que yo podría hacer es irme contigo. Aunque ocupe un cargo más encumbrado, tengo que masticar la misma porquería. Es posible que, en el fondo, Henry te esté haciendo un favor. En un medio más democrático sabrían reconocer y compensar tu talento. Ya sé que ahora cuesta decirlo, pero quizá algún día vuelvas la vista atrás y tengas que darle las gracias a Henry por haberte echado a la calle.

Mis palabras resultaron proféticas. Poco después de que Hal fuese despedido, el presidente de la Chrysler le invitó a almorzar, y a principios de 1977 empezó a trabajar para esta firma. En seguida pasó a ocupar un puesto relevante en la planificación de la división de turismos de pequeño y mediano tamaño, donde tuvo ocasión de poner en práctica todo aquello que en la Ford se le impedía hacer.

En la actualidad es el presidente de la Chrysler, y los acontecimientos han tomado un giro realmente fantástico, ya que los coches de tracción delantera que ha concebido, en especial el nuevo T-115 —esos que Henry nunca le permitió producir— le están ganando terreno a la Ford sin duda alguna.

A principios de 1977 Henry declaró la guerra. Mandó llamar a la empresa de consultores McKinsey & Company para reorganizar las estructuras de la alta dirección. Una vez concluido el estudio final, un alto ejecutivo de dicha firma me dejó sobre la mesa de despacho una nota que decía: «Tú quieto aquí, Lee; aunque no será tarea fácil. Tu patrón es un dictador de la cabeza a los pies y no sé cómo lográis aguantarle».

Después de varios meses de análisis y examen, y tras pagar un par de millones en concepto de honorarios, McKinsey formuló sus recomendaciones. El plan de organización propuesto comprendía la formación de una *troika,* una dirección general colegiada, en sustitución de la tradicional fórmula: presidente del consejo-director general.

La nueva organización se introdujo oficialmente en abril. Ni que decir tiene que Henry continuó como presidente del consejo de administración y consejero-delegado, al tiempo que Phil Caldwell era nombrado vicepresidente del consejo y yo director general ejecutivo.

Cada uno de los tres tenía una esfera definida de atribuciones, pero el cambio capital —y la razón evidente de la nueva estructura organizativa— se puso de manifiesto en el memorándum de orden interno que Henry mandó distribuir y en el que se especificaba lo siguiente: «El vicepresidente del consejo es el consejero-delegado en funciones, en ausencia del presidente del consejo de administración». Dicho en otras palabras: si Henry era el primero entre los primeros, Phil Caldwell era el segundo.

El hecho de que Caldwell pasara a ser el número dos de la jerarquía planteó la batalla entre Henry y yo a campo descubierto. Hasta entonces nuestras escaramuzas venían a ser una especie de guerra de guerrillas; pero a la sazón Henry se volvió más osado. Todo aquel tinglado organizativo no era más que un alambicado y costoso procedimiento para socavar mi autoridad de modo que pareciese respetable a los ojos de los demás. Sin necesidad de encararse conmigo directamente, Henry se las había compuesto para situar a Caldwell por encima de mí.

Era una humillación con todas las de la ley. Cada vez que se celebraba una cena por exigencias del trabajo, Henry presidía la mesa número uno, Caldwell la dos y a mí me relegaron a la tres. Era como exponerle a uno a la vergüenza pública exhibiéndolo en la plaza pública o en la cárcel del pueblo.

Su acción me corroyó por dentro, y lo propio hizo con mi esposa y mis hijas. Ellas sabían que estaba sometido a grandes tensiones en el trabajo, pero yo no les contaba los pormenores porque no quería que perdiesen la cabeza. Me estaba destrozando en mi fuero interno, pero no tenía intención de ceder a las presiones. Tal vez fuera por amor propio, tal vez por estupidez, pero no quería salir de la Ford con el rabo entre las piernas.

La oficina de la presidencia era un monstruo tricéfalo. Resultaba absurdo que Caldwell, quien hasta entonces solía trabajar a mis órdenes, se viera repentinamente encaramado por encima de mí sin otra razón justificativa que la mala voluntad del patrón. En privado le manifesté a Henry que la estructura recién creada era un grave error. Pero, con una reacción muy propia de él, pretendió tranquilizarme a base de perogrulladas. «No te preocupes —dijo—; verás cómo al final todo saldrá bien.»

Por más que yo me reconcomía, delante de los demás me erigí en defensor de la nueva organización. Les dije a todos los que trabajaban directamente a mis órdenes que la reestructuración emprendida resultaba perfectamente coherente.

No es extraño que la dirección colegiada tuviese una vida efímera. En junio de 1978, catorce meses después de su puesta en funcionamiento, Henry anunció otro cambio en la plana mayor. En vez de tres miembros, el equipo constaría ahora de cuatro personas. El recién incorporado no era otro que William Clay Ford, el hermano menor de Henry. Bill se sumó a la dirección de la empresa para garantizar la presencia de un miembro de la familia en el caso de que Henry muriera o su mala salud le impidiese ejercer sus funciones.

En consecuencia, pasé a ocupar el cuarto lugar en el escalafón. Además, ya no rendía cuentas a Henry, sino a Phil Caldwell, el cual fue nombrado consejero-delegado adjunto. Para redondear la humillación que se me hacía, Henry no se dignó siquiera comunicarme la nueva reorganización hasta un día antes de darse a conocer oficialmente.

Cuando por último se decidió a exponérmelo, declaré:

—Me parece que comete una equivocación.

—Así lo hemos decidido yo y el consejo de administración —contestó tajante.

Entrábamos ya en la fase de «troceo»; una rodaja por sesión. Veía cómo me iban tajando día a día. Cada mañana descubría que me habían amputado un miembro. Entonces hice correr la voz de que no estaba dispuesto a dejarme avasallar.

Cuatro días más tarde, el 12 de junio, Henry se reunió con los nueve miembros que integraban el consejo de administración y les comunicó su intención de despedirme. En esta ocasión, los consejeros dieron la de cal.

—No, Henry, te equivocas en esto —le dijeron—. Deja que se serenen los ánimos. Tendremos una charla con Lee y conseguiremos salvar los escollos. Por tu parte, ve a verle y pídele excusas.

—En la junta de hoy he perdido la partida —confesó a Franklin Murphy.

Al día siguiente, Henry entró en mi despacho —la tercera vez en ocho años— y me espetó:

—Bien, enterremos el hacha de guerra.

El consejo tomó la decisión de que me entrevistara con alguno de sus miembros con objeto de allanar los obstáculos. En el curso de las dos semanas siguientes, hablé por separado con Joseph Cullman, presidente del consejo de Philip Morris, de Nueva York, y con George Bennett, director general de State Street Investment Corporation, de Boston. Nada había de secreto en estas reuniones, puesto que se realizaron a instancias del propio consejo de administración de la Ford. Yo me desplacé en avión para celebrar dichas entrevistas, utilizando el aparato de la compañía y presentando después la correspondiente nota de gastos, para que quedase constancia en los archivos.

Pero aquella paz ficticia no duró más de un mes. Al atardecer del 12 de julio de 1978, Henry cenó con los consejeros externos de la empresa, como hacía todos los meses, la víspera de la reunión oficial del consejo de administración. Una vez más, manifestó su propósito de echarme a la calle. En esta ocasión alegó que estaba conspirando a sus espaldas, acusándome de maniobras con algunos consejeros externos, a pesar de haber sido ellos quienes manifestaron el deseo de hablar conmigo. Añadió también que la relación entre él y yo siempre había sido poco consistente. Por lo visto, Henry Ford necesitó treinta y dos años para llegar a la conclusión de que no nos aveníamos.

De nuevo algunos de los componentes del consejo se mostraron en desacuerdo. Adujeron mi lealtad a la empresa y la valía de los servicios prestados hasta el momento, y pidieron a Henry que me volviera a otorgar el segundo puesto en la escala de mando.

Henry estaba pálido de ira. No asimilaba el hecho tan corriente de que los consejeros, o parte de ellos, le salieran con aquello.

—Pues tendrán que escoger entre él o yo —manifestó con el rostro descompuesto—. Tienen veinte minutos para decidirse —dicho lo cual salió de la sala de juntas como una exhalación.

Hasta el momento no había osado despedir al hombre que le procuraba unas cuentas de resultados saneadas, al tipo que inspiró la construcción del Mustang, el Mark y el Fiesta y que, además, gozaba de estimación entre la plantilla. Pienso que no estaba seguro de poder manejar la nave por su cuenta.

Pero la frustración pudo más que cualquier tipo de razonamiento y acabó por perder los estribos. «Llevo tres años cercándole —debió de pensar—, y ese hijo de mala madre aún sigue aquí.» Viendo que no lograba desalojarme, se decidió por el ataque frontal y sin disimulos. Siempre estaría a tiempo de justificar sus actos.

Aquella misma noche recibí una llamada telefónica de Keith Crain editor de *Automotive News*, el semanario que recogía todas las incidencias en el sector del automóvil.

—Dime que no es verdad —inquirió al otro extremo del hilo.

En un tris me imaginé lo que había ocurrido. Crain era íntimo amigo de Edsel, el hijo de Henry, e intuí que éste había dado instrucciones a Edsel para que «filtrase» el hecho ante el editor de la publicación. De este modo me enteraría de que había sido despedido de manera indirecta, a través de la prensa.

Era una maniobra que casaba muy bien con los métodos de Henry. Quería que conociera mi despido por medio de terceros. El patrón era un auténtico virtuoso en cuanto se trataba de apretar las clavijas. Por lo demás, con esta jugada, el rey de la empresa se aseguraba de que no tenía que ensuciarse las manos en aquellas vicisitudes...

A la mañana siguiente acudí al trabajo como de costumbre. En el despacho no observé ningún detalle indicativo de la situación. Al llegar la hora del almuerzo empecé a dudar de si Keith Grain había sido informado. Pero a las tres en punto, la secretaria de Henry me avisó de que el patrón quería verme en su despacho. «Llegó el momento», dije para mis adentros.

Cuando penetré en el recinto sagrado vi a Henry y a su hermano Bill sentados ante una mesa de reuniones marmórea y con una expresión hosca en sus semblantes. Estaban envarados y nerviosos. Yo, no sé por qué, estaba la mar de tranquilo. Me habían puesto ya sobre aviso y sabía lo que me esperaba. La entrevista no tenía otro objeto que oficializar los trámites.

No esperaba que Bill estuviese presente para oír cómo me comunicaban el despido; pero en el fondo, tenía su razón de ser. La presencia del hermano de Henry pretendía hacerme ver que la decisión de echarme a la calle no era sólo cosa del patrón, sino de la familia entera. Bill era el accionista con el mayor paquete de acciones de la empresa, con lo cual su presencia conllevaba un mensaje «político». Si el hermano pequeño respaldaba la decisión de Henry, poco podía hacer yo para defenderme.

Además, Henry quería contar con un testigo. Por lo general, el trabajo sucio, los despidos y demás los delegaba en otras personas, sobre todo en mí. Pero en esta ocasión se proponía llevarlo a cabo en persona y, probablemente, el hecho de tener allí a su hermano le facilitaba las cosas.

Pero, por otro lado, esta presencia de Bill también contribuyó a que yo me sintiera más aliviado. Era un decidido partidario mío y, a la vez, un buen amigo. Con anterioridad me había prometido que cuando las escaramuzas se trocaran en guerra abierta —como los dos sabíamos que iba a ocurrir—, hablaría en mi favor. No obstante, sabía también que no podía confiar por entero en este apoyo, porque Bill nunca había plantado cara a su hermano. De todos modos, albergaba la vaga esperanza de que rompiese una lanza en mi favor.

En el momento en que tomé asiento, Henry empezó a toser y a carraspear. Era la primera vez que despedía personalmente a un empleado y no sabía por dónde empezar.

—Hay veces en que no me queda más remedio que hacer las cosas a mi manera —dijo al fin—. He decidido reorganizar la empresa. Es una de estas cosas que vienen cuesta arriba, pero no queda otra alternativa. Ha sido un grato trabajo en equipo —le miré con escepticismo—, pero creo que es mejor que dejes la empresa, en beneficio de la compañía.

En ningún momento de aquella conversación llegó a mencionar la palabra «despido».

—¿Cuál es el motivo de esto? —pregunté.

Pero Henry no pudo darme el más mínimo argumento.

—Es una cuestión personal —respondió—, y no puedo ser más explícito. Es una de estas cosas que pasan, y punto.

Yo insistí en que me explicase sus razones, porque me constaba que no podía aducir una sola que resultara consistente. Por fin, se limitó a encogerse de hombros y manifestó:

—Bueno, a veces hay gente que no te cae bien, sencillamente; eso es todo.

No me quedaba más que una carta.

—Y bien, observo que Bill está también aquí. Me gustaría conocer qué piensa del asunto.

—Ya está todo hablado —dijo Henry.

Me sentí decepcionado, aunque no sorprendido. Como suele decirse, «tira» la sangre mucho y Bill era un miembro de la dinastía.

—Tengo ciertos derechos adquiridos —manifesté—. Espero que sobre este punto no haya discusiones.

Yo pensaba en mi pensión de jubilación y en los haberes diferidos* que me correspondían.

—Eso puede arreglarse —declaró Henry.

Convinimos en que mi salida oficial de la empresa sería el 15 de octubre de 1978, es decir, el día en que cumplía 54 años. De haber anticipado la fecha, no hubiese tenido derecho a una serie de ventajas sociales y económicas reconocidas por la ley.

Hasta entonces nuestra conversación había discurrido por cauces de singular moderación. A renglón seguido pasé a la carga y le enumeré a Henry todos los servicios que había prestado a la empresa. Finalmente le recordé que habíamos completado recientemente los

* En el original, *deferred compensation*. Aplazamiento en la percepción de parte de los ingresos actuales de un empleado hasta una fecha posterior, normalmente la jubilación. Esta fórmula intenta reducir la cuantía de los impuestos a pagar, posponiendo los gravámenes fiscales hasta una fecha en que el afectado pertenecerá lógicamente a un grupo fiscal con bases imponibles inferiores. *(N. del T.)*

dos mejores años de la historia de la Ford Motor Company. Quería que tuviese muy en cuenta a quién se quitaba de encima.

—Ha escogido un momento poco propicio —manifesté—. Es el segundo año seguido que la cifra de negocios alcanza los mil ochocientos millones de dólares; es decir, que sumados los dos años, el volumen de ventas ha sido de más de tres mil quinientos millones. Pero apúntese bien lo que le digo, Henry: es muy probable que en su vida vuelva a ver un balance así, ¡y eso porque, en primer lugar, no tiene puñetera idea de cómo se ganan mil ochocientos millones de dólares en este negocio!

No mentía. Henry era un maestro consumado en el arte de dilapidar el dinero, pero jamás entendió muy bien de dónde salían las ganancias. Se limitaba a escastillarse en su torre de marfil y a exclamar: «¡Santo Dios, qué cantidad de dinero ganamos!». Si aparecía por la empresa diariamente era para complacerse en dar órdenes, pero sin saber qué es lo que la hacía funcionar y rendir realmente.

Hacia el final de la entrevista Bill realizó un sincero esfuerzo para inducir a su hermano a cambiar de opinión. Pero el intento fue titubeante y tardío. Al salir del despacho de Henry observé que a Bill le resbalaban las lágrimas por las mejillas.

—Esto nunca debiera haber sucedido —repetía—. Es un hombre muy inflexible... Te mostraste tan frío, tan aplomado —añadió, recuperando la compostura—. Llevas treinta y dos años con nosotros y ni siquiera te dio una explicación. La verdad es que le dejaste fuera de combate. Nadie se había atrevido nunca a desafiarle como tú lo hiciste. Me sorprende que lo tomara con tanta calma.

—Gracias, Bill —respondí—. Yo estoy muerto, pero tú y él todavía seguís con vida.

Bill es un buen hombre, pero siempre ha sido igual: los Ford contra todos y contra el mundo. Sin embargo, él y yo seguimos siendo amigos. Me consta que él deseaba sinceramente que continuase como director general, al igual que me constaba su genuino convencimiento de que nada podía hacer para tratar de impedir mi despido.

De nuevo en mi despacho empecé a recibir llamadas telefónicas de algunos amigos y colegas, deseosos de conocer el desenlace de los hechos. Por lo visto, se había propagado ya el rumor de mi despido. Antes de finalizar la jornada, Henry ordenó distribuir un críptico memorándum a los altos cargos de la firma. En él se leía escuetamente: «Con carácter inmediato: en adelante deberán rendir cuentas a Philip Caldwell».

Algunos recibieron el memorándum en sus respectivos despachos, pero la mayoría lo encontraron en el asiento delantero de sus automóviles. Alguien me dijo más tarde que había sido el propio Henry quien depositó la nota en el interior de los coches. Seguramente pensó que era el único modo de convencerse de que, por fin, había perpetrado su fechoría.

Aquel día, al salir del despacho para dirigirme a casa, experimenté una intensa sensación de alivio. «A Dios gracias, se acabó este infierno», me dije, ya al volante del coche. Si tenían que echarme a la calle, por lo menos el momento —en lo que a mí concernía— era muy adecuado. La empresa acababa de cerrar el semestre con los resultados más brillantes de toda su historia.

Ya en casa recibí una llamada de Lia, mi hija pequeña, que se encontraba en una colonia de vacaciones —era la primera vez que se alejaba de nosotros—, y me dijo entre lágrimas que se había enterado por la radio de lo sucedido.

Cuando pienso en aquella tremenda semana, lo que más grabado tengo en la memoria son las lágrimas de Lia. Aborrezco a Henry por lo que hizo conmigo, pero aún le detesto más por la forma de llevarlo a cabo. Ni siquiera me dio ocasión de sentarme en compañía de mis hijas para exponerles la situación antes de que todo el mundo conociera la noticia, y esto es algo que jamás en la vida podré perdonarle. Lia no sólo estaba afligida, sino molesta conmigo porque no la había puesto en antecedentes sobre mi inminente despido. No podía creer que ni yo mismo supiera lo que iba a ocurrir hasta el último momento.

—¿Cómo es posible que no estuvieras enterado? —me preguntó—. Tú eres el director de esta enorme empresa y siempre sabes lo que sucede en ella —se lamentó.

—Pero no esta vez, cariño.

La chica pasó una semana malísima. Imagino que algunas compañeras hallarían un placer morboso en que la hija del director general de la Ford, a la que nunca faltaba nada, se viera a la sazón en un deplorable trance.

No tardó en hacerse patente que Henry actuó impulsivamente al decidir mi despido de forma tan súbita, aunque el resultado hubiese sido el mismo a largo plazo. Aquella misma semana, la empresa envió a la prensa un lote de información previo al lanzamiento del Mustang 1979. Dentro del paquete iba un folleto en el que aparecía yo de pie frente al coche de inminente aparición. Pero el día de la presentación oficial, que tuvo lugar unas semanas más tarde en el Dearborn Hyatt Regency, fue Bill Bourke el que representó a la compañía.

Suele decirse que cuando más alto está uno, más dura es la caída. Pues bien, durante aquella semana fatídica, tuve la impresión de que me precipitaba a un abismo y súbitamente me identifiqué con todas las personas a las que había tenido que despedir.

Unos meses más tarde, al empezar a trabajar en la Chrysler, tuve que prescindir de cientos de ejecutivos para reflotar a la empresa. Intenté hacerlo con la mayor delicadeza posible, ya que había experimentado en carne propia lo que significaba encontrarse en la calle.

Después de mi despido fue como si hubiera dejado de existir. Se prohibió el uso de frases como Lee Iacocca «el padre del Mustang»; antiguos colaboradores, amigos y colegas, tenían miedo de hablar conmigo. Unos días antes era un hombre solicitado por todos y, de repente, me rehuían y evitaban a toda costa.

Lo cierto es que era de sobra conocida la intención de Henry de purgar a los que daban respaldo a Iacocca. Quienes no se avinieran a cortar los lazos sociales y profesionales conmigo, se exponían a que les pusieran de patitas en la calle.

Los que antes se decían mis amigos dejaron de llamarme por temor a que tuviese el teléfono intervenido. Si coincidíamos en algún salón del automóvil, hacían como que no me habían visto. Los más valientes se me acercaban y me estrechaban la mano casi furtivamente, y luego se esfumaban antes de que el fotógrafo del *Detroit Free Press* pudiese captar la escena. Pensándolo bien, se decían, Henry podía ver la fotografía impresa en el periódico, y ello le daría pie para despedir al traidor que se había atrevido a mostrarse en público con el paria.

La semana de mi despido, Walter Murphy, que durante veinte años había sido un íntimo colaborador y director de los departamentos de relaciones públicas de la firma a escala mundial, recibió una llamada telefónica de Henry ya bien entrada la noche.

—¿Le cae bien Iacocca? —le preguntó Henry sin más.

—Desde luego que sí —le respondió Walter.

—Entonces, considérese despedido —sentenció Henry.

A la mañana siguiente reconsideró su decisión, pero el hecho ilustra hasta qué punto estaba fuera de sus cabales.

Al cabo de unos meses, Fred y Burns Cody dieron una fiesta en mi honor. Pues bien, únicamente asomaron la cabeza un par de amigos de la Ford, y solamente uno de los directores adjuntos, Ben Bidwell. La verdad es que corrió un grave riesgo, ya que al día siguiente, al inicio de la jornada, fue llamado a capítulo.

—Queremos saber quién había en la fiesta —le dijeron.

Pero la cosa no terminó ahí. El masajista de la empresa, gran amigo mío, siguió viniendo a casa durante un año o dos. Pero he aquí que un domingo no compareció. Dio el pretexto de que estaba desbordado por el trabajo, pero el caso es que nunca volví a verle el pelo. Sin duda, alguien debió divulgar que seguía dándome masajes en casa y el hombre no podía permitirse el lujo de quedarse sin empleo. Después de casi cuatro años de la fecha de mi despido, la azafata jefe de la flota aérea de la empresa fue trasladada de destino y rebajada a un puesto de inferior categoría por el simple hecho de seguir manteniendo una buena amistad con mi esposa y mis hijas.

En lo que a mí respecta, las secuelas de lo ocurrido se prolongaron hasta mucho después de consumado el hecho. Uno de los mejores amigos que tenía en la empresa era, a la vez, gran amigo de mi familia, con la que venía tratándose desde hacía veinticinco años. Todos los viernes por la noche jugábamos al póquer. Ambas familias íbamos juntas de vacaciones. Sin embargo, desde mi despido de la Ford no volvió a dar señales de vida, y en 1983, cuando perdí a mi esposa Mary, ni se dignó hacer acto de presencia en el sepelio.

Mi padre siempre afirmaba que si al morir cuentas con cinco amigos de verdad, puedes considerarte dichoso. Con inusitada rapidez comprendí lo que quería decir.

Fue una amarga lección. Mantienes una amistad durante años, compartes con una persona los buenos y los malos ratos, procuras protegerle cuando las cosas van mal y, al final, el pretendido camarada desaparece del mapa sin dejar rastro.

Lo ocurrido era más que suficiente para inducirle a uno a plantearse preguntas trascendentales. De haber podido dar marcha atrás, ¿existía por ventura una forma más adecuada de proteger a mi familia? Fue mucho lo que tuvieron que aguantar. Ves cómo tu mujer se va poniendo cada vez más enferma —Mary sufrió el primer ataque cardiaco menos de tres meses después de mi despido— y no dejas de preguntarte por lo acertado de tus actos. Basta un hombre sin entrañas y un destino cruel para que tu vida dé un vuelco completo.

Como ya he dicho, el despido me dolió en lo más hondo. ¡Cuánto hubiese agradecido un telefonazo de alguien que me dijera: «Anda, salgamos a tomar un café; siento mucho lo sucedido»! Pero he de reconocer que la mayoría de mis compañeros de trabajo me abandonaron. Fue la conmoción más intensa que había experimentado hasta entonces.

Hasta cierto punto, soy capaz de comprender su reacción. No tenían la culpa de que la empresa donde trabajaban fuese una dictadura. Sus puestos de trabajo estaban realmente en peligro en caso de continuar manteniendo conmigo relaciones de amistad. Tenían hipotecas que pagar y una familia de la que cuidar.

Pero ¿y el Consejo de Administración? Sus componentes eran los ilustres custodios de la Ford Motor Company. Se daba por supuesto que constituían el factor de equilibrio necesario para neutralizar los flagantes abusos de poder de las altas esferas directivas; pero, a juzgar por las apariencias, su actitud era algo así como: «Mientras nos cuiden bien, nosotros seguiremos al caudillo».

Cuando Henry les puso en la alternativa de escoger entre él y yo, ¿por qué le permitieron que despidiese al hombre en el que tanto confiaban? Es posible que no pudiesen hacer nada para impedir el desenlace final, pero por lo menos algunos de ellos debieran haber dimitido para poner de manifiesto su desacuerdo. Pero no fue así. No hubo uno solo que dijera: «Esto es intolerable. De modo que este tipo da a ganar a la compañía dos mil millones al año y usted pretende echarlo a la calle. En tal caso, yo también me largo».

He aquí un misterio que me gustaría aclarar antes de irme al otro mundo: ¿Cómo pueden estos individuos conciliar el sueño? ¿Por qué gente como Joe Cullman, George Bennett, Frank Murphy y Carter Burgess no plantaron cara a Henry? Hasta hoy, realmente no me cabe en la cabeza de qué forma los miembros del Consejo pueden defender su postura, sea ante ellos mismos o ante los demás.

Después de dejar la Ford sólo volví a saber de Joe Cullman, Marian Heiskell y George Bennett. El día que firmé contrato con la Chrysler, Marian me llamó para desearme buena suerte. Era una señora de verdad.

Seguí manteniendo buenas relaciones con George Bennett, de State Street Investment, quien manifestó:

—Sabes bien que si tuviese agallas debiera haber dimitido en el momento en que te echaron. Pero soy el director de un fondo de jubilación de la Ford, y si me viniera contigo a la Chrysler me lo quitarían en un santiamén.

Tras la muerte de Mary recibí una carta de Bill Ford y una nota de Franklin Murphy. Pero aquí acabó la cosa. Después de haber trabajado juntos un montón de años, ésta fue la primera y la última vez que dos miembros del Consejo dieron señales de vida en una etapa especialmente pesarosa de mi existencia.

Con ocasión de la asamblea anual posterior a mi despido, Roy Cohn se encaró con Henry y le preguntó:

—Despidiendo a Iacocca, ¿de qué modo cree usted que benefició a los accionistas?

Henry se limitó a sonreír y respondió escuetamente:

—Bueno, el consejo de administración apoyó esta medida, y lo que le transmito es una información de confianza.

Mi despido fue objeto de múltiples comentarios fuera de la empresa. Walter Cronkite refirió los detalles en el telediario nocturno de la CBS, y comentó que lo sucedido «parece sacado de una de esas trágicas novelas sobre los negocios en el mundo del automóvil». El *New York Times*, en un artículo de primera plana, aludió a mi despido como «una de las más turbulentas conmociones en la historia de la Ford Motor Company». Habida cuenta de la agitada singladura de la empresa, decir eso era decir mucho.

Me agradó en especial un editorial aparecido en *Automotive News*. Después de referirse al millón de dólares que yo percibía anualmente, matizaba que «se mire como se mire, Iacocca se ganó merecidamente hasta el último centavo». Sin censurar directamente a Henry, el artículo de fondo decía: «El hombre que más vale dentro del ramo es ahora un representante que actúa por cuenta propia».

Bastantes comentaristas y periodistas estimaron que mi despido era nefasto... y difícil de asimilar. Desde las páginas de economía del *Washington Post*, Jack Egan escribió que la forma en que se desarrollaron los acontecimientos «suscita interrogantes sobre la medida en que una empresa de la envergadura de la Ford es administrada como un ducado por el capricho de un hombre».

El periódico local de Warren, Rhode Island, vino a decir otro tanto. Citando un artículo del *Wall Street Journal* en el que se justificaba mi despido diciendo que «Iacocca quiso volar demasiado cerca del avión presidencial», el articulista escribió: «Asusta un poco pensar que la Ford, debido a su colosalismo en el país, influye en la vida de todos los ciudadanos. Y a lo que parece, cuanto acontece en la firma está bajo la supervisión de un viejo arrogante que no rinde cuentas a nadie. Hace, sencillamente, lo que le place».

El conocido periodista independiente Nicholas von Hoffman, fue incluso más lejos. Después de tildar a Henry de «adolescente de sesenta años», terminaba diciendo: «Si un hombre como Iacocca no tiene el empleo seguro, ¿qué puede pasar con el de ustedes?».

XII
El día después

Tan pronto los concesionarios de la Ford se enteraron de mi despido, se llevaron las manos a la cabeza. Ed Mullane, dueño de un establecimiento concesionario en Bergenfield, Nueva Jersey, y presidente de la Asociación de Distribuidores Oficiales de la Ford (integrada por doscientos miembros), se mostró muy intranquilo.

Mullane ya había intuido que yo pasaba por momentos difíciles y por propia iniciativa mandó una carta a Henry y a todos los componentes del Consejo de Administración respaldando mi gestión. Henry le contestó diciéndole que se ocupara de sus asuntos. En una ocasión en que pasaba por delante del despacho de Henry, le oí gritar por teléfono: «Iacocca, el muy hijo de perra, se fue a ver a Mullane y le incitó a esto». Ni que decir tiene que yo no le instigué en absoluto.

Después de consumado el despido, Mullane organizó una campaña para pedir mi readmisión y lograr que se nombrase a un concesionario oficial miembro del Consejo de Administración. Según sus cálculos, la inversión global de los agentes autorizados con derecho o licencia de venta de los productos Ford ascendía a casi diez mil millones de dólares, y el hombre consideraba que mi presencia en la empresa era la mejor garantía de dicha inversión. A finales del verano intentó seriamente llevar adelante una protesta organizada de los concesionarios y agentes autorizados que eran, a la vez, accionistas de la compañía. Pero su plan no llegó a cuajar.

Si bien Mullane no pudo conseguir que me readmitieran, había indicios de que la empresa, a punto de consumarse mi despido, estaba preocupada por el impacto del suceso entre la red de distribuidores. El día después de mi partida, Henry envió a todos y cada uno de los concesionarios Ford en el país una carta en la que trataba de tranquilizarles asegurando que la empresa no iba a dejarles de la mano. En esta misiva se decía textualmente:

La empresa cuenta con un potente y experimentado equipo directivo. Al frente de nuestra División Automotriz de los Estados Unidos figuran una serie de directivos muy cualificados bien conocidos de todos ustedes, bien sabedores de sus necesidades y de las exigencias del mercado de minoristas.

Por supuesto, si esto era verdad no se veía la necesidad de remitir una carta de esta naturaleza.

Recibí muchísimas cartas y llamadas de apoyo de nuestros concesionarios. Su interés y buenos deseos significaban mucho para mí. La prensa me describía con frecuencia como un hombre «exigente», «contumaz» y carente de sentimientos. Si realmente hubiese sido como me pintaban, dudo de que los concesionarios hubieran cerrado filas en torno a mi persona. Claro está que teníamos nuestras diferencias, pero siempre los traté con honradez. Mientras Henry se codeaba con la alta sociedad internacional, yo me ocupaba de atenderles como personas, y también contribuí a que bastantes de ellos se hicieran millonarios.

En el ínterin, allá en las oficinas del Invernadero, Henry encargó a Bill Ford y a Carter Burgess, un miembro del Consejo, que se ocupasen de la indemnización que me correpondía. Yo les eché las cuentas, pero quisieron hacerme morder el polvo hasta el último minuto. Contraté los servicios de Edward Bennett Williams, el mejor abogado que conocía, para que me llevara el caso, y a la postre obtuve alrededor del 75 por 100 de lo que solicitaba.

Cuando evoco esta particular contingencia, me parece ver a Carter Burgess y a Henry Nolte, jefe de la asesoría jurídica de Henry, deshaciéndose en tópicos y perogrulladas acerca de su deseo de mostrarse equitativos conmigo, pero tratando de hacerme comprender que la empresa no podía sentar precedentes en materia de finiquitos invocando «los intereses del accionista». Por lo demás, Bill Ford se limitó a dejarles hablar sin decir esta boca es mía.

También recibí un montón de cartas de empleados que trabajaban directamente a mis órdenes. Todas estaban escritas a mano, por supuesto, para que no quedase constancia de que se habían enviado. Asimismo, recibí cartas y llamadas telefónicas de empresas y firmas consultoras que se ocupaban de reclutar personal directivo y que ansiaban poder proporcionarme otro trabajo.

Estoy convencido de que la experiencia vivida aquella mañana de exilio en el almacén de piezas, respuestos y coches, influyó mucho para que, dos semanas después, decidiera aceptar la presidencia ejecutiva de la Chrysler. De no ser por la humillación que se me infligió al enviarme a aquel depósito de automóviles y desguaces, quizá hubiese decidido darme una temporada de descanso, jugar al golf e irme de vacaciones con la familia.

Pero lo acontecido me había herido tan profundamente, que creo fue una suerte encontrar un trabajo estimulante al poco tiempo. De no ser así, me habría recomido por dentro y consumido en el fuego que me abrasaba.

Una consecuencia marginal, bastante curiosa, de mi despido fue que a partir de entonces pude invitar a nuestra casa a Pete y Connie Estes. Pete, que vivía un par de casas más allá de la mía, era director general de la General Motors. A pesar de los años que hacía que le conocía, nunca habíamos coincidido en fiestas y reuniones de sociedad.

Lo cierto es que durante el tiempo que trabajé para la Ford, los dos tuvimos que atenernos a una ley no escrita según la cual, si un cargo de la Ford juega al tenis o al golf con otro de la GM, se supone que están tramando algo a escondidas o que conspiran para derrocar nuestro sistema de libre empresa, es decir el capitalismo. Los directivos de la General Motors en particular debían poner mucho cuidado en sus amistades, ya que la sociedad se hallaba sometida permanentemente a la amenaza de disolución o fragmentación por sus actividades monopolistas. Como resultado de todo ello, los altos cargos de las Tres Grandes raramente intercambiábamos saludos con nuestros homólogos.

Este cambio de tesitura agradó muy en especial a Mary, que simpatizaba con Connie Estes y que en adelante ya no tendría que hablar con ella a escondidas, como quien dice. Ya sé que parece un poco extravagante, pero éste era el código que regía en Grosse Pointe y Bloomfield Hills durante los años setenta.

Por desgracia, mi renovada amistad con Pete Estes duró poco. En el momento en que firmé contrato con la Chrysler, volvimos a comportarnos como extraños.

No mucho tiempo después de mi despido, uno de los periódicos de Detroit publicó un artículo en el que se decía que un «portavoz» de la familia Ford había comentado que las causas de tan drástica medida se debían a que yo carecía de «tacto», era demasiado «agresivo» y que, en definitiva, «el hijo de un emigrante italiano nacido en Allentown, Pensilvania, queda muy lejos de Grosse Pointe».

Era una vil difamación, pero en el fondo no constituía ninguna sorpresa. Para la familia Ford, yo siempre sería un advenedizo. Pero, ¡qué caramba!, si incluso Cristina, la esposa de Henry, estaba considerada como una intrusa por el resto de la parentela, la cual le aplicaba el mote de «la Reina de la Pizza».

Conociendo lo que Henry pensaba de los italianos, las criticas estaban a tono con sus opiniones en la materia. Durante los últimos años llegó a convencerse de que yo formaba parte de la Mafia. Imagino que la película *El padrino* bastó para persuadirle de que todos los italianos estaban relacionados con el crimen y el delito organizados.

El hombre se hubiese puesto a temblar si alguien le hubiera dicho que a raíz de la publicación de aquel artículo con los injuriosos comentarios del anónimo «portavoz», recibí una extraña llamada telefónica en mi casa. Un individuo con acento italiano me dijo:

—Si lo que trae el periódico es cierto, estamos dispuestos a pararle los pies a este inútil hijo de perra. Ha destruido el honor de su familia. Voy a darle un número de teléfono, y en el momento en que nos lo indique, le romperemos los brazos y las piernas en su nombre. Nosotros nos sentiremos mejor, y seguro que *usted* se sentirá más aliviado.

—No, gracias; éste no es mi estilo —respondí—. Si hicieseis una cosa así no me daríais gran satisfacción. Llegado el momento de emplear la violencia, prefiero ser *yo mismo* quien le fracture las piernas.

Durante la ya mencionada investigación de 1975, Henry dejó traslucir continuamente que yo mantenía relaciones con la Mafia. Que yo supiera, jamás en la vida me había topado con un mafioso. Pero a la sazón Henry lanzó un augurio destinado a cumplirse por sí mismo. De repente, me hallé en condiciones de acceder al único poder en el mundo que realmente podía hacer que la ira de Dios cayese sobre su persona.

No es que yo crea en la conveniencia de poner la otra mejilla. Henry Ford destruyó un montón de vidas. Pero yo pude tomarme el desquite sin necesidad de recurrir a la violencia física. Debido a mi pensión de retiro, continúa pagándome una sustanciosa cantidad de dinero para que todas las mañanas vaya al trabajo con el afán de asestarle un buen zurdazo. Seguro que sólo pensarlo le enloquece.

Después del primer impacto que me produjo el despido, empecé a reflexionar sobre lo que había sucedido entre Henry y yo. En algunos aspectos, poco importa ser el director de la empresa o el conserje. Que te echen a la calle sigue siendo un golpe difícil de encajar, y en seguida te preguntas dónde erraste o qué hiciste mal.

Desde luego, jamás me ilusioné con la idea de convertirme en el número uno de la empresa. Esto lo tuve muy claro casi desde el principio. De haber querido ser el director general y consejero-delegado de una firma, se me ofrecieron innumerables oportunidades en otras partes. Sin embargo, sabía que mientras estuviese en la Ford, el principal responsable de la compañía sería simpre un miembro de la familia, y yo lo acepté sin esfuerzo. Si mi gran ambición en la vida hubiese sido detentar la presidencia del consejo con carácter ejecutivo, me habría despedido de la casa tiempo atrás. Pero hasta 1975 me sentía contento y satisfecho donde estaba.

Se me despidió por constituir una amenaza para el patrón. Henry se había labrado una infausta reputación por el modo especialmente desagradable de quitarse de encima a los hombres que le hacían sombra. Desde su óptica, la pretensión de ponerse a su nivel venía a ser como la rebelión del campesino contra su señor feudal. Con todo, simpre había pensado que mi caso era distinto, que bien por azar o por inteligencia me esperaba mejor suerte que a mis predecesores. Ni se me pasó por la cabeza la eventualidad de protagonizar un episodio de tal naturaleza.

Tendría que haberme tomado la molestia de examinar un poco más a fondo los antecedentes históricos, por así decirlo, en el seno de la Ford. Me *constaba* que Ernie Breech fue a parar muy lejos, como luego me sucedería a mí. *Sabía* que Tex Thornton y McNamara, después de su aparatosa entrada con el grupo de «los Fenómenos» (the Whiz Kids), ardían en deseos de abandonar la empresa. *Sabía* que Beacham se hartaba de repetir: «Este tipo está chiflado, y es mejor que estés preparado para cuando arrecie el temporal». La misma suerte corrieron Arjay Miller, Bunkie Knudsen y John Bugas, buen amigo de Henry, por cierto. No tenía más que repasar un poco la historia de la compañía y hubiera visto claramente reflejado el destino que me aguardaba.

Además, estaba el factor de la salud de Henry. Éste creía sinceramente que si algo le sucedía, yo me las arreglaría para manejar a la familia y adueñarme de la empresa. «Cuando en enero de 1976 tuve una angina de pecho, descubrí súbitamente que no iba a vivir toda la eternidad —declaró a un periodista de *Fortune*—, y entonces me pregunté: "¿Qué será de la Ford Motor Company si yo falto?" Llegué a la conclusión de que Iacocca no podía sucederme en la presidencia del consejo.» El muy ruin nunca dio explicaciones sobre el particular, ni a mí ni al consejo de administración ni, probablemente, a sí mismo.

Los Ford constituyen una de las últimas grandes dinastías de la nación, y en el seno de un clan dinástico el instinto más poderoso es el de la autoprotección. *Cualquier cosa* —sea buena, mala o inocua— susceptible de afectar a la dinastía se convierte para la cabeza visible del clan en un problema latente.

Henry nunca ocultó su deso de que Edsel, su hijo, le sucediera en el cargo, y él consideraba que yo me interfería en sus proyectos. Como le gusta comentar a un amigo mío: «Lee, muchacho, el fracaso del primer Edsel no afectó a tu carrera, ¡pero ten la absoluta certeza de que el segundo te quitó de en medio!».

Tras mi despido solamente volví a ver a Henry en una ocasión. Cuatro años y medio después del hecho, Katharine Graham nos invitó a Mary y a mí a una de las fiestas sociales que dio la revista *Newsweek* para conmemorar el quincuagésimo aniversario de la fundación de dicho semanario. Estas celebraciones tuvieron lugar en distintas ciudades del país. Lo irónico del caso es que, en Detroit, el acto tuvo lugar en el gran salón de baile del Renaissance Center.

Todo esto sucedía pocos meses antes de la muerte de Mary. Mi esposa no se sentía bien, por lo que yo no me aparté de su lado en toda la velada. Estábamos sentados a la mesa en compañía de Bill Bonds, el más conocido presentador de informativos de Detroit y, además un gran tipo. En un momento dado, mientras Mary y Bill estaban charlando, eché un vistazo al salón y distinguí a Henry con su esposa, que en aquellos momentos llegaban al vestíbulo de recepción.

—¡Guau! —exclamé.

Mary se dio la vuelta y repitió la exclamación.

Cuántas veces había soñado con aquel momento. Por lo general soy un sujeto tranquilo, pero en ocasiones me preguntaba cuál sería mi reacción si me tropezaba con Henry después de haber tomado un par de copas. Tal vez me diese por echármele encima. Lo cierto es que había acariciado tantas veces la idea de pegarle una patada, que no sabía si en la práctica me atrevería a tanto.

Nuestras miradas se cruzaron. Yo saludé con un breve movimiento de cabeza y me dije que Henry tenía tres salidas. La primera, saludar con la cabeza y decir hola, para perderse después entre los nutridos grupos de comensales. Esto hubiese sido mantenerse firme sin ceder un ápice.

La segunda alternativa era acercarse e intercambiar unas palabras de compromiso. Podíamos estrecharnos la mano e incluso echarme el brazo a la espalda. Esta reacción hubiese significado que lo pasado, pasado está.

La tercera posibilidad era salir huyendo como alma que lleva el diablo; y eso fue lo que hizo. Agarró por el brazo a su esposa Kathy y se largó a toda prisa.

Desde entonces no he vuelto a ver al señor Henry Ford.

Ha corrido mucha agua desde el 13 de julio de 1978. Las cicatrices que causó Henry Ford, sobre todo en mi familia, perdurarán, porque las heridas infligidas eran profundas. Pero los acontecimientos de estos últimos años han tenido un efecto curativo. Así pues, uno continúa su propio camino, siempre con la vista hacia adelante.

El episodio de la Chrysler

XIII
Solicitado por la Chrysler

Si hubiese tenido la menor idea de lo que me esperaba cuando me incorporé a la Chrysler, no habría aceptado el cargo ni por todo el oro del mundo. Dios es muy sabio y no te deja vislumbrar los acontecimientos a uno o dos años vista, de lo contrario uno podría sentir la compulsiva tentación de saltarse la tapa de los sesos. Pero el Señor es bondadoso, y únicamente consiente en que puedas anticipar los sucesos de un día para el otro. Por eso, cuando las cosas se ponen difíciles, la única solución es aspirar con fuerza, mantenerse al pie del cañón y hacer todo lo que puedas para salvar el escollo.

En el momento en que se hizo oficial mi despido, una serie de empresas pertenecientes a otros sectores industriales me hicieron proposiciones, entre ellas International Paper y la Lockheed. Charles Tandy, propietario de Radio Shack, me pidió que me incorporase a su firma. Por otro lado, tres o cuatro escuelas de administración de empresas, entre las que se contaba la Graduate School of Business Administration de la Universidad de Nueva York, me reclamaron para que ocupara el puesto de rector. Algunas de las ofertas eran muy tentadoras, pero me costaba considerar seriamente la idea de aceptarlas. Toda la vida había trabajado en el sector del automóvil, y no quería apartarme de este campo. Me pareció que en esta etapa de mi vida era una verdadera tontería dedicarme a otro tipo de actividades.

A mis cincuenta y cuatro años era demasiado joven para pensar en jubilarme, pero muy viejo para iniciarme en sectores industriales con los que no estaba familiarizado. Además, llevaba el negocio de los coches en la sangre.

Siempre me he mostrado disconforme con la idea de que las aptitudes comerciales de un individuo son intercambiables o, para el caso, que el ex director general de la Ford pudiera hacerse cargo de otra gran empresa en distinto ámbito con las mismas probabilidades de éxito. Es como el músico que toca el saxofón en una banda. Imagínese que un buen día, el jefe del conjunto se le acerca y le dice: «Eres un buen músico. ¿Por qué no pruebas con el piano?», a lo que el saxofonista responde: «Eh, ¡un momento! Llevo veinte años tocando el saxo. No tengo ni la más remota idea de cómo teclear el piano».

Tuve también una oferta de una firma de automóviles. La Renault francesa estaba interesada en contratarme como asesor a escala mundial en el campo de la automoción. Pero yo no encajo en este molde. Lo mío es estar metido en el jaleo. Me gusta la responsabilidad activa. Si la cosa funciona, que me reconozcan el mérito, y si no, que me carguen la responsabilidad.

Además, mi carácter de hombre de empresa empezaba a manifestarse y me tenía sobre ascuas. En este intervalo del verano de 1978 me obsesioné con una idea que llamé Global Motors. Era un proyecto de altos vuelos y requería su tiempo. Soñaba con crear un consorcio de firmas automovilísticas de Europa, Japón y Estados Unidos. Un grupo de esta naturaleza constituiría una potentísima empresa capaz de plantar cara a la General Motors, que dominaba el mercado. Me veía un poco como un nuevo Alfred Sloan, el hombre que reorganizó la GM en el período de entreguerras y, en mi opinión, el mayor genio que ha dado la industria del automóvil.

Tenía pensado formar el consorcio Global Motors con la participación de Volkswagen, Mitsubishi y Chrysler, aunque el plan admitía una combinación de socios distinta, por ejemplo, la inclusión de Fiat, Renault, Nissan y Honda. Pero en el ámbito norteamericano, la opción más lógica era la Chrysler. En efecto, la GM era demasiado colosal para un concierto de este tipo y, en cuanto a la Ford, debía descartarla por razones obvias.

La Chrysler, sin embargo, hubiese podido proporcionar a Global Motors una sólida base tecnológica. La eficiencia técnica era, quizá, el único activo de Chrysler, pero en todo caso un activo absolutamente vital.

Pedí a un amigo —Billy Salomon, de la sociedad de inversiones Salomon Brothers, de Nueva York— que estudiase someramente los requisitos básicos para consolidar una fusión de la índole aducida. Mientras se aplicaba a la tarea, me enteré de muchos datos interesantes sobre varias empresas automovilísticas, incluida la Chrysler. Para ser más concreto: averigüé no pocos aspectos de las respectivas cuentas de resultados. Pero, como muy pronto comprobaría, existe una gran diferencia entre lo que refleja una compañía en el papel y lo que constituye su funcionalidad cotidiana.

Según el dictamen de Salomon Brothers, el principal obstáculo de cara a la viabilidad de Global Motors eran las leyes antitrust (legislación antimonopolista) de los Estados Unidos. ¡Cuánto pueden cambiar las cosas en cinco años! En la actualidad, la Casa Blanca contempla la posibilidad de aprobar una empresa en común entre General Motors y Toyota, las dos empresas punteras del sector a nivel internacional. Pero en 1978, ni siquiera una fusión entre la Chrysler y la American Motors hubiera podido llevarse a cabo. Un buen ejemplo de lo rápido que cambia el mundo.

Desde el momento mismo en que dejé la Ford, circularon por Detroit rumores de que yo podía fichar por la Chrysler. En mi caso, estaba disponible, y la citada empresa pasaba por un mal trance, de modo que la gente se limitó a hacer un puro raciocinio lógico. La primera insinuación por parte de la Chrysler tuvo lugar a través de Claude Kirk, ex gobernador de Florida y amigo personal mío, quien me preguntó si quería almorzar en Nueva York con Dick Dilworth y Louis Warren, ambos miembros del consejo de administración de la empresa. Dilworth gestionaba el imperio financiero de la familia Rockefeller, y Warren era un abogado muy vinculado a los círculos de Wall Street que tenía relación con la Chrysler desde hacía treinta y cinco años. Di mi conformidad a Kirk. No sé muy bien por qué, pero todavía recuerdo que almorzamos almejas en su concha. Estaban tan ricas que me zampé un par de docenas.

La entrevista tenía más el carácter de una toma de contacto que la discusión de una propuesta en toda regla, de modo que el tema de conversación fue de índole muy genérica. Tanto Dilworth como Warren dejaron bien sentado que hablaban a título personal y no en nombre y representación de la firma. Se mostraron muy preocupados ante el giro de los acontecimientos en la industria del automóvil y, en particular, de la Chrysler; pero la tónica de la entrevista fue no tanto de índole comercial como de tipo social.

En este lapso de tiempo había permanecido en contacto con George Bennett. Muy pronto supe que fue el único verdadero amigo que tenía en el consejo de administración de la Ford. Además de consejero de esta empresa, George también formaba parte de la junta de Hewlett-Packard, y Bill Hewlett, cofundador de dicha sociedad y hombre de gran talento y simpatía, era a su vez miembro del consejo de administración de la Chrysler. Hewlett sabía que Bennett y yo éramos amigos, y en una reunión, George tuvo la honradez de informarle de los valiosos servicios que yo había pretado a la Ford.

Al poco tiempo recibí una llamada de John Riccardo, presidente del consejo de Chrysler, para decirme que él y Dick Dilworth deseaban verse conmigo en el hotel Pontchartrain, a bien poca distancia del Renaissance Center que mandara levantar Henry Ford. El objeto de la entrevista era discutir en términos generales mi posible incorporación a la Chrysler.

Procuramos que la reunión fuese lo más discreta posible. Yo mismo conduje el coche y entré luego en el hotel por una puerta lateral. Ni siquiera se dio cuenta de la entrevista a Gene Cafiero, por aquel entonces director general de la Chrysler. En la ciudad eran harto conocidas las continuas desavenencias entre Riccardo y Cafiero.

Durante la conversación, tanto Dilworth como Riccardo se mostraron inicialmente bastante ambiguos.

—Hemos pensado introducir un cambio —manifestó Riccardo—. Las cosas no marchan del todo bien.

Fue la máxima concreción de que dieron prueba. Los dos querían ofrecerme un cargo sin formularlo de manera clara y explícita. Como yo no estaba para monsergas, fui derecho al grano y les espeté:

—Bueno, dígame de una vez para qué estamos aquí.

—Para hacerle una propuesta —dijo Riccardo—. ¿Está usted interesado en volver a trabajar en el sector del automóvil?

Les respondí que antes de entrar en detalles quería formularles algunas preguntas sobre cuál era la situación real de la Chrysler en aquellos momentos. Quería saber dónde iba a meterme.

—Comprenderán que no voy a discutir la cuestión así, a ciegas —les manifesté a mis interlocutores—. Quiero que me digan hasta qué punto es grave la situación de la empresa. Cuál es la liquidez de la firma, plan de fabricación para el año próximo, perspectivas futuras que piensan dar a sus productos y, sobre todo, si creen de verdad que yo soy el hombre que necesitan.

La siguiente entrevista la sostuvimos en el Northfield Hilton, en las afueras de Detroit. Riccardo describió un panorama sombrío, pero de tal naturaleza que pensé podía resolverse en el plazo de un año. Estoy convencido de que ni John ni nadie en la Chrysler pretendían confundirme en lo más mínimo. Uno de los principales problemas de la empresa, como no tardaría en descubrir, era que ni siquiera los altos cargos tenían una idea muy cabal de lo que estaba sucediendo. Sabían que la Chrysler perdía sangre, pero no —como detecté al poco tiempo— que sufría una verdadera hemorragia.

La oferta parecía interesante y lo bastante difícil como para resultar estimulante. A mi vuelta a casa hablé del asunto con Mary. Mi esposa comentó:

—No estarás satisfecho con otra cosa que no sean los automóviles, y eres demasiado joven para pasarte todo el día en casa. Dale a ese estúpido de Henry un escarmiento que no olvide en toda su vida.

Era su manera de demostrar la animosidad que sentía. También mencioné el caso a mis hijas, las cuales me dijeron:

—Si este trabajo tiene que hacerte dichoso, ¡adelante con ello!

Lo único que faltaba por aclarar era si la Chrysler podía permitirse contratarme, y no me refiero sólo a la cuestión económica. En aquellas circunstancias, quería ser dueño absoluto de la situación. A esas alturas de mi vida no tenía interés en trabajar a las órdenes de otro. Ya había sido el segundo de a bordo por demasiado tiempo. De aceptar el puesto que se me ofrecía, mis condiciones serían la de ocupar la plaza *número uno* en el término aproximado de un año, pues de lo contrario no habría acuerdo.

Esta fue la exigencia previa para empezar a discutir si aceptaba o no irme a la Chrysler, y no solamente por lo ocurrido con Henry, aunque esto influyó también. Creía que para dar la vuelta a la situación de la empresa necesitaba una absoluta libertad de movimientos. Por lo demás, ya había podido comprobar que mi forma de operar era por completo distinta de la de ellos. A menos que se me otorgaran plenos poderes para imponer mis ideas sobre la gestión empresarial y mis criterios generales de actuación, entrar en la Chrysler podía convertirse en un fracaso y en una decepción espantosos.

Tuve la impresión de que Riccardo tenía el proyecto de nombrarme presidente y director ejecutivo, reservándose para sí el cargo de presidente del consejo y el de consejero delegado. Pero cuando le expresé mis deseos, comprendí que yo estaba en un error. —Atiende —dijo—. Yo no permaneceré mucho tiempo en este cargo. En la Chrysler no hay sitio para más de un capitoste. Si aceptas venirte con nosotros, tuyo será el puesto, de lo contrario no nos hubiésemos tomado la molestia de concertar todas estas entrevistas.

En cierto modo era una pena, porque el consejo de administración de la empresa ni siquiera le había empujado a ponerse en contacto conmigo, sino que lo hizo por propia iniciativa. Era evidente que se daba cuenta de la difícil coyuntura en que se encontraba la empresa y que no se veía con ánimos para reflotarla. Se desharía de Cafiero para darme entrada a mí, sabedor de que, si yo aceptaba, sus días como presidente del consejo estaban contados. Acordamos que en principio yo asumiría el puesto de director general y que el 1 de enero de 1980 pasaría a ser presidente del consejo y consejero delegado de la firma. Luego resultó que Riccardo dimitió unos meses antes de lo previsto, con lo que en setiembre de 1979 me convertí en patrón y dueño de los destinos de la compañía.

John Riccardo y su esposa Thelma eran dos de las personas más agradables que he conocido. Por desgracia, la situación de Chrysler era tan crítica que no tuve oportunidad de tratarles más a fondo.

Sin embargo, había un hecho que estaba perfectamente claro, y es que John se inmolaba voluntariamente para salvar a la empresa. La situación se le escapaba de las manos y era consciente de ello. Aun cuando significara el fin de su carrera profesional, se hizo atrás de manera progresiva para que la transferencia de responsabilidades aconteciese sin traumas. Optó por esfumarse para devolverle la vida a la Chrysler, y esta generosidad es lo que demuestra las verdaderas dimensiones de un héroe.

Dentro de los trámites tendentes a la contratación de mis servicios, el siguiente paso fue una reunión con el comité de retribuciones, que tuvo lugar en el piso de la compañía en las Waldorf Towers de Nueva York. En esta ocasión, en aras de la discreción, tomé el ascensor y me bajé en el piso treinta y cuatro, donde la Ford tenía su *suite,* y después subí a pie las dos plantas que mediaban hasta la sede privada de la Chrysler. Riccardo tomó otro ascensor.

Había que tomar precauciones. Si Iococca, cuyo despido era aún objeto de comentarios en la prensa y la televisión, se dejaba ver hablando con Riccardo y el consejo de administración de la Chrysler los medios de difusión anticiparían los acontecimientos y, sin darme cuenta, me vería contratado antes siquiera de haber llegado a un entendimiento con la plana mayor de la firma. Por suerte, no hubo filtraciones. Se habló un poco de esta eventualidad en las páginas del dominical del *New York Times,* faltando una semana para el anuncio oficial, pero en general se mantuvo un elevado nivel de discreción.

La noticia de que yo me disponía a incorporarme a la Chrysler en noviembre debió causar profundo impacto en Henry Ford. Normalmente, las personas que pasaban por situaciones como la mía se aferraban a su pensión y se retiraban a Florida sin armar jaleo, y luego ya nunca volvías a saber de ellas. Pero yo decidí permanecer en el meollo del asunto, y eso era más de lo que mi antiguo patrón podía soportar. Según supe de oídas, cuando Henry se enteró de que me iba a la Chrysler, optó al parecer por emborracharse todas las noches. Sabía que le gustaba mucho la bebida, pero por lo que me dijeron más tarde parece que durante aquel período cometió más excesos de lo habitual. Circulaba el rumor de que todas las noches se bebía dos botellas de Château Lafite-Rothschild. Teniendo en cuenta que cada una sale por ciento veinte dólares, uno piensa que el último trago del día resultaba realmente caro. Con todo, basándome en la experiencia adquirida, imagino que los accionistas de la Ford pagarían como de costumbre las consecuencias.

Al decidir mi despido, parte del acuerdo con Ford comprendía una indemnización de 1.500.000 dólares, aunque con una restricción importante: el acuerdo incluía una claúsula penalizadora a tenor de la cual perdería el derecho a esta percepción si volvía a prestar servicio en una empresa del ramo.

—No te preocupes por este detalle —dijo Riccardo—. Nosotros cargaremos con la cuenta.

Al divulgarse mi acuerdo con la Chrysler, la prensa armó mucho barullo, llegándose a decir que yo había percibido una prima de un millón y medio de dólares sólo por poner la firma al pie del contrato. En realidad, no me pagaron ni un centavo. Este dinero me correspondía por mis muchos años de trabajo en la Ford, en concepto de retribución diferida* y por los beneficios derivados de los pluses de retiro y jubilación. La Chrysler no hacía otra cosa que subrogarse en el lugar de la Ford, asumiendo el contrato de finiquito suscrito con mi antigua empresa.

En la Ford mi sueldo era de 360.000 dólares anuales, si bien, en los buenos tiempos, las gratificaciones y primas elevaron esta suma a un millón de dólares. Me constaba que la Chrysler no podía mejorar la oferta, por lo que acepté cobrar el mismo sueldo base que ganaba el día de mi despido.

Por desgracia, el sueldo de Riccardo era de sólo 340.000 dólares, lo cual vino a complicar un poco las cosas, porque resultaba que yo entraba en funciones de director ejecutivo, en tanto que él seguía siendo presidente del consejo. Hubiese parecido inapropiado que yo ganase más que él. El consejo decidió solucionar la papeleta procediendo de inmediato a incrementar los emolumentos de Riccardo en 20.000 dólares, de tal manera que ambos quedábamos emparejados.

Nunca me he mostrado remiso a la hora de solicitar un buen sueldo. No soy derrochador, pero valoro el reconocimiento a la propia labor que conlleva una retribución elevada. ¿Por qué un individuo quiere ser director general? ¿Disfruta con el cargo? Tal vez, pero el desgaste físico y moral suele ser atroz. En tal caso, ¿por qué se empeña en trabajar tanto? Bueno, así puede exclamar: «Eh, he llegado a lo más alto. He alcanzado un objetivo que merecía la pena».

Mi padre solía decir: «Mucho cuidado con el dinero. Cuando tengas cinco mil querrás diez mil, y cuando consigas los diez entonces desearás veinte». Tenía razón. Ganes lo que ganes, nunca tienes bastante.

Pero yo soy un negociante incurable. Cuando trabajaba en la Ford veía con cierta envidia cómo los concesionarios y agentes autorizados se embolsaban grandes fajos de billetes. No es que yo estuviera en la miseria. Por dos años, en la década de los setenta,

* Véase la nota de la página 170. *(N. del T.)*

las encuestas que llevaban a cabo las revistas y la prensa especializada nos pusieron a Henry Ford y a mí en cabeza de la lista de los empresarios mejor pagados del país. Mis padres lo consideraban un éxito sensacional, un auténtico timbre de gloria.

Sin embargo, sé de algunos agentes de la propiedad con despacho en Nueva York que a veces se sacan mi sueldo en un día. Pero a diferencia de estos grandes comerciantes, mis ingresos son del dominio público. Recibo más cartas y peticiones de dinero de las que podría contestar, aun disponiendo de tiempo. Lo que me lleva a recordar otro de los dichos de mi padre: «Piensas que ganar dinero cuesta mucho, ¿verdad? ¡Pues espera y verás cuando intentes donarlo o regalarlo!». Es cierto. Todo el mundo me escribe y quiere que comparta lo que gano. Universidades, hospitales, todas las buenas causas de este mundo. Para despachar esta correspondencia como se merece, necesitaría dedicarme exclusivamente a ello.

Cuando trabajaba en la Ford apenas era consciente de la existencia de la Chrysler, porque todos seguíamos en exclusiva los pasos de la General Motors. Nunca prestamos a Chrysler mucha atención. Los productos de la firma ni siquiera aparecían reseñados en los estadillos mensuales de ventas que determinaban el comportamiento de la empresa frente a la competencia.

Que yo recuerde, sólo en dos ocasiones tuvimos que fijarnos necesariamente en la Chrysler. La primera fue por causa del emblema o distintivo de la marca. A principios de los sesenta, Lynn Townsend, presidente del consejo de la Chrysler, realizó un largo viaje por todo el país para entrevistarse con los concesionarios y agentes autorizados de la empresa. A su regreso, manifestó a uno de sus colegas que le había sorprendido el gran número de restaurantes Howard Johnson que halló a su paso en todo el territorio nacional; pero aún fue mayor su sorpresa cuando su interlocutor le respondió que había más establecimientos de concesionarios Chrysler en los Estados Unidos que «Hojos», nombre con el que se conocen popularmente los establecimientos Howard Johnson.

Townsend empezó a pensar en las llamativas techumbres color calabaza que caracterizan a la mencionada cadena de restaurantes, y decidió realzar la identificación de los establecimientos concesionarios de la Chrysler creando un elemento o símbolo de fácil apreciación. La empresa encargó a un estudio de arte de Nueva York que diseñase un logograma para Chrysler. Al cabo de poco tiempo empezó a verse por todas partes el conocido emblema de la estrella blanca de cinco puntas sobre fondo azul.

Tanto éxito alcanzó el símbolo de la marca que, un año más tarde, quienes trabajábamos en la Ford tuvimos que actuar en

ecién casados: mis padres, Nicolás y Antoinette ıcocca, en 1923.

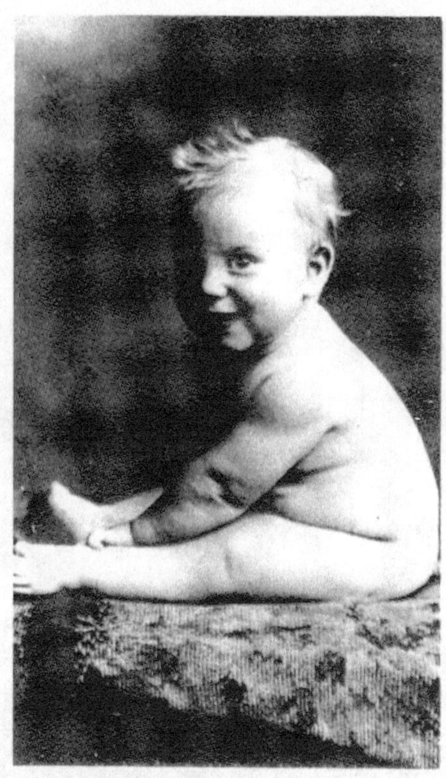

A los nueve meses escasos.

Con atuendo de gala en los días anteriores a la Depresión (1926).

Con mi hermana Delma, en 1927.

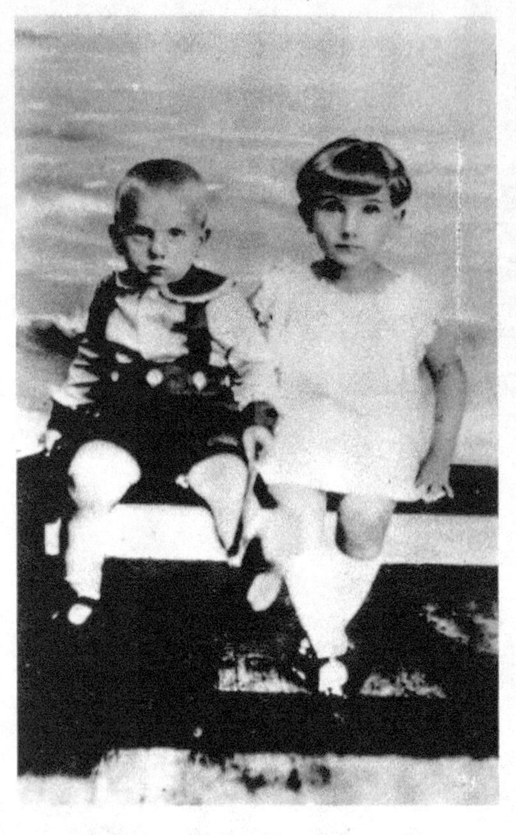

Aprendiendo a "conducir" (1929).

Con mi padre (1934).

ándolo bien en Lehigh, en 1942 (segundo por la izquierda).

El "machote" en el recinto universitario (1945).

Mi primera paga... ¡deducidos los impuestos!

Ford Motor Company

DEARBORN, MICHIGAN AUG 31 1946 Nº 147758

S ENG 1

PAY TO THE ORDER OF 54 IACOCCA, LIDO A

EXACTLY $37 AND 40 CTS

THE MANUFACTURERS NATIONAL BANK OF DETROIT

Ford Motor Company

Mary (1948).

Con Henny Toungman (centro) *y Murray Kester* (derecha), *en 1953.*

Impactos de huevo para demostrar un nuevo material y vender seguridad en la conducción (1956).

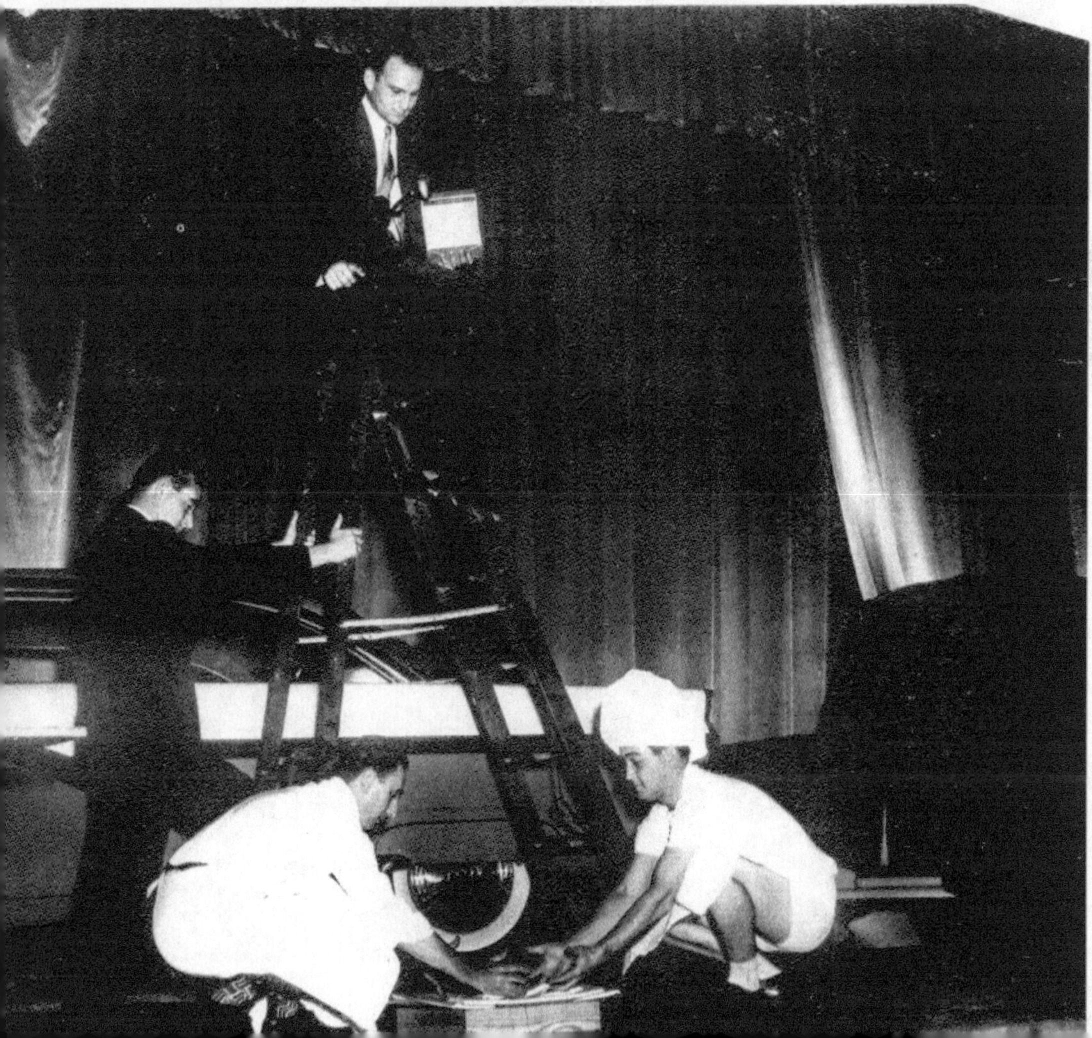

Robert McNamara (izquierda), *nuevo director general de la Ford, junto a Henry Ford II (1960).*

Con Charlie Beachamn en Phoenix, Arizona (1961).

Padre del Mustang.

Mientras Nueva York duerme, un Mustang 1966 se posa sobre la azotea del Empire State Building.

Obsequio del primer Mustang 1974 al señor Honda, en su casa de Tokio.

Director general de la Ford (1974).

1975:
el principio del fin.

Una pieza de coleccionista: el coche se salvó, pero yo no (1979).

El día después.

Chrysler Names Lee Iacocca as New President

DETROIT (AP) — Chrysler Corp. today reported the biggest loss for any quarter in its history.

Elegí un buen momento, ¿verdad?

Nuestro salvador: el primer coche "K" de la Chrysler (1980).

¿Compraría un coche usado a este hombre? Mi primer anuncio para la televisión (1981).

Con el alcalde de Detroit, Coleman Young, y el actor cómico Bill Cosby.

Las pequeñas gratificaciones que depara la vida.

¡Brindo por eso! La devolución del préstamo: 15 de agosto de 1983.

En compañía de Jerry Greenwald (centro) *y Hal Sperlich* (derecha). *El epígrafe reza: "Aquí estamos de nuevo".*

"WE HAVE RETURNED"

Con el presidente en St. Louis, 1983.

Y aunque me fuercen, no me presentaré a las elecciones.

El coche de más éxito de los años ochenta.

Con Kathi (1964).

La familia (1973).

10 de diciembre de 1970: mis padres y Mary celebran mi nombramiento para la dirección general de la Ford.

Disfrazado para la ocasión: el día que cumplí cincuenta años.

Kathi (derecha) *y Lia (1981).*

Una fiesta sorpresa el día de nuestras bodas de plata.

Los tres mosqueteros: con mis amigos Bill Fugazy (izquierda) *y Vic Damone.*

consecuencia. Ya contábamos con nuestro inconfundible emblema ovalado de color azul. Pero entonces quisimos colocarlo sobre el rótulo del concesionario. Fue un fracaso en toda regla. Chrysler utilizaba la estrella de cinco puntas y, debajo, el nombre del agente o concesionario autorizado. La General Motors colocó el nombre del concesionario en el centro mismo de su emblema o distintivo. Pero los concesionarios de la división Ford tenían que vérselas con el emblema ovoide, que ya contenía el nombre «Ford» caligrafiado, más otro Ford al lado, en letras de molde, por lo que no había dónde poner el nombre del concesionario. No tardaron en llegar múltiples quejas de los distribuidores oficiales, alegando que si Henry Ford podía utilizar su nombre dos veces, el dueño del establecimiento concesionario tenía derecho por lo menos a que figurase el suyo una vez.

La segunda ocasión en que seguimos los pasos de Chrysler fue en lo tocante a la garantía de buen funcionamiento que implantó la firma en 1962. Hasta entonces Ford iba por delante en este terreno, ya que reconocía al comprador una garantía de doce meses o veinte mil kilómetros. En aquel momento no concedimos mucha importancia a la decisión de Chrysler de ampliar la garantía nada menos que a cinco años o bien ochenta mil kilómetros. Pero el caso es que pasados tres años Chrysler aumentó su penetración en el mercado hasta el extremo de que en la Ford tuvimos que poner en marcha un programa similar.

La llamada «guerra de las garantías» entre los Tres Grandes del sector duró unos cinco años. A la postre todos terminamos por abandonar los planes porque salían demasiado caros. Hay que reconocer que en aquella época los automóviles no eran suficientemente buenos todavía para ofrecer garantías tan dilatadas.

Como tercer factor estaba el hecho innegable de la reputación que tenía la Chrysler en el terreno estrictamente técnico. Los ingenieros y especialistas de la firma siempre destacaban un poco de sus homólogos en la Ford o en la GM. Lo atribuimos a que la empresa contaba con el Instituto Tecnológico Chrysler, y no me cansé de repetirle a Henry que nosotros debíamos hacer lo mismo, aunque sin éxito. Con los años les quitamos a los de la Chrysler algunos de sus mejores elementos. En 1962 realicé una incursión en la demarcación de nuestro competidor y me traje a más de una docena de técnicos muy cualificados. Varios de ellos llegarían a ocupar los más altos cargos en la Ford.

Pero desde que en la década de 1950 Ford se impuso netamente a Chrysler, toda nuestra atención se centró única y exclusivamente en la General Motors. Era y sigo siendo un apasionado seguidor de todo lo que hacía en esta gran empresa. Constituía una especie de universo propio y envidiaba el tremendo impulso que este mismo colosalismo le proporcionaba.

Pese a todo, yo estaba bastante familiarizado con la historia de la industria del automóvil y sabía lo suficiente de los orígenes de la Chrysler Corporation y del hombre que la fundó. En los albores sólo existió un personaje clave: Henry Ford. Con todas sus rarezas y excentricidades, y a pesar de su intolerancia y fanatismo, el fundador de la dinastía fue un hombre de gran talento y capacidad inventiva. Empezó arreglando coches y terminó descubriendo la fórmula para producirlos en serie.

A menudo se atribuye a Henry Ford la concepción de la cadena de montaje, cuando en realidad esta idea pertenece a otros hombres. Donde se demostraron las formidables aptitudes creadores del irascible anciano fue en la medida de pagar la jornada laboral a cinco dólares. Esto ocurría en 1914, y cinco pavos era más del doble del salario que hasta el momento percibían los obreros de su fábrica. Esta medida alcanzó una formidable repercusión.

Lo que mucha gente ignora es que Ford no aumentó los salarios movido por un impulso de generosidad o un sentimiento de conmiseración por las condiciones de vida del trabajador. Lo que pretendía era elevar su nivel de vida. Además, Henry Ford jamás se recató en proclamar las razones que le habían inducido a pagar cinco dólares diarios al obrero: quería que los trabajadores ganasen lo suficiente como para poder comprarse un coche. En otras palabras, Henry Ford impulsó la creación de un clase media. Se dio cuenta de que la industria del automóvil —y, por lo tanto, la Ford Motor Company— únicamente lograría una vasta aceptación si los coches que fabricaba atraían el interés tanto de la gente adinerada como del obrero.

Siguiendo un orden de prelación, la figura más sobresaliente después de Ford fue Walter P. Chrysler. Fue un innovador de los motores, transmisiones y elementos mecánicos del automóvil, y desde entonces la firma ha destacado en este campo tecnológico. Walter P. dejó la General Motors en 1920, al ver que el presidente del consejo, William Durant, no le daba libertad de movimientos suficiente para gestionar la división Buick a su estilo. ¡Éste es el tipo de rebelde que me cae bien!

Especial interés merece la segunda parte de este episodio. Tres años más tarde, Walter Chrysler abandona su retiro y se pone a reorganizar la Maxwell and Chalmers Motor Car Companies, que se hallaba al borde de la bancarrota. ¿Y qué medidas adopta? Saca nuevos modelos y los promociona con un dinamismo sin par, hasta el punto de que *él mismo* aparece en alguno de los anuncios. En

1925, aquella empresa en estado agónico se convierte en la Chrysler Corporation.

Pero el hombre no se paró aquí. En 1928 compró las patentes del Dodge y del Plymouth y, de la noche a la mañana, la empresa que dirigía se incorporó al grupo de los grandes, puesto que ha mantenido desde entonces. En 1940, año de la muerte de Walter Chrysler, la empresa había rebasado a la Ford y marchaba en segunda posición, detrás de la General Motors, con una tajada del 25 por 100 del mercado comprador. ¡Cuánto me alegraría repetir esta proeza! Tener la cuarta parte de la clientela potencial y superar a la Ford.... Sería capaz de darlo todo por conseguirlo.

Por más que en los años setenta pasó por una dificilísima coyuntura, la Chrysler aún podía sustentarse en una larga tradición de solvencia e innovación en el plano técnico y el diseño de automóviles. Frederick Zeder, ingeniero jefe de la empresa durante los años treinta, fue el primero en eliminar la vibración de los coches. ¿Qué solución aplicó? Pues, sencillamente, montó los motores sobre una almohadilla de caucho. Zeder también fue el inventor del motor rápido de gran comprensión, del filtro de aceite y del filtro de aire.

Supe después que los ingenieros de la planta industrial de la Chrysler en Michigan proyectaron el tanque más avanzado del mundo. Los técnicos de la empresa diseñaron el primer mecanismo de ignición electrónico acoplado a los coches. Fueron también los técnicos de la Chrysler los que proyectaron el primer artilugio para economizar combustible, el primer freno hidráulico y el primer ordenador incorporado, así como el primer distribuidor electrónico. Por lo demás, me constaba que la Chrysler contaba con los mejores motores y transmisiones de la industria automovilística.

Así pues, no cabía la menor duda de que la Chrysler tenía un pasado respetable, y también estaba convencido de que tenía un futuro. Para empezar, la empresa contaba con una sólida red de concesionarios, al igual que con un equipo técnico sin parangón. Lo malo era que no se les asignaban los recursos suficientes para fabricar buenos productos.

Por otra parte, confiaba asimismo en mis posibilidades. Conocía a fondo el mercado del automóvil y me sabía capacitado en mi trabajo. He de confesar que alentaba la esperanza de reflotar la empresa en un par de años.

Sin embargo, sucedió lo contrario. Todo el tinglado se vino abajo. Empezamos con la crisis iraní, seguida de la crisis energética. En 1978 nadie imaginaba siquiera que en la primavera siguiente se desencadenarían turbulentos acontecimientos en Irán y que, súbitamente, se doblaría el precio de la gasolina. Por si fuera poco, se inició la mayor recesión económica conocida en cincuenta años.

Toda esta serie de factores negativos se produjeron después de unos meses de firmar contrato con Chrysler. Empecé a preguntarme si aquello no sería una jugarreta del destino. Es posible que cuando Dios —el de verdad, no Henry— quiso que me despidieran de la Ford tratase de hablarme al oído. Quizá mi despido acaeció en el momento oportuno, antes de que la situación internacional y la coyuntura económica empezasen a deteriorarse. Pero yo fui, simplemente, demasiado imbécil para aceptar mi buena fortuna.

Por una serie de razones, la tarea de reflotar la Chrysler resultó infinitamente más dura de lo que pensé al suscribir contrato. Pero una vez metido en la brecha, después de haber decidido lo que convenía hacer, en ningún momento pensé seriamente en desistir de mi empeño.

Por supuesto, ésta es no siempre la actitud más aconsejable. Hay gente que a veces deja el pellejo en la empresa. Se ven abrumados, desbordados por los acontecimientos, pero permanecen impertérritos en el puente de la nave mientras las aguas empiezan a cubrirles. Cuando acepté hacerme cargo del puesto que la Chrysler me ofreció, no podía imaginar que en el sector de la industria automovilística hubiese situaciones tan increíblemente deterioradas como las que hallé en esta empresa. Me había metido en un buen lío. Examinando los hechos en retrospectiva, debo reconocer que durante mi primer mandato en la Chrysler estuve muy cerca del naufragio.

XIV
A bordo de un navío que se hunde

El número del *Detroit Free Press* correspondiente al 2 de noviembre de 1978, ofrecía dos titulares distintos en primera plana: LAS PÉRDIDAS DE LA CHRYSLER MAYORES QUE NUNCA, y LEE IACOCCA SE INCORPORA A LA CHRYSLER. ¡Magnífico sentido de la oportunidad! El día que subí a bordo, la empresa anunciaba que las pérdidas del tercer trimestre se elevaban a casi 160 millones de dólares, el déficit más grave en la historia de la compañía. «Está bien –me dije–, llegados a este punto, las cosas no pueden sino mejorar.» A pesar de un saldo tan negativo en su cuenta de resultados, aquella jornada las acciones de la firma experimentaron al cierre un alza de tres octavos, cosa que yo interpreté como un voto de confianza de cara a mi próxima gestión. ¡Ja, ja!

El primer día de trabajo tuve ciertas dificultades para llegar a mi punto de destino. Si he de ser sincero, no estaba muy seguro de dónde se hallaba mi despacho. Sabía, claro está, que la sede central de la Chrysler se hallaba en Highland Park, justo a la salida de la Davison Expressway. Pero a partir de este dato no me quedó más remedio que preguntar el camino. Ni siquiera sabía que rampa debía tomar.

Sólo había estado una vez en la Chrysler, cuando era director general de la Ford. Pero en aquel entonces disponía de chófer y apenas presté atención a la ruta que seguimos. Cada tres años, los altos cargos de los Tres Grandes solían reunirse en una especie de conferencia en la cumbre, para preparar una estrategia conjunta con vistas a las negociaciones del convenio colectivo de trabajo. Henry Ford y yo acudimos a una de estas asambleas, allí en Highland Park. Asistieron Lynn Townsend y John Riccardo, de la Chrysler, así como los directores de la GM y una pléyade de abogados.

Por cierto que los representantes sindicales de las empresas veían con muy malos ojos dichas reuniones. Tenían el convencimiento de que nos confabulábamos contra ellos. ¡Cómo iban a imaginarse que de estas entrevistas nunca salía una sola iniciativa concreta! Chrysler no podía permitirse en ningún momento, dada su precaria situación, soportar una huelga, de modo que por más que se propusiera mano dura con el sindicato —es un decir—, todo acababa en nada.

Finalmente llegué a la oficina central, y por la mañana Riccardo me mostró las principales dependencias y me presentó a algunos de los directivos más antiguos. Se celebró una asamblea con un reducido número de altos cargos y, como de costumbre, encendí un puro. Riccardo se volvió entonces hacia su gente y manifestó con gran énfasis:

—Muchachos, ya sabéis que siempre me he mostrado intransigente en eso de fumar puros durante las reuniones de trabajo. Pero a partir de hoy, esta norma queda abolida.

Aquellas palabras me parecieron de buen augurio. Después de lo que había oído decir de la Chrysler, todo lo que fuera abrogar normas y reglamentos internos me parecía de maravilla.

Antes de concluir la jornada, advertí un par de detalles, en apariencia triviales, que me dieron mucho que pensar. El primero era que el despacho del director general, donde trabajaba Cafiero, hacía las veces de paso entre dos sectores de oficinas. Con mirada incrédula observé cómo un sinfín de ejecutivos, con humeantes tazas de café en las manos, abrían la puerta de la estancia y cruzaban el despacho del presidente. Esto me confirmó en el acto que allí reinaba el caos más absoluto. La Chrysler necesitaba una fuerte dosis de orden y disciplina; y sin pérdida de tiempo.

El segundo detalle que me llamó la atención fue que la secretaria de Riccardo daba la impresión de estar atendiendo bastantes llamadas particulares a través de la línea privada. El hecho de que las secretarias tengan tiempo de holgazanear es un dato significativo, revelador del deterioro de la situación interna de una empresa. Cuando uno asume un cargo en una nueva compañía, dedica las dos primeras semanas a buscar indicios o pistas que puedan darle la medida real de cómo funcionan las cosas. Es lógico que uno quiera saber con qué hermandad tiene que habérselas. Estos son los indicios que me vienen a la memoria, y lo que traslucía de la Chrysler me indujo a preguntarme con cierta aprensión dónde diablos me había metido.

Más tarde se vió que mis temores estaban justificados. Al poco tiempo tuve mi primera gran revelación, a saber, que la Chrysler no operaba como una empresa. En 1978 la compañía era lo que Italia en la década de 1860. En efecto, la empresa estaba integrada por una infinidad de reinos de taifas, cada uno de ellos dirigido por un gobernante estrella. Constituía un sinfín de imperios minúsculos, y a todos les importaba un comino lo que estaban haciendo los vecinos de al lado.

Bien; descubrí que en la Chrysler había treinta y cinco directores adjuntos, cada uno de los cuales hacía su propio camino. Faltaba por completo una red de comités bien estructurada, el organigrama adolecía de poca cohesión, y no se había establecido una vía de intercomunicación mediante un sistema de reuniones o asambleas periódicas. No me cabía en la cabeza, por ejemplo, que el tipo al frente del departamento de diseño tecnológico no estuviese en continuo contacto con su homólogo en el departamento de fabricación. Pero así eran las cosas. Todo el mundo trabajaba por su cuenta. Después de haber echado un vistazo al esquema operativo de la empresa me vinieron ganas de abandonar. Fue entonces cuando comprendí que me hallaba en una situación extremadamente delicada.

Por lo visto, aquella gente no creía en la tercera ley de Newton, la llamada ley de la acción y reacción, según la cual si un cuerpo ejerce una fuerza sobre otro, el segundo ejerce sobre el primero una fuerza de la misma intensidad y sentido opuesto. Daba la impresión de que se trabajaba en un vacío. Esta constatación era tan obvia y llegaba a tales extremos, que dudo mucho que ni siquiera el ejemplo escogido sirva para ilustrarla.

Si llamaba a un elemento del departamento técnico y le explicaba que había que resolver un problema de diseño o de cualquier otro tipo entre su departamento y el de fabricación, se me quedaba mirando como un pasmarote. Es posible que el tipo en cuestión fuera capaz de inventar un magnífico artilugio que economizara a la empresa un montón de dinero. Tal vez fuese capaz de concebir un diseño sensacional y novedoso. Pero había un «pequeño» problema: no tenía ni remota idea de que los del departamento de fabricación no podían construirlo. ¿Por qué? Porque nadie les había dicho una sola palabra sobre el particular.

Parecía que en aquella empresa nadie comprendía la necesidad de una relación mutua y sincronizada entre las distintas escalas de actividades. Por decirlo de algún modo, el personal del departamento de tecnología y diseño tenía que ser poco menos que compañeros de cama de los encargados de la producción. ¡Pero es que aquellos tipos ni siquiera «flirteaban» entre sí!

Otro ejemplo: ventas y fabricación se hallaban a las órdenes de un mismo subdirector. Era un hecho inconcebible, al menos para mí, por tratarse de dos sectores de actividad básicos y muy diferenciados. Para empeorar las cosas, apenas existía contacto alguno entre ambas esferas. Los de fabricación construían coches sin molestarse siquiera en cambiar impresiones con los vendedores. Ellos se limitaban a fabricar coches, los almacenaban en una zona acotada al efecto y luego esperaban a que alguien se los llevara de allí. El resultado era una vasta acumulación de productos y una continua pesadilla económica.

El contraste entre la estructura de la Ford y la de Chrysler era realmente asombroso. En esta última empresa nadie parecía darse cuenta de que es imposible dirigir una vasta organización sin unos esquemas de «juego» previos y unas cuantas explicaciones en la pizarra. Es preciso que todos los que intervienen en la obtención de un producto sepan exactamente cuál es su misión y cómo encaja con la de los restantes partícipes.

Pero en vez de dedicar sus energías a atar los cabos sueltos y a obtener una perspectiva global de la operatividad de la empresa, Riccardo y Bill McGagh, el tesorero, se pasaban el tiempo visitando los bancos con los que la Chrysler había concertado pólizas de crédito. Era un continuo ir y venir de una entidad bancaria a otra, justo a tiempo para renegociar los préstamos vencidos o a punto de vencer. Eso significaba que debían afrontar las crisis que se producían de un día para otro, en vez de centrarse en las necesidades del mes próximo o del año siguiente.

Dos meses después de mi llegada tuve que encajar un golpe que a poco me tumba sobre la lona. ¡Nos estábamos quedando sin efectivo! Antes de entrar en la Chrysler tenía una idea vaga de la serie de problemas que asediaban a la empresa, desde técnicas de gestión deficientes hasta la atención superficial que se prestaba a la investigación aplicada. Pero si algún terreno tenía cierta confianza era en la mecánica de supervisión financiera. En fin de cuentas, todo el mundo en Detroit sabía que la Chrysler estaba dirigida por especialistas financieros y contables. Por ello, se daba por sentado que los controles económicos funcionaban bien y tenían una alta prioridad.

Pero me quedé horrorizado al enterarme —muy pronto, además— de que Lynn Townsend (que se había jubilado hacía un par de años) y John Riccardo eran dos ex contables de una empresa auditora de Detroit, la Touche Ross. Y había algo peor aún: ninguno de los dos se trajo consigo a buenos analistas financieros. Al parecer, se proponían manejar este campo ellos solos, pero tal pretensión, en una compañía tan vasta como la Chrysler, era materialmente imposible.

Poco a poco fui dándome cuenta de que la empresa no contaba con un sistema global de controles financieros. Por si fuera poco, no había nadie que pareciese entender del todo qué demonios era la proyección y la planificación financieras y para qué servían. Ni siquiera estaban en condiciones de dar respuesta a las preguntas más elementales. ¡Pero qué digo respuestas! ¡Aquellos tipos ni siquiera sabían qué preguntas había que plantear!

Cuando me responsabilicé de la dirección de la Ford, lo primero que hice fue solicitar una lista de todas nuestras instalaciones fabriles, y al lado de cada una, la tasa de rendimiento o *ratio* de beneficios a capital invertido. Pero pronunciar estas palabras en la Chrysler hubiese sonado a chino. No me fue posible averiguar absolutamente *nada*.

Este fue, probablemente, el mayor sobresalto que me he llevado en mi trayectoria profesional. Cuando pensaba en ello me sentía desolado, por decirlo con un eufemismo, ya que en realidad me sentía hecho un desastre. Sabía yo lo mal que se fabricaban los coches, el desánimo que reinaba en la empresa y el deterioro progresivo de las fábricas. Pero con lo que no contaba era que resultase imposible disponer de datos y cifras viables para saber por dónde convenía abordar, y en qué orden, las dificultades básicas de la Chrysler.

Lynn Townsend gozó siempre de buena reputación como supervisor financiero, pero creo que sus decisiones, al igual que las de muchos hombres de negocios, apuntaban más a los beneficios del trimestre siguiente que a los beneficios a largo plazo para la empresa. Durante años, la firma de automóviles había estado regida por hombres a los que no agradaba su campo de actividad. Y ahora había llegado el momento de empezar a pagar las consecuencias.

Como resultado de tan nefasta política, la empresa decidió ir a remolque de los que marchaban en cabeza. Siendo la más pequeña de las Tres Grandes, la Chrysler hubiese tenido que convertirse en el pionero del sector en cuanto a la concepción y fabricación de nuevos modelos. Pero en la época de Lynn Townsend, la pericia técnica, que siempre fue el as que la empresa guardaba en la bocamanga, nunca llegó a jugarse a fondo. Con la mengua de las ganancias, el diseño tecnológico y el desarrollo del producto quedaron congelados.

En vez de centrarse en producir buenos coches, Lynn Townsend y su equipo iniciaron una expansión en el mercado internacional. Movidos por el ansia compulsiva de convertirse en una multinacional del ramo, adquirieron empresas europeas caducas e irrecuperables, compañías sin atractivo como Simca, en Francia, y Rootes, en Gran Bretaña. En punto a las actividades desplegadas en el extranjero, los altos cargos de la Chrysler fueron de una candidez e inocencia inconcebibles. Empecé a pensar que entre los mandos de la empresa había algunos que ni siquiera sabían que en Gran Bretaña se circula por la izquierda.

Lynn Townsend era hombre popular entre los accionistas, y en calidad de tal se hizo rico. Pero creo que nunca entendió la esencia del negocio que llevaba entre manos. Durante su gestión, hubo un momento en que la Chrysler tenía en funcionamiento explotaciones marginales o deficitarias en todos los continentes menos en la Antártida.

Preciso es reconocer que Townsend también realizó algunas aportaciones positivas, como la creación de la Financiera Chrysler, una filial cuya finalidad era conceder crédito y moratorias de pago tanto a los concesionarios como al comprador individual. En la actualidad, esta sociedad financiera es un modelo en su género, de ahí que no pueda imputársele toda la culpa por la endeble situación de Chrysler. Con frecuencia me preguntaba qué hacían los miembros del Consejo de Administración ante aquel estado de cosas.

Cuando asistí a la primera junta del consejo empecé a comprender en parte lo que ocurría. Los consejeros de la empresa disponían incluso de menos información que sus homólogos de la Ford, que ya es decir. Allí no se visionaban diapositivas ni se procedía a exámenes de orden financiero. Riccardo recitaba una pequeña plática a partir de un guión escrito en el dorso de un sobre de cartas. Me parece obvio concluir que ésta no era la forma de gestionar la décima empresa más grande del país.

En el momento en que asumí las funciones de presidente del consejo, abordé poco a poco a los elementos que lo componían. No estaba tan chiflado como para mostrar un dedo acusador al grupo que acababa de contratarme y espetarles: «Ustedes tienen toda la culpa». Pero una o dos veces, siempre con toda la cortesía del mundo, pregunté: «¿Cómo es posible que la gestión de la dirección no topara con impedimentos por parte de un grupo de hombres de negocios tan destacados? ¿Acaso no les facilitaron datos de ninguna especie?».

Pero las dificultades de la Chrysler no radicaban sólo en la actuación de los altos cargos. El personal de la empresa estaba asustado y desanimado. Nadie hacía las cosas a derechas. Jamás en la vida había visto nada igual. Los subdirectores adjuntos estaban fuera de lugar, como gallinas en corral ajeno. Townsend y los suyos contrataban a buenos elementos en una especialidad, y en seguida empezaban a cambiarlos de sitio a discreción. Partían de la idea de que un tipo con talento es capaz de desempeñarse en cualquier terreno. Después de unos años de vagar de un lado a otro, resultaba que en la Chrysler todo el mundo se hallaba al frente de una actividad para la que no estaba capacitado. Y, pueden creerme, los efectos se dejaban sentir.

El encargado de los servicios de repuestos y mantenimiento en el hemisferio sudamericano fue llamado a Detroit y nombrado interventor, trabajo que detestaba. Cuando me vi obligado a deshacerme de él, puedo asegurar que fue como si le quitasen un peso de encima. El director que tenía a su cargo las actividades de la empresa en Europa fue también requerido por la casa central y nombrado subdirector del departamento de compras, aunque jamás en su vida había trabajado en este campo. Era muy patético.

Me sentía molesto, porque en su ámbito de competencia muchos de aquellos chicos hubieran dado un magnífico rendimiento. Ellos intentaban justificar su postura diciendo: «Oiga, que yo no solicité este puesto. Usted me pregunta cuál es la competencia de un interventor, pero yo ignoro la respuesta, porque de lo que yo entiendo es de repuestos y mantenimiento. Soy un delantero centro, pero estos tipos me hacen jugar de extremo, y, ¡que caramba!, yo no sé jugar en ese puesto. Podría aprender, pero necesito que me den tiempo».

Toda la plantilla laboral sabía que yo estaba allí para barrer la casa y, quien más quien menos, todo el mundo temía ser la víctima. No tenían seguridad en lo que hacían. Vivían amedrentados, ¡y con razón! En el lapso de tres años tuve que despedir a treinta y tres de los treinta y cinco subdirectores, es decir, uno por mes.

En algunos casos intenté recuperar a determinados ejecutivos, pero en vano, porque no daban la talla. Charlie Beacham solía decir que a partir de los ventiuno es imposible cambiar de verdad los modos y hábitos de una persona. Quizá usted piense que sí es posible, pero el individuo suele llevar dentro una imagen consolidada de sí mismo. Poca gente es lo bastante humilde para continuar aprendiendo y modelándose después de alcanzar la edad adulta.

Por desgracia, como de costumbre, Beacham tenía razón. Recuerdo que cuando Paul Bergmoser se unió a mi equipo le dije: «Intenta reflotar a algunos de esos chicos». Al cabo de seis meses de trabajar con ellos reconoció que era imposible.

—Están acostumbrados a los métodos de la casa y no habrá forma de que se adapten. Demasiado tarde.

Los problemas siempre llevan a otros problemas. Si uno de sus colaboradores no se muestra muy seguro de sí mismo en el trabajo, lo último que desea es que le pongan al lado a un tipo que le ayude y que sea más experto que él. Entonces dice para sus adentros: «Si el tipo que va a venir es demasiado competente, me pondrá en evidencia y a la larga acabará ocupando mi plaza». Como consecuencia de este razonamiento, un encargado incompetente atrae a otro que esté a su altura y, acto seguido, todos los que se encuentran en este caso se amparan en la endeblez global de la estructura.

No vayan a interpretarme mal. Con ello no quiero decir que si un sujeto ha estudiado contabilidad, tenga que pasarse el resto de su vida desarrollando dicha actividad, prescindiendo de sus otras cualidades. Lo que yo digo es, sencillamente, que el individuo debe trazarse un plan progresivo de formación empresarial y ponerlo en práctica cuando es joven e inicia su carrera laboral. Es preciso que se le conceda el tiempo de permanencia en un puesto para demostrar que se desenvuelve sin dificultades en la actividad de que se trate.

No hay que abusar de la especialización, porque en este caso sería difícil que salieran gerentes y directores generales. Pero eso tampoco significa que deba prepararse a todo el mundo para ser algún día el principal responsable de una empresa.

Los dilemas de la Chrysler podían reducirse en el fondo a un solo denominador común. No había equipo, sino sólo una suma de elementos que actuaban por su cuenta y riesgo, muchos de los cuales no conocían bien su trabajo por diversas razones.

Ahora bien, tengan por seguro que una cosa es exponer lo dicho y racionalizarlo sobre el papel y otra muy distinta ver cómo el panorama se despliega ante nuestra mirada con pelos y señales. Resulta bastante inquietante ver cómo una de las más vastas empresas del mundo, que mueve miles de millones de dólares, echa como quien dice este dinero por la borda sin que haya alguien capaz de evitarlo. Esta constatación me afectó profundamente. Y con cada nueva jornada las desgracias aumentaban.

Únicamente se me ocurría comparar la coyuntura de la Chrysler con la que había tenido que afrontar Henry Ford II treinta y dos años antes. Cuando el entonces joven Henry se licenció de la Marina de guerra para incorporarse a la empresa que fundara su abuelo, halló una situación de ruina. Según se cuenta, en un departamento de la empresa calculaban los gastos según el peso de las facturas.

La Ford Motor Company llegó a este grado de deterioro porque el viejo Ford no dirigía su empresa con acierto. Desconocía por completo las técnicas eficientes de gestión y operatividad comercial. Eran días en que las empresas en general estaban al mando de empresarios arrojados y valientes, pero nada más; no se conocía la labor de los planificadores y gerentes.

Sin embargo, el caso de la Chrysler era incluso peor. La firma no podía cargar la responsabilidad a su fundador, que pertenecía a otra era, sino que el fracaso de la compañía sobrevino después de treinta años de gestión científica de las empresas, implantada en el período de la posguerra. Era absolutamente incomprensible que en 1978 una gran empresa pudiera administrarse todavía como si fuera una tienda de ultramarinos.

La problemática situación de la Chrysler no fue cosa de un día. En los ambientes automovilísticos de Detroit se sabía que la reputación de la Chrysler venía menoscabándose progresivamente desde hacía años. La compañía se había convertido en el último agarradero; todos los que no aguantaban en las otras industrias del sector siempre tenían el recurso de ir a la Chrysler. Los ejecutivos de la empresa eran más conocidos por sus habilidades golfísticas que por su pericia y competencia en materia de automóviles.

No es extraño que la moral en Highland Park fuese tan baja, y cuando la moral está por los suelos, el centro de trabajo se convierte en un difusor de secretos y habladurías. Cuando los jefes y empleados están preocupados ante la inminencia de una bancarrota y atenazados por el miedo a perder su puesto de trabajo, se triplican las posibilidades de que se produzcan filtraciones.

A la prensa le gusta tratar el tema del espionaje industrial en el sector del automóvil, y en ocasiones hasta regodearse con ello. En la Ford el espionaje industrial llegó a adquirir cierta magnitud. A principios de la década de 1970, un amigo mío de la Chrysler me mostró un montón de documentos confidenciales de la Ford que uno de sus colegas había comprado a un colaborador de nuestra compañía. Le enseñé los papeles a Henry y éste se mostró muy desazonado. Sin demora, trató de implantar un sistema de detección para comprobar la hondura y ramificación de la filtración de secretos y para determinar, si se terciaba, qué medidas convenía adoptar. Pero es tarea ardua contrarrestrar tales hechos. Se montaron máquinas trituradoras que destruían el material documental y se procedió a dar un número clave a determinados informes. Así, Henry tenía el uno, yo el dos, etcétera. Con todo, continuaron las filtraciones. Aunque convocases a las doce personas que habían tenido acceso a un informe en concreto y dijeras: «En esta habitación uno de vosotros está mintiendo», no sacabas nada en claro. Probé la fórmula un par de veces, pero no logré dar con la fuente de información al exterior.

Sé de casos en que una empresa ha hecho lo imposible para conseguir fotos de un nuevo modelo en fase de construcción, por muy malas y borrosas que fuesen, aunque es preciso reconocer que estas fotografías no resultan muy útiles a la competencia. Yo, por ejemplo, daba por sentado que la General Motors tenía fotos del Mustang dos años antes de que el coche se pusiese a la venta. Pero, en definitiva, ¿qué podían revelar? Para emular las características del coche era necesario sacarlo antes al mercado, momento en que podrían comprobar por ellos mismos las cualidades del vehículo.

Por otra parte, hay veces en que el departamento de tecnología está trabajando sobre un diseño específico que sí tiene carácter secreto. Otras veces, logras obtener un avance técnico notable para reducir el consumo de combustible, y en menos que canta un gallo el hallazgo va a parar a manos de un tipo de la competencia. En tales casos, el perjuicio puede resultar verdaderamente en extremo gravoso.

Por lo que hace a la Chrysler, la baja moral reinante y los fallos de seguridad en materia de innovaciones y proyectos se plasmaban en las cuentas de pérdidas y ganancias. Existían razones para explicar por qué la empresa presentaba un balance tan pobre en un momento en que el resto de la industria automovilística había conocido el mejor ejercicio de su historia. En 1978, GM y Ford reflejaban unas cifras de ventas y unas cuentas de resultados que constituían todo un récord. Tomando individualmente a una y otra empresa, la GM vendió casi 5.400.000 coches y la Ford unos 2.600.000. La Chrysler, como de costumbre, ocupaba un distante tercer puesto, con menos de 1.200.000 unidades. Pero el factor más importante era que el porcentaje de penetración de esta última firma en el mercado norteamericano de coches había disminuido de un 12,2 a un 11,1 por 100 en sólo un año, lo que suponía una mengua considerable; en cuanto a los camiones y furgonetas, había descendido de un 12,9 a un 11,8 por ciento.

Más aún, en los últimos dos años, la Chrysler había experimentado un descenso del 7 por 100 en cuanto a «fidelidad» de su clientela. Cuando yo me incorporé a la firma, el procentaje de estabilidad del comprador de un vehículo Chrysler era únicamente del 36 por 100, mientras el de Ford era del 53 por 100 —que la casa consideraba un bajón considerable—, en tanto que la GM se mantenía en una línea estable, de alrededor del 70 por 100.

Empezábamos ya a experimentar dificultades para interesar al público en nuestros productos. El departamento de investigación de mercados informaba de que casi las dos terceras partes de los compradores que lográbamos atraer no estaban contentos con nosotros. No entraba en sus planes comprar otro producto Chrysler.

Otra cuestión relativa a las ventas que me preocupaba era el hecho de que tradicionalmente los coches de la empresa se consideraban opción de personas mayores. Cuando me hice cargo de la Chrysler, la edad media de los compradores de automóviles Dodge y Plymouth era superior a los que adquirían un Buick, un Oldsmobile, un Pontiac o incluso un Mercury. Las prospecciones que se llevaron a término continuaban demostrando que por regla general los propietarios de un turismo de la casa eran trabajadores industriales, mayores, con menos estudios académicos y más concentrados en los estados industrializados del noreste y del centro del país que los compradores de vehículos de la competencia.

Las estadísticas subrayaban un dato que yo ya conocía, a saber, que los productos de la firma se consideraban poco atractivos, demasiado «serios» y monótonos en su diseño. Necesitábamos, con urgencia, una gama de modelos originales e innovadores. El negocio del automóvil exige dinamismo; si uno se duerme, la competencia le machaca en un abrir y cerrar de ojos.

Por fortuna, no tuve que partir de cero. La Chrysler tenía una larga historia de aportaciones novedosas, una tradición que me proponía continuar. No hacía demasiados años que muchos jóvenes ansiaban tener un Chrysler, porque entonces los modelos eran atractivos. En provincias, los Charger y los Duster rodaban a mayor velocidad que cualquier otro vehículo. Los deportivos de grandes prestaciones y aletas de guardabarros muy altas, como el Dodge Daytona, o bien los Chrysler de la serie 300, los Satellite y los Barracuda, se amontonaban en todos los restaurantes de servicio directo (*drive-ins*) y puestos de hamburguesas, desde Maine hasta California.

De las fábricas de la empresa salió el no va más de la velocidad aplicada a un turismo, el famoso Road Runner, con un motor «Hemi» de 6.978 centímetros cúbicos. Fue un clásico de finales de los sesenta: llamativo, rápido y con la potencia de una locomotora. Todos los días al atardecer, estos coches de gran fibra subían y bajaban a buena velocidad por la Woodward Avenue de Detroit, y de vez en cuando se les sumaban los conducidos por ingenieros, técnicos y ejecutivos de regreso a sus domicilios en las afueras.

A la sazón, empero, la implantación de la Chrysler entre los conductores jóvenes y prósperos de los estados del Sur era escasa. Más débil aún era nuestra penetración en California, que es el estado que realmente cuenta. Si bien la industria del automóvil nació en Michigan, alcanzó su mayoría de edad en California, donde por vez primera se cimentó una vasta red de autopistas. Era la puerta de entrada al sector de los compradores jóvenes, los amantes de coches veloces, con cuatro asientos bajos, llantas aparatosas, remolques con vivienda, vehículos retocados de diseño estrafalario y otras diversas variantes de los automóviles que empezaron fabricándose en una instalación fabril de Michigan.

California se hizo también con algunas aportaciones que en Michigan no nos hacían precisamente felices. Una de ellas fue la moda de los coches de importación. En efecto, los californianos compran más vehículos extranjeros que los ciudadanos de los restantes estados. La segunda ha sido la implantación de unas exageradas normas sobre escape de gases y contaminación que casi han hecho de California un país aparte en el seno de la nación

Ya sé que se ha dicho en repetidas ocasiones, pero no me parece ocioso insistir en ello: California es, sin ningún género de dudas, el espejo en el que se refleja el futuro. No siempre lo que uno ve en este espejo resulta halagüeño, pero sería necio por nuestra parte no echar una larga y penetrante mirada a esos reflejos.

Era preciso introducirnos en el mercado californiano, pero para conseguirlo había que cambiar el producto.

No era sólo la línea y el diseño lo que daba mala fama a los coches de la Chrysler. La empresa también tuvo ostensibles fracasos en cuanto a la calidad técnica. Entre los ejemplos más deplorables se contaban el Aspen y el Volaré, sucesores de los exitosos Dart y Valiant. Estos dos últimos eran coches de duración casi ilimitada y jamás hubiera debido renunciarse a su fabricación, pese a lo cual fueron reemplazados por automóviles que empezaban a desmontarse al cabo de uno o dos años tan sólo.

El Aspen y el Volaré se lanzaron en 1975, pero su presentación debiera de haberse demorado por lo menos seis meses. La compañía necesitaba con urgencia dinero en efectivo y en esa ocasión la Chrysler no pudo llevar a cabo, como mandan los cánones, el ciclo normal de diseño, prueba y fabricación a que se somete cualquier vehículo. En la Ford, el caso del Edsel fue muy diferente: era un automóvil que, sencillamente, no gustaba a la gente por su aspecto estético. Pero en el caso de los turismos aludidos, se vendieron en gran cantidad, y el comprador se llevó una solemne decepción. Les atrajo sobre todo su línea, en especial el tipo furgoneta, que ni la Ford ni la GM tenían en 1976.

Pero lo que ocurría con el Aspen y el Volaré era simplemente que no estaban bien construidos. Cuando apretabas el pedal del acelerador, el motor se «ahogaba» hasta calarse; fallaban los frenos; el capó se abría con el automóvil en marcha. Los clientes se quejaron, y más de tres millones y medio de coches volvieron a los concesionarios para su reparación, una reparación gratuita para el cliente, y que pagaba la Chrysler, claro está.

Pero, además, sucedió que aun cuando el automóvil funcionara en su parte mecánica, se deterioraba la plancha por causa de la oxidación. Por poner un ejemplo, el plan de recomposición de los guardabarros oxidados del Volaré nos costó 109 millones de dólares... en 1980, en un momento en que esta suma era una auténtica sangría para la empresa. El fallo en cuestión se produjo porque no se cuidó suficientemente el proceso de antioxidación. No se nos exigió que nos hiciéramos cargo de los vehículos afectados, pero teníamos la obligación de solucionarle el problema al comprador. A pesar de que la Chrysler asumió la responsabilidad por los defectos de fabricación, lo cierto es que el precio de reventa de estos modelos cayó en picado, lo cual perjudicó notablemente la imagen de la Chrysler.

La Ford pasó por un trance semejante en 1957. Habíamos sacado un coche precioso, el Fairlane 500, una auténtica joya en materia de diseño que se vendió como pan bendito. Pero al igual que el Volaré, presentaba defectos de fabricación. Francis Emerson, mi director de flotas o parques de automóviles en Filadelfia, se hizo con uno de los primeros Fairlane de cuatro puertas para mostrar a los jefes de compra de las más importantes firmas que negociaban esta modalidad de adquisición en lotes. Tan mal construido estaba el coche, que al experimentar la sacudida de un fuerte bache se abrían de golpe las puertas traseras. El hombre solucionó la papeleta a base de atar las puertas por dentro con una cuerda.

—Cada vez que tengo que sacar el coche a petición del cliente es un auténtico calvario —solía decirme—. Les gusta la línea, ¡pero evidentemente no puedo dejar que viajen sentados en el asiento de detrás!

Por aquellos tiempos, el cliente típico de la Ford solía cambiar de coche cada tres años. Por desgracia, en 1960 salimos al mercado con otro trasto, y me dije: «Ahora sí que la hemos hecho buena. Un tipo puede perdonarnos que por una vez le vendamos un rábano. Pero ¿y el cliente de mil novecientos cincuenta y siete que se compra otro coche atraído por la carrocería y luego se encuentra con que ha adquirido un cacharro?». Si había permanecido fiel a la marca y se compraba un Ford de la hornada del sesenta, se llevaba un chasco dos veces seguidas, y esto era tanto como darlo por perdido. Lo más probable es que se fuera con General Motors o comprase un turismo de importación.

Pues bien, el Volaré estaba en el mismo caso. Por supuesto, también la GM había tenido sus fracasos, como fue el Corvair. En este asunto estoy de acuerdo por una vez con Ralph Nader: el Corvair no era un coche seguro. El Vega, con su motor ligero de aluminio, fue otro desastre, pero la General Motors es tan mastodóntica y poderosa que puede encajar un desastre o dos sin experimentar graves quebrantos en su economía, en tanto que la pobre Chrysler no podía permitirse el lujo de un solo fallo.

No puedo seguir hablando de los coches y sus deficiencias sin hacer una alusión al Ford Pinto. Sacamos este modelo en 1971. Necesitábamos un coche de tamaño pequeño, y el Pinto era lo mejor que podía encontrarse por menos de dos mil dólares. Muchos conductores debieron de pensar del mismo modo, porque sólo en el primer año se vendieron más de cuatrocientas mil unidades. Esto convirtió al Pinto en un exitazo enorme, al nivel de los Falcon y los Mustang.

Lamentablemente, dicho modelo se vio envuelto en numerosos accidentes a resultas de los cuales, y por efecto de una colisión trasera, el coche se incendiaba. Se entablaron numerosas demandas judiciales, cientos de ellas. En 1978, en el curso de un espectacular juicio que se celebró en Indiana, se acusó a la Ford Motor Company de homicidio por imprudencia. La Ford fue absuelta, pero el hecho causó un daño incalculable a la firma.

El Pinto tenía dos defectos. El primero, que el depósito de gasolina estaba ubicado detrás del eje, de forma que si se producía un choque fuerte por la parte trasera existía la posibilidad de que el vehículo se incendiara. No era el único coche que presentaba este fallo. En aquel entonces *todos* los automóviles pequeños tenían el depósito de gasolina en la misma ubicación. Y, también, todos los utilitarios sufrían de vez en cuando un aparatoso accidente que acababa con el vehículo envuelto en llamas.

Pero, además, el Pinto tenía una boca de llenado en el depósito que en ocasiones, a consecuencia de una colisión, quedaba arrancada de cuajo. Muchas veces esto provocaba el derrame de gasolina pura, fácil de prender en cualquier momento, como ocurría a menudo.

Nos resistimos a efectuar cambios y eso nos acarreó graves perjuicios. Hasta el mismo John Claybrook, el recto y firme responsable de la Jefatura Nacional de Seguridad del Tráfico en Carretera, protegido de Nader, me comentó un día:

—Es una vergüenza que se queden ustedes con los brazos cruzados respecto al Pinto. La verdad: no es que sea peor que otro utilitario cualquiera. El problema que tienen ustedes no es tanto de tipo mecánico como de orden legal y de relaciones públicas.

¿Quién tenía la culpa? Una de las respuestas obvias es que la dirección de la Ford, entre ellos yo mismo. Hay muchísima gente que juzga que en una situación de esta índole, las presiones legales y de relaciones públicas justifican que la alta dirección se mantenga a la defensiva con la esperanza de que el problema termine por olvidarse. Con todo, me parece justo pedir que los responsables de una empresa se ajusten a un alto nivel de exigencia, y a insistir en que actúen de acuerdo con los dictados del deber y el sentido común sean cuales sean las presiones en juego.

Pero es completamente falso que tratásemos deliberadamente de ahorrarnos unos cuantos dólares poniendo en la calle un vehículo peligroso. A menudo los representantes de la industria del automóvil pecan de arrogantes, pero no hasta el punto de perder los escrúpulos. Los individuos que construyeron el Pinto tenían hijos que iban a la universidad en este modelo. Pueden creerme si les digo que en las empresas del ramo nadie se sienta a una mesa y piensa: «Voy a construir intencionadamente un coche poco seguro».

Al final retiramos voluntariamente casi un millón y medio de unidades del modelo Pinto. Esto ocurría en junio de 1978, un mes antes de que fuera despedido.

Entretanto, volviendo a la Chrysler, mi entrada me deparó otro problema de considerable importancia. Durante la primera semana en la empresa asistí a una reunión de trabajo oficiosa en la que se decició retirar diez mil automóviles del programa de fabricación. Una semana después se celebró otra reunión, esta vez más protocolaria, en la que se decidió retirar del calendario de producción del primer trimestre de 1979 la friolera de cincuenta mil unidades.

Me sentía preocupado y aturdido. Pero ¿qué concepto se tenía allí de los beneficios desde el momento en que se optaba por eliminar sin más un contingente de vehículos del plan de fabricación? Me quedé horrorizado al enterarme de que no teníamos pedidos suficientes de los concesionarios para producir el cupo de coches aludido, y además carecíamos de espacio en el que almacenar los ya supercargados centros de depósito de productos terminados. Estos vehículos salidos de fábrica y no vendidos formaban el llamado «banco de ventas» de la Chrysler, lo que no era otra cosa que un pretexto para seguir manteniendo las fábricas en funcionamiento cuando no existían pedidos suficientes de automóviles.

A intervalos regulares, la división de Fabricación indicaba a la división de Ventas cuántos y qué tipo de vehículos iban a producir, tras lo cual se encomendaba a esta última división la tarea de intentar distribuirlos entre los concesionaros. Era una fórmula enteramente desconocida para mí y que no casaba con mis métodos. La empresa había contratado a una serie de brillantes universitarios recién graduados que, día tras día, permanecían sentados en una habitación de hotel con la mano en el disco del teléfono, con la pretensión de endosar a los agentes autorizados y demás distribuidores la chatarra almacenada por el banco de ventas. Pues bien, este sistema llevaba aplicándose hacía bastantes años.

La mayoría de los excedentes se concentraban en vastos parques de automóviles en la zona de Detroit. Jamás olvidaré la sensación que me produjo la visita al recinto de la Feria Estatal de Michigan, atestado de millares de modelos Chrysler, Dodge y Plymouth sin vender, lo que constituía un vívido reflejo de la inconsistencia estructural de la compañía. Variaba el volumen, pero por norma el número de coches almacenados era muy superior al que permitía concentrar las expectativas de venta.

En el verano de 1979, cuando la Chrysler solicitó por vez primera ayuda oficial, el banco de ventas albergaba ochenta mil automóviles sin vender. Hubo un momento en que la cifra fue de cien mil unidades, lo que representaba alrededor de 600 millones de dólares en productos acabados. En una época en que el dinero se nos iba de las manos y en que prevalecían los altos tipos de interés, mantener un remanente de este calibre entrañaba unos gastos astronómicos. Y lo peor era que los vehículos permanecían estacionados en los inmensos aparcamientos, expuestos a la intemperie y deteriorándose lentamente.

Fabricar coches se había convertido en un juego de acertijos. No se atendía a lo que el cliente solicitaba ni a las demandas de un concesionario, basadas en su conocimiento de las preferencias del comprador. En vez de ello, algún individuo de la central de zona decidía: «A éste le pondremos cubicaje adicional y a ese otro transmisión automática. Pintaré mil de color azul y mil de tono verde». Y si el hipotético cliente lo quería rojo, ¡pues que se fastidie!

Como algo tenía que hacerse con aquel mar de coches, al final de cada mes los jefes de zona montaban una liquidación de existencias para «deshacerse de la chatarra». A continuación se pasaban por lo menos una semana al mes pegados al teléfono con objeto de aliviar la acumulación de existencias. Y los concesionarios se acostumbraron al jueguecito. No tardaron en aprender que si esperaban hasta la última semana del mes, recibirían tarde o temprano una llamada de la dirección de zona y les ofrecería a un precio especial un lote de diez coches. Por un medio o por otro, los concesionarios y agentes autorizados lograban hacerse con los vehículos a un precio inferior al fijado para los mayoristas. En la Ford habíamos recurrido alguna vez al expediente de estas liquidaciones de mercancía cuando las existencias se consideraban excesivas; pero en la Chrysler eso constituía la norma.

Al igual que los perros de Pavlov (con su célebre «reflejo condicionado»), los concesionarios estaban pendientes de la venta de «saldos». Sabían con seguridad que llegaría el momento, y aguardaban pacientemente. A la que sonaba la campanilla, se les aceleraba el pulso porque iban a poder comprar los automóviles un poco más baratos todavía.

Tenía la certeza de que la Chrysler jamás sería una empresa rentable si no suprimíamos para siempre tan peregrino sistema de ventas. También me constaba que no iba a ser tarea fácil. Eran muchos los que en la organización se habían acostumbrado al banco de ventas. Contaban con él, y algunos hasta eran verdaderos adictos de la fórmula. Cuando juré que iba a terminar con ello pensaron que yo estaba en las nubes, soñando con los angelitos. El banco de ventas era tan inmenso y formaba parte tan esencial de la mecánica comercial, que resultaba harto difícil imaginar la vida sin su existencia.

Hablé claro y sin tapujos a los concesionarios. Les expuse que el banco de ventas estaba aniquilando a la empresa. Les argumenté que en nuestro plan de reestructuración no había lugar para él y que esta expresión –banco de ventas– tenía que desaparecer del vocabulario de la firma. Les dije que a partir de aquel instante serían ellos y no nosotros los que iban a pechar con los vehículos, y también dejé bien sentado que no fabricaríamos una sola unidad sin el respaldo de un pedido en regla. Concluí asegurándoles que tanto la empresa como sus agentes oficiales serían los primeros beneficiarios de una gestión ajustada a lo que mandaban los cánones.

Pero no bastaba con mejorar los métodos de cara al futuro. En aquellos momentos teníamos todavía el dichoso banco de ventas, atestado de automóviles. Les manifesté a los concesionarios:

–No podemos vender estos coches y camiones a la Sears o a J.C. Penney. Ustedes son nuestros únicos clientes, y de alguna forma tendrán que hacerse cargo de estos productos; quiero decir comprarlos *ahora*. No puedo desmontarlos y retirar las piezas, y ustedes tampoco pueden dejarme colgado con quinientos millones inmovilizados en existencias (al margen de las causas que han hecho posible esta situación), mientras escogen a su antojo los vehículos que creen van a vender más fácilmente, y al carajo con los restantes.

El reajuste con los concesionarios requirió su tiempo, pero al fin salieron de su inercia y se hicieron cargo del banco de ventas, lo cual constituyó una auténtica proeza. Los agentes oficiales tenían ya gran número de vehículos en existencia y los tipos de interés estaban por las nubes. Pero los concesionarios hicieron lo necesario, y al cabo de dos años nuestras fábricas trabajaban exclusivamente según los pedidos que nos pasaban en firme.

Conforme a la nueva mecánica implantada, los vendedores se reunían con nuestros respectivos concesionarios y juntos planificaban las necesidades del agente oficial para un mes después, a la vez que se realizaba una estimación de cara a los dos meses que completaban el trimestre. Así obtuvimos pedidos definitivos del distribuidor y sobre esta base elaborábamos el plan de fabricación.

El concesionario tiene que hacer lo que le corresponde, y nosotros cumplimos con nuestra parte del trato. Esto significa que atendemos el pedido tan pronto nos llega, le tenemos informado y entregamos dentro de plazo un producto acabado con las debidas garantías de calidad.

En la actualidad, dicho sistema funciona según criterios de integridad. A veces nos dirigimos a un concesionario y le decimos que para tomar parte en un determinado plan de rebajas o descuento ha de comprometerse a comprar cien automóviles. Puede aceptarlo o rechazarlo, pero no tiene ocasión de especular con la cantidad de vehículos que forman el lote y, por supuesto, no hay remates ni liquidaciones a final de mes. Ello hace que podamos trabajar sin el constante aguijón de una catástrofe diaria. Hoy, si un cliente quiere uno de nuestros productos y no lo encuentra en el concesionario de su área, nos pasa el pedido y en unas cuantas semanas le entregamos los vehículos que desea.

El mecanismo del banco de ventas era un factor muy negativo, pero a renglón seguido me enteré de que la Chrysler había puesto en marcha —y lo digo con sarcasmo— la mayor empresa mundial de *leasing* (medio de financiación formalizado en un contrato de arrendamiento). En vez de *vender* los coches a la Hertz o a la Avis, la empresa se dedicaba a alquilarles los vehículos. Luego, transcurridos seis meses, nos los devolvían. O sea, que sin formular la más leve protesta, nos convertimos en intermediarios o agentes de coches usados. Nuestros concesionarios no querían saber nada de estos coches, por lo que el único camino posible era llevarlos a las subastas. El primer año de mi permanencia en la Chrysler mis cuentas indicaban que las pérdidas en concepto de coches usados y malvendidos ascendían nada menos que a 88 millones de dólares.

Bajo mi gestión, optamos por la alternativa de vender los automóviles a las agencias de alquiler, a pesar del estrecho margen de beneficios de este tipo de operaciones. Luego, que se preocuparan *ellas* de deshacerse de los coches. Sesenta mil automóviles usados era lo último que necesitábamos en nuestras presentes circunstancias.

Negociar con las agencias de alquiler de coches es un mal asunto, pero —sobre todo en el caso de la Chrysler— resulta indispensable que la marca esté presente en el parque de vehículos a disposición de los clientes. Por término medio, cada vehículo de la Hertz es alquilado por dos o tres individuos a la semana, lo cual significa que se me depara la oportunidad de realizar dos o tres demostraciones del producto todas las semanas, y muchas veces con gente que en su vida ha manejado uno de nuestros coches. Luego, el conductor regresa a la agencia y pregunta: «¿Quién fabrica este coche?». Recibimos gran cantidad de cartas de clientes que han acudido a una agencia de alquiler y que nos dicen: «¿Cómo es que no promocionan este coche? ¿Dónde lo tenían escondido? ¿Alquilé un Reliant de Seattle en San Francisco y me quedé asombrado de lo bien que iba».

Las agencias de alquiler de automóviles nos dan a conocer. Atraen a los compradores jóvenes, el grupo de profesionales más acomodado, gente de posición que hasta entonces ni había pensado en la posibilidad de adquirir uno de nuestros productos. Necesitamos penetrar mucho más en el suroeste del país y en California, donde las agencias de alquiler de coches despliegan más actividad que en ninguna otra parte.

Antes siquiera de intentar asentarnos en el decadente mercado comprador de aquellos días, tuvimos que computar 500 millones de dólares de pérdidas por gestión deficiente, relativa sobre todo al banco de ventas, al *leasing* con las agencias de alquiler y otras contingencias que no mencionaré.

¡Había tanto por hacer y disponíamos de tan poco tiempo! Tuve que borrar del mapa los treinta y cinco reinos de taifas, aportar un mínimo de cohesión y unidad en el seno de la empresa, deshacerme de muchos empleados que no sabían lo que llevaban entre manos, sustituirlos por personal experimentado capaz de trabajar contra reloj y establecer un sistema de controles financieros sin pérdida de tiempo.

Eran todos problemas acuciantes y las soluciones apuntaban siempre en la misma dirección. Necesitaba dotarme de un buen equipo de colaboradores experimentados que pudieran ayudarme a dar la vuelta a la situación antes de que la cosa no tuviese remedio. En un orden de prelación, lo más urgente era formar este grupo conjuntado.

XV
Formando un equipo

En última instancia, el conjunto de actividades empresariales puede reducirse a tres palabras: personal, producto y beneficios. La prioridad corresponde a la plantilla de colaboradores. A menos que se disponga de un equipo eficiente, de poco sirven los dos elementos restantes.

Al hacerme cargo de la dirección de la Chrysler me traje mis cuadernos de notas de la Ford, en los que había ido anotando las vicisitudes en la trayectoria profesional de varios centenares de ejecutivos de la empresa. Después de mi despido elaboré una lista pormenorizada de todo lo que quería sacar de mi despacho. Era indiscutible que aquellos cuadernos de tapas negras me pertenecían, pero alguien podía argüir que eran propiedad de la compañía. No quería correr riesgos, y como no me hablaba con Henry, mostré la lista a Bill Ford, quien me autorizó a llevarme mis archivos personales.

Tan pronto se me hizo evidente que la Chrysler necesitaba con urgencia personal competente en materia de finanzas y tesorería, eché mano de los citados cuadernos. Unos meses antes, en mi calidad de presidente de la Ford, solicité a J. Edward Lundy, nuestro jefe del departamento financiero, un informe sobre los elementos más competentes dentro de este ámbito concreto. Lundy fue, en su origen, miembro del grupo de «los Fenómenos» (the Whiz Kids), y él era por méritos propios quien había implantado el magnífico sistema financiero de la Ford.

En apariencia, mi petición podría interpretarse como una medida rutinaria de control. Pero viendo las cosas en retrospectiva, me pregunto si incoscientemente adivinaba que en un plazo no muy largo podía hallarme en una tesitura en que este acopio de datos personales me sería de gran provecho. Los acontecimientos demostraron que la lista de Lundy fue un verdadero regalo del cielo.

Abrí las libretas y empecé a repasar los nombres. Lundy había calificado a cada uno con una A, una B o una C. En la lista de las A figuraban unos veinte nombres, pero yo estaba seguro de que ninguno de ellos correspondía al candidato que andaba buscando, pues estaba formada por especialistas contables de primer orden. Yo quería algo más que eso.

Observé que en la lista de las B se hallaba el nombre de Gerald Greenwald. Tenía sólo cuarenta y cuatro años, pero su trayectoria profesional era ya muy densa. Había tenido ocasión de conversar con Greenwald en varias ocasiones y me pareció muy agradable. Recuerdo que su obsesión era salirse del terreno de las finanzas. Una vez le ayudé a ampliar su campo de experiencias mandándole a París para hacerse cargo de Richier, una firma dedicada a la fabricación de material agrícola y para la construcción que la Ford había adquirido. La empresa se fue al traste, pero no por culpa de Greenwald. Fue, sencillamente, una mala operación que a la postre nos obligó a desprendernos de la Richier.

Después la casa mandó a Greenwald a Venezuela. Era un director dinámico y emprendedor, hasta el punto de que el índice de penetración de Ford en el mercado de este país, tanto en lo referente a camiones y furgonetas como a los turismos, era el más alto de todas las filiales Ford. Por entonces, el precio de la gasolina en Venezuela era baratísimo, y muchas veces he bromeado con Jerry diciéndole que en estas condiciones su gestión no podía fallar. En Francia le tocó un hueso duro de roer, pero en Venezuela le había ido muy bien. Sin embargo, bromas aparte, lo cierto es que en todo momento había demostrado poseer excelentes dotes comerciales; sin duda era más que un especialista financiero.

Los antecedentes de Jerry son bastante infrecuentes en el sector de la industria del automóvil. Era judío, hijo de un granjero que criaba pollos radicado en St. Louis. Por su propio esfuerzo se procuró una excelente formación en la Universidad de Princeton, en el departamento de ciencias económicas, y después se vino a la Ford con la intención de dedicarse a las relaciones laborales.

«Hemos pensado en algo mejor», le dijeron en la empresa, y se le dio un puesto en la nueva división encargada de la fabricación del Edsel. Unos meses después del tremendo fracaso de este modelo, se dijo a sí mismo: «Acabo de salir de la universidad. ¿Cómo esperar que la suerte me sonriese a la primera?».

Jerry posee el talento y los conocimientos del empresario capaz de analizar un problema y de tomar las medidas conducentes a su solución. No se pasa la vida hablando, sino que *actúa*. Siempre quiso salirse del campo financiero y, a juzgar por lo acertado de su gestión en Venezuela, sus dotes se aplicaban también a otras esferas. En una palabra, deseaba hacerme con los servicios de Jerry Greenwald porque era un buen empresario, ni más ni menos, un hombre con sentido comercial.

En diciembre de 1978 llamé a Greenwald, que se hallaba en Venezuela. Jerry y su mujer habían ido a una fiesta, por lo que dejé recado en la casa. A su vuelta, Glenda Greenwald adivinó de inmediato el motivo de mi llamada. «¡No le telefonees!», advirtió a su marido. El matrimonio vivía muy bien en Caracas, donde Jerry era uno de los gallitos de un reducido corral. Es lógico que la perspectiva de trasladarse a Detroit para entrar a prestar servicio en una empresa que pasaba por malos momentos no le resultara muy atractiva.

Pero lo cierto es que Jerry me devolvió la llamada y quedamos en vernos en Miami. Apareció con barba. No estaba convencido de que le interesara venirse a la Chrysler, y tomó todo tipo de precauciones para que nadie se enterase de nuestras charlas.

La segunda entrevista discurrió en las Vegas, lugar adonde yo había acudido con motivo de una convención de concesionarios de la Chrysler. Cuando Jerry llegó al hotel se llevó un sobresalto al ver que la Ford celebraba también una asamblea en las mismas fechas. Se pasó todo el tiempo en su habitación para no toparse con ningún conocido. Estuvimos charlando toda la tarde y parte de la noche. Jerry tenía que tomar un avión que salía a la mañana siguiente. A las cinco y media de la madrugada me llamó a la habitación y me preguntó:

—¿Estás despierto?

Le dije que si estaba en sus cabales, y él manifestó que no había podido pegar ojo en toda la noche y que antes de tomar una decisión quería hacerme unas cuantas preguntas más. Le dije que viniera sin más a mi habitación. Mientras yo le escuchaba metido en un albornoz, me hizo partícipe de sus dudas.

—Me he pasado la vida bregando para sacudirme el síndrome de especialista financiero en la Ford —declaró—, y si voy a la Chrysler volveré a toparme otra vez con el mismo problema.

Le expuse que necesitaba de sus servicios para montar un engranaje de controles financieros, pero que una vez consumada esta labor podía dedicarse a otras funciones. En el momento en que abrió la puerta y empezó a caminar por el pasillo, le volví a llamar y le dije:

—Un momento, Jerry. Es posible que termines siendo director general antes de lo que te imaginas.

Me miró con cierto escepticismo, como si yo intentase venderle el puesto a toda costa. Sin embargo, no exageraba. Al cabo de dos años, Jerry pasó a ocupar el segundo puesto en el escalafón de la empresa.

Después de que aceptase mi propuesta, Jerry se trasladó a la Ford, en Dearborn, con objeto de darles cuenta de su decisión. Con gran sorpresa por su parte, Henry quiso hablar con él personalmente. Tanto mi antiguo patrón como su hermano Bill sabían que Jerry valía su peso en oro, por lo que intentaron disuadirle. Jerry manifestó que no podía evitar la seducción de un trabajo en la Chrysler, el estímulo que suponía para él intentar dar la vuelta a una empresa en difícil coyuntura. Sabía que este argumento desarmaría a Henry, el cual tuvo que afrontar una tesitura parecida cuando se incorporó en 1946 a la empresa que fundara su abuelo. En efecto, Henry no opuso más reparos. Por lo visto, se reconocía a sí mismo en el lance que le presentaba Jerry, y esto fue suficiente.

Una de las tareas más acuciantes que esperaban a Greenwald era la centralización de los pagos. Viniendo de la Ford, lo más probable es que quedara conmocionado al comprobar que se liquidaban facturas desde unos treinta lugares distintos.

Durante los primeros días en su nuevo trabajo habló largo y tendido con el personal adscrito a las tareas de intervención. Como era previsible, llegó a la conclusión de que allí nadie tenía la menor idea de evaluar desde una perspectiva financiera la actuación de gerencia y que tampoco estaban en condiciones de esbozar o proyectar las repercusiones de las decisiones de alto nivel en el seno de la compañía. Perdió cantidad de horas tratando de dar con una persona que tuviese un área delimitada de competencias. Jerry hablaba con ellos y le decían: «Bien, todo el mundo tiene la responsabilidad de supervisar los costos». Jerry sabía muy bien lo que estas palabras significaban.

En el momento de la verdad, *todo el mundo* se quitaba el muerto de encima y nadie asumía la responsabilidad.

Una de las calamidades que Greenwald sacó a la luz fue la gestión que se hacía en la Chrysler relativa a los costes de garantía, que alcanzaban la suma de 350 millones anuales. Greenwald solicitó inmediatamente una lista de los diez principales problemas en torno a la garantía del vehículo con el nombre de un responsable al lado de cada punto, así como un plan concreto para corregir las deficiencias y reducir los costos. Con gran abatimiento descubrió al poco tiempo lo que yo ya sabía, o sea: si querías disponer de datos financieros para enderezar un entuerto en la Chrysler, antes era preciso arbitrar un sistema de captación de datos.

Jerry se encargó de recordarme en todo momento que no se contentaba con ejercer las meras funciones de intervención. Transcurridos unos meses, una vez comprobado cuán eficaz era en su trabajo, le hice la siguiente proposición:

—Si eres capaz de encontrarme a otro que sepa desenvolverse como tú, arreglaré las cosas para que puedas ocuparte de otras tareas.

Al poco tiempo, Greenwald apareció con Steve Miller, que había sido su jefe del departamento financiero en Venezuela. En calidad de tal se incorporó a la Chrysler y dio pruebas de su valía; resultó un fichaje precioso para el equipo. Cabe afirmar que la tarea de Miller en las —al parecer— inacabables negociaciones con centenares de bancos durante 1980 y 1981, fue de importancia vital para la empresa. Sorprende la serenidad y el temple, tanto de Greenwald como de él, durante aquella etapa de caos y confusión. No creo que la Chrysler hubiese sobrevivido sin el esfuerzo de estos dos hombres.

En cuanto a Hal Sperlich, se hallaba ya en la firma a mi llegada. Entró a trabajar en la Chrysler después de que Henry Ford le despidiera en 1977. Encontrar en un lugar como aquél a un hombre de la categoría de Hal fue como dar con una gran botella de cerveza fría en medio del desierto. ¡Muchas gracias, Henry!

Cada vez que incorporaba un nuevo elemento al equipo me sentía un poco culpable. Para poder hacerme con los servicios de esos hombres tuve que mentirme a mí mismo. Si hubiese actuado rectamente les habría dicho la verdad: «Manteneos a distancia de aquí; no tenéis idea de lo mal que están las cosas por estos pagos». Pero no podía adoptar esta actitud. Tenía que decirles lo que yo anhelaba fervientemente fuese una realidad, a saber, que si conseguíamos cohesionar a un grupo de hombres de primera fila lograríamos salvar a la empresa de la bancarrota.

Con Sperlich, sin embargo, no tuve que andarme por las ramas. Llevaba dos años en la Chrysler cuando yo me incorporé a la firma y, en consecuencia, estaba perfectamente al corriente de cuán deteriorada estaba la situación. En más de una ocasión le manifesté: «Oye, hijo de mala madre, ¿por qué no me avisaste de lo que pasaba aquí? No hubiera aceptado el puesto». Pero también él mintió con tal de tenerme allí dentro.

A Hal no tuve que aleccionarle, porque el tiempo que llevaba en la empresa le daba una gran ventaja sobre los nuevos fichajes, puesto que sabía cómo funcionaban las cosas. Hal fue una especie de adelantado con el que podía contar. Riccardo me informaba de las partidas que componían las cuentas de pérdidas y ganancias, pero era Sperlich el que conocía los entresijos de la empresa.

Aprovechando su experiencia, pudo rescatar del olvido a una serie de buenos elementos que el antiguo director general había relegado a algún oscuro puesto. Muchos de ellos procedían de varios niveles inferiores, por lo que Hal necesitó emplearse a fondo para dar con aquella gente. Fue así cómo descubrió a un plantel de jóvenes de talento que hasta entonces habían permanecido sumidos en el ostracismo o escondidos debajo de una gran cesta, por expresarlo de algún modo. Poseían las dotes y el entusiasmo necesarios; solamente hacía falta que alguien reparase en su presencia.

Por suerte, el cáncer que padecía la Chrysler no se había extendido hasta la base. Si bien tuve que sustituir a la mayoría de los altos cargos, en los niveles más bajos había gran número de muchachos emprendedores y llenos de talento. A medida que nos deshacíamos de los mandos menos competentes, iba resultando más fácil dar con estos filones. Aún hoy estoy convencido de que mis antecesores en el cargo no conocían siquiera la existencia de este potencial humano. Y estoy hablando de individuos cuyo ardor se traslucía en la mirada; bastaba prácticamente con echarles un vistazo para adivinar lo mucho que valían.

Al poco tiempo nombré a Sperlich director adjunto encargado de la planificación del producto, y antes de que transcurriese un año le promocioné al cargo de director de planificación de todas las actividades industriales de la Chrysler en territorio norteamericano. Desde mi punto de vista, Hal había tomado parte de un modo u otro en todos los éxitos de la Ford durante los años sesenta y setenta. En fechas más recientes, lo mismo puede decirse de su labor en la Chrysler.

Hal es un visionario, pero dotado de gran sentido práctico. Comprende dónde está el meollo de un problema y no presta atención a lo accesorio y superficial. Soporta que se haga un razonable acopio de datos y se dedique un tiempo adecuado al análisis, pero sólo hasta cierto punto, más allá del cual impulsa a la acción y a dejarse de especulaciones. Y lleva a buen término la misión. Es un sujeto que sabe desenvolverse en todo momento.

Pero, además, Hal posee un olfato infalible que le permite anticiparse al futuro, adivinar los gustos de la gente a tres o cuatro años vista. Trabajamos juntos desde la concepción del Mustang y nos hacíamos mutuamente partícipes de nuestras intuiciones. Se dice que tanto él como yo somos dos tipos clarividentes. Me atrevería a decir que entre *los dos* valemos tanto como *el mejor* especialista en el negocio de coches.

Claro está que no siempre coincidimos, pero esto forma parte de nuestra relación de trabajo. A Hal le gusta gastarme bromas. Dice que me estoy volviendo viejo para opinar sobre lo que piden los jóvenes. Quizá tenga razón. Tal vez sea éste el motivo de que le haga tanto caso. Pero ¡qué diantre!, no siempre ocurre así. Sólo es cinco años más joven que yo y empieza a parecer un poco viejo. Pero no me extraña: llevo cerca de veinticinco años abusando de él.

Desde el principio, Greenwald y Sperlich dieron pruebas de su enorme valía, pero dos individuos no forman un equipo de dirección. Necesitaba con urgencia más ayuda, y sabía dónde obtenerla. Constituían un grupo de gente de grandes dotes y experiencia increíblemente sumidos en el olvido. Me refiero a ciertos directivos de la Ford retirados de la industria por haberles llegado la jubilación. Necesitaba de su cerebro y de su talento práctico para organizar todo aquello.

Gar Laux había trabajado en la Ford tanto en el terreno del marketing como en la relación con los concesionarios. Cuando presentamos el Mustang, era director de ventas de la división Ford. Posteriormente lo nombré director gerente de la división Lincoln-Mercury.

Durante el intervalo en que Knudsen rigió los destinos de la Ford, Gar dejó la empresa y se convirtió en director de la Cámara de Comercio de Dallas. Unos años más tarde cambió de trabajo y se asoció con el gran jugador de golf Arnold Palmer en la dirección de un establecimiento concesionario de Cadillac en Carolina del Norte. Pero no era sólo la experiencia de Gar lo que me atraía, sino también, y en igual medida, su personalidad. Es uno de estos tipos con los que todo el mundo gusta de salir a tomar una copa y confiarle sus secretillos, y sabía que su fichaje sería una aportación fabulosa de cara al trato con nuestros concesionarios. Y Dios sabe cuánta falta nos hacía una mejora de relaciones.

Impresionaba constatar lo mal que se llevaban la central de Highland Park y la red de agentes oficiales. Me sorprendió y asustó la forma en que se decían las cosas una y otra parte, así como las cartas iracundas e insultantes entre los concesionarios de la Chrysler y la casa matriz. Cuando trabajaba en la Ford mantuve en todo momento excelentes relaciones con los concesionarios, pero necesité veinte años para ganarme su confianza. La tarea de trabar contacto con otra red de distribuidores era diferente, y además no disponía de veinte años para estrechar lazos. No podía tender yo solo todos los puentes con el concesionario. Gar Laux era el hombre adecuado para encargarse de esta tarea.

Le traje a la empresa para que actuase de moderador entre los interlocutores y conseguir que se entablara un diálogo. En fin de cuentas, lo que convenía a la Chrysler interesaba también a los concesionarios, y viceversa. En vez de dejar que las dos partes fueran acumulando inquina o se censurasen mutuamente, convenía crear una atmósfera adecuada que permitiese a un alto cargo sentarse a charlar con los agentes oficiales de la marca y repasar uno por uno los problemas y el memorial de agravios.

Y, por supuesto, los concesionarios tenían mucho que decir. Les asistía toda la razón del mundo. Estaban irritados con la dirección porque no se les había dado un trato digno. Durante años la empresa les había estado enviando basura y exigiéndoles que la vendieran. La calidad de la Chrysler era tan deficiente, que los distribuidores adquirieron el hábito de pensar en remendar todas las partidas de automóviles que recibían. En tales circunstancias, ¿cómo íbamos a exigirles que se mostrasen corteses y entusiastas? ¿Cómo podíamos aspirar a ganarnos su confianza?

En la empresa se recibía un sinfín de cartas de hipotéticos clientes, que habían ido a visitar las salas de exposición de modelos de los concesionarios Chrysler y decían: «A esos tipos no les puedes preguntar ni qué hora es», o bien: «Vi un anuncio que decía: 'Entre y compare'. Así lo hice, pero no encontré a nadie con quien hablar. Al parecer, los dependientes estaban tomándose un café o leyendo *The Daily Racing Form*. ¿Qué me aconsejan que haga?».

Cada vez que leía una de estas cartas me ponía furioso. Me sacaba de quicio que perdiésemos la oportunidad de formalizar una venta con personas que deseaban hacer negocios con nosotros, aunque sólo fuese para intentar salir del atasco.

Así pues, mandé a Gar para que organizase cursillos con los concesionarios y les recordase las cuatro cosas esenciales que un vendedor nunca debe perder de vista: si un individuo entra en su establecimiento de ventas, desvívase por complacerle; hable con él; proporciónele la información que necesita para efectuar un pedido de diez mil dólares. No siempre sabe lo que desea. Tal vez no sepa lo que es el bloque transmisión-diferencial o las ventajas que puede suponerle adquirir un vehículo de tracción delantera. Además, actualmente los hombres han dado paso a las mujeres, que compran en conjunto más del 50 por 100 de los coches. Tal vez necesiten que se les explique con cortesía algunos detalles del vehículo en el que han puesto los ojos. Para tratar con el cliente hacen falta conocimientos, tiempo y paciencia; eso es indiscutible. Si un vendedor no posee estas condiciones, mejor será que se dedique a otros menesteres (siempre he recordado aquellos discursitos aleccionadores de mi padre a las camareras que atendían con disgusto al cliente).

Gar informó a los concesionarios de que la nueva dirección iba a poner orden y disciplina en todas las esferas concernientes a la fabricación y producción de automóviles y demás vehículos. Les expuso que conocía el problema de la falta de calidad de la mercancía que la empresa les enviaba y que se iba a poner remedio rápidamente a esta situación. Manifestó el interés de la dirección en cumplir con las condiciones acordadas, actuar dentro de los límites del presupuesto y ajustarse a las fechas de entrega. Explicó a los agentes oficiales de la casa que la firma iba a cambiar por completo y que en adelante podían contar con nosotros.

En un principio, Gar aceptó incorporarse como asesor a la Chrysler por un período de varios meses, sin abandonar la gestión del establecimiento de venta de automóviles que poseía en Carolina del Norte. Pero al cabo de un tiempo le convencimos de que se quedase un par de años al frente de las divisiones de venta y marketing.

Otro de los problemas graves que asediaban a la Chrysler era la calidad de imagen del producto. Tratándose de un coche, no basta con hacer una señal con las manos, atraer la atención y endosar el artículo al cliente. Aun en el caso de que se consiga mejorar ostensiblemente un vehículo sin dilación, la gente necesita tiempo para advertir el cambio que se ha operado. Es como la «fresca» del pueblo que, de repente, deja la mala vida: durante los dos primeros años, nadie se lo cree.

La estética y el precio es lo que hace que se venda un coche, pero la calidad es el factor que garantiza la continuidad de estas ventas. Cuando se trata de que el público perciba las características y prestaciones que configuran el término calidad, no basta con el recurso a una buena agencia de publicidad, ni tampoco las conferencias de prensa o cualquier otro tipo de comparecencia pública. La única solución es construir buenos productos, venderlos a un precio competitivo y, después de sacarlos a la calle, atender a su mantenimiento como es debido. Si es usted capaz de llevar a cabo este programa, la gente no tardará en acercarse a echar un vistazo.

Para que nos echara una mano en el asunto de la calidad, saqué del retiro a Hans Matthias y le contraté como asesor. Antes, estando yo en la Ford, había sido ingeniero jefe de la división Ford y, con posterioridad, jefe de fabricación de toda la Ford Motor Company. Su especialidad era el control de calidad. Hasta su jubilación en 1972 fue el hombre que más había hecho para mejorar la calidad de los vehículos Ford. En el plazo de dos años hizo otro tanto en la Chrysler.

Matthias trabajó con Sperlich en la misión de introducir un poco de disciplina en el sistema de fabricación. Sperlich se concentró básicamente en la concepción de modelos a tres años vista. Le dije:

—No escatimes, por mala que sea nuestra situación actual. El único modo de sobrevivir es aguantar en el negocio mientras llevamos a cabo las modificaciones necesarias.

En la actualidad, la calidad de nuestros coches es igual o mejor que la de cualquier coche norteamericano de la competencia, y nos estamos aproximando a pasos agigantados al mismo nivel de los japoneses.

El público en general recela bastante de las grandes compañías, y con razón. A veces nuestros coches eran tan deficientes que muchos llegaron a creer que lo hacíamos a propósito. La mayoría de la gente no se da cuenta de que nada interesa tanto a una firma de automóviles como acertar a la primera con un buen producto. Si advertimos un fallo en la fábrica enmendarlo quizá nos cueste veinte dólares la hora; pero si hacemos caso omiso y dejamos que el problema lo solvente el concesionario, en concepto de garantía al comprador, nos saldrá por treinta dólares la hora. Si ya me irrita pagar los veinte dólares, imagínense lo que será cuando se convierten en treinta.

Lograr un diseño acertado conlleva un delicado equilibrio: ¿Qué desea el cliente? ¿Cómo podemos satisfacerle sin poner en peligro las restantes cosas que espera del producto?

Los coches son unas máquinas complejas, y cada año que pasa aumenta el grado de complejidad. Tomen, por ejemplo, el aire acondicionado. Si usted va a desembolsar setecientos dólares suplementarios para no sudar en verano, quiere palpar los resultados de este gasto extra. Ahora bien, la persona que ha de diseñar un sistema de aire acondicionado debe tener presente las siguientes premisas: no interesa el diseño ni se necesitan treinta minutos para enfriar el ambiente en el interior del vehículo, porque la mayoría de los trayectos son de menos duración. En consecuencia, es preciso instalar ventiladores ultrarrápidos. Pero, ¡ojo! No deben ser demasiados ruidosos, porque a lo mejor el comprador que pone el aire acondicionado quiere a la vez escuchar una radio estereofónica que le ha costado trescientos dólares. En tal caso, el diseñador del sistema no puede desentenderse y decir que esto es problema de otro, que su tarea se reduce a enfriar la atmósfera del coche. Es preciso que su labor se integre en el conjunto de lo que va a ser el automóvil.

Todo diseñador de un componente o elemento ha de tener muy en cuenta los siguientes extremos: ante todo, debe tratarse de un diseño que se traduzca en una pieza ligera, porque como en cualquier otro elemento del vehículo el peso afecta a la prestación y rendimiento del mismo. En segundo lugar, debe ser de bajo costo, y ello por razones evidentes, y por último, ha de ser fácil de fabricar. Ensamblar dos piezas es siempre más cómodo y fiable que encajar tres.

Fácil de fabricar... He aquí la clave de la calidad. «Mi diseño es algo fuera de serie.» Ésta es una frase que he tenido que escuchar durante años, y muchas veces me veo obligado a pensar: «Sí, es tan genial que no podemos construirlo».

Ni que decir tiene que la calidad no termina con la labor del técnico. Los obreros especializados que trabajan en la fábrica tienen que ser conscientes de lo que llevan entre manos. Mediante la implantación de los llamados «círculos de calidad», los trabajadores de nuestras instalaciones fabriles participan en mucho mayor grado que antes en el proceso de fabricación. El supervisor se reúne con ellos y pregunta: «¿Qué me decís de esta operación? ¿Podéis hacerla? El departamento técnico dice que sí y el encargado de fabricación también. Sin embargo, sois vosotros los que vais a construir la pieza en cuestión. ¿Qué opináis?».

A renglón seguido realizan unas pruebas durante un par de días. Si el resultado no es positivo, van y le dicen al jefe de taller: «No es una buena idea. Es mejor hacerlo de esa otra manera». Muy pronto se corre la voz de que la dirección atiende sus palabras, de que existe un interés auténtico en conseguir un producto de calidad, de que estamos abiertos a todo lo que sean aportaciones constructivas y de que no les consideramos una pandilla de muñecos. Es muy posible que la convicción del operario de que se toman en cuenta sus ideas sea un factor de primer orden en lo tocante a la calidad.

También hemos concertado un acuerdo entre el sindicato UAW (United Auto Workers) y el Plan de Gestión de la Calidad en la Chrysler. En resumen, la esencia del pacto es la siguiente: «Mirad, discutiremos sobre lo que se tercie, pero en lo tocante a la calidad no vamos a dirimir enfrentamientos. No hay que mezclar la calidad con otros asuntos, pues no puede quedar, en ningún caso, mediatizada por las habituales relaciones antagónicas entre la dirección y los trabajadores».

Durante su permanencia en la Ford, Hans Matthias confirió pleno significado al término «calidad». Cuando le pedí que se sumase a nuestro equipo, no perdió el tiempo y se aplicó sin demora a su tarea; al cabo de año y medio había ordenado el sistema de fabricación de la Chrysler. Además, lo hizo en calidad de asesor o consultor, y todo el mundo sabe que por lo común la tarea de los consultores es no hacer nada.

Matthias y yo nos entendimos desde el primer momento. Al cabo de diez minutos de estar en la Chrysler, comentó: «¿Sabes lo que hay aquí? Un lío que tal vez no lleguemos a desenredar». Pero lo consiguió. Todas las mañanas iba a los talleres y mandaba sacar al azar cinco unidades de la cadena de montaje. A continuación hacía traer un Toyota último modelo y pedía al equipo de fábrica que observase la diferencia. Al poco tiempo, el capataz reconocía: «Eh, pues sí que fabricamos mal los coches».

Debo mencionar también a George Butts, que trabajaba ya en la empresa cuando yo me incorporé a las funciones directivas. George ha realizado una meritoria labor en lo relativo a mejorar la calidad de los productos de la casa. He dejado bien claro ante todo el personal directivo de la compañía que la calidad ocupa el primer puesto en nuestro orden de prelación y creo que el mensaje ha llegado hasta la base. Creé un departamento especial encargado de controlar la calidad y puse a George al frente. Me sirve, en el buen sentido, como perro de presa... y es la máxima autoridad en cuestiones de calidad.

En 1979, en el momento culminante de la pugna para un crédito con el aval del Estado, cuando estábamos reduciendo costos a marchas forzadas, Matthias y Butts me propusieron la contratación de doscientos cincuenta nuevos empleados de taller para mejorar la supervisión de la calidad. En teoría no podíamos permitirnos este lujo, pero yo di el visto bueno al plan porque creía que si la Chrysler tenía un futuro, no podía ser otro que el de fabricar un producto de reconocida solvencia.

Me resulta difícil hablar de calidad sin mencionar también a Steve Sharf, en la actualidad director de fabricación. También él estaba en la Chrysler cuando yo aterricé en la empresa. Es un auténtico diamante en bruto, uno de los individuos que había permanecido ignorado por la antigua dirección durante años. Al atribuirle nuevas responsabilidades, introdujo sustanciales mejoras en el ámbito a que me estoy refiriendo.

Estaba, además, Dick Dauch, que fue a parar a la Chrysler después de trabajar en la General Motors y la Volkswagen. Dauch nos trajo a la empresa quince elementos procedentes de los dos centros en los que prestó servicio. Es éste un extremo que a menudo se pasa por alto cuando alguien intenta desbrozar cómo logramos reaparecer en la palestra. De la Ford saqué a la gente que necesitaba para responsabilizarse del marketing, las finanzas y tesorería, y también las compras; pero en lo tocante a la producción automovilística de altura —de calidad— recurrí a lo mejorcito de la General Motors y de la Volkswagen. Así pues, dispuse de elementos veteranos y jóvenes, de personal ejecutivo y asesor, de gente que estaba en el retiro, y todos se concertaban en un perfecto entendimiento. Fue esta combinación única e insólita de colaboradores lo que nos permitió solventar en un corto plazo los problemas de la calidad de nuestros productos.

En mutua cooperación, Matthias, Butts, Sharf y Dauch han dado solvencia a nuestro sistema de fabricación. Es este culto al producto de calidad —junto con la labor de un brillante grupo de técnicos y diseñadores industriales encabezados por Don DeLaRossa y Jack Withrow— lo que nos permite ser la única empresa automovilística del mundo que ofrece al comprador una garantía por cinco años o de ochenta mil kilómetros.

La garantía en cuestión no es ningún truco o técnica para incrementar las ventas. No tendría razón de ser. Durante el cuarto o quinto año, cuando un coche empieza normalmente a deteriorarse, resultaría demasiado gravoso reparar los motores y transmisiones en el supuesto de que no funcionaran o resistieran sin problemas. La obligación contraída con el cliente acabaría con nosotros.

Por fortuna, calidad y productividad son dos caras de la misma moneda. Todo lo que contribuye a realzar la calidad incide positivamente en la productividad de la empresa. En el momento en que se mejora la calidad disminuye el costo de la garantía al cliente, al igual que los gastos de revisión y de mantenimiento. Si se empieza por hacer bien las cosas, los costos de estudio tecnológico y de disposición de las máquinas y herramientas también disminuyen, a la vez que empieza a crecer la confianza y la lealtad del comprador.

Además de Gar Laux y de Hans Matthias, recurrí a otro antiguo colega de la Ford, también en situación de retiro. Paul Bergmoser había sido treinta años subdirector de compras de aquella firma. Es un hombre firme e innovador, y sabía que podía contar con él para hallar doce maneras distintas de hacer lo que todos los restantes decían que era imposible. «Mira, *Bergie* –le dije por teléfono–; no tengo aquí nadie que me eche una mano.» Luego intenté explicarle que en la Chrysler no existía ninguno de los esquemas y mecanismos de actuación a los que tan acostumbrados estábamos en la Ford. También él aceptó sumarse al equipo, primero como asesor, y más tarde, por un año poco más o menos, como director general de la compañía.

Cuando Paul llegó a Highland Park se quedo atónito ante el espectáculo que se ofrecía a sus ojos. Muchas veces venía a verme y me decía:

–Mira, hago la faena por ti, pero si supieras lo que hay debajo de cada pedrusco que levanto no me ibas a creer.

En ocasiones, la magnitud de los dislates que detectaba, hacía que se echara a reír. Cuando llevaba un año en la Chrysler, se lamentó ante mí:

–Lee, tengo un pavoroso informe contable según el cual resulta que este año la empresa ha perdido mil millones de dólares. Pero lo que no tengo es un estudio serio que me indique cómo perdimos esta suma.

Todo cuanto pude decirle fue:

–Paul, bien venido a la Chrysler.

Como todos los del equipo que habían trabajado en la Ford, Bergie estaba acostumbrado a unos métodos de trabajo muy sistemáticos. Pero en su nuevo puesto como director de compras, descubrió que allí no regía ninguna estructura ni esquema de trabajo estables. Incluso teniendo en cuenta la escasa atención que se prestaba a la racionalización de las actividades, el departamento de compras tenía fama de ser uno de los más ineficaces. Por desgracia, la Chrysler dependía en mayor medida de los proveedores externos que la General Motors o la Ford, que fabricaban ellos mismos muchas de las piezas que necesitaban.

Además, siendo el más débil de los Tres Grandes, la Chrysler no siempre obtenía los precios más favorables. Por si fuera poco, la empresa no se preocupó de dispensar un trato amigable a los proveedores, por lo que con el paso de los años éstos se acostumbraron a pagarle con la misma moneda. Como consecuencia de esta actitud, no se podía contar con un suministro estable y continuo. Bergie tenía aquí un trabajo a la medida de sus cualidades.

Como ya he dicho, Laux, Matthias y Bergmoser estaban jubilados y acudieron para echarme una mano. Sin ellos no habría sabido qué hacer. Eran hombres con años de experiencia a sus espaldas y deseosos de llevarla a la práctica.

¿Por qué aceptaron? ¿Fue, como algunos han dicho, por mis dotes de convicción? Por supuesto que no. Eran amigos míos. Me constaba que pertenecían a este tipo humano que responde siempre a una empresa arriesgada, que está dispuesto a prestar ayuda en cualquier emergencia. Pensaron que resultaría un trabajo excitante, y cuando no era así apechugaban con su obligación con la misma firme voluntad. Todos poseían una virtud importante: fuerza de carácter.

Por cierto que esta cualidad la poseían todos los elementos que se sumaron a nuestro grupo. Tan sólo individuos de carácter estaban en condiciones de salir adelante. Era más que un empeño dificultoso; era una aventura azarosa. Pues bien, pese a las dificultades, ninguno de ellos dio jamás signos de debilidad. Nunca hubo titubeos, nerviosismos estériles, y nadie se preguntó: «¿Por qué abandoné un futuro prometedor en una empresa sólida para meterme en este lío?». Eran hombres templados, llenos de coraje y brío. Les estoy agradecido, a todos y cada uno de ellos, y jamás les olvidaré.

Con todo, he contraído una deuda especial de gratitud con los que dejaron su retiro. Hablemos claro: la jubilación obligatoria es una necedad. Siempre me ha parecido absurdo que cuando un individuo llega a los sesenta y cinco se le apee del trabajo sin más, al margen de si está o no en condiciones de seguir adelante. Deberíamos prestar más atención a los directivos provectos: poseen el tesoro de la experiencia y de la sabiduría.

En Japón, por ejemplo, son personas entradas en años las que dominan y manejan la situación. En el último viaje que realicé a dicho país, el tipo más joven con el que me entrevisté tenía setenta y cinco años. Y tampoco diría que estos criterios hayan perjudicado al Japón en los últimos años.

Si un sujeto todavía puede acudir al trabajo a los sesenta y cinco y desenvolverse a satisfacción de todos, ¿por qué ha de abandonarlo a la fuerza? El ejecutivo en situación de retiro ha pasado años en la empresa y se las sabe todas. El paso del tiempo le ha enseñado cantidad de cosas. ¿Qué hay de malo en alcanzar determinada edad si el individuo goza de buen estado de salud? La gente suele olvidar que el índice de salud de la población en general ha mejorado sustancialmente. Si un hombre se encuentra en buena forma física y tiene el brío suficiente para desempeñar su tarea, ¿por qué no sacar provecho de sus cualidades, avaladas por la experiencia?

He visto a no pocos ejecutivos anunciar su decisión de retirarse a los cincuenta y cinco. Pero luego, al llegar a esta edad, quieren retractarse de sus palabras y no pueden hacerlo. Lo han proclamado tanto que no tienen otra elección. A mí me parece dramático.

Muchos de estos individuos se desmoronan al acogerse a la jubilación. Estaban tan acostumbrados a la dura brega, con toda la tensión y apasionamiento que conllevaba, con la sucesión de fracasos estrepitosos y éxitos sonados, que no digieren el hecho de verse constreñidos repentinamente a jugar una partida de golf y a despachar el almuerzo en casa. He visto cómo muchos hombres fallecían a los pocos meses de jubilación. Es cierto que el trabajo puede acabar con uno, pero estar ocioso produce a veces el mismo resultado.

Bien, es posible que llegados a este punto piensen ustedes que ya disponía de una defensa y de una delantera con las que remachar el clavo. Pero aún me faltaba un buen medio centro. Para acabar de completar el equipo necesitaba de todas todas un buen especialista en marketing, en comercialización. Este terreno es mi especialidad, y lo que encontré en la Chrysler no acababa de convercerme. Resolví la papeleta de una forma poco habitual. El 1 de marzo de 1979 convoqué una conferencia de prensa en Nueva York para anunciar una importante adquisición: había decidido prescindir de las dos agencias de publicidad que llevaban las cuentas de la Chrysler —Young & Rubicam, y BBDO— e incorporar a Kenyon & Eckhardt, de Nueva York, con la que tan buenos resultados habíamos alcanzado en el relanzamiento de la división Lincoln-Mercury en la Ford.

Aun a tenor de las reglas imperantes en Madison Avenue, prescindir de nuestras agencias de publicidad así, de golpe, era una maniobra poco ortodoxa. Se trataba, además, de la cuenta individual más importante que se transfería a otra agencia en toda la historia de la publicidad. En efecto, aquella decisión afectaba a una cifra de 150 millones de dólares, lo cual sirvió para que el mundillo empresarial se diera cuenta de que no nos daba miedo tomar medidas audaces con objeto de reflotar nuestra empresa.

En aquellos días, K & E seguía teniendo a la Ford por cliente, con una cuenta de 75 millones de dólares, adscrita a la división Lincoln Mercury. Para trabajar con nosotros tuvieron que renunciar a ella de inmediato. Estoy seguro de que la noticia debió de sentarle como un tiro a Henry. La divulgación del hecho la habíamos estudiado minuciosamente y planeado de forma tal que la Ford fue informada con sólo dos horas de anticipación. Las precauciones que se adoptaron para impedir filtraciones del acuerdo con la agencia de publicidad fueron enormes, y puede afirmarse que en Detroit nadie tuvo idea de la transferencia de nuestra cuenta publicitaria hasta el momento de divulgarla a la prensa. Después de la conmoción, Young & Rubicam pasó a ser la agencia encargada de la división Lincoln-Mercury. Un par de años más tarde, cuando nuestras actividades resultaban excesivas para encomendarlas a una sola agencia, entregamos a BBDO la cuenta de Dodge, con lo que a la postre todo se redujo a un «juego de sillas vacías» de altos vuelos.

Nada tenía en contra de las dos agencias publicitarias a las que había sustituido. Pero eran demasiadas las papeletas que debía afrontar y me vi obligado a simplificar el panorama. Sencillamente, no disponía del tiempo necesario para explicar mis métodos a dos agencias con las que nunca había trabajado, ni los principios que inspiraban mi gestión. Decidí entenderme con profesionales a los que conocía bien y que estaban tan familiarizados con mis procedimientos que cuando les presentaba la mitad de un proyecto adivinaban en el acto en qué consistía la otra mitad.

Desde mi óptica particular, K & E son los mejores en su especialidad. Ya en la Ford nos proporcionaron el lema: «Ford tiene una idea mejor», por más que algunos pusieron objeciones a este eslogan. Estimaban más adecuado éste: «Ford tiene *la mejor* idea».

La fórmula surgió de la mente de John Morrissey, que hasta hacía poco era presidente del Consejo de Administración interno de Kenyon & Eckhardt. John empezó en la firma Walter Thompson, después trabajó para la Ford y, finalmente, se incorporó a la mencionada agencia. Era un publicitario muy creativo y nos conocíamos desde hacía mucho tiempo.

Fue K & E la que nos sugirió «el símbolo del felino», un elemento de vital importancia en el reflotamiento de la división Lincoln-Mercury. Baste decir que la aportación global de la agencia contribuyó a que se doblara la venta de estos modelos en la década de 1970.

La división Lincoln-Mercury era un hueso duro de roer, y fue precisamente durante estos años cuando advertí que Kenyon & Eckhardt sabía desenvolverse en situaciones críticas, sometidos a constantes tensiones.

Teniendo en cuenta de que los de K & E llevaban treinta y cuatro años trabajando con la Ford, les ofrecimos un contrato para cinco años, fórmula sin precedentes en el mundo de la publicidad, donde los períodos de vigencia son mucho más reducidos. También les dimos la oportunidad de integrarse mucho más que en el pasado en la actividad de la Chrysler.

Cuando se saca un nuevo modelo a la calle, la percepción del público es de vital importancia. Cuanto más vinculada está la agencia de publicidad a las labores de la empresa, tanto mejor para ambas partes. Así, los expertos de K & E se convirtieron en socios activos de la Chrysler. Estaban representados en los comités más importantes de la compañía, incluidos los departamentos de comercialización y planificación del producto. Puede afirmarse que se convirtieron en parte integrante de la Chrysler, casi como si fuesen miembros de una agencia en el seno de la empresa. En efecto, fueron nuestro brazo armado en materia de relaciones públicas y de marketing.

Era la primera vez que se intentaba una asociación tan estrecha entre cliente y agencia en el ámbito de la industria del automóvil, pero siempre he sostenido que si la empresa va a invertir cien millones en un automóvil de nuevo cuño, no se puede pedir a la agencia que se muestre creativa así por las buenas, de la noche a la mañana. Para eso es necesario que haya vivido de cerca todo el proceso de fabricación de un coche, que haya asistido a las reuniones de trabajo en las que se proyecta el vehículo. Entonces sí está en condiciones de aconsejarle con la máxima anticipación y hacerle recomendaciones como: «Esto no se venderá porque...», o bien: «No le pongáis este nombre porque...».

La ventaja que presenta esta fórmula es que permite actuar con inusitada rapidez. Un jueves por la tarde se acordó ofrecer a nuestros clientes detallistas una nueva tasa de financiación del 10,9 por ciento. K & E empezó inmediatamente a planear un anuncio. A las cinco de la mañana siguiente estaba terminado y el sábado salió al aire. Me gusta moverme con presteza cuando se trata de hacer una cosa, y necesitaba una agencia capaz de acoplarse a mi ritmo.

Una de las primeras decisiones de K & E fue recuperar el símbolo del carnero, que se utilizó años atrás en los camiones Dodge y que luego fue desechado. Las prospecciones y estudios realizados por K & E pusieron de manifiesto que lo que los conductores de camión querían era un vehículo resistente, duradero, fiable y bien concebido. En consecuencia, sacaron de nuevo la imagen del carnero con este eslogan: «Los camiones Dodge poseen el vigor del carnero». Muy pronto, la gente pasó a contemplar nuestros camiones con la misma óptica con que evaluaban los Chevrolet y Ford. En un corto plazo, estos vehículos merecieron la atención de muchas personas a las que jamás se les había ocurrido adquirir un vehículo de la gama Dodge.

En un momento dado en que las ventas experimentaron una fuerte caída, la agencia elaboró un plan que contenía la siguiente propuesta al potencial comprador: «Queremos que sopese usted la posibilidad de adquirir un producto Chrysler. Entre y pruebe uno de nuestros coches. Si lo hace pero termina comprando a un competidor, le regalamos cincuenta dólares por el solo hecho de haber pensado en nosotros».

Hay que reconocer que la idea era bastante atrevida. Muchos de nuestros concesionarios se opusieron, alegando que la gente se aprovechería de nosotros. Pero se equivocaban. La fórmula atrajo a muchos clientes a las salas de exhibición y realmente se vendieron muchas unidades.

Con todo, los distribuidores continuaron viendo en tan singular oferta una trampa peligrosa, a pesar de que los cincuenta billetes los ponía la empresa y no ellos. Transcurridos unos meses decidimos abandonar el plan sugerido por la agencia por falta de respaldo entre los concesionarios. No obstante, la idea sigue pareciéndome genial.

Otra de las técnicas de mercado que pusimos en seguida en práctica de consuno con K & E fue la garantía consistente en la devolución del importe. En este caso, la propuesta decía: «Compre uno de nuestros coches, lléveselo y si dentro de treinta días no está satisfecho *por cualquier motivo*, tráigalo y le devolveremos su dinero». La única carga para el comprador que renunciaba a quedarse el vehículo era una tasa por depreciación de cien dólares, puesto que ya no podíamos vender el coche como nuevo.

Esta fórmula la pusimos en práctica en 1981, y todo Detroit pensó que nos habíamos vuelto locos: «¿Qué pasa si resulta que al tipo no le gusta el coche, sin más razones? ¿Y si cambia de parecer? ¿Y si a la mujer no le agrada el color?».

Si esta serie de incógnitas se hubiesen plasmado en la práctica hasta convertirse en la norma, nos habríamos visto inundados por una oleada de clientes insatisfechos pidiéndonos que les devolviésemos la suma desembolsada. El papeleo únicamente hubiese bastado para acabar con nosotros.

Pero ante la sorpresa de los escépticos, el plan de promoción funcionó estupendamente. La mayoría de la gente jugó limpio; sólo hubo una minoría de aprovechados. Según los cálculos que habíamos realizado, previmos que un uno por ciento de los compradores optaría tal vez por devolvernos el vehículo. Sin embargo, nos sorprendió constatar que el índice de devoluciones era inferior al 0,20 por 100.

También ésta era una idea revolucionaria y me alegro de haberla puesto en práctica. Lo que conviene recordar es que intentábamos poner en juego todos los medios posibles para que el cliente potencial tuviese la seguridad de que la empresa avalaba las propuestas que se le hacían.

Con la incorporación de Kenyon & Eckhardt estábamos en condiciones de saltar al terreno de juego. Por desgracia, el campeonato de liga estaba ya muy avanzado y nosotros ocupábamos la última plaza. Aun así, consideré que el problema de colocarnos en un lugar privilegiado de la tabla era sólo cuestión de tiempo. No tuve en cuenta que antes de emular las proezas del equipo que marchaba en cabeza teníamos que codearnos una larga temporada con los otros equipos que iban en la cola.

XVI
El día que el sha abandonó el país

Una vez formado el equipo, confiaba, como ya he dicho, que la Chrysler se recuperaría felizmente; era simple cuestión de tiempo. Pero, claro, al realizar mis cálculos no podía prever que la economía del país pasaría por un tremendo bache. Ni podía anticipar lo que sucedió en Irán. A juzgar por los acontecimientos, tampoco pudo Jimmy Carter.

Coincidiendo con mi entrada en la empresa, nuestra penetración en el mercado disminuyó y alcanzamos índices muy bajos, del orden del 8 por 100, lo cual resultaba descorazonador, incluso para las modestas miras de la Chrysler. Empezaba a darme cuenta de que el reflotamiento de la empresa podía convertirse en un empeño que durase años.

Durante el tiempo que permanecí en la Ford llegué a enorgullecerme de mi dichosa vida de familia. Por duras que fuesen las vicisitudes del trabajo, al llegar a casa me olvidaba de la empresa. Pero estoy hablando de lo que ocurría antes de entrar en la Chrysler. Luego empecé a despertarme por las noches y a no poder conciliar el sueño. Mi mente bullía por dentro. No paraba un segundo de trabajar. Hubo momentos en que me inquieté por mi salud mental, preguntándome si lograría mantener el equilibrio. Uno sólo puede esforzarse hasta donde le alcanzan las fuerzas.

Gracias a Dios, tenía una esposa que me comprendía. Con todo, a pesar de los veinticinco años que llevaba en compañía de un hombre que trabajaba en la industria del automóvil, incluso ella comenzó a preocuparse.

Estaba dejando el pellejo en lo que constituía una experiencia nueva. Ralph Nader solía aducir que Iacocca era un genio del marketing y que era capaz de vender coches a la gente aun no queriéndolos comprar. Nader se lamentaba de que el mastodóntico grupo de los Tres Grandes, con todo su poder y recursos, podía lavar el cerebro del público e inducirle a comprar lo que a ellos les viniera en gana.

Ahora bien, suponiendo que anduviera en lo cierto, ¿dónde estaba ese poder portentoso que se me atribuía ahora que lo necesitaba de veras? ¿A dónde había ido a parar mi talento en materia de comercialización en un momento en que nadie compraba coches de la Chrysler? En 1979 me hubiera venido muy bien un poco de estas cualidades mágicas, cuando estaba metido en un lío pavoroso, vendiendo todo lo que encontraba a mano.

En estas fechas, la coyuntura de la Chrysler era tan difícil que la precariedad de nuestra posición trascendió al exterior. O sea, que además de afrontar todo lo demás, teníamos que aguantar los irritantes rumores de que la empresa podía irse al garete de un momento a otro. No se pierda de vista que cuando un sujeto gasta ocho o diez mil dólares en un coche nuevo, le supone un desembolso importante. Es lógico que se pregunte si la firma que le ha vendido el producto seguirá en activo dentro de un par de años, cuando necesite repuestos y reparar alguna avería. Si le están diciendo todo el día que posiblemente la Chrysler se hunde sin remisión, la reacción del supuesto cliente no será correr a comprar uno de nuestros vehículos.

Llegó un punto en que la palabra Chrysler era sinónimo de chascarrillo. Los caricaturistas del país se despacharon a gusto con nosotros, al igual que hizo Johnny Carson:

CARSON: Chico, es un tipo impresionante.
EL PÚBLICO: ¿Como cuánto?
CARSON: ¡Caramba!, mira tú si será atontado que esta mañana llamó a la Chrysler y preguntó: «¿Qué tal andan los negocios?».

Otra muestra: «No sé qué diablos estará ocurriendo en la Chrysler, pero es la primera vez que veo a un tipo llamar al teléfono de la esperanza».

No llevaba más que tres meses en la Chrysler cuando el mundo se vino abajo. El 16 de enero de 1979, el sha escapó de Irán. Al cabo de unas semanas, el precio de la gasolina se había duplicado. California fue el primer estado que soportó la crisis, hasta el punto de que en mayo la revista *Newsweek* dedicó al tema su artículo de fondo. Un mes después, el impacto se dejó sentir en el este del país. El último fin de semana del mes de junio sólo con mucha suerte se podía encontrar una gasolinera que despachase normalmente.

Estos sucesos tuvieron un efecto mortífero sobre las ventas de nuestros vehículos más grandes, así como en los vehículos recreativos (RVs). Chrysler iba al frente en esta gama de productos y en la de vehículos-vivienda. Siendo artefactos de gran consumo de combustible, fuimos las primeras víctimas del pánico. En junio de 1979, los chasis y motores que suministrábamos a los fabricantes de vehículos de recreo dejaron prácticamente de venderse, en tanto que las ventas de camionetas y furgonetas –otro capítulo importante de nuestra actividad– descendieron a la mitad de lo que venía siendo habitual.

Una de las críticas favoritas de la gente al referirse a la industria del automóvil fue que debíamos habernos anticipado a la escasez de crudo a raíz de la crisis iraní. Pero si ni el mismo Gobierno tenía idea de lo que sucedía por aquellos pagos, ¿cómo podía *yo* prever lo que iba a ocurrir?

No, no estábamos preparados para lo que ocurrió en Irán, pero lo que sí hicimos fue reaccionar en consecuencia. En 1979, proyectamos los modelos de 1983 sobre la presunción, lógica a todas luces, de que para entonces la gasolina habría subido a unos dos dólares y medio el galón (algo menos de cuatro litros). Pero he aquí que, súbitamente, alguien empieza a gritar: «¡Era una inocentada! La gasolina vuelve a ser barata. ¡Queremos coches grandes!».

Si algún experto me hubiese dicho entonces que los precios de la gasolina se doblarían en 1979 y que cuatro años más tarde se mantendrían al mismo nivel a pesar de la inflación, le habría tildado de loco. En modo alguno, mírese por donde se mire, podíamos adivinar el estallido de la crisis iraní y sus consecuencias.

Existe un tópico muy extendido en nuestro país según el cual la industria automovilística norteamericana producía los coches que menos convenían a dicha coyuntura económica, en tanto que los fabricantes extranjeros disponían de los automóviles adecuados al sobrevenir la crisis petrolera. Esta creencia es falsa. Hasta el derrocamiento del Sha, había una larguísima lista de espera de clientes que solicitaban coches grandes y potentes, con un motor de ocho cilindros. La verdad es que había escasez de suministro de vehículos de fuerte consumo.

En cuanto a los japoneses, ¿se anticiparon realmente a los norteamericanos en la demanda de coches pequeños? A lo largo de treinta años no habían hecho otra cosa que fabricar automóviles de reducido tamaño. O sea, que aunque la crisis energética se hubiera producido *en otro momento*, ellos habrían estado igualmente preparados.

Todos los fabricantes disponíamos de coches de mediano o pequeño tamaño, pero en 1978 no podíamos darles salida. En fecha tan tardía como el mes de enero de 1979, pocas semanas antes del estallido iraní, la Datsun ofrecía descuentos apreciables a sus clientes. Toyota y Honda no vendían nada. En cuanto a nosotros, teníamos en almacén miles de modelos Omni y Horizon. Nuestro modelo Colt, de pequeñas dimensiones, construido por Mitsubishi, no se vendía ni ofreciendo una rebaja de mil dólares.

La situación se invirtió en un abrir y cerrar de ojos. Hacía tan sólo dos meses, la gasolina costaba sesenta y cinco centavos el galón. Nuestras fábricas de coches de gran tamaño hacían horas extraordinarias, mientras que los japoneses tenían setecientos mil vehículos acumulados en los tinglados portuarios de San Diego y Baltimore. Sin embargo, en abril no quedaba uno solo de ellos. El ciudadano norteamericano, deseoso de economizar gasolina, se lanzó en tromba sobre existencias de coches japoneses, muchos de los cuales se vendieron en el mercado negro mil dólares más caros que el precio oficial. No es que la Ford, la GM y la Chrysler no pudieran prever las necesidades del mercado estadounidense; es que *nadie* pudo hacerlo.

La General Motors tuvo suerte. Había planeado realizar la presentación preliminar de los coches de la serie X en abril. El Chevrolet Citation era un turismo de mediano tamaño, con tracción delantera y de poco consumo. Durante los dos primeros días de su puesta en venta, la GM dio salida a todos los Citation que tenía en existencia y recibió pedidos de veintidós mil más.

La Chrysler tuvo menos fortuna. Después de que remitiera la primera crisis del petróleo, en 1974, los norteamericanos se tomaron el desquite y se lanzaron en masa a comprar turismos de gran tamaño. Como de costumbre, la empresa se ciñó a las exigencias del mercado. Ello significaba que cuando cambiaron de opinión, la Chrysler no disponía apenas de utilitarios para ofrecer al cliente.

Recuerdo con todo detalle las imágenes que por las noches nos servían los telediarios: colas interminables en las gasolineras de California y Washington, y las batallas campales que tuvieron lugar en algunas estaciones de servicio neoyorquinas. La gente se asustó. Muchos cargaron un bidón de quince litros en el maletero, y no faltó quien, al margen de toda norma de seguridad, guardó un depósito de 190 litros en el garaje de su casa.

En el Congreso se empezó a hablar de racionar la gasolina, y las revistas dedicaban al tema sus artículos de fondo. Detroit se encontró al desnudo, y fatalmente, fuese por el miedo a quedarse sin gasolina o por la brusca subida de los precios del combustible, las ventas de coches familiares, de motores de ocho cilindros, de furgonetas y camionetas, de camiones y de vehículos de recreo se congelaron instantáneamente.

En un período de cinco meses, en 1979, el porcentaje de ventas de coches pequeños se elevó del 43 por 100 a casi el 58 por 100, un incremento de quince puntos. En el sector del automóvil, una variación anual del 2 por 100 se considera un cambio porcentual importante. Una diferencia de quince puntos es, pues, una auténtica catástrofe. En un solo mes —mayo de 1979—, las ventas de furgonetas y vehículos de reparto descendieron un 42 por 100. Era la primera vez en la historia de la industria automovilística que se producía un giro tan brusco y de tanta entidad como el acaecido en la primavera del año en cuestión.

Por perjudicial que fuese el sesgo de los acontecimientos, en la Chrysler sabíamos que podíamos adaptarnos a la nueva realidad, y que éramos capaces de hacerlo antes que nadie en Detroit. No se necesitaban grandes reformas. Bastaba con doblar nuestra inversión en nuevas fábricas y productos en el quinquenio siguiente y confiar en que al término de este lapso continuásemos en activo.

Pero justo cuando empezábamos a dar estos primeros y costosos pasos, el país se precipitó en una recesión económica. Todavía no habíamos terminado de encajar el primer golpe, cuando se nos echó encima esta segunda calamidad. Faltó muy poco para que el impacto nos dejase fuera de circulación. La tasa anual de ventas de automóviles descendió en los Estados Unidos a casi la mitad de lo que había sido anteriormente. En todo el mundo no hay sector industrial alguno que pueda mantenerse a flote en una economía que requiere doblar las inversiones contando con la mitad de los ingresos. En cuanto a nosotros, las posibilidades habían descendido considerablemente. No existían reglas ni principios válidos de actuación. Estábamos en terreno inexplorado.

Hasta entonces siempre te cabía el recurso de decir: «Anda, echa un vistazo a ver qué indica el manual de instrucciones». La General Motors concibió el modelo, Ford lo copió y Chrysler utilizó parte del mismo. No me interpreten al pie de la letra. Lo que quiero dar a entender es que entre el año 1946, cuando me metí en el negocio de coches, y marzo de 1979, nunca se suscitaron muchas dudas acerca de cómo debía procederse para sacar adelante con éxito una empresa o un proyecto.

Pero he aquí que, de repente, teníamos que desentendernos de todo lo aprendido y aplicar criterios diferentes a cada actividad. Se habla mucho de «estrategia», pero de lo único que entendíamos era de técnicas de supervivencia, que por lo demás eran elementales: cerrar las fábricas que más sangraban el patrimonio de la empresa; despedir al personal que no fuese absolutamente indispensable o que no se diera por enterado de cuál era la situación.

Me sentía como un cirujano militar. No hay misión más dura que la del médico que se halla destacado en primera línea durante una contienda bélica. Durante la segunda guerra mundial, un primo mío formó parte del equipo de cirugía de un improvisado hospital de campaña en las Filipinas. A su regreso nos relató algunos lances impresionantes relativos a la manera de seleccionar los soldados que caían heridos. Es una pura cuestión de prioridades, solía decir. Traían a cuarenta chicos en grave estado, y el equipo médico tenía que tomar decisiones rápidas: «Disponemos de tres horas. ¿A cuántos podemos salvar?». Entonces escogían a los heridos con más probabilidades de salir con vida, en tanto que al resto había que darlos por muertos.

Pues bien, en la Chrysler sucedía algo parecido. Nos vimos obligados a practicar una intervención quirúrgica de urgencia. En época de vacas gordas, si se tiene una fábrica que no es indispensable o que no arroja un balance positivo se puede pensar durante dos años en desprenderse de ella, después de haber analizado todas las ventajas e inconvenientes. En la Ford eran tremendamente meticulosos a este respecto. Sopesaban los pros y los contras hasta los más pequeños pormenores.

Pero si se te echa encima una crisis, no hay tiempo para estudios ni evaluaciones. Tienes que escribir en un trozo de papel los diez puntos que consideras indispensables para resistir los embates. Te aplicas exclusivamente a esta tarea y dejas de lado todo lo demás. El espectro de una muerte cercana ayuda enormemente a centrar con presteza la atención.

Sin embargo, al propio tiempo tienes que asegurarte de que vas a disponer de un contingente mínimo para cuando haya pasado lo peor de la crisis. Dicho así, parece muy fácil, pero llevarlo del papel a la práctica es otro cantar. Hay que echar mano de todo el coraje y resolución que uno lleva dentro. Exige un profundo sentido de disciplina. Confías y rezas para que tu plan dé resultado, porque estás poniendo todo tu empeño en la tarea. Te concentras en el futuro, en la confianza de que el día de mañana te sorprenda aún con vida.

Iniciamos la acción defensiva cerrando algunas de nuestras fábricas, entre ellas una destinada a la producción de accesorios para el interior de los automóviles, ubicada en Lyons, Michigan, así como la más antigua de nuestras factorías industriales: la de Dodge Main, en Hamtramck, en el distrito polaco de Detroit, hecho éste que generó una oleada de protestas entre la comunidad; pero lo cierto es que no teníamos la más mínima opción.

Al mismo tiempo, era necesario que los proveedores siguieran produciendo el material que necesitábamos, aunque no tuviésemos bastante dinero para pagarles. Para ello, lo primero que debíamos hacer era convencerles de que no íbamos abocados a la quiebra.

No se puede embaucar a los proveedores, porque conocen bien nuestro negocio. Les trajimos a la sede central, les mostramos los productos que teníamos en preparación y les manifestamos de todas las maneras posibles que teníamos intención de mantener la empresa en pie, a la par que solicitábamos su colaboración.

Con objeto de reducir costos, establecimos un procedimiento para transportar las piezas fabricadas lo más tarde posible. Se trata de la fórmula conocida como «envío en el último minuto», y es un excelente método para rebajar costos. Los japoneses llevaban años practicándolo, y seguramente lo aprendieron de nosotros. Ya en la década de 1920, cuando las barcazas cargadas de mineral llegaban a la fábrica de la Ford en River Rouge, el cargamento se convertía en acero y luego en bloques de motor en el plazo de veinticuatro horas. Pero durante los años eufóricos comprendidos entre 1945 y 1978, la industria del automóvil norteamericana adquirió malos hábitos.

Uno de los múltiples cambios que introducimos fue la aceleración del transporte de piezas y suministro de material a los talleres de montaje. Por ejemplo, antes de mi llegada el bloque transmisión-diferencial se cargaba en tren desde Kokomo, Indiana, hasta Belvidere, Illinois. Utilizando camiones conseguimos que llegasen a su destino el mismo día, lo cual agilizó grandemente esta fase de la producción.

Al cabo de unos meses, nuestro sistema de «envío en el último minuto» funcionaba tan bien que cuando los obreros de la fábrica de motores de Detroit realizaron una huelga salvaje, la instalación fabril de Windsor se quedó sin motores que ensamblar a las cuatro horas de iniciada la huelga no autorizada.

Reducíamos gastos allí donde podíamos. Al diseñar nuestros automóviles de la serie K, los proyectamos de modo que no alcanzaran los 4,47 metros de largo, con objeto de introducir los más posibles en los vagones plataforma convencionales. En tiempos normales nadie repara en esos detalles, pero en una coyuntura crítica procuras rebajar costos por todos los medios.

Llegando el momento de remitir el balance del ejercicio de 1979 a los accionistas, decidimos prescindir del clásico informe a todo color, llamativo y triunfalista, y enviar a nuestros doscientos mil propietarios un folleto sencillo y breve en blanco y negro, impreso en papel reciclado. Aparte de ahorrarnos el gusto y las ganas, la sobria presentación constituía un elocuente mensaje: afán de austeridad de ese tipo sólo podía significar que las cosas iban muy mal y que la empresa carecía de liquidez, ¡y de qué manera!

Pero no era suficiente reducir costos. Necesitábamos obtener una montaña de dinero para pagar las facturas. Hubo un momento en que las pérdidas de la empresa eran tan enormes que tuvimos que vender los inmuebles de las agencias de venta Chrysler propiedad de la compañía a una firma de Kansas, la ABKO. En el lote iban doscientas agencias situadas en pleno centro de capitales y ciudades que aseguraban una distribución estratégica de los productos Chrysler en todo el país. Sin embargo, arañábamos el suelo en busca de dinero, y esta medida extrema nos procuró 90 millones de dólares. Más tarde, con objeto de disponer de concesionarios donde más falta nos hacían, tuvimos que volver a comprar alrededor de la mitad de los edificios vendidos, pagando por ellos dos veces más de lo que habíamos sacado.

Vistas las cosas en retrospectiva, la venta de bienes raíces parece un error de bulto. Por otra parte, necesitábamos efectivo con urgencia, y en aquellos momentos noventa millones de dólares me parecieron mil millones.

Antes de jubilarse, John Riccardo hizo cuanto estuvo en su mano para enmendar algunos de los errores más graves cometidos por la dirección de la compañía. Llegó a un acuerdo con Mitsubishi en relación con nuestras actividades en Australia. Vendió las explotaciones de la empresa en Venezuela a la General Motors, y las de Brasil y Argentina a la Volkswagen. Negoció un contrato con Peugeot respecto a los activos de la Chrysler en Europa por 230 millones de dólares y un 15 por 100 de las acciones de dicha firma, lo que hizo de la Peugeot la mayor empresa automovilística de Europa. Una vez terminadas esta serie de transacciones, la Chrysler sólo desarrollaba actividades propias en los Estados Unidos, Canadá y México; y en ninguna otra parte.

Poco tiempo después llegué a la conclusión de que no nos quedaba más alternativa que vender nuestra fábrica de carros de combate a la General Dynamics, por 348 millones de dólares. Fue una decisión muy penosa, porque la división de Suministros Militares era la única de la empresa que tenía garantizado un beneficio anual de 50 millones al año, por ser el Gobierno la otra parte. Pero necesitábamos el dinero como amortiguador, para conseguir que nuestros proveedores se avinieran a prorrogar el vencimiento de los pagos pendientes.

Tomé dicha decisión de muy mala gana, en parte porque vendía la única industria en que, según la ley, los japoneses no podían entrar en competencia con nosotros. La verdad es que me sentí tentado a desprenderme de los coches y quedarme con los tanques. Desde el ángulo financiero hubiese sido mucho más lógico. Pero la construcción de tanques no era nuestro fuerte. Suponiendo que hubiera un futuro para la Chrysler, éste sólo podía radicar en el campo del automóvil.

Aun así, resultó una decisión dolorosa. Nuestra división de tanques era una filial potente y sólida en la que trabajaba personal muy capacitado. Por espacio de cuarenta años, esta industria había arrojado balances muy positivos en todos los terrenos. Durante la segunda guerra mundial formamos parte del «arsenal de la democracia», y nuestros técnicos proyectaron y fabricaron el que fue considerado como el mejor tanque del mundo. Además, hacía tan sólo unos meses que yo mismo subí y piloté el primer carro M-1 propulsado por turbinas salido de la cadena de montaje. Teníamos en proyecto una serie de fantásticos productos absolutamente innovadores y, en fin, parte de los hombres más dotados de la Chrysler trabajaban en aquella factoría.

Nadie quería desprenderse de aquella división, pero a la postre no nos quedó otro remedio que sopesar lo que suponía el mantenimiento de esta fábrica y la necesidad perentoria de contar con un soporte monetario en efectivo para salvar la recesión económica por la que atravesaba el país. No había, repito, más solución que concentrar todo el esfuerzo productivo en los coches y camiones.

Por aquellos días, los tipos de interés eran tan altos que de no haber necesitado el dinero que nos procuró la venta de la fábrica en cuestión, hubiésemos podido obtener 50 millones al año con sólo colocar lo que nos pagó la General Dynamics en el mercado monetario. Y téngase en cuenta, que esta suma de 50 millones equivalía a los beneficios que se obtenían de la división de tanques. Fue entonces cuando se me pasó por la cabeza la idea de comprar un Banco. Se podía ganar más dinero moviendo el dinero que fabricando coches, camiones... o tanques.

El episodio aludido tiene un singular dato incidental. El convenio con el Sindicato del Automóvil comprendía tanto los tanques como los coches. Para no hundirnos, negociamos con aquél un acuerdo a tenor del cual los obreros percibirían un poco más de diecisiete dólares la hora, en vez de los veinte que venían cobrando hasta el momento. Los trabajadores de la fábrica de tanques no ratificaron el acuerdo, pero, de todos modos, tuvieron que afrontar la realidad. Como resultado, el Departamento de Defensa sacó una buena tajada. Me fui a ver a los mandos del Ejército de Tierra y les dije: «Aquí tienen un reintegro de sesenta y dos millones; considérenlo como la aportación de un patriota». A razón de un millón por tanque, fue como regalarles gratis sesenta y dos carros de combate.

Ninguna de las medidas que se adoptaron para mantener en pie a la Chrysler resultó fácil; pero la más penosa fue sin duda la de los despidos en masa. Primero en 1979 y de nuevo en 1980, tuvimos que prescindir de los servicios de miles de obreros y empleados. En un momento dado de abril de 1979, se procedió al despido de siete mil empleados de oficina, iniciativa que ahorró a la empresa 200 millones anuales. Unos meses antes se había rescindido el contrato a ocho mil quinientos trabajadores asalariados. Ambas medidas supusieron una reducción anual de costos por valor de 500 millones de dólares. El reajuste de plantilla afectó a tirios y troyanos, desde los mandos a la base.

Los despidos constituyeron una tragedia, no hay por qué disimularlo. Yo asumí personalmente la tarea de despedir a los directivos más antiguos. Me pareció que no podía delegar en otras personas. En tales casos, hay que decir la verdad. Después de haber conocido por experiencia lo que significa que te pongan de patitas en la calle, me convertí de inmediato en un especialista de lo que *no* hay que decir o hacer en tales circunstancias, ¡Por supuesto no iba a decirles que me caían mal! En todo momento procuré asegurarme de aclarar las razones del despido y de ofrecer a las víctimas las mayores ventajas sociales posibles. En algunos casos, incluso forcé un poco la regulación legal en la materia.

Despedir a un individuo nunca es agradable, por lo que hay que proceder a ello con toda la delicadeza de que se es capaz. Uno tiene que ponerse en la piel de la persona afectada y reconocer que, por más que quieras enmascararlo, es un mal trago. Lo más penoso es despedir a un colaborador cuando éste tiene la convicción de que él no tiene la culpa, de que es la víctima de una gestión empresarial desacertada, o porque los altos cargos nunca se preocuparon en serio de él.

No me cabe duda de que cometimos equivocaciones, sobre todo durante el primer año, ya que probablemente se echó a la calle sin motivo o por motivos erróneos a empleados que no lo merecían. Quizá el supervisor no les tenía mucha simpatía, o tal vez eran demasiado ingenuos o vocingleros. Teníamos que actuar con suma presteza y era inevitable que en esta etapa se atribuyeran a empleados eficientes fallos de los que no tenían culpa alguna. Sí, estoy seguro de que tenemos las manos un poco sucias, pero estábamos en un trance desesperado e intentamos hacer las cosas lo mejor que supimos.

La mayoría de los despedidos fueron encontrando trabajo paulatinamente, algunos en otras fábricas de coches, otros en los talleres de proveedores de la industria y otros, en fin, como docentes o consultores. Lamenté de veras verlos marchar. Como bloque humano eran mucho más amistosos y tratables que los elementos que conocí en la Ford; pero en última instancia, este factor no sirvió para evitar los despidos.

Presenciar estos despidos a mi alrededor me causó un gran impacto. Ello me llevó a reflexionar profundamente sobre la responsabilidad social, un apartado que no tuve oportunidad de aprender en la Ford. En esta empresa los altos cargos directivos formábamos un coto aparte y, además, nunca tuvimos que afrontar una crisis de tanta magnitud. Anteriormente, no me vi en el trance de tener que despedir a mansalva. No es que de repente se me hubiera hecho la luz, pero sí llegó un punto en que tuve que preguntarme si obraba rectamente para con todo el cúmulo de personas que dependían de mis decisiones.

Uno de los lujos de los que tuvimos que prescindir fue el contar con un numeroso plantel de personal asesor. Desde los tiempos en que Alfred P. Sloan se hizo cargo de la dirección de General Motors, en el sector del automóvil todas las actividades se repartían entre los órganos asesores (*staff*) y los de ejecución (*line*), como en el ejército. Los segundos están integrados por los individuos que participan directamente en la producción y que tienen asignadas funciones prácticas concretas, bien sea en el departamento técnico, la fabricación o las compras.

Los integrantes del grupo asesor son los que planifican la labor de conjunto, los encargados de integrar el trabajo de los elementos que componen la línea de producción en una estructura operativa. En la práctica, para que un asesor realice una labor eficaz ha de haber pasado por puestos ejecutivos. Lo peregrino del caso es que se observa una tendencia, especialmente en empresas como la Ford, a contratar a graduados en ciencias empresariales de la Universidad de Harvard, que no saben distinguir una pulga de un elefante, y a dotarles de responsabilidades asesoras. Sucede entonces que, sin haber tenido jamás experiencia ejecutiva directa esos «expertos» le dicen al tipo integrado en la cadena de producción —que lleva treinta años al pie del cañón— cómo tiene que hacer su trabajo o por qué lo está haciendo mal. A lo largo de mi experiencia profesional he tenido que mediar en las disputas entre órganos asesores y órganos ejecutivos más veces de lo deseable.

Es preciso contar con personal asesor, pero sin excederse. En la Ford, mientras Henry intentaba deshacerse de mí, se recurrió a los servicios de la firma de consultores McKinsey & Company, la cual, además de concebir una especie de oficina de la presidencia, creó un superórgano asesor de ochenta personas, cuya misión era fiscalizar la tarea de los restantes cargos consultivos y ejecutivos. Pues bien, con los años este grupo se ha impuesto y reina con un poder soberano. Constituye, por así decirlo, una especie de empresa dentro de la empresa.

Cuando Chrysler empezó a tambalearse tuve que prescindir de la mayor parte del personal asesor. Toda la vida había sido un elemento ejecutivo y eso podría haberme facilitado la tarea. Pero mi filosofía era muy simple: necesitaba gente que fabricase y vendiese los coches. No podía permitirme mantener en una plantilla a un sujeto que nos dijese que haciendo esto o lo otro podríamos haber fabricado tal o cual modelo un poco mejor. Aun en el supuesto de que tuviese razón, no estábamos en situación de evaluar sus opiniones. Cuando las balas silban a tu alrededor, el primero que sufre las consecuencias es el empleado de los departamentos consultivos.

Como resultado de los despidos en masa, desmantelamos varios niveles de administración. Redujimos el número de personas que participaban en la toma de las decisiones importantes. En un principio, los móviles que nos indujeron a ello fueron de estricta supervivencia, pero con el tiempo me he dado cuenta de que gestionar una empresa con relativamente poca gente resulta más cómodo y efectivo. Volviendo la vista atrás resulta evidente que había en la Chrysler demasiados directivos, muchos más de los necesarios para la buena marcha de la empresa. Esta es una lección que la competencia todavía no ha asimilado... ¡y confío en que siga como hasta ahora!

XVII
Medidas drásticas: solicitando ayuda al Gobierno

Durante el verano de 1979 ya se hizo evidente que la única posibilidad de salvar a la Chrysler era adoptando medidas radicales. Estábamos haciendo todo lo que podíamos y más para reducir costos, pero la coyuntura económica del país iba agravándose y nuestras pérdidas seguían acumulándose. A la sazón nos hallábamos en azarosa situación, y necesitábamos ayuda externa para sobrevivir. No disponíamos de los recursos propios suficientes para salvarnos del naufragio.

Sólo se me ocurrió una salida ante tan caóticas condiciones.

Supongo que me creerán si les digo que lo último que estaba en mi ánimo era solicitar ayuda al Estado. Pero una vez tomada la decisión, me apliqué a la tarea con todo mi empuje.

En el plano ideológico siempre he sido partidario de la libre empresa, un convencido de la ley de supervivencia de los más aptos. En mis tiempos de director de la Ford pasaba casi tanto tiempo en Washington como en Dearborn. En aquel entonces iba a la capital por una sola razón: intentar sacudirnos de encima a los organismos oficiales. Así las cosas, no es de extrañar que cuando me volvieron a ver la cara como director y presidente del consejo de la Chrysler, decidido a obtener ayuda oficial, todo el mundo comentaba: «¿Pero cómo es posible? ¡Qué atrevimiento el suyo!».

A estos desgarros de vestiduras respondí que era el único recurso que teníamos a mano.

En efecto, lo habíamos probado absolutamente todo. Durante 1979 y 1980, celebré más de cien entrevistas con inversores potenciales. La mayoría de estas personas resultaron ser unos farsantes, embaucadores o bien samaritanos bien intencionados, pero ingenuos. De todos modos, hablé con todos aquellos individuos en situación de prestarnos ayuda, aunque las perspectivas de obtenerla fuesen remotas.

A continuación tuve que entendérmelas con intermediarios que pretendían representar los intereses de árabes acaudalados. Me constaba que había muchos árabes ricos, pero en nuestro caso resultaba absurdo. Solicitamos informes nada menos que de ciento cincuenta y seis posibles filones de esta raza. A veces bromeaba con nuestros jefes de tesorería y les preguntaba: «¿Aún no se han acabado los árabes ricachones?». Llegué a mantener conversaciones con unas doce personas que parecían ofrecer posibilidades y que decían poseer muy buenos contactos en el mundo árabe, pero resultaron ser unos buscavidas. Todos aseguraban que tenían acceso a un príncipe árabe que se proponía realizar una fuerte inversión. Pero de estas entrevistas no salió nada positivo.

Una excepción que merece la pena destacar fue Adnan Khashoggi, un multimillonario de Arabia Saudí que hizo su agosto con los petrodólares. Era un hombre astuto, educado en una universidad estadounidense. Actúa como intermediario en toda clase de transacciones referidas a la compraventa de armamento y material militar, y en grandes inversiones de capital, a cambio de una fuerte comisión.

Traté de convencerle de que el mundo árabe gozaba de poca estima a raíz de la actuación de la OPEP. Añadí que, en lo tocante a la mejora de imagen —tanto si representaba al rey Faisal como a Yasir Arafat—, una inversión en la Chrysler contribuiría a restaurar el prestigio y el aprecio hacia sus paisanos. Pero de mis conversaciones con Khashoggi o con otros potentados árabes no llegó a salir nada concreto.

Mucho más serias fueron las discusiones con Toni Schmuecker, director de la Volkswagen. Toni y yo manteníamos una buena relación desde hacía más de veinte años, cuando trabajaba a mis órdenes como agente de compras en la Ford alemana. Celebramos varias reuniones en el mayor secreto para estudiar una fusión entre la Volkswagen y la Chrysler, plan que bautizamos con el nombre clave de el Gran Proyecto. Se trataba de fabricar de consuno el mismo coche. La Chrysler se reservaría el mercado interior y la Volkswagen operaría en Europa. Con anterioridad, él y yo habíamos ultimado la compra anual de trescientos mil motores Volkswagen de cuatro cilindros para acoplarlos a nuestros modelos Omni y Horizon, que tenían mucho en común con el Rabbit, de modo que, hasta cierto punto, el primer paso ya se había dado.

El proyecto comportaba una serie de ventajas evidentes. Aumentaría sustancialmente nuestra red de concesionarios, se ampliaría en gran medida el poder adquisitivo de la Chrysler y podríamos repartir los costes fijos sobre un número mucho mayor de automóviles. Era una concertación de ensueño, y tan sencilla que hasta un niño lo habría entendido.

Cuando me incorporé a la Chrysler renuncié a seguir adelante con la idea de Global Motors, aunque de vez en cuando charlaba de tema con Hal Sperlich. Una fusión entre la Chrysler y la Volkswagen era un espléndido comienzo, y tanto Hal como yo estábamos entusiasmados ante la perspectiva. De cimentar el acuerdo, no costaría mucho encontrar un socio entre las empresas japonesas del sector.

Las conversaciones con la Volkswagen llegaron a concretarse en no poca medida. Fue un lance interesante en un momento en que nos hallábamos al borde del abismo. Pero en esto radicaba el problema, en que estábamos agonizando de verdad. La empresa se hallaba inmersa en un mar de deudas y carecíamos de liquidez. Teniendo en cuenta la coyuntura de la Chrysler, el plan era muy arriesgado. En vez de salir a flote, podíamos arrastrarles en nuestra caída.

Hacia el final de las convesaciones se produjo una filtración y empezó a correr el rumor de una inminente fusión entre las dos empresas automovilísticas, como se dijo en las páginas de *Automotive News*, el semanario especializado en el sector del automóvil. No necesitó más la Bolsa neoyorquina, donde nuestras acciones experimentaron un alza de 11 a 14 dólares. Según los rumores, la Volkswagen había decidido comprar el paquete de títulos de la Chrysler a razón de 15 dólares por acción.

Al saltar la «noticia» a la calle, Riccardo se hallaba en Washington, donde celebró sendas entrevistas con Stuart Eizenstat, ayudante de Carter, y Michale Blumenthal, secretario del Tesoro. Tanto uno como otro le instaron a aceptar la oferta. Por desgracia, no había oferta que considerar.

Schmuecker estaba, ciertamente, interesado en el asunto, pero Werner Schmidt, subdirector de marketing, se mostró en firme desacuerdo. Schmidt, que antaño había realizado un periodo de formación en mi departamento, siendo yo director de la Ford, era un alemán grandote que en un tono que no admitía replica empezó a recitarme las razones por las que la Volkswagen nunca podría fusionarse con Chrysler: teníamos una pésima imagen, nuestros coches eran una porquería y la red de distribuidores y concesionarios dejaba bastante que desear. Debí de impartirle una buena formación, porque Schmidt resumió en pocas e incisivas palabras su postura contraria a la operación proyectada.

Unos años más tarde, en 1983, volvimos a tener conversaciones con Volkswagen. Por una extraña ironía, entonces nuestras posiciones se habían invertido y era *su* red de concesionarios la que fallaba, y ello porque nadie compraba ya el modelo Rabbit.

Debido a que no existe en nuestro país reglamentación sobre política energética, toda empresa dedicada exclusivamente a la fabricación de vehículos pequeños está a merced de las fluctuaciones del precio de la gasolina. Y como la Volkswagen sólo construía coches pequeños, los japoneses les estaban robando la clientela. De un lado, el marco alemán, al igual que el dólar, no puede competir con el yen, sometido a fuerte control. Por otro, tanto si el Rabbit se construía en Alemania como en Pensilvania, los costos salariales eran altísimos. Por si fuera poco, la empresa tenía que absorber el transporte de los coches desde Alemania, lo cual entrañaba un gasto considerable. Fue esta serie de razones lo que finalmente les movió a producir parte de ellos en los Estados Unidos.

La Volkswagen fue nuestro «pretendiente» más asiduo; pero no el único. John Z. DeLorean, por ejemplo, también dio muestras de interés.

DeLorean, que puso en marcha su propia empresa automovilística después de abandonar General Motors, vino a verme un día para estudiar la posibilidad de una fusión entre su firma y la Chrysler.

En la época en que acudió a visitarme, las dos empresas pasaban por un mal trance.

—Mi padre me enseñó a no juntar nunca dos negocios con pérdidas —le manifesté—, de modo que o tú sales a flote o seré yo quien lo consiga. Entonces será el momento de hablar y volver sobre el asunto.

DeLorean es un gran experto en automóviles. Le conocí cuando era un superingeniero en la Pontiac, y más tarde, siendo director gerente de la división Chevrolet. Éramos antagonistas en el mismo sector, y ambos estábamos metidos de lleno en el fregado. En 1964, a raíz del éxito del Mustang, yo aparecí en la portada de *Time*, y él solía gastarme alguna broma al respecto: «¿Cómo es posible que salieras tú en la cubierta de *Time* y yo no con mi gran turismo homologado (para competiciones)?». En 1982, cuando fue él quien copó la cubierta de la mencionada revista por su supuesta participación y posterior detención por tráfico de droga, me dije: «Bueno John, al fin te saliste con la tuya». Lo sentí por él, porque tenía condiciones sobradas para alcanzar su meta sin necesidad de recurrir a tales expedientes.

Después de desechar ambos la idea de una fusión, John vino a verme una segunda vez. En esta ocasión quería que estudiase mi participación en una vasta operación de desgravaciones fiscales en concepto de investigación aplicada, que llegó a conocerse como el «Abrigo [fiscal] de DeLorean». El proyecto en cuestión, que había concebido con otros dos socios, mereció gran publicidad en *Fortune*. Consistía en la venta de sociedades comanditarias por acciones, amortizadas con cargo al Gobierno.

Consideraba que era el camino que le convenía seguir a la Chrysler y me había hecho preparar un voluminoso estudio que le costó cincuenta mil o sesenta mil dólares.

Yo respondí diciéndole:

—John, te lo agradezco, pero en el supuesto de que funcionase —y el plan tenía ciertas posibilidades de que fuese moderadamente viable—, la Dirección General de Tributos (IRS: International Revenue Service) se quedaría boquiabierta si yo suscribiera una participación de dos mil millones.

La propia magnitud de la operación hubiese dado al traste con el «abrigo» fiscal aludido.

Después de muchas otras reuniones con posibles «salvadores» de la empresa, nos quedamos sin soluciones, lo cual me indujo al fin a dirigirme a la Administración federal. Sin embargo, el acercamiento a Washington no se inició con una solicitud de créditos garantizados por el Estado o, si se quiere, de avales federales.

Al igual que yo, John Riccardo estaba más nervioso a medida que pasaban los días. En sentido jurídico era todavía presidente del consejo de administración, aunque estaba preparando la retirada y en la práctica era yo quien dirigía la empresa. Riccardo se daba cuenta de que si no se ponía remedio a la situación —y pronto—, la Chrysler se iría al garete. Fue entonces cuando *él* empezó a desplazarse a la capital.

Primero intentó obtener respaldo de los congresistas para congelar por espacio de dos años las reglamentaciones de los organismos oficiales que coartaban la actividad del sector del automóvil. Ello nos permitiría emplear el dinero en la producción de nuevos turismos económicos, en vez de exprimir hasta la última gota de gasolina por el tubo de escape. Sin embargo, no consiguió atraer la atención de los inquilinos del Capitolio.

Riccardo había tomado la senda adecuada. Si bien muchas de las dificultades de la Chrysler eran consecuencia directa de la mala gestión, el Gobierno también tenía su parte de culpa. Después de aprobar una serie de gravosas reglamentaciones —mal sopesadas en cuanto a criterio y valoración—, relativas a las normas de seguridad de los vehículos y control de la emisión de gases, se dirigió a los fabricantes de automóviles norteamericanos y les dijo: «Señores, ustedes no están facultados para conjuntar esfuerzos en materia de investigación para solventar estos problemas. Cada cual debe apañarse por su cuenta». Piénsese que los japoneses aplicaban la idea contraria. Como no tenían que adecuarse a las leyes antimonopolistas estadounidenses, lo que hacían era concertarse para exprimir de consuno todo su talento.

Ahora bien, si se empeña, la Administración federal puede arbitrar medidas descabelladas. Los conceptos o partidas objeto de reglamentación no deberían enfocarse con criterios antagónicos y entrar en mutua colisión. Por ejemplo, si una empresa del ramo inventa un sistema de control de emisión de gases más limpio, eficiente y barato que los existentes, debería compartirlo con las demás. No pretendo que se haga un regalo a la competencia, ya que se determinaría como es de suponer el correspondiente canon por el uso de la patente.

Pero hasta hace poco, no hubiésemos podido ni discutir del tema en una misma habitación sin correr el riesgo de ir a parar a la cárcel. Ni tan siquiera escuchar a la General Motors, pongamos por caso, describir el artilugio inventado. Hubiésemos tenido que levantarnos de la silla y salir de estampida, o se nos habría considerado culpables a tenor del *consent decree* (decreto que castiga la avenencia de las partes sin autorización judicial) al que las empresas del sector están supeditadas.

En el momento de escribir estas líneas hay indicios de que, al fin, Washington está cambiando de criterio. El Gobierno ha empezado a comprender que nuestras leyes antimonopolistas son demasiado estrictas, y que es imposible competir con los japonenes mientras no sean modificadas en los puntos pertinentes. Por desgracia, esta nueva actitud del Gobierno federal parece iniciarse con un acuerdo entre Toyota y General Motors, los dos gigantes de la industria. En verdad, maldita la falta que nos hace una concertación de esta envergadura.

Sea como fuere, los imperativos de la legislación antimonopolista, obligaban a General Motors, Ford, American Motors y Chrysler a organizar y mantener *por separado* unidades de investigación para trabajar en los mismos problemas, cuyas soluciones no reportarían beneficio económico a ninguno de nosotros.

Desde la aprobación de la Ley de Seguridad del Automóvil (1966), el monto total de los costos de concepción y fabricación de los distintos artilugios y adminículos proyectados para proteger a los conductores de los posibles daños y lesiones que pudieran causarse entre sí, se elevaba a unos 19.000 *millones* de dólares. La General Motors podía distribuir este costo entre más de dos millones y medio, y la Chrysler entre algo más de un millón.

No se necesita calculadora electrónica para comprender que si los gastos de la GM respecto de un componente concreto eran de un millón de dólares y la empresa vendía cien mil vehículos, cada comprador pagaba diez dólares suplementarios. Y si los costos de la Chrysler eran del mismo orden, pero teníamos sólo veinte mil clientes, le corresponderían cincuenta dólares por cliente.

Pero hasta aquí hemos aludido principalmente a los gastos de investigación aplicada. Luego es preciso *fabricar* la cosa. También en este terreno se presenta una desproporción exagerada, salvo que las cantidades son aún mayores. Teniendo en cuenta su volumen de ventas, la GM puede construir coches más baratos y venderlos a mejor precio que nosotros. En consecuencia, la brecha se ensancha paulatinamente.

Otro de los factores que contribuía a nuestro retraso era la enorme cantidad de personal y papeleo necesario para presentar los informes exigidos a tenor de la normativa sobre el medio ambiente, evacuada por el Organismo para la Protección del Medio Ambiente (EPA: Environmental Protection Agency). Ciñéndonos únicamente al año 1968, la empresa remitió la friolera de 228.000 páginas a la Administración para el control de la contaminación ambiental.

Existe un cúmulo de estudios, obra de entidades económicas que gozan de gran prestigio y solvencia, en los que se demuestra sin asomo de duda que la aplicación de la reglamentación de los organismos federales sobre seguridad de conducción, emisión de gases y control de la contaminación ambiental en coches y camiones, es discriminatoria y está desfasada. De ahí que Riccardo y yo coincidiéramos en las conclusiones: el Gobierno nos había metido en el asunto, y el Gobierno tenía que mostrarse dispuesto a echarnos una mano para salir del atasco.

No obstante, las gestiones de Riccardo para congelar las reglamentaciones federales cayeron en saco roto. Así las cosas, el hombre empezó a cabildear entre pasillos para obtener la concesión de un crédito por impuestos pagados. Según este plan, la empresa recibiría, dólar por dólar, el dinero desembolsado por pagos efectuados según lo prescrito en la normativa sobre seguridad y contaminación, que ascendía a 1.000 millones de dólares (500 millones en 1979 y otros 500 en 1980). La idea era devolver la deuda a base de pagar impuestos más elevados sobre los beneficios futuros.

No éramos los primeros que recurríamos a tal medida. En 1967, la American Motors recibió un crédito por impuestos pagados de 22 millones de dólares. La Volkswagen se vio agraciada por el estado de Pensilvania con una deducción fiscal de 40 millones por la construcción de una fábrica en su territorio. Hacía poco tiempo que el estado de Oklahoma había otorgado exenciones tributarias a General Motors, mientras que la Renault, propiedad del Estado francés, recibió un préstamo de 135 millones por la puesta en marcha de una cadena de montaje de nuevos modelos en una fábrica propiedad de la American Motors, sita en Wisconsin. Se sabía que los estados de Michigan e Illinois se habían enzarzado en una pugna de licitaciones para la adjudicación de nuevas industrias. El propio municipio de Detroit había concedido desgravaciones tributarias a la Chrysler. Por otra parte, muchos países europeos otorgaban a las empresas de automóviles norteamericanas incentivos monetarios al contado y subvenciones públicas.

Riccardo alegó que las firmas industriales que pasaban por un trance difícil merecían un cierto apoyo fiscal. Mientras se pierde dinero, la empresa no puede cancelar por las buenas ninguna partida. Todo resulta más caro, desde los artilugios hinchables para proteger al conductor de una colisión hasta los robots. Habida cuenta del cúmulo de reglamentaciones evacuadas por los organismos oficiales, más la crisis energética, la empresa que se hallaba en situación apurada no recibía un trato justo.

Riccardo decidió ir a Washington pra concienciar a los congresistas e inducirles a tomar alguna medida, pero tampoco esta vez quisieron escucharle. Era un buen tipo, pero poco efectivo a la hora de relacionarse. Carecía de aguante y tenía mal carácter, condiciones que no suelen dar muy buen resultado en los pasillos del poder, por lo menos en el Congreso.

John era consciente de que aparte de la ayuda oficial no quedaba otra alternativa a mano. Perdíamos dinero y no lográbamos atajar con suficiente rapidez los costes indirectos. Los coches espaciosos y de elevado consumo no tenían salida debido a la carestía del petróleo en el plano internacional, y como el precio del carburante se había doblado, tuvimos que apresurarnos a reconvertir las cadenas de montaje para producir coches económicos de tracción delantera. En una palabra, la Chrysler tenía que desembolsar 100 millones al mes —1.200 millones de dólares al año— sólo para asegurar el futuro.

Además, todos los viernes era preciso encontrar 250 millones para pagar la nómina de la plantilla y las piezas adquiridas la semana anterior. No hacía falta ser agorero para vislumbrar la perspectiva que nos esperaba.

El 6 de agosto de 1979, G. William Miller cesó en su cargo de presidente de la junta de la Reserva Federal y fue nombrado secretario del Tesoro. Era un cambio importante. Siendo presidente del Banco Central de la nación, Miller manifestó a Riccardo que era preferible que la Chrysler fuese a la quiebra antes que solicitar ayuda federal. Pero, ya en su nuevo puesto, parece ser que cambió de opinión. En efecto, su primera iniciativa oficial fue anunciar que la prestación de ayuda a la Chrysler era una cuestión de interés nacional. Rechazó la idea del crédito por impuestos pagados, pero dijo que la Administración Carter estudiaría con interés la fórmula de un aval federal para la concesión de un crédito, siempre y cuando nosotros facilitásemos un plan global de viabilidad de la empresa.

Sólo entonces decidimos solicitar oficialmente que se nos otorgara un préstamo con la garantía del Estado. Aun así, en Highland Park se llevó a cabo un meticuloso «examen de conciencia». Sperlich, sobre todo, estaba completamente en contra de esta vía. Mostróse convencido de que la intervención del Gobierno sería el fin de la Chrysler, y debo admitir que yo no estaba seguro de que anduviese desencaminado. Pero, a la vez, no veía ninguna otra salida.

—Conforme —le dije a Sperlich—. Tu no eres partidario de recurrir al Estado y yo tampoco. Dame una idea mejor.

Pero no las había. Alguien sacó a relucir el caso de la empresa británica British Leyland, fabricante de camiones. Cuando decidió solicitar ayuda estatal, eso fue suficiente para destruir la confianza de la gente en la compañía. Las compras descendieron un cincuenta por ciento y nunca volvió a recobrarse del golpe. No era un precedente muy esperanzador, pero no había más opción que la bancarrota. Y la bancarrota no era ninguna opción.

Así pues, con mucha reticencia, se decidió solicitar de la Administración los necesarios avales para la obtención de un préstamo.

Sabía perfectamente que esta propuesta iba a ser muy polémica, de modo que procuré agenciarme unos cuantos datos en respaldo de nuestra postura. Descubrí que lo que nos disponíamos a realizar tenía numerosos precedentes. En 1971, la Lockheed Aircraft recibió 250 millones de dólares en préstamos avalados por el Gobierno federal, después de que el Congreso votara a favor de salvar los puestos de trabajo y el futuro de los proveedores. El Congreso nombró una comisión encargada de supervisar el trámite y gestión del préstamo garantizado, y la Lockheed reintegró al Tesoro federal los créditos concedidos, más 31 millones suplementarios en concepto de intereses. También el consistorio de Nueva York recibió créditos federales, y el organismo municipal aún continuaba ejerciendo sus funciones. Pero estos ejemplos eran los que mayor transcendencia habían tenido.

Muy pronto advertí que los créditos con garantía federal eran tan típicos de los Estados Unidos como el pastel de manzana. Entre los beneficiarios se encontraban compañías eléctricas, cooperativas agrícolas, empresas ferroviarias, industrias químicas, astilleros, pequeños empresarios, estudiantes universitarios y compañías aéreas.

A decir verdad, en el momento en que formulamos la solicitud de 1.000 millones de dólares, seguían en vigor créditos y préstamos federales por un total de 409.000 millones. Sin embargo, nadie parecía darse por enterado. Los personajes consultados contestaron unánimemente que la concesión de un crédito con aval federal a la Chrysler constituiría un peligroso precedente.

Con machacona insistencia repetía a los cronistas y reporteros el dato de los 409.000 millones en créditos estatales ya concedidos, importe que hoy asciende a más de 500.000 millones. ¿Sentar un precedente? Todo lo contrario: no hacíamos más que seguir el cauce preestablecido.

¿Quiénes eran los recipendiarios de dichos préstamos? Cinco empresas siderúrgicas (al amparo de la Ley de Liberalización de las Importaciones de 1974, con sus cláusulas proteccionistas), entre las que Jones & Laughlin recibió por sí sola 111 millones de dólares. En fecha más reciente, la Wheeling-Pittsburgh Steel Corporation fue beneficiaria de un crédito avalado por el Estado de 150 millones, para modernizar sus instalaciones y montar un equipo contra la contaminación.

Seguían luego los préstamos a la industria de la construcción; los subsidios a los plantadores de tabaco; préstamos para mantener el nivel de flete de nuestra Marina mercante (cabe afirmar que la industria marítima nada literalmente en subvenciones estatales); créditos a líneas aéreas, como People Express; préstamos concedidos por el Servicio Nacional Agrícola, el Export-Import Bank y la Sociedad de Crédito a la Producción Agrícola; préstamos garantizados por la Hermandad Nacional Agrícola, la Dirección General de la Pequeña Empresa y el Departamento de Sanidad y Asistencia Social.

Hasta pude detectar un préstamo garantizado al Metro de Washington por un importe de mil millones de dólares, para que senadores, congresistas y personal adjunto pudiese moverse más cómodamente por la capital.

En el Capitolio, sede de la asamblea legislativa, no les gustó que hiciera mención a este último detalle, y pienso que nunca más volverá a saberse de este dinero.

—Seamos francos —manifesté—. El Metro no es más que una atracción turística de la capital.

—¿Atracción? —repitieron ellos incrédulos—. ¡Es una red de transporte!

—Estupendo —repliqué—. ¿Y qué demonios piensan que es la Chrysler?

Lo dicho. Nadie parecía guardar memoria de esta larga sucesión de créditos y préstamos garantizados por organismos oficiales. Por lo menos, prensa y televisión debieran haber hablado de este aspecto de la cuestión. Incluso hoy son muchos los que se sorprenden de que nuestro caso no fuera el único y de que existiesen otros precedentes.

A fuer de sincero, creo que cuando yo era director general de la Ford tampoco habría prestado oídos a una argumentación de este género. Lo más seguro es que hubiera dicho a la Chrysler: «Dejen en paz al Gobierno. Soy un convencido de la supervivencia de los más aptos, y el que no pueda aguantar el tipo que cierre la empresa».

Pero en aquellas fechas tenía una concepción del mundo muy distinta. Es posible, sin embargo, que si me hubiesen hablado de la existencia de otros créditos avalados por el Estado a los que no se dio publicidad y hubiera seguido la argumentación durante el gran debate de ámbito nacional que acompañó nuestra petición al Congreso, llegara a pensar de otra manera. Por lo menos, prefiero creer que habría sido así.

No me cansaba de insistir, ante quienes querían escucharme, que la Chrysler no era un caso aislado, sino una reproducción en miniatura de los defectos de la nación y una especie de laboratorio de pruebas para el resto del mundo empresarial. Ningún otro sector industrial, en cualquier país del mundo, sufrió tanto las consecuencias de la crisis energética, de la recesión económica y de la reglamentación de los organismos federales como las empresas automovilísticas norteamericanas.

Y fue el eslabón más débil de la cadena el que se rompió primero. Lo que nos ocurrió a nosotros, como repetía yo machaconamente, no era más que la punta del iceberg en lo tocante a los problemas que asediaban a la industria nacional. Auguré sin recato que la General Motors y la Ford no tardarían en sumarse a nosotros en la columna de números rojos. (No podía adivinar que se incorporarían a la Chrysler por la cantidad de 5.000 millones. Pero lo hicieron. Al cabo de seis meses estaban en la fosa haciéndonos compañía.)

Lo que tenía que decir no era lo que la gente deseaba escuchar. Resultaba mucho más cómodo hallar una víctima propiciatoria. ¿Y qué mejor candidato que la décima empresa industrial del país, una empresa que tuvo el temple de acudir a su Gobierno en solicitud de ayuda?

XVIII
¿Había que salvar a la Chrysler?

Ya desde el principio, la perspectiva de conceder a la Chrysler préstamos avalados por el Gobierno federal topó, salvo excepciones, con la oposición general. Como era de esperar, los clamores más exigentes provenían de la comunidad empresarial. En efecto, numerosos capitanes de empresa se mostraron acérrimos enemigos del plan de ayuda y muchos de ellos proclamaron sus puntos de vista en los medios de difusión, entre ellos Tom Murphy, de General Motors, y Walter Wriston, de Citicorp.

En opinión de la mayoría de la clase empresarial, la concesión de asistencia federal a la Chrysler constituía un sacrilegio, una herejía, un repudio de los principios que inspiraban la actividad de la empresa norteamericana. Empezaron a surgir dichos, aforismos y refranes, a la vez que se desempolvaban los clichés más sobados.

He aquí una relación de ellos: El sistema que rige en este país es el de beneficios y pérdidas. La liquidación de empresas y el cierre de negocios es una catarsis o purificación saludable en un mercado que opere eficazmente. Los préstamos con garantía federal atentan contra el espíritu de la libre empresa. Recompensa la mala gestión. Debilita la disciplina y coherencia del mercado. Las aguas alcanzan por sí mismas el nivel que corresponde. La supervivencia de los más aptos. No vale cambiar el reglamento cuando se está en mitad de la partida. Una sociedad sin riesgo es una sociedad sin recompensas. La insolvencia de una empresa es al capitalismo lo que el infierno para el cristianismo. Vigencia permanente del *laissez faire.* Y así todo un amplio surtido de exageraciones y declaraciones inútiles.

La Asociación Nacional de Fabricantes embistió con ímpetu contra la concesión de un crédito con garantía federal. Por otro lado, en su asamblea del 13 de noviembre de 1979, el comité ejecutivo del

Círculo de Empresarios dio el visto bueno a una solemne declaración de principios sobre la coyuntura de la Chrysler:

> Un postulado esencial del sistema de libre mercado es que da cabida tanto al éxito como al fracaso, a los beneficios como a las pérdidas. Por penosas que sean las dificultades y consecuencias que arrostra una empresa en quiebra, el alcance más amplio de los intereses económicos de la nación exige que este sistema funcione con la mayor libertad y globalidad posible.
>
> Los efectos de la insolvencia y reestructuración que se regulan en la nueva normativa [en otras palabras, la quiebra], aun siendo estrictos, no son imposibles de sobrellevar. La pérdida de empleos y de la capacidad productiva distarían mucho de ser totales. A tenor de la reestructuración, los muchos componentes viables de la sociedad afectada funcionarían sin duda más eficazmente, en tanto se procede a vender otros elementos a diversos productores. Ésta es la fase más propicia para que intervengan los organismos federales y se hagan cargo de los problemas sociales resultantes.
>
> En una época en que el Gobierno, la comunidad empresarial y la ciudadanía son cada vez más conscientes del costo y la inoperancia de la intervención estatal en la economía, nos parece muy inapropiado recomendar una medida que conlleva por el contrario una mediación todavía mayor que la ya existente. Ha llegado el momento de reforzar el principio del «no a la fianza o caución federal».

Esta declaración me irritó sobremanera. Intenté averiguar el nombre de los que habían votado en favor de ella, pero al parecer todo el mundo estaba fuera de la ciudad el día que se celebró la reunión. Nadie quería asumir la responsabilidad del varapalo propinado a la Chrysler. Yo correspondí al texto citado con esta carta:

> Muy señores míos:
>
> Me ha impresionado profundamente la noticia de que el mismo día que prestaba declaración en Washington para apoyar la concesión de un préstamo con garantía federal a la Chrysler Corporation, el Círculo de Empresarios, del que la Chrysler forma parte, haya divulgado un comunicado en contra de las «cauciones federales». Desearía puntualizar algunos extremos.
>
> Primero. La misión básica del Círculo fue, en principio sugerir medidas para contener la inflación. Con posterioridad, estos fines se han hecho extensibles a otros aspectos económicos de trascendencia nacional. Desde siempre, la discusión de estos temas se había desenvuelto en un clima de franqueza y libertad de miras que permitía la evaluación de todas las opiniones. El hecho de que no se nos diera oportunidad de explicar las peculiaridades que concurren en el caso de la Chrysler a los miembros del comité ejecutivo, vulnera de forma flagrante dicha tradición.
>
> Segundo. Resulta un tanto irónico que el Círculo no adoptara el mismo criterio respecto a los créditos federales en el caso de las empresas siderúrgicas, las compañías aéreas, las cooperativas agrícolas y la industria de la construcción. Tampoco levantó la voz para censurar las medidas antidumping* referidas a

* En el original, *Trigger-prices*. Se trata de una medida proteccionista arbitrada por la Administración, a tenor de la cual se prohíbe la venta de acero importado por debajo de unas tarifas mínimas. Si se vulnera la norma, el hecho «desencadena» (*triggers*) una investigación del Departamento del Tesoro. *(N. del T.)*

la importación de acero, ni para mostrar su desacuerdo contra la concesión de ayuda federal a la American Motors.

Tercero. La declaración del Círculo invoca los principios del sistema de libre mercado, que «da cabida tanto al éxito como al fracaso», con lo cual pasa por alto olímpicamente el hecho de que la intromisión de los organismos federales y su normativa en el sistema son la causa principal de las dificultades por las que atraviesa la Chrysler. Considero absolutamente congruente con la vigencia de una economía de libre mercado que el Gobierno elimine algunas de las nefastas repercusiones de la reglamentación federal. Precisamente éste fue el motivo de que se concedieran créditos avalados por el Estado a las empresas siderúrgicas.

Cuarto. El Círculo de Empresarios se equivoca cuando pregona viabilidad de la reestructuración de la empresa según se contempla en la nueva ley Concursal (quiebra). Lo que nosotros necesitamos no es reducir la proporción de deudas, sino obtener una vasta aportación de capital, cosa que sería imposible si se instara la quiebra de la sociedad. Hemos consultado con uno de los más prestigiosos expertos en Derecho concursal, el señor J. Ronald Trost, de Shutan and Trost, quien basándose en la nueva ley ha dictaminado que la quiebra no beneficiaría en nada a la Chrysler y llevaría rápidamente a la liquidación de la sociedad.

Según el personal consultor del propio Círculo, al parecer no se ha recabado la opinión de ningún especialista a la hora de elaborar su declaración. De haberlo hecho, estoy convencido de que la formulación del texto se hubiese mostrado mucho menos categórica en cuanto a las ventajas que depara la quiebra.

Quinto. Considero muy desafortunado que el Círculo hay optado por recurrir al uso de consignas publicitarias en esta campaña. Hablar de un «no a la fianza federal» en un comunicado distribuido a la prensa rebaja a su mínima cota el alcance de la discusión. Los cientos de miles de trabajadores de todo el país que dependen de la subsistencia de la Chrysler para conservar su puesto de trabajo, merecen una mediación más positiva a la hora de argumentar acerca de su futuro.

Por último, quiero poner de manifiesto que la aceptación que se me ha cursado para ser miembro del Círculo sería motivo de embarazo para los restantes integrantes de la mesa. Me ilusionaba la idea de sumarme a un ente empresarial que discute libremente temas de gran trascendencia económica y social en un ambiente de confianza y respeto mutuos. El comunicado en cuestión demuestra que en el seno del comité ejecutivo no se dan estas condiciones por lo que les agradeceré acepten mi sincero pesar y la renuncia de la Chrysler Corporation a su condición de miembro del Círculo de Empresarios.

Ésta fue mi réplica a dicha entidad. Pero lo que me hubiese gustado decirles, en un lenguaje más llano, habría sido: «Muchachos, pasáis por ser la élite de la clase empresarial del país, pero no sois más que un atajo de hipócritas. Esta sociedad fue fundada por unos cuantos jerarcas de la siderurgia que se han pasado la vida tratando de embaucar al Gobierno. ¿Recuerdan cómo el presidente Kennedy montó en cólera contra Big Steel (United States Steel Corporation) y los tildó de hijos de mala madre? ¿Están ustedes en contra de la concesión de ayuda federal a la Chrysler? ¿Y qué hicieron, pues, cuando se otorgaron créditos avalados por el Estado a las siderúrgicas, astilleros y compañías aéreas? ¿Por qué no alzaron la voz con ocasión de las medidas antidumping impuestas a los aceros importados? ¡Me parece que su actuación depende de donde sople el viento!».

En todos los casos que se habían dado con anterioridad, el Círculo de Empresarios guardó silencio. Pero en cuanto vamos nosotros y solicitamos un crédito federal, lo único que se les ocurre es lanzar un manifiesto. En tanto los beneficie a ellos, en el fondo no oponen reparos a que el Gobierno se inmiscuya en la empresa privada; pero llegado el momento de salvar a la Chrysler, súbitamente hacen del hecho una cuestión de principios.

Incluso algunos de nuestros proveedores más importantes se sumaron al coro de lamentaciones. Estábamos presos, cautivos de una mentalidad por completo desfasada.

Quiero dejar bien sentado cuál es mi postura. Considero que el capitalismo y el sistema de libre empresa es la mejor receta económica del mundo. Estoy ciento por ciento a favor de ella. En igualdad de condiciones, no hay otra fórmula que funcione.

Pero ¿y si *no* se da esta igualdad? ¿Qué ocurre cuando las causas reales de la mala marcha de una empresa no son culpa de la libre empresa, sino de la postura contraria? ¿Qué sucede cuando una empresa –en razón a su tamaño y al sector industrial a que pertenece– se halla en apurado trance debido a los efectos discriminatorios de la normativa evacuada por los organismos oficiales?

Éste era el caso de la Chrysler. Ciertamente, la gestión desacertada de la firma tenía mucho que ver en el asunto. La empresa jamás debiera haber fabricado sus productos basándose en presunciones, sin una base sólida. Nunca debió intentar la expansión en el mercado exterior, ni participar en los avatares del negocio de coches de segunda mano. Debiera haberse concentrado en la calidad de sus productos.

Pero lo que en definitiva doblegó a la empresa fue el incesante flujo de reglamentaciones por parte de los organismos federales. En el Congreso pasé una semana terrible tratando de explicar esta circunstancia. Por todas partes se me decía lo mismo:

–¿Por qué sigue viniendo por aquí y dándonos la lata con el asunto de las reglamentaciones?

Y yo les contestaba:

– Chicos, porque estas ordenanzas y reglamentaciones las hicisteis vosotros y ahora nos amenazáis con ellas.

Luego, normalmente, se volvían para decirte:

–La culpa la tiene esta gestión catastrófica de la empresa.

Hasta que me cansé de tanto lío y les espeté:

–Está bien, dejemos esta cháchara. La culpa la tiene un cincuenta por ciento las reglamentaciones, y la otra mitad podéis cargárnosla a nosotros. Y sé muy bien cuáles son todos los pecados de la dirección. Pero ¿qué quieren que haga? ¿Crucificar a los elementos que no han venido conmigo? Sí, cometieron errores, pero dejémonos de bobadas de una vez: ¡vosotros contribuisteis a meternos en este tinglado!

¿A qué debe su solidez nuestro sistema de libre empresa? No, por supuesto, al inmovilismo ni a su anclaje en el pasado, sino al hecho de que en todo momento ha sabido adaptarse a las exigencias cambiantes de cada etapa histórica. Soy partidario acérrimo del capitalismo, pero esto no significa que viva en el siglo diecinueve. La realidad es que la libre empresa no tiene ya el mismo significado que tuvo en otros tiempos.

Ante todo, supo adaptarse a la revolución industrial. En 1890 se amoldó a los postulados de Samuel Gompers y al movimiento obrero. La clase empresarial de la época presentó batalla a este movimiento de nuevo cuño, pero lo cierto es que ellos tuvieron la culpa de que surgiera. Fue el empresariado de entonces el que regentaba fábricas donde el trabajador era explotado sistemáticamente, el que mantenía a los menores de edad clavados durante todo el día a las mesas de costura, y fueron ellos los artífices de otras muchas injusticias que luego hubo que corregir.

Si se toman la molestia de consultar los libros de historia, observarán que los patronos de aquel tiempo estaban convencidos de que los recién creados sindicatos auguraban el fin de la libre empresa. Creían que el capitalismo estaba condenado y que en los Estados Unidos el espectro del socialismo asomaba a la vuelta de la esquina.

Pero se equivocaban de medio a medio. No advirtieron que la libre empresa es un sistema económico flexible y orgánico. El capitalismo se adaptó al movimiento obrero y éste, a su vez, se amoldó a la libre empresa, cosa que supo llevar a cabo tan eficazmente que en determinados sectores industriales los sindicatos han alcanzado un nivel y un poder equiparable al de los cuadros directivos.

El capitalismo, la economía competitiva, superó también los años de la Gran Depresión. En este caso, nuevamente nuestros capitanes de empresa estimaron que la tremenda recesión económica suponía el fin de la libre empresa. Se enfurecieron cuando Franklin Roosevelt decidió la creación de nuevos puestos de trabajo para los que se habían quedado sin empleo. Pero mientras que los dirigentes patronales se dedicaban a teorizar, Roosevelt se enfrentaba a los hechos cotidianos. Hizo lo que exigían las circunstancias, y cuando dio por conclusa su labor, el sistema se había fortalecido y el país alcanzó una prosperidad nunca conocida.

Siempre que alabo la política interior de Franklin D. Roosevelt me parece oír los murmullos de desaprobación de la clase empresarial:

«Ese Iacocca es un renegado. Ha perdido la razón. Está *del lado* de Franklin Delano Roosevelt». Pero se olvidan de lo que hubiese sido de ellos sin la prodigiosa visión de futuro de aquel presidente. Franklin Delano Roosevelt iba cincuenta años por delante de su época. La Comisión de Valores y Cambio (SEC: Securities and Exchange Commission) y la Sociedad Federal de Seguro de Depósitos (FDIC: Federal Deposit and Insurance Corporation) fueron tan sólo dos de los organismos que creó para impedir las pavorosas consecuencias que genera el trastocamiento del ciclo económico.

En aquellos tiempos, la libre empresa necesitaba ajustes para adaptarse a la situación, pero en la actualidad tiene que acoplarse a un mundo nuevo, un mundo en el que hay competidores tan temibles como Japón y en el que nadie se rige por el juego del *laissez faire* originario y químicamente puro.

Al tiempo que se esgrimían los argumentos ideológicos expuestos, la décima empresa industrial de la nación se estaba hundiendo y, como es natural, no era el momento oportuno para enzarzarse en discusiones de principios. Cuando te encuentras con el lobo arañando la puerta de tu casa, te vuelves realista en un abrir y cerrar de ojos.

Desde luego, no puedes permitirte el lujo de cavilar: «Veamos, ¿qué dirían de esto los del Union League Club de Filadelfia? Sin duda exclamarían: «¡Viva la libre empresa!».

Pero ¿cuál es el meollo de la libre empresa? Pues la competencia. Y eso era lo que podía facilitar en gran medida la concesión de un crédito con aval federal. ¿Por qué? Sencillamente, porque garantizaba que la Chrysler continuaría en la palestra para enfrentarse a la General Motors y a la Ford.

La competencia es un ingrediente que la industria del automóvil necesita y acepta. En el transcurso de la gran polémica en torno al futuro de la Chrysler, un concesionario de la Ford escribió una carta al *New York Times* redactada en los siguientes términos:

> Llevo compitiendo con la Chrysler veinticinco años, a pesar de lo cual estoy en desacuerdo con sus artículos editoriales contra la concesión de ayuda federal a la Chrysler ... La misión básica del Gobierno federal en un sistema democrático de libre empresa no es contribuir a la supervivencia de los más gordos [*sic*], sino mantener el espíritu de competencia. Si la Chrysler se va al garete, mientras se debate por reconvertir su producto con más presteza de lo que podía esperarse, ¿cuanto tiempo tardará la Ford en seguir el mismo camino?

Otro concesionario de Oregón —en esta ocasión Chevrolet— insertó un anuncio a toda plana en el periódico de su localidad con el siguiente titular: «Si nosotros no podemos venderle un Chevrolet o un Honda, compre usted un Chrysler»; seguía un texto en un cuerpo menor que rezaba; «la competencia es buena para nosotros, buena para el sector, buena para el país y buena para usted, el consumidor».

Pero salvar a la Chrysler de la bancarrota no sólo contribuiría a afianzar el sistema, sino que ayudaría a conservar un número ingente de puestos de trabajo. Incluidos obreros, agentes oficiales y proveedores, estaba en juego el porvenir de seiscientas mil personas.

Había quién estimaba que en el supuesto de que la Chrysler naufragase, nuestro personal podría encontrar trabajo en la Ford y la General Motors. Se equivocaban. En aquellos momentos, tanto la Ford como General Motors vendían al instante todos los turismos económicos que sus fábricas estaban en condiciones de producir. El cuadro no era como para imaginarse que les faltaba mano de obra y que la estaban buscando desesperadamente. Si la Chrysler cerraba, la mayor parte de nuestro personal se quedaría sin trabajo.

Tan sólo las importaciones podían satisfacer las repentinas e insaciables ansias de coches pequeños por parte del ciudadano. En consecuencia, si la Chrysler quebraba, Estados Unidos no sólo importaría utilitarios, sino que exportaría empleo.

En realidad, las preguntas que formulábamos eran: «¿Saldría ganando el país si la Chrysler cerraba sus puertas y la tasa de desempleo subía de golpe un 0,5 por 100 más? ¿Se beneficiaba de veras el sistema de libre empresa en caso de que la Chrysler naufragara y las decenas de millares de puestos de trabajo perdidos se transfirieran a los japoneses? ¿Sería realmente más competitivo nuestro sistema de libre mercado sin el millón y pico de turismos y camiones que la Chrysler fabrica y vende cada año?».

Nos dirigimos a la Administración y argumentamos: «Si parece coherente disponer de un sistema de protección para el individuo, no es menos lógico que exista también un mecanismo que resguarde a las empresas en donde aquél presta su servicio. En definitiva, es el trabajo lo que da vida al ser humano».

Así pues, argumentamos sobre la competencia y sobre el empleo. Pero aún más trascendente fue nuestro razonamiento en torno a la economía. Dicho en pocas palabras, les desarmamos completamente. El Departamento del Tesoro estimó que si la Chrysler quebraba, el país tendría que desembolsar 2.700 millones tan sólo el primer año en seguros de desempleo y prestaciones sociales, a causa de los despidos. Por tal motivo, manifesté ante el Congreso:

—Muchachos, tienen ustedes que elegir. ¿Quieren pagar de inmediato los dos mil setecientos millones, o prefieren garantizar créditos por valor de la mitad de este importe con fundadas previsiones de recobrar el dinero? Pueden pagar ahora o hacerlo más tarde, como prefieran.

Es un razonamiento que impulsa a la gente a sentarse y a escuchar con atención a la otra parte. Además, contiene una importante lección que quizá sea de provecho a los jóvenes que lean este libro: pensad *siempre* desde la óptica de los intereses de vuestro interlocutor. Creo que asimilé en su día los cursos Dale Carnegie, y se me nota. Me han sido de mucha utilidad en la vida.

A la sazón tenía que exponer los hechos teniendo en cuenta la mentalidad de los hombres que ocupaban un escaño en el Congreso. Es muy posible que, desde un prisma ideológico, fuesen contrarios a prestarnos ayuda. Pero les aseguro que cambiaron de opinión en un santiamén después de que nosotros pudiéramos hacernos con algunos datos, como por ejemplo un análisis de todos los empleos y negocios vinculados a la Chrysler en cada uno de los distritos electorales de los estados de la Unión. Al reparar en el número de votantes afectados potencialmente por el cierre de la Chrysler, ¡adiós ideologías!

En tanto se libraba una dura batalla dentro y fuera del Congreso, yo me afanaba en realizar todo tipo de gestiones para procurarme fondos, con inclusión de la venta de títulos (obligaciones) a otras empresas. Me sentía como un mercader de alfombras que necesitara dinero con urgencia, y estaba muy deprimido, porque dondequiera que fuese ninguna voz se alzaba para decirme: «Ánimo y adelante; lograrás tu objetivo».

Durante la polémica nacional, la «solución» de la quiebra de la Chrysler gozaba de gran predicamento. Según lo dispuesto en el capítulo II de la Ley Federal sobre Quiebra de Sociedades, estaríamos a cubierto de los acreedores hasta que hubiésemos puesto la casa en orden. Más tarde —siempre según las presunciones legales— operaríamos como una empresa más pequeña, pero más sólida.

Sin embargo, después de haber consultado con todo tipo de expertos y asesores, se nos dijo, como ya sabíamos, que en nuestro caso la declaración de quiebra tendría funestas consecuencias. Éramos realmente un caso especial. Nada tenía que ver con el Penn Central o la Lockheed. No nos veíamos en la tesitura de tratar con el Gobierno en virtud de unos contratos ya otorgados. Ni tampoco podíamos equipararnos a las empresas fabricantes de productos alimenticios a base de cereales. Si, por ejemplo, la Kellogg's cerrara sus puertas, ningún cliente diría: «Bueno, hoy no les compraré copos de maíz. Porque ¿qué pasa si me quedo con una caja de cereales y luego no hay quien se encargue de su mantenimiento?».

Sin embargo, con los automóviles la cosa es diferente. El simple rumor de que íbamos a la quiebra bastaría para cortar el flujo de fondos de la empresa. Asistiríamos a una demostración de la conocida teoría del dominó referida al campo empresarial. Los clientes anularían los pedidos pensando en un posible incumplimiento de la garantía del vehículo, en la falta de recambios y en el servicio de averías, para no mencionar el precio de reventa del automóvil.

Existía un precedente aleccionador. Cuando la White Truck Company se declaró en quiebra, sus directivos pensaron que podían coaccionar a los acreedores amparándose en las disposiciones del capítulo II de la Ley Federal sobre Quiebra. En un plano técnico, teórico, la cosa hubiese podido dar resultado, pero los clientes de la empresa reaccionaron diciendo: «Oh, no, ¡han quebrado! Creo que compraré un camión de otra marca».

Algunas entidades bancarias querían que siguiésemos esta vía. «¿Por qué arman tanto jaleo con el Gobierno? Vayan a la quiebra y saquen a la empresa del atolladero.» A continuación nos citaban el caso de otras compañías que habían seguido esa recomendación. Pero nosotros seguimos repitiendo: «Miren, somos una gran empresa productora de bienes de consumo. De enfilar esta senda, no duraríamos ni dos semanas».

En una situación de quiebra, nuestros concesionarios perderían la capacidad de financiar las compras realizadas a la fábrica, pues los bancos y las financieras cortarían en pocos días el dinero movido por los distribuidores oficiales en las operaciones de financiación. Según nuestros cálculos, poco más o menos la mitad de nuestros agentes oficiales se verían arrastrados también a una situación de insolvencia, y la mayoría de los restantes pasarían al control de la General Motors y la Ford, con lo que nos quedaríamos sin puntos de venta y atención al cliente en las zonas más importantes.

Los proveedores solicitarían el pago por anticipado o contra entrega del material. La mayoría de los proveedores pertenecen al ámbito de la pequeña empresa, con menos de quinientos trabajadores. La coyuntura que provocaría la quiebra de la Chrysler sería el fin para miles de talleres y pequeñas empresas que dependían de nuestros pedidos. En su caso, muchas de ellas tendrían que ir también a la quiebra, lo cual nos privaría del suministro de piezas esenciales.

Así las cosas, Chrysler no iba a subsistir. ¿Qué beneficio procuraría a la nación la quiebra de más envergadura en la historia de los Estados Unidos? Según un estudio llevado a cabo por Data Resources, el cierre de la Chrysler costaría en última instancia al contribuyente 16.000 millones en concepto de seguros de desempleo, prestaciones sociales y otros gastos.

¡Tanto peor si se optaba por esta solución!

En el curso de los debates sobre el futuro de la Chrysler, todo el mundo nos lanzaba dardos a la buena de Dios. El periodista Tom Wicker escribió en el *New York Times* que la Chrysler tenía que reconvertirse sin más y dedicarse a fabricar vehículos de transporte público en vez de coches. Los caricaturistas de primera plana se despacharon a gusto durante una temporada con el asunto de la petición de ayuda al Gobierno.

El más despiadado en sus ataques fue, sin embargo *The Wall Street Journal*: les dio como una obsesión maníaca con el tema de los préstamos avalados por el Estado. Pero las objeciones de este periódico a la concesión de ayuda para la Chrysler no se limitaron a los artículos de primera plana ni a los editoriales. Se obcecaron hasta el punto de no darnos tregua. Publicaban todas las incidencias negativas, pero no informaban de los indicios alentadores. Incluso después de que se nos concediesen los avales solicitados, el diario señaló que aunque dispusiéramos de bastante dinero, aunque se reorganizase la empresa, aunque se hiciera cargo de la gestión un nuevo equipo directivo, y aunque tuviésemos el producto adecuado y un alto nivel de calidad, *podía surgir* de nuevo la tormenta, la economía *podía* empeorar y las ventas *podían* ser aún más bajas.

Daba la impresión de que el *Journal* se reservaba cada día su cuota de malas noticias en torno a la situación de la Chrysler, y siempre que ello acontecía, teníamos que emplear parte de nuestras limitadas energías a contrarrestar el efecto perjudicial que estos artículos tenían en la opinión pública.

Por ejemplo, durante el primer trimestre de 1981, la Ford perdió 439 millones de dólares. La Chrysler iba mejorando su coyuntura, pero nuestro balance aún registraba unas pérdidas de casi 300 millones. Pues bien, ¿Cuáles fueron los titulares del *Journal*? Los siguientes: «Ford experimenta pérdidas inferiores a las previstas, mientras las de Chrysler rebasan los pronósticos efectuados». A buen seguro ésta era la única manera de hacer que nuestra empresa apareciese en peor situación que la Ford. Pero ahí estaban las cifras para rebatir los titulares.

Dos meses más tarde, la cifra de ventas mensual arrojó un incremento del 51 por 100 sobre el año precedente, pero el *Journal* se creyó obligado a puntualizar. «La comparación es equívoca, ya que las ventas de la compañía en el año anterior estaban por los suelos». Conforme. Pero ¿creen ustedes que el *Journal* justificó el bajo nivel de nuestras ventas del año anterior, matizando que un año antes la cifra de negocios alcanzada fue muy alta? Por supuesto que no.

La hostilidad del periódico me recordaba un viejo chascarrillo judío. Dice así:

Goldberg recibe una llamada de su Banco para comunicarle que tiene un saldo negativo de cuatrocientos dólares.

«–Repasen el balance del mes pasado –indica.

»–Tenía usted un saldo de novecientos dólares –responde el empleado del Banco.

»–¿Y hace dos meses? –pregunta Goldberg.

»–Tenía usted mil doscientos dólares.

»–¿Y el otro mes?

»–Mil quinientos dólares.

»–Y ahora dígame –remacha Goldberg–, ¿es que durante estos meses, cuando tenía la cuenta saneada, se me ocurrió llamarles a ustedes?»

Pues bien, desde mi óptica, ésta era la actitud de *The Wall Street Journal*.

En la Universidad, durante la etapa en que fui miembro de la redacción del periódico del centro, tuve ocasión de comprobar por mí mismo el impacto que producen los titulares. Dado que, por lo general mucha gente no lee el artículo salvo en el caso de que le interese especialmente el tema, el titular se equipara al contenido del artículo.

En plena crisis de la polémica sobre la obtención del préstamo, después de que retirásemos parte de los fondos a que por ley teníamos derecho, el *Journal* lanzó un editorial en el que se decía que la Chrysler debía «ser liberada de su desdicha». Fue el hoy famoso –e infausto– editorial titulado «Dejadles morir con dignidad» que debería pasar a la historia del periodismo como ejemplo de cuántos abusos pueden cometerse en nombre de la libertad de prensa en este país. Si, ya sé: la Primera Enmienda constitucional les garantiza este derecho.

Estaba furioso. Sin pensarlo dos veces mandé una carta al director en la que decía: «En efecto, han dicho ustedes que por el hecho de que el paciente aún no ha recobrado la salud tras haber ingerido sólo la mitad de la medicación prescrita, ha de dejársele morir. Me alegro de que no sea usted mi médico de cabecera».

Personalmente, opino que *The Wall Street Journal* vive aún en el siglo pasado. Pero, por desgracia, es el único gallito del lugar. El periódico es un monopolio y ello le ha conferido una excesiva arrogancia, lo mismo que a la General Motors.

Digamos de pasada que incluso después del reflotamiento, el *Journal* no cesó en sus insidiosos ataques contra la Chrysler. El 13 de julio de 1983 anuncié en el Club Nacional de Prensa que a finales de año reintegraríamos todo el dinero prestado por el Gobierno. Dos días más tarde, *The New York Times* –opuesto a la concesión de los créditos avalados– publicó un artículo titulado: «El brusco viraje de la Chrysler». En él se decía, entre otras cosas: «Es difícil exagerar con respecto a la magnitud del giro que ha dado la empresa. ¿Cómo ha sido posible dar la vuelta con tanta presteza a una firma que se hallaba en una situación angustiosa?».

Aquel mismo día, *The Wall Street Journal* también publicó en lugar destacado un extenso artículo. ¿Adivinan el titular? «La Chrysler, después de haber recibido grandes sumas de dinero, sigue renqueante.» ¿Puede existir alguna duda duda de los prejuicios del diario contra la empresa? Por supuesto que tienen derecho a expresar sus opiniones, pero éstas figuran en la página editorial. Podrían, por lo menos, haber puesto algo así como: «Es lamentable haber tenido que recurrir a este expediente, pero hay que reconocer que la Chrysler ha hecho una magnífica labor».

Así pues, con este tipo de apreciaciones en la prensa especializada de ámbito nacional no es extraño que mucha gente no supiese realmente lo que estaba pasando.

Gran parte de ello se debe a los términos utilizados para describir nuestra situación. El vocablo «fianza» es una pintoresca metáfora que evoca imágenes de un buque invadido por las olas, en un mar encrespado, a punto de zozobrar. Pero, de todos modos, siempre es mejor esta palabreja que la «limosna», que también circuló por esos medios. Nosotros no pedíamos ningún regalo, y tengan por seguro que no lo obtuvimos.

Estaba muy extendida la idea de que la Chrysler era una empresa monolítica y colosal que no merecía ayuda. Para contrarrestar este tópico tuvimos que explicar que constituíamos una mezcla variopinta de trabajadores y pequeños empresarios. La Chrysler tiene once mil proveedores y cuatro mil concesionarios. Casi todos ellos son pequeños empresarios, no magnates industriales. Necesitábamos que nos echasen una mano; no que nos hicieran caridad.

Mucha gente ni siquiera estaba enterada de estos pormenores. Creían que solicitábamos dinero gratis. Al parecer, pensaban que Jimmy Carter me envió una carta de salutación con los mil millones, en pulcros fajos de billetes de diez y veinte dólares dentro del sobre. Había muchos ciudadanos de buena fe que, por lo visto, imaginaban que la Chrysler había recibido mil millones en efectivo metidos en una bolsa de papel castaño y que no teníamos que preocuparnos en devolverlos.

¡Ojalá hubiesen tenido razón!

XIX
La Chrysler ante el Congreso

Por expresarlo de manera eufemística, prestar declaración ante una comisión del Congreso o del Senado no se corresponde con la idea que yo tengo de lo que es pasarlo estupendamente. Supongo que me creerán si les digo que era lo último que deseaba en este mundo; pero en mi fuero interno sabía que si existía la más remota posibilidad de obtener del Congreso la aprobación de los avales crediticios, yo mismo en persona tendría que comparecer y defender nuestra postura. ¡En esta ocasión no iba a delegar la tarea!

Las salas de sesiones donde se celebran visitas o indagatorias públicas, sean del Senado o de la Cámara de Representantes, han sido concebidas para intimidar al compareciente. Los integrantes de la comisión se acomodan ante una mesa semicircular que se eleva sobre un estrado de unos sesenta centímetros. El sujeto que presta declaración se halla en clara desventaja psicológica, ya que debe mantener la mirada en alto para atender a su interpelante. Por si fuera poco, los focos de la televisión le ciegan a uno.

Aunque se me llamaba «el testigo», el término no es exacto. En realidad, yo era el acusado. Hora tras hora permanecí sentado en el banquillo, declarando ante sus señorías y los representantes de la prensa para responder de los llamados «fallos de gestión» de la Chrysler, fuesen reales o imaginarios.

En ocasiones tenía la impresión de hallarme ante una parodia de tribunal. Los ideólogos cerraban filas y murmuraban: «Nos importa un comino lo que puedas decir; vamos a darte un escarmiento». Yo quedé abandonado a mis solos recursos y tuve que improvisar mis respuestas. Las preguntas caían sobre mí incisivas y en rápida sucesión, envenenadas muchas veces. El personal auxiliar estaba continuamente pasando notas a los senadores y congresistas, y yo tenía que responder sin tiempo a preparar mis palabras. Fue un verdadero infierno.

Se nos fustigó por no haber tenido la visión de futuro de los inteligentes japoneses y fabricado automóviles de bajo consumo de gasolina, sin tener en cuenta que el comprador norteamericano no había cesado de pedir coches cada vez más grandes. Se nos echó en cara el no haber estado preparados para el derrocamiento del sha de Irán. Tuve que señalar que ni Carter, Kissinger, David Rockefeller o el Departamento de Estado habían prevenido este acontecimiento, a pesar de estar mejor informados que yo de estas cuestiones.

Se nos reprochó con dureza el hecho de que no estuviésemos preparados para el confuso sistema de distribución de combustible que arbitró el Departamento de Energía y los tumultos que se originaron posteriormente en las gasolineras. Poco importaba que un mes antes la gasolina estuviera a sesenta y cinco centavos el galón. Tampoco se prestaba atención a la incidencia de los controles de precios impuestos por el Gobierno, que disminuyó así artificialmente el precio de carburante y desorientó totalmente al consumidor. Poco importaba, en fin, que estuviésemos invirtiendo el grueso de nuestro capital en cumplir con las reglamentaciones de los organismos federales.

Según el sentir del Congreso y de los medios de difusión, habíamos «pecado». Habíamos defraudado a la clientela y desatendido al mercado, y por ello merecíamos un castigo.

Y así fue. Durante las vistas públicas de las comisiones del Congreso, se nos presentó a los ojos de la nación como ejemplo vivo de todos los defectos que asolaban a la industria norteamericana. Los editoriales de periódicos y revistas se cebaron en nosotros por no tener la decencia de abandonar y morir dignamente. Los caricaturistas del país la emprendieron con nosotros, y les faltó tiempo para presentarnos como si ya estuviésemos en la fosa. Nuestras esposas e hijos eran objeto de sarcasmos en tiendas, comercios y escuelas. El precio que se nos hizo pagar no fue sólo, ni mucho menos, el ánimo de cerrar las puertas y de vernos desaparecer. Tuvo matices personales. Fue punzante, acerado y doloroso.

El 18 de octubre realicé mi primera aparición ante la Subcomisión de Estabilización Económica de la Comisión de Banca, Economía y Asuntos Urbanos de la Cámara de Representantes. Comparecieron todos los miembros, lo que constituía de por sí un hecho insólito. Por lo general, las vistas públicas se celebraban sin la presencia de la mayoría de los integrantes de la mesa, ya que tienen que despachar siempre otros varios asuntos al mismo tiempo. Por lo común, el trabajo efectivo lo realiza el personal asesor de ambas cámaras.

Empecé mi declaración con una escueta explicación del caso:

—Estoy seguro de que saben que no hablo hoy aquí a título personal, sino que lo hago en nombre de los cientos de miles de personas cuya subsistencia depende de que la Chrysler prosiga sus actividades. Así de sencillo. Nuestros ciento cuarenta mil empleados y personas a su cargo, nuestros cuatro mil setecientos concesionarios y sus ciento cincuenta mil empleados, encargados de la venta y atención al cliente, y nuestros diecinueve mil proveedores, en cuya nómina figuran doscientos cincuenta mil trabajadores, además de los familiares que esos distintos grupos tienen a su cargo.

Debido a la confusión suscitada en torno al tipo de ayuda que solicitábamos, dejé muy en claro que no pedíamos una limosna, ni un regalo o concesión por parte del Estado. Recordé a los congresistas que solicitábamos la concesión de un crédito avalado por el Tesoro, y que pagaríamos hasta el último dólar... con el interés que devengara.

En esta mi primera declaración, recalqué ante los miembros de la subcomisión la existencia de siete puntos o aspectos esenciales. Primero, que las dificultades por las que atravesaba la Chrysler eran una conjunción de mala gestión empresarial y de la excesiva onerosidad que suponían las reglamentaciones federales, la crisis energética y la recesión económica. Expuse que se había procedido a cambiar el equipo directivo, pero que los tres restantes factores estaban más allá de nuestra competencia.

En segundo lugar, puntualicé que se habían dado sin demora los pasos decisivos para solventar nuestros problemas. En efecto, habíamos liquidado nuestros activos marginales; habíamos acumulado una importante suma de dinero, reducido en casi 600 millones anuales el importe de los costos fijos, rebajado el sueldo de nuestros mil setecientos principales cargos ejecutivos, suspendido todos los incrementos por valoración de méritos del personal, atajado el programa de compra de acciones por nuestros empleados y trabajadores. Asimismo, se dejó de retribuir con dividendos las acciones ordinarias, obtuvimos importantes consensos y concertaciones nuevas con los proveedores, los bancos, concesionarios, trabajadores y la administración estatal y local.

Tercero, para que la empresa alcanzase unas cotas mínimas de rentabilidad, era preciso que continuáramos produciendo toda la gama de turismos y camiones ligeros. No cabía pensar en la posibilidad de sostenernos a base de fabricar un solo producto. Era imposible seguir en el negocio y dedicarse únicamente a la fabricación de coches de pequeño o mediano tamaño. Los márgenes comerciales de los utilitarios vienen a ser de unos setecientos dólares, lo que no bastaba para asegurar la subsistencia de la empresa, sobre todo si se tenía en cuenta que los japoneses tenían menores costos salariales y una legislación tributaria muy favorable.

Cuarto, no conseguiríamos superar los inconvenientes que conllevaba una declaración de quiebra.

Quinto, no existían ofertas de fusión con otras empresas del sector, fueran norteamericanas o extranjeras. Además, si no se nos concedían los créditos federales, era muy improbable que alguien considerase siquiera la eventualidad de asociarse con nosotros.

Sexto, a pesar de la fama que teníamos como fabricantes de vehículos de elevado consumo de combustible, la Chrysler poseía ya, en promedio, el mejor índice global de ahorro de gasolina de los Tres Grandes del sector. Estábamos ofreciendo más modelos con un consumo de al menos ocho o nueve litros por kilómetro en ciudad, que GM, Ford, Toyota, Datsun y Honda.

Por último, subrayé que el plan quinquenal elaborado por la empresa era sólido y fiable, basado en premisas de cálculo ortodoxas. Teníamos la seguridad de que podíamos mejorar nuestra cuota de participación en el mercado y en breve obtener beneficios de nuevo.

Más avanzada ya la sesión, perfilé con mucho mayor detalle cada uno de los extremos enumerados.

Las preguntas y las acusaciones se sucedieron interminables. Había algunos congresistas que no lograban meterse en la cabeza que la Chrysler se hallaba ya en manos de una nueva dirección. Tampoco me extrañó que la mayoría de ellos no se avinieran a ponderar el costo real de las reglamentaciones evacuadas de los organismos oficiales, por lo que continuamente levantaban un dedo acusador referido a los errores de gestión cometidos por la anterior dirección de la firma y me pedían que los justificase.

CONGRESISTA SHUMWAY, DE CALIFORNIA: Lo que me preocupa son las garantías que puede dar a esta subcomisión y al Gobierno de que no se van a repetir los errores del pasado. Según usted, se han enmendado algunos fallos cometidos en la gestión de la empresa y que van ustedes camino de alcanzar una cierta rentabilidad. Si he de serle sincero, no veo qué tipo de respuestas podrían convencerme realmente de que ésta es la situación en la empresa.

SEÑOR IACOCCA: Señor congresista, no podría convencerle aunque quisiera. Tiene que creer en mi palabra. He conjuntado un nuevo equipo directivo en la Chrysler. Son los que más saben de coches en todo el país, al menos en mi opinión. Disponemos de gente con un brillante historial. Hemos estudiado a fondo nuestro oficio y sabemos cómo se fabrica un coche. Llevamos treinta años en ello y reafirmamos que estamos en condiciones de acometer la tarea. Es todo lo que puedo decirle. Historial, oficio y experiencia. Eso es lo que podemos ofrecer y eso es todo cuanto puedo manifestar.

SEÑOR SHUMWAY: Pero el historial de la Chrysler no es el que le sirve a usted de soporte ahora, cuando intenta convencernos.

SEÑOR IACOCCA: Las empresas las hacen las personas. Creo que estamos haciendo todo lo necesario para salir del atolladero. No nos pierda de vista y verá la cantidad de cosas que van a dar que hablar en la Chrysler. Observará que se fabrican coches más buenos, verá cómo se mejora el mantenimiento y cómo prevalece la calidad. Y todo eso será en definitiva lo que cuente.

Todo el mundo buscaba una víctima propiciatoria, pero yo me negué a culpar de manera global a la antigua dirección de las dificultades que estábamos atravesando. En definitiva, durante el tercer trimestre de 1979 la Ford tuvo unas pérdidas de 678 millones, e incluso General Motors perdió —en el mismo periodo— 300 millones de dólares. ¿Qué decir de estas cifras? ¿Es que los directores generales de *todas* estas empresas nos habíamos vuelto locos de repente? Sin duda alguna, estos bajones sin precedentes debían tener razones más acuciantes. En consecuencia, me despaché a gusto contra las reglamentaciones federales.

Al propio tiempo, aludí a la errónea creencia de que la Chrysler construía más vehículos de gran tamaño que turismos económicos, y precisé que nuestra empresa era la primera fabricante de coches pequeños, de tracción delantera, por delante de la Ford y la General Motors. En la época en que presté declaración ante los congresistas circulaban más de medio millón de modelos Omni y Horizon, o sea, que llevábamos ventaja a cualquier otra empresa americana productora de este tipo de automóviles. Además, teníamos previsto el lanzamiento de un nuevo modelo —el coche K— para aquel mismo año.

No, aduje, la dificultad no estaba en que fabricábamos demasiados coches con alto consumo de gasolina; antes bien, andábamos faltos de ellos. Los coches grandes son los que dejan beneficio, de la misma manera que en una carnicería el filete vale más que la hamburguesa.

Apunté que General Motors fabricaba el 70 por 100 de los vehículos de gran tamaño, como el Cadillac Seville, que dejaba un beneficio de 5.500 dólares por unidad. En nuestra gama no teníamos nada parecido. Para ganar lo que GM obtenía con la venta de un Seville, nosotros teníamos que vender ocho modelos Omni u Horizon. Además, la General Motors es la que manda en cuestión de precios, y no iban a elevar el precio de sus turismos económicos y cargar 1.000 dólares más para que la Chrysler cubriera gastos.

Hablé sobre todo lo dicho y más. Pero cuando evoco aquellas vistas públicas, resuenan otras voces en mi mente, como la del congresista de Florida Richard Kelly, el más feroz de nuestros oponentes. Empezó su intervención con estas palabras:

—Creo que lo que intenta usted es embaucarnos. Personalmente pienso que usted ya hizo su papel en los medios próximos al sector [del automóvil] y que la gente del ramo, actuando con toda libertad de criterio (no la clase de personas que nos sentamos ante esta mesa, sino los capitanes de empresa, que bien saben cómo hay que hacer para que el asunto marche), le enviaron a usted a paseo.

»Y le mandaron a paseo porque usted no fue capaz de subsistir en las misma condiciones que ellos trabajan. Entonces decidió venirse para acá confiando en que este atajo de peleles de la subcomisión se dejarían engañar con ese cuento del sufrimiento humano.

Kelly era un tipo listo. Sabía cómo manipular a los medios de difusión utilizando las palabras justas para encandilar a los televidentes del informativo de la noche. Se ensañó con nosotros a conciencia:

—La confianza crediticia a la Chrysler constituirá el principio de una nueva era de irresponsabilidad por parte de la Administración. La fianza de la Chrysler es un robo al trabajador norteamericano, a la industria de este país, al contribuyente y al consumidor. El acto de caridad en favor de la Chrysler es el timo más flagrante de nuestra época.

Con tono displicente, Kelly nos reprochó de qué manera habíamos fracasado a la hora de competir con los fabricantes del sector. Instó repetidas veces a la empresa para que se declarase en quiebra y se opuso con todas sus fuerzas a que se nos concedieran préstamos avalados por el Estado.

Digamos de pasada que, un par de años después, el congresista Kelly, paladín del estilo de vida norteamericano, fue declarado culpable en dos ocasiones a raíz del asunto Abscam y condenado a ir a la cárcel. Perdió las elecciones y se desprestigió por completo. ¡Oh, justicia idealizada!

Pero no fue Kelly el único antagonista. En plena polémica, el congresista David Stockman, de nuestra propia delegación de Michigan, escribió en el *Washington Post Magazine* un largo artículo titulado: «Que la Chrysler vaya a la quiebra». Pocas semanas antes había escrito un comentario en *The Wall Street Journal* con el título: «La fianza a la Chrysler: ¿una recompensa al fracaso?». Stockman, más tarde director del presupuesto, fue el único miembro de la delegación de Michigan que votó contra nosotros. Era un antiguo estudiante de teología, pero me temo que el día que se dictó la lección sobre la caridad y amor al prójimo no asistió a clase.

Por suerte, no todo el mundo fue hostil a nuestra causa. Stewart McKinney, el más alto representante de la minoría en la comisión, se mostró muy favorable a nuestra petición de ayuda. Con él tuve una cierta tregua, pues nos conocíamos hacía tiempo, desde mis días en la Ford. En calidad de congresista republicano por un distrito aristocrático de Connecticut, tuvo que encajar no pocos golpes propinados por otros colegas más intransigentes.

McKinney se puso de nuestro lado ya desde el principio, debido sobre todo a que la alternativa a la ayuda federal resultaba pavorosa. Su posición podría resumirse diciendo: «Entiendo de coches y sé lo que este tipo hizo en la Ford. Seguro que saldrá adelante». En un determinado momento, durante una de las sesiones, manifestó lo siguiente:

—Si hace usted para Chrysler lo que hizo por la Ford, tendremos que erigirle una estatua.

Pero yo dije para mis adentros: «Sí, y ya se sabe lo que les pasa a las estatuas: ¡que los pichones se te ensucian encima!».

McKinney cumplió con su misión, lo cual es mucho más de lo que puede decirse de algunos de sus cofrades. Henry Reuss, presidente de la Comisión de Banca, llegó a proponer que la Chrysler se dedicara a construir vagones de ferrocarril. No podíamos permitirnos mantener las instalaciones de que disponíamos y sale ese tipo con la propuesta de embarcarnos en una gama inédita de vehículos. Su proyecto habría supuesto una inversión de dos mil millones de dólares... en un momento en que estábamos ya en la cuneta.

El segundo gran respaldo nos lo proporcionó el congresista por Michigan Jim Blanchard, redactor del proyecto de ley sobre concesión de créditos federales a la Chrysler y posteriormente gobernador del estado. Blanchard era el número dos entre los demócratas que formaban parte de la comisión. Él y McKinney constituían un gran equipo.

Pero fue Tip O'Neill el verdadero artífice de nuestra victoria en el Congreso. Antes de las vistas públicas sostuve una entrevista con él y le puse en antecedentes. Escuchó con atención y se mostró comprensivo. Tan pronto se volvió para respaldarnos, cambió el curso del debate.

Tip creó un equipo de expertos, adscrito al *speaker* (jefe del partido mayoritario y presidente de la Cámara Baja), integrado por unos treinta individuos, que cabildearon tratando de influir en sus colegas de escaño. Hubo asimismo un grupito de sostén creado *ad hoc* en el bando republicano, aunque su tarea resultó mucho más ardua.

También se celebraron vistas públicas en el Senado. En la Cámara Alta mi vengador resultó ser William Proxmire, presidente de la Comisión de Banca. Era hombre de fuerte carácter, pero franco y justo. Desde el inicio nos dijo que era totalmente opuesto a la concesión de los créditos, pero nos dejó exponer nuestra argumentación sin interferencias. Tan sólo prometió votar contra nosotros, pero no intrigar en los pasillos.

Tuve una buena «sesión de entrenamiento» con Proxmire ya que, pese a toda su apología del sistema de libre empresa, con anterioridad había votado a favor de la concesión de ciertas ayudas federales a American Motors.

En 1967, la American Motors recibió un crédito federal sobre impuestos pagados que se tradujo en un descuento de 22 millones en efectivo.

En 1970, le fue concedida a la citada empresa una autorización especial para adquirir tecnología sobre emisión de gases fabricada por General Motors, después de que un tribunal federal dictara un auto de avenencia o consenso.

En 1974, el Gobierno federal calificó de «pequeña empresa» a la American Motors con objeto de darle tratamiento preferente a la hora de solicitar contratos con el Estado.

En 1977, se concedió a la empresa el derecho a solicitar una moratoria de dos años respecto a las normas finales sobre emisión de gases de óxido de nitrógeno.

En 1979, el Organismo para la Protección del Medio Ambiente (EPA) consistió en una moratoria a favor de la American Motors. Por cierto, una iniciativa de este tipo hubiese ahorrado a la Chrysler más de 300 millones de dólares.

Proxmire tiene una bien ganada reputación cuando se trata de poner en tela de juicio los gastos federales con los que no está de acuerdo, pero hizo una ostentosa excepción en el caso de la American Motors. ¿Por qué? Porque resultaba que Proxmire era senador por Wisconsin, y en ese estado American Motors tenía una gran fábrica de montaje.

Yo le embestí sin pelos en la lengua, y manifesté:

—Recuerdo que fue usted el principal instigador en favor de la concesión de avales federales a American Motors, que además pertenece al Estado francés. De modo que usted ayudó y encubrió al Gobierno de este país.

Estábamos luchando por la supervivencia y a estas alturas debo reconocer que ya no me importaba ni poco ni mucho rebasar los límites de la cortesía.

Proxmire me devolvió el golpe y me censuró ásperamente por no ser congruente con mis principios.

—Ha sido usted el directivo de Detroit que más se ha destacado en la campaña contra Washington, y lo que dijo resultaba muy coherente —declaró—. Yo lo suscribo, y es posible que otros miembros [de la comisión] hagan lo propio con más contundencia.

A continuación dijo que si se aprobaban los avales crediticios, el Gobierno estaría muy implicado con la Chrysler:

—¿Acaso esto no se contradice de lleno con lo que lleva usted pregonando desde hace tanto tiempo?

Le respondí:

—Por supuesto que sí. Toda la vida he sido un ferviente partidario de la libre empresa. He acudido aquí con gran reticencia, pero me encuentro entre la espada y la pared. Me es imposible salvar a la empresa sin un aval, del tipo que sea, del Gobierno federal.

»No voy a largarles un sermón —continué diciendo—. Sus señorías saben mejor que yo que no estamos sentando nigún precedente. Existen ya cuatrocientos nueve mil millones de dólares en créditos federales garantizados y consignados en las partidas del presupuesto, de modo que, por favor, no vayan a detenerse ahora, caballeros. Lleguen a los cuatrocientos diez mil para ayudar a la Chrysler, porque es la décima empresa más grande del país y porque seiscientos mil puestos de trabajo corren peligro de perderse.

Cuando aludí a los precedentes, incluso los más enconados adversarios de la concesión de créditos tuvieron que salir del paso como pudieron. Lo más que acertaron a hilvanar fueron frases como: «Bueno, el hecho de que hayamos cometido algunas tonterías no justifica que tengamos que dar beneplácito a lo que nos propone».

Al término de mi larga declaración y del interrogatorio por parte de la mesa, el senador Proxmire me hizo un generoso cumplido:

—Como ya sabe, estoy en contra de su petición. Pero muy pocas veces he tenido ante mí a un testigo que se haya expresado con tanta elocuencia, lucidez y que haya aportado tantos datos como usted en la sesión de hoy. Ha realizado una brillante labor y le estamos agradecidos. Quedamos en deuda con usted.

Yo pensé para mí: «No, no, lo ha entendido usted al revés. ¡Somos nosotros los que intentamos contraer deudas con ustedes!».

Después de los grandes cumplidos de Proxmire, sonreí unos instantes. Pero acto seguido anunció categóricamente que iba a pelear por sus ideas hasta el último momento, como así fue, en efecto.

Otro de nuestros antagonistas en la comisión senatorial era el senador John Heinz, republicano por Pensilvania, que hizo cuanto pudo para poner en evidencia su hostilidad. La había tomado con nuestros accionistas y deseaba hacerles pasar un mal rato. Nos vimos obligados a precisarle que el treinta por ciento de ellos eran trabajadores de la empresa; el resto estaba en poder de personas ajenas a la Chrysler y habían tenido que soportar grandes mermas en la cotización de los valores que poseían.

Heinz, sin embargo, pretendía que emitiésemos otros cincuenta millones en acciones con carácter inmediato, lo que reduciría el valor de nuestros títulos, los cuales pasarían de 7,50 a 3,50 dólares, situación a la que por cierto se llegó más tarde sin necesidad de adoptar esta medida. No le cabía en la cabeza que, dada nuestra actual situación económica, la gente no tuviese interés alguno en adquirir acciones de la Chrysler, por baratas que se ofreciesen.

Pero las comparecencias ante las comisiones de ambas cámaras fueron sólo parte de la historia. Dediqué la mayor parte del tiempo a celebrar entrevistas privadas, como la que sostuve con la senadora por Kansas Nancy Kassebaum, la única mujer de la Cámara Alta. Defendí con vehemencia nuestra postura y me pareció que se decantaba por mis argumentos. Sin embargo, en la fase terminal votó contra nosotros.

Más suerte tuve con la camarilla italiana en la Cámara de Representantes. El congresista Pete Rodino, representante de Nueva Jersey, me hizo entrar en su antedespacho y me dijo: «Quiero que tenga usted una charla con mis compañeros aquí al lado». Había treinta y un individuos (o mejor, treinta hombres y una mujer, Geraldine Ferraro, representante de Queens y, más tarde, candidata a la vicepresidencia con Mondale en las elecciones presidenciales de 1984). De este grupo, todos menos uno votaron a nuestro favor. Había allí republicanos y demócratas mezclados, pero en esta ocasión votaron incondicionalmente la plataforma italiana. Estábamos en una situación angustiosa y teníamos que aprovechar todas las oportunidades. Aquello era lo que yo llamo democracia en acción.

No hubo tiempo para una asamblea con la camarilla negra, pero sí tuve un cambio de impresiones con su jefe de filas, Parren Mitchell, congresista por Maryland. En 1979, el 1 por 100 de la nómina de los trabajadores negros de todo el país correspondía a salarios y sueldos pagados por la Chrysler. Los negros constituyeron una parte importante de la coalición que hizo posible la concesión de los préstamos con aval federal.

Coleman Young, alcalde negro de Detroit, acudió varias veces a la capital para prestar declaración en nuestro favor. Young había sido uno de los primeros en prestar su respaldo a Jimmy Carter, a quién expresó con enérgico convencimiento cuál era la verdadera situación de la Chrysler.

Durante los últimos tres meses de 1979 me vi sometido a una presión tremenda. Iba a Washington un par de veces a la semana y el resto del tiempo lo pasaba intentando dirigir la Chrysler. En este intervalo, mi esposa Mary sufría periódicos ataques de diabetes, y en dos ocasiones tuve que dejarlo todo y trasladarme a Detroit para estar a su lado.

Cuando iba a Washington tenía un orden del día terrible, que comprendía de ocho a diez entrevistas diarias. Cada vez que iba a la capital tenía que repetir las mismas palabras, subrayar los mismos puntos, presentar los mismos argumentos. Repetir, repetir lo mismo en cada nueva ocasión.

Una vez que caminaba por los mármoreos pasillos del Congreso me sentí súbitamente mal. Tenía la impresión de andar sobre cáscaras de huevo, estaba mareado y próximo a desvanecerme. También veía borroso.

Mis acompañantes me llevaron al despacho del inspector general de Sanidad y depués a la enfermería de la Cámara de Representantes, donde me realizaron una exploración médica. Diagnosticaron que se trataba de un acceso de vértigo, cosa que ya me ocurrió una vez, hacía entonces veinte años. En aquel momento iba yo andando por los pasillos de la Ford en compañía de McNamara y de repente empecé a dar topetazos contra la pared. McNamara dijo:

—¿Qué te pasa, Lee? ¿Estás bebido o qué?

—¿Por qué lo preguntas? —dije.

—Pues porque te estás golpeando contra la pared, por eso te lo digo.

El vértigo y los vahídos son a veces consecuencia de una dolencia que afecta al centro del equilibrio en el oído interno, y en el Capitolio experimenté una recaída. Me dieron el alta, pero al poco volvió a sucederme otra vez. La tensión y el nerviosismo acumulados me habían embotado la cabeza, pero bien o mal conseguí despachar los asuntos que me habían traído a la capital.

Durante el periodo en cuestión nuestra máxima preocupación fue mantener la confianza del consumidor. Mientras duraron las vistas públicas ante las comisiones del Congreso y el Senado, las ventas bajaron espectacularmente. Nadie quería comprar un coche a una empresa que quizá dentro de poco estaría panza arriba. El porcentaje de gente que se mostraban inclinados simplemente a *considerar* la compra de un producto de la Chrysler experimentó un brusco bajón: del 30 al 13 por 100.

En la empresa exitían dos criterios acerca de cuál era la mejor manera de afrontar la crisis. La mayoría del personal del departamento de relaciones públicas estimaba que el silencio era la táctica más adecuada.

—Quietos —recomendaron—. Todo acabará por resolverse. Lo último que nos conviene es llamar la atención sobre la precaria situación en que nos hallamos.

Sin embargo, Kenyon & Eckhardt, nuestra agencia de publicidad, se mostró completamente en desacuerdo:

—La situación es grave —declararon—, y tiene que elegir entre dos posibilidades: morir en silencio o hacerlo a gritos. Nosotros proponemos esta última fórmula. De este modo siempre habrá alguien que pueda oír sus gritos.

Seguimos el consejo de la agencia y les pedimos que iniciasen una campaña para tranquilizar los ánimos del público sobre el futuro de la empresa. Había que lograr que la gente se enterara de dos cosas: la primera, que no teníamos la menor intención de cerrar las puertas, y, en segundo lugar, que estábamos fabricando los coches que el país necesitaba en aquellos momentos.

En vez de recurrir a nuestra fórmula publicitaria habitual, basada en imágenes y un texto que describía las características de los nuevos modelos, sacamos una sucesión de editoriales expresando nuestro punto de vista sobre los préstamos federales así como los planes a largo plazo de la Chrysler. En lugar de promocionar nuestros productos, nos dedicamos a promover la imagen de la empresa y de su actuación futura. En una palabra, utilizamos otros conductos para canalizar nuestro mensaje; había llegado el momento de hacer publicidad de nuestra causa y no de los coches que fabricábamos.

Ron DeLuca, de la sede de K & E neoyorquina, concibió una serie de anuncios a toda plana en los que se explicaba nuestra posición. Antes de redactarlos solía acudir a mi despacho y durante una hora, poco más o menos, discutíamos sobre su contenido. Después, él escribía el texto y yo lo repasaba, hasta que los dos nos mostrábamos satisfechos con el resultado final.

En estos anuncios, a los que K & E empezó a referirse como «relaciones públicas pagadas», pusimos los puntos sobre las íes. Sacamos a relucir —y rebatimos— algunos de los tópicos más en boga sobre la Chrysler, a saber: que no éramos fabricantes de vehículos de elevado consumo; que no pedíamos limosna a Washington; que la concesión de préstamos avalados por el Estado no suponía un precedente peligroso.

Los anuncios era insólitamente directos y francos. Ron les confirió un toque osado que era muy de mi gusto. Por desgracia, sabíamos muy bien lo que el ciudadano corriente pensaba de la Chrysler, de modo que intentamos ponernos en su lugar y anticipar las preguntas y dudas que seguramente le invadían.

No tenía sentido ignorar las críticas de que la prensa nos hacía objeto. Decidimos afrontarlas de cara y reemplazar los rumores con datos de primera mano. Uno de estos anuncios llevaba un atrevido titular que expresaba lo que muchos consumidores habían empezado a preguntarse: «¿Estarían los Estados Unidos en mejores condiciones sin la Chrysler?». En otros anuncios, formulábamos —y respondíamos— a una serie de preguntas comprometidas. Entre ellas:

- ¿No sabe todo el mundo que los coches de la Chrysler tienen una pésima relación consumo/kilometraje?
- ¿No son los coches grandes de la Chrysler demasiado grandes?
- ¿No tardó la Chrysler más de la cuenta en reducir el tamaño de sus vehículos?
- ¿No construye la Chrysler coches inadecuados a la coyuntura del momento?
- ¿No tiene la Chrysler tantos problemas que no hay quien los resuelva?
- ¿Posee la dirección de la Chrysler energía suficiente para enderezar el rumbo de la compañía?
- ¿Ha hecho la Chrysler todo lo posible para salir de apuros sin recurrir a terceros?
- ¿Tiene la Chrysler un futuro ante sí?

Hay que puntualizar que tales anuncios eran poco habituales por otro concepto, además del ya señalado, y es que todos llevaban mi firma. Queríamos demostrar a nuestros hipotéticos compradores que la empresa iniciaba ya una nueva andadura. En definitiva, la obligación del mandamás de una compañía que parece ir a la quiebra es tranquilizar a la gente. Tiene que dar la cara y gritar: «Estoy aquí, soy de carne y hueso y dirijo esta empresa. Y para demostrárselo ahí va mi firma al pie de ese texto».

A la larga lograríamos proyectar la idea de que en la Chrysler privaba un genuino sentimiento de responsabilidad. Al rubricar los citados anuncios invitábamos a los consumidores a escribirme y a formular quejas y preguntas. Al fin y al cabo, pregonábamos que aquella empresa, vasta y compleja, se hallaba a la sazón gestionada por un hombre como los demás, que no ocultaba su nombre y que se jugaba la reputación en el empeño.

La campaña publicitaria resultó un gran éxito. Estoy convencido de que desempeñó un papel de primer orden llegado el momento de convencer al Congreso de que aprobara la concesión de los avales. Ni que decir tiene que la gran frustración de todo publicitario es no poder precisar con exactitud qué factor determina en última instancia el cambio de opinión del sector de público al que se dirige la campaña. Pero llegó a nuestros oídos que en las oficinas de la presidencia y en la Asamblea Legislativa había gente que iba de un despacho a otro exhibiendo estos anuncios, unos indignados y otros satisfechos, según los puntos de vista.

Por lo demás, es indiscutible que esos anuncios en la prensa llegaron al ciudadano. En primera plana leían un titular diciendo que íbamos a la quiebra, y después, en las páginas interiores, podían ver cuál era nuestra opinión al respecto.

En el ínterin, y en otro frente, nuestra filial de Washington organizó un cabildeo masivo por parte de los concesionarios. Todos los días llegaban a la capital grupos de agentes oficiales de Chrysler y Dodge. Wendell Larsen, nuestro vicepresidente de asuntos públicos, les instruía y les indicaba a qué congresista debían dirigirse y lo que tenían que decir.

Los concesionarios son por lo general gente bastante adinerada (al menos solían serlo), y tienden a desempeñar un papel activo en el seno de sus respectivas comunidades. De aquí que tengan bastante influencia con los cargos electorales. Dado que muchos de ellos son conservadores y republicanos, su presencia ejerció gran impacto en los congresistas que se mostraban contrarios a nuestra solicitud por razones ideológicas. Además, muchos de estos hombres habían contribuido con aportaciones a las campañas parlamentarias, detalle que un congresista no siempre puede pasar por alto. Es increíble comprobar lo que puede hacer una pandilla de concesionarios sueltos por Washington. Incluso hubo agentes de otras empresas del sector que proclamaron abiertamente que la competencia era buena y necesaria para las compañías de automóviles y que la Chrysler se merecía una oportunidad.

Para obtener el respaldo que necesitábamos, nos vimos obligados a forzar a los congresistas a contemplar el tema de los préstamos federales desde un prisma humano, no puramente ideológico. Por ello entregamos a cada representante un pliego de ordenador con una relación de todos los proveedores y concesionarios de su circunscripción vinculados profesionalmente a la Chrysler, a la par que adjuntábamos una memoria en la que se especulaba sobre las consecuencias que tendría para su distrito la quiebra de la sociedad. Si no me falla la memoria, de los 535 distritos electorales, sólo había dos que no tuvieran un proveedor o agente de la Chrysler. Esta lista, que hizo llegar nuestras dificultades a quien debía, surtió un efecto considerable.

Además, estaba Doug Fraser, que por sí mismo constituía toda una camarilla política. Doug no quería saber nada de la cháchara sobre la quiebra. Sabía muy bien lo que iba a ser de los obreros si la empresa cerraba las puertas. Le constaba, por otra parte, que nuestros temores y recelos no eran infundados.

Su declaración ante la comisión investigadora resultó de lo más lúcida. Habló con pasión del costo en vidas humanas y del mal trago que pasarían las familias trabajadoras si no se aprobaba la concesión de los avales crediticios.

—No he venido aquí para impetrar por la Chrysler Corporation —manifestó a la mesa—. Me preocupa la repercusión que tendría una quiebra sobre los obreros y las comunidades donde residen.

Fraser fue un luchador infatigable y eficaz que habló por separado con gran número de congresistas y senadores. Era, también, buen amigo del vicepresidente Mondale, y acudió un par de veces a la Casa Blanca en misiones de importancia.

En el curso de la polémica también yo fui a la sede de la presidencia para hablar con el primer mandatario. Carter no se comprometió en exceso durante los debates sobre la suerte de la Chrysler, pero estaba de nuestro lado. Durante mi visita me manifestó lo mucho que le gustaban, tanto a él como a Rosalynn, su esposa, los anuncios televisivos de la Chrysler que yo había coordinado. Me dijo en broma que me estaba convirtiendo en un personaje tan conocido como él.

Carter delegó la solución del caso Chrysler en el Departamento del Tesoro, pero puso de manifiesto que apoyaba nuestras tesis. Sin el respaldo del Ejecutivo, es difícil que el proyecto de ley hubiese salvado el escollo de la votación.

Desde que terminara su mandato, Carter ha venido a verme en dos ocasiones. Está orgulloso de la buena marcha de la firma. Tengo la sensación de que se siente un poco el padre de la criatura, y me confesó: «Cuando miro atrás y evoco todas las realizaciones que se llevaron a cabo durante mi mandato, tengo la impresión de que en el caso de la Chrysler acertamos de lleno». Carter tuvo sus malos momentos, pero se ha minusvalorado lo que hizo de positivo.

Al llegar el momento de la votación, contábamos con un nutrido respaldo en el Congreso, pese a lo cual la ayuda de Tip O'Neill resultó determinante. Poco antes de la votación, dejó a un lado su función de presidente de la Camara Baja y habló como representante del estado de Massachusetts. En un apasionado alegato en favor de la concesión de los avales crediticios, evocó los efectos de la Gran Depresión en Boston, cuando los obreros sin trabajo se veían obligados a mendigar unos centavos limpiando la nieve de los portales.

—Siempre me he pronunciado tajantemente cuando se trata de salvar un centenar de empleos —manifestó a sus colegas—. ¿No es un poco tonto que estemos aquí sentados, discutiendo, en el momento en que hay más de medio millón de familias que esperan, ahí fuera, cuál va a ser nuestro veredicto?

El parlamento de Tip causó genuino impacto emocional en los miembros de la Cámara. Fue uno de nuestros paladines en el episodio global. Conseguido el soporte del presidente de la Cámara de Representantes, aumentaban poderosamente las probabilidades de sacar adelante un proyecto. A la hora de votar, el dictamen fue favorable a la Chrysler por un margen de dos a uno (271 votos contra 136).

En el Senado, la votación arrojó un balance más ajustado (53 a 44), pero así lo quiere la mecánica parlamentaria en este género de situaciones. El proyecto de ley fue refrendado en el Congreso antes de Navidad, y un montón de familias le festejaron a justo título. Por mi parte, me sentía agotado y con una gran sensación de alivio, aunque no eufórico. Ya eran demasiadas las veces, desde mi entrada en la Chrysler, en que creía divisar un poco de luz al final del túnel y luego resultaba ser otro tren que se me echaba encima. Era consciente de que antes de poder disponer de un solo centavo de los créditos avalados, había que encajar en su sitio gran número de piezas del gigantesco rompecabezas que era entonces la empresa.

A tenor de la ley aprobada había que proceder a una reestructuración de la Chrysler que, según el secretario del Tesoro, G. William Miller, iba a constituir la operación financiera más complicada de toda la historia empresarial del país. Sólo pensarlo me daba escalofríos.

La ley llamaba a constituir un consejo administrador de los créditos federales, facultado para proveer hasta 1.500 millones de dólares en el plazo de dos años, cantidad que debería reintegrarse a finales de 1990. Pero en torno al núcleo de la normativa aprobada, giraban una serie de exigencias, a saber:

- Las entidades bancarias acreedoras de la Chrysler tenían que concedernos 400 millones más en nuevos créditos y 100 millones en concepto de concesiones sobre los préstamos en curso.
- Las entidades financieras del extranjero debían facilitarnos 150 millones en créditos suplementarios a los ya concedidos.
- La empresa tenía que procurarse otros 300 millones de dólares mediante la venta de activos.
- Los proveedores debían proporcionar a la empresa un mínimo de 180 millones, 100 de ellos mediante la compra de acciones.
- Las administraciones estatales y locales en cuyo ámbito radicara una instalación fabril de la Chrysler, debían contribuir con 250 millones.
- La empresa debía realizar una nueva emisión de títulos por un importe de 50 millones de dólares.
- Los trabajadores sindicados tenían que aportar 462 millones de dólares en forma de concesiones varias.
- Los no sindicados, debían contribuir con 125 millones en forma de reducciones o congelaciones salariales.

A mayor abundamiento —y muy pocos se dieron cuenta cabal de lo que ello significaba—, el Gobierno requisó todo el activo de la Chrysler a título de garantía de la cancelación de los créditos. Todo el patrimonio de la empresa —coches, bienes raíces, fábricas, maquinaria y lo demás— se concentró en una partida contable valorada en 6.000 millones de dólares. Los peritos gubernamentales estimaron que la liquidación de estos activos podía arrojar un saldo de 2.500 millones de dólares. En caso de que las cosas fueran mal, el Gobierno se reservaba el carácter de acreedor prioritario; es decir, que si la empresa quebraba, la Administración se resarciría de los 1.200 millones del préstamo concertado antes de que los restantes acreedores pudiesen hacer valer sus derechos.

Aun en el caso de que la liquidación del activo por 2.500 millones fuese exagerada, incluso si la venta arrojaba un saldo que fuera la mitad del antedicho, el Gobierno (o, mejor, la administración del Estado) quedaba a buen resguardo, ya que el consejo administrador de los créditos federales ordenaría la liquidación del patrimonio empresarial y saldría indemne de la operación de reflotamiento. Dicho de otra manera: ¡la Administración no corría nigún riesgo financiero!

Un par de semanas después de la Ley de Concesión de Avales Crediticios, accedió al poder la Administración republicana, cuya actitud era la siguiente: «Este asunto de la Chrysler es cosa de la Administración Carter. Cumpliremos estrictamente lo escrito en la ley, pero ni un ápice más, pues atenta contra nuestros postulados ideológicos. Si Chrysler salva el escollo, nos pondría en una situación delicada, y no queremos que otras empresas sueñen con propósitos semejantes».

Tuvimos suerte de que, llegada la hora de la verdad, la polémica se dirimiese estando los demócratas en el poder, lo cual suponía anteponer las personas a la ideología, como es común en este partido. Los demócratas, en efecto, dialogan con los trabajadores, con el ciudadano medio, y se preocupan del factor empleo. Los republicanos prefieren hablar de inversiones y canalizarlas hacia las empresas bien saneadas.

Me doy cuenta de que caigo en socorridos tópicos. Soy el primero en reconocer que cuando los asuntos marchaban bien, cuando yo ganaba un montón de dinero, mis preferencias electorales estaban al lado republicano. Pero desde que me incorporé a la Chrysler, tiendo a votar demócrata. Expresado a grandes rasgos: estoy con el partido que dicta el sentido común, y en época de vacas flacas, éste suele ser el Partido Demócrata.

No me cabe duda de que si en 1979 hubiese habido un Gobierno republicano, el caso de la Chrysler estaría visto y sentenciado. Los republicanos se habrían desentendido de nosotros, la empresa habría ido a la quiebra y hoy no veríamos otra cosa que libros encomiando la protección a la libre empresa. Y no me refiero únicamente a Reagan; la mayoría de los republicanos hubieran dicho: «¿Préstamos con aval del Estado? Deben de estar locos de remate». Sencillamente, los republicanos no están acostumbrados a esta línea de reflexión.

Pero aún hay más. Si la crisis de la Chrysler se hubiese producido tres años más tarde, cuando la Ford y la General Motors pasaban por grandes apuros y la Internacional Harvester iba derecha a la quiebra, ni siquiera los demócratas hubieran podido echarnos una mano. Habrían visto que detrás de nosotros guardaban turno otras cincuenta empresas, sin medios para absorber las demandas de todas ellas.

Por ello, pienso que en cierto modo fue una suerte que la Chrysler flaqueara un poco antes que otras compañías mejor gestionadas. Si la crítica situación de la empresa hubiera coincidido con la de Braniff y la Pan Am, por ejemplo, quizá Washington nos habría dicho: «Lo sentimos, chicos, pero la cola es ya demasiado larga».

Tengo la certeza de que estas otras empresas sopesaron la posibilidad de solicitar ayuda al Gobierno. En definitiva, no son tontas. Pero ¿qué habría sucedido en caso de haber solicitado un trato como el dispensado a la Chrysler? Pues que les hubiesen dicho: «Ni hablar del asunto».

En estos momentos han transcurrido ya cuatro años desde el asunto de los créditos federales. En este intervalo hemos salvado del paro a cientos de miles de personas, pagado cientos de millones en impuestos y se ha mantenido el sistema de competencia en el sector del automóvil. Reintegramos los empréstitos con siete años de antelación, pagamos elevados honorarios al consejo administrador del crédito federal, y la Administración tuvo la inesperada fortuna de vender a buen precio los derechos de suscripción que les habíamos otorgado.

A la luz de todo lo expuesto, uno no puede por menos de formularse una pregunta un tanto especulativa. Por el hecho de recurrir al Congreso, ¿quebrantamos de veras la esencia de la libre empresa? ¿No podría ser, por el contrario, que el reflotamiento de la Chrysler contribuyera a mantener vivo el espíritu de la economía competitiva en el país? No creo que la respuesta admita duda alguna. Incluso algunos de los que en 1979 se manifestaron en contra de nuestras posiciones, reconocen que la concesión de créditos federales a la Chrysler fue una excelente idea.

Claro está que siempre quedan algunos obcecados, como *The Wall Street Journal* y Gary Hart; pero, ¡qué diantre!, no se puede convencer a todos los incrédulos.

XX
Sacrificios para todos

Con la aprobación de la Ley sobre Concesión de Avales Crediticios teníamos la posibilidad de luchar por nuestra subsistencia, y obsérvese que he dicho «luchar».

Nuestra misión era el equivalente de una guerra, sólo que en el plano económico. Aunque nadie iba a perder la vida por culpa de Chrysler, la subsistencia económica de cientos de miles de individuos dependía de que lográsemos ultimar las concesiones de diversa índole que la ley en cuestión nos exigía.

Yo fui el comandante en jefe de la batalla en pro de la salvación de la Chrysler, pero ni que decir tiene que no fue un trabajo en solitario. Lo que más me envanece es haber cohesionado una coalición sólida, lo que demuestra la efectividad de la cooperación en los tiempos difíciles.

Empecé por asignarme un sueldo simbólico de un dólar al año. Hay que predicar con el ejemplo. Si uno se encuentra en una posición de liderazgo, supremacía o caudillaje, la gente le sigue a todas partes. No quiero significar con ello que invadan la propia intimidad, aunque algo diremos al respecto más adelante. Cuando el líder habla, los demás atienden, y cuando obra, la gente actúa también. Esto le obliga a uno a medir las palabras y los actos.

No me asigné un sueldo anual de un dólar para erigirme en mártir; lo hice porque tenía que bajar al pozo de la mina. De ese modo podía entrevistarme con Doug Fraser, el líder sindical, mirarle a la cara y decirle: «Esto es lo que quiero de vosotros, muchachos». No podía argumentar en contra y espetarme: «Bueno, y *tú* ¿qué sacrificio haces, hijo de mala madre?». Éstas y no otras razones me movieron a ello; razones de índole claramente práctica, meditadas fría y desapasionadamente. Quería que nuestros proveedores y los trabajadores de la empresa se dijeran en su fuero interno: «Voy a seguir los pasos de un tipo que da esta clase de ejemplo».

Por desgracia, la austeridad era un concepto nuevo en la Chrysler. Cuando me incorporé a la empresa llegaron a mis oídos toda clase de increíbles relatos acerca de la prodigalidad de la administración precedente. Sin embargo, no me dejé impresionar. En fin de cuentas, había colaborado muchos años con Henry Ford, quien creía que la empresa era de su absoluta propiedad y que tenía poder suficiente para actuar en consonancia. Henry dilapidaba el dinero de tal modo que, a su lado, Lynn Townsend hubiese parecido un mendigo. Hizo que el director general de la General Motors diera la impresión de estar acogido a los programas de beneficiencia pública.

Si bien el hecho de haber reducido mi sueldo a un dólar no suponía que tuviese que prescindir de algunas comidas, fue una iniciativa que causó sensación en Detroit. Demostró que existía un esfuerzo conjunto y que todos navegábamos en el mismo barco. Puso de relieve que sólo lograríamos sobrevivir si nos apretábamos el cinturón. Fue un gesto espectacular que tuvo amplia resonancia en todas partes.

Aprendí más sobre las personas después de tres años en la Chrysler que al cabo de veintidós en la Ford. Pude comprobar que la gente arrastra cualquier penalidad si el sacrificio se reparte por un igual. Si las dificultades son las mismas para todo el mundo, se pueden mover montañas. Pero tan pronto descubres que hay alguien que no colabora o que no asume su parte en el compromiso, el espíritu de lucha general puede irse al traste y quedar reducido a cenizas.

Llamo a este postulado igualdad de sacrificios, o sacrificios para todos. En el momento en que empecé a predicar con el ejemplo, comprobé que los que me rodeaban procedían en consecuencia. Y así logró la Chrysler salir del bache. No fueron los empréstitos los que reflotaron la empresa, a pesar de que los necesitábamos con apremio, sino los cientos de millones a los cuales renunciaron todos los afectados en el plan de restructuración. Fue como si los miembros de una familia se reunieran y dijeran: «Hemos recibido un préstamo de nuestro tío, el millonario. ¡Vamos a demostrar que somos capaces de reembolsárselo!».

Fue un ejemplo encomiable de lo que puede la cooperación en un ámbito democrático. Y que conste que no quiero aludir a lecciones bíblicas, sino a la vida real, a los hechos cotidianos. Lo intentamos y vimos que daba resultado. Es como un acto de magia, que impone respeto.

Pero la batalla emprendida tuvo también su lado negativo. Para recortar gastos, no hubo más remedio que despedir a mucha gente. En cierto modo ocurre como en la guerra: ganamos la partida, pero el hijo que se incorporó a filas no regresa a casa. Fue un periodo de pesadumbre sin cuento. Los afectados por la medida quedaron deshechos; tuvieron que sacar a sus chicos de la universidad, otros se entregaron a la bebida y muchos matrimonios acabaron rotos sin remedio. En conjunto salvamos a la empresa, pero a costa de muchos seres humanos moralmente aniquilados.

Nuestra tarea se vio algo facilitada por la conciencia de que gran parte del país nos alentaba a gritos. Ya no se nos veía como animales bien cebados que íbamos a mendigar unos créditos. Terminado el episodio de las vistas publicas ante las comisiones investigadoras del Congreso, esta parte de la historia quedó cerrada. La campaña publicitaria que habíamos lanzado empezó a dar sus primeros resultados. A la sazón, se nos contemplaba como los desvalidos empeñados en una lucha sin cuartel, y el público respondió en consonancia con esta imagen.

Recibimos muchas cartas de personas desconocidas que nos decían de cien maneras distintas que estaban con nosotros, que las pérdidas de Henry Ford se traducían en ganancias para la Chrysler. El pueblo llano expresó un sinfín de sentimientos, y los expresó perfectamente, porque entendían la tarea que estábamos llevando a cabo.

También contamos con la ayuda de algunos personajes conocidos. Bob Hope, por ejemplo, vino a verme y me dijo que mientras le daban unos masajes vio por la televisión uno de nuestros anuncios, y deseaba contribuir de algún modo.

Una noche, durante una cena en Las Vegas, me topé con Bill Cosby. Pues bien, a la una de la madrugada me llamó al hotel.

—Oye, que me has despertado, ¿sabes? —dije.

—Pues nosotros no hemos hecho más que empezar, qué diantre. Estamos en pie toda la noche. Bueno, el caso es que admiro la labor que estáis llevando a cabo y estimo en lo que vale la ayuda que prestáis a los negros. Desearía seros útil en algo. Mientras yo gano montones de dinero, otros se mueren de hambre.

En fin, el hombre vino a Detroit y organizó un espectáculo al que asistieron veinte mil trabajadores de la Chrysler. Después subió a un avión y desapareció. Nunca nos pidió un céntimo, ni un coche. Lo único que quería era ayudarnos, e hizo patente su buena disposición.

Una noche, durante una gala en beneficio de la Asociación de Diabéticos en el centro urbano de Detroit, se me acercó Pearl Bailey diciéndome que sólo quería tener unas palabras conmigo. Me agradeció el esfuerzo de la empresa por mantener el máximo número posible de puestos de trabajo y para infundir esperanzas a la gente. Dijo que en vez de una actuación musical prefería hablar a nuestros trabajadores de la planta industrial sita en la Avenida Jefferson.

Hizo una arenga patriótica y remachó la necesidad de sacrificarse. Pero mientras hablaba a su auditorio, un par de provocadores empezaron a gritar: «¡Esto es fácil de decir cuando se tiene dinero como tú, Pearl!», y antes de darme cuenta me encontré con una algarabía a punto de acabar en tumulto. Tuve que saltar al tablado y dar por concluida la reunión. De todos modos, el gesto de Pearl fue digno de encomio y lo aprecio en su justo valor.

También Frank Sinatra quería echarnos una mano. El día que nos vimos, manifestó: «Lee, si tú trabajas por un dólar al año, yo haré lo propio». Realizó algunos anuncios de la Chrysler para la televisión, y durante el segundo año le obsequiamos con unas opciones de compra de acciones. Confío en que Frank las conservara, porque si lo hizo, ganaría un buen fajo de billetes.

Podría mencionar muchos casos como éstos. Durante dicha etapa aprendí a ver el lado bueno de las personas. La verdad es que nunca tuve ocasión de comprobar la reacción de la gente en una coyuntura difícil, pero entonces aprendí que la mayoría se suman al sentimiento de solidaridad con las víctimas. No actúan por impulsos materialistas, a pesar de que los periódicos y demás insisten en que el afán de lucro es lo que domina en los negocios. Puedo afirmar que la mayor parte de los individuos, cuando se les requiere al sacrificio, cumplen con su cometido, salvo cuando tienen la sensación de estar haciendo el imbécil.

También aprendí que en circunstancias críticas la gente es capaz de comportarse con serenidad. Aceptan su suerte. Saben que les espera una dura brega, pero se arman de coraje y afrontan lo que sea. La constatación de este hecho fue la parte agradable —tal vez la única parte agradable— de las vicisitudes que marcaron nuestra singladura en la fase de mayor apuro.

Después de rebajarme el sueldo, empecé a meterme con el de los ejecutivos. Para empezar, desechamos el plan de incentivos mediante la adquisición de acciones de la empresa, que se sufragaba mitad y mitad. Disminuimos un 10 por 100 los salarios, medida sin precedentes en el ramo del automóvil. En una palabra, rebajamos sueldos y remuneraciones en todos los estratos, a excepción de las secretarias, que se ganaban de sobra cada centavo que percibían.

Los ejecutivos lo tomaron con buen talante. Al fin y al cabo, leían los periódicos y estaban enterados de que la situación podía acabar muy mal en cualquier momento. En ocasiones como la que describo, no se vislumbran horizontes ni perspectivas. La mirada se centra exclusivamente en seguir la senda que desemboca en la regeneración de la empresa. Nada te detiene, y por lo tanto es preciso sacar fuerzas de flaqueza.

Empecé por mí, pero el espíritu de sacrificio permeó todos los niveles de mando hasta llegar a la base. Si les hubiese dicho que se arrojaran al vacío por el bien de la causa, lo habrían hecho, y todo porque tenían el íntimo convencimiento de que el mal trago era compartido por la generalidad de la empresa.

Después de liquidar la cuestión de los sueldos con los cargos directivos, proseguí con los sindicatos. En este terreno conté con la ayuda de un profesional de valía, Tom Miner, encargado de relaciones laborales en el seno de la empresa y con el exterior. En la actualidad, la clase empresarial da por sentado que los sindicatos se avendrán a las concesiones que sean precisas, pero en aquel entonces nosotros fuimos los adelantados.

El sindicato siempre ha mantenido la actitud de que los ejecutivos son «peces gordos» y los trabajadores unos parias explotados por sistema.

En esta ocasión pude hablar con sus dirigentes y decirles con toda franqueza:

—Bueno, lo que éstais viendo son simples «pececillos», ¿no es así? En tal caso, ¿qué tenéis que oponer?

A partir de aquel día me consideraron un buen amigo. El sindicato me tenía en alta estima. Me tendieron los brazos y me abrazaron fraternalmente, a la par que manifestaban:

—Este tipo va a conducirnos a la tierra prometida.

Con ello no quiero decir que las cosas fueran sencillas. Tuve que hablar claro y poner las cartas sobre la mesa. «Oídme, chicos —vine a decir—, os estoy apuntando a la cabeza con una escopeta y tenéis que escoger. Puedo proporcionaros miles de empleos a diecisiete dólares la hora, pero ninguno a veinte. De modo que será mejor que recobréis el buen juicio».

Un año más tarde, cuando la situación empeoró, tuve que conversar una vez más con ellos. En una fría noche de invierno, sobre las diez, me entrevisté con el comité de negociaciones. Tal vez fue aquel uno de los discursos más cortos que he soltado en mi vida:

—Os doy tiempo hasta la mañana para que toméis una decisión —dije—. Si no me echáis un cable, os saltaré la tapa de los sesos. Declararé en quiebra a la sociedad y os quedaréis sin trabajo; todos. Disponéis de ocho horas para decidir lo que os conviene. La suerte está en vuestras manos.

Esta no es forma de negociar con la parte obrera; pero en ocasiones no hay más remedio. Fraser comentó que era el peor convenio que había aprobado hasta el momento. Lo único peor que aquello era la alternativa, o sea, la pérdida del puesto de trabajo.

Los obreros de la empresa hicieron grandes concesiones. Para empezar, se les dedujo 1,15 dólares por hora de la nómina, y durante el periodo de año y medio que duraron las concesiones, esta cifra se convirtió en 2 dólares la hora. Calculando sobre un periodo de diecinueve meses, el trabajador de la Chrysler renunció, por término medio, a casi diez mil dólares.

Los del sindicato se habían acostumbrado a la idea de mi nuevo salario de un dólar anual. Por ello, cuando llegó el segundo año y rompí la norma, montaron en cólera. Estaban realmente enfurecidos. Pero viendo lo que pasaba con los directivos de la Ford y la General Motors, es decir, que no se rebajaban los sueldos después de las concesiones de los obreros sindicados, me pareció que ya era hora de enmendar las cosas.

Lo cierto es que General Motors y el Sindicato del Automóvil negociaron un convenio a tenor del cual los trabajadores de la firma renunciaban a una serie de aumentos y primas que ascendían a 2.500 millones de dólares. ¿Y qué hizo la dirección? Pues que Roger Smith, presidente del consejo de administración de la GM, se rebajó el sueldo en 1.620 dólares al año: ¡tal como suena! Para colmo, el mismo día de la firma del convenio –que como ya he dicho comprendía importantes concesiones salariales–, la General Motors anunció un plan de incentivos incrementado para los altos cargos ejecutivos de la compañía. No parece que la empresa tuviera una idea muy clara de lo que significaba la igualdad de sacrificios para todos.

Por vez primera en muchos años, la actitud de los obreros de la Chrysler empezó a mejorar. Cuando la rama canadiense del sindicato fue a la huelga, en 1982, no sabotearon los coches ni estropearon la maquinaria, como venía siendo habitual. Querían una mejor retribución, pero no deseaban tomar iniciativas que fueran en perjuicio del patrimonio de la compañía.

Una de las cláusulas anejas a la concesión del crédito federal comprendía un plan de concesión de acciones a nuestros trabajadores. La puesta en práctica del programa nos supuso un dispendio de 40 millones anuales por espacio de cuatro años. Pero era una interesante medida en el plano económico. Si se permite la participación del obrero en los beneficios, éste está mucho más motivado y cumple mejor con la tarea asignada.

En la actualidad, cada trabajador de la empresa tiene abonados en su cuenta alrededor de 5.600 dólares, lo cual constituye un fondo más que aceptable.

También aquí, una vez más, los fanáticos de la libre empresa pusieron el grito en el cielo, y tuve que responder a sus argumentaciones señalando que los grandes planes de pensiones (fondos de pensiones, etc.) poseían buenos paquetes de acciones. Tienen, por ejemplo, una buena porción de la General Motors y de otras sociedades de cotización bursátil. Así pues, ¿qué hay de malo en hacer partícipes de los beneficios a los trabajadores *mientras están en activo*?

Los fanáticos de la libre empresa creen que esta medida representa un primer paso hacia el socialismo. Sin embargo, no veo impedimento alguno para que el obrero posea acciones de su empresa. Desde luego, en nada interfiere la buena gestión de la misma. ¿Qué me importa si las acciones de la compañía están en manos de un agente de Cambio y Bolsa o de un obrero que trabaja en la cadena de montaje? ¿Cuál de ellos puede hacer más en mi favor? En la actualidad, dicho sea de paso, nuestros trabajadores poseen el 17 por 100 de la empresa.

También conseguimos que el sindicato nos ayudara a combatir el absentismo laboral. Siempre hay unos cuantos tipos que no acuden al trabajo, pero que no se resignan a quedarse sin el sueldo. De acuerdo con el sindicato, pusimos algún mordiente a la reglamentación que penaliza a los reincidentes crónicos.

Durante ese mismo periodo tuvimos que cerrar buen número de instalaciones fabriles, y fueron muchos los que se quedaron desocupados. Para un individuo que lleva trabajando veinte o treinta años en una fábrica es un golpe muy duro. Había casos de personas cuyos padres ya trabajaron antes en el mismo lugar, y así, de pronto, se veían forzados a dejar el trabajo por cierre de la empresa.

El cierre de las factorías provocó protestas, en algunos casos furibundas. Pero los dirigentes sindicales comprendieron perfectamente que nos veíamos en la precisión de tener que adoptar medidas drásticas. Si se avinieron a ello fue porque exigíamos concesiones equivalentes a nuestros proveedores, ejecutivos y Bancos.

En 1980 me desplacé a todas y cada una de las fábricas de la Chrysler para hablar en persona a los obreros. En el curso de una sucesión de asambleas masivas agradecí a nuestros trabajadores la colaboración que nos prestaban en tan difícil peripecia. Les dije que cuando remontásemos la crisis trataríamos de pagarles lo mismo que la Ford y la General Motors, pero que esto no ocurriría en un plazo corto. Les solté una perorata, y ellos jalearon, gritaron, vociferaron y unos cuantos hasta me abuchearon.

También me reuní con los supervisores de cada factoría. Les preguntaba si tenían dudas que plantear. No siempre coincidíamos en nuestras opiniones, pero el mero hecho de tener contacto personal con ellos fue de gran utilidad.

A eso se le puede llamar comunicación a gran escala. El presidente de la compañía toma contacto con la base. Todo el mundo escucha lo que se dice y todos se sienten compenetrados en un clima de diálogo. Me gustaría poder repetir estos contactos más a menudo. Ya en la Ford lo hice con frecuencia, pero en circunstancias más propicias, cuando las cosas rodaban bien para la dirección de la empresa.

Pero en el caso de la Chrysler, una crisis ha dado paso a otra. Esto termina por desgastarte. Además, pasarse el día estrechando la mano de centenares de personas resulta francamente agotador. No puedes impedir que algún obrero de la cadena de montaje te dé un abrazo, te ofrezca un presente o te diga que rezan por ti en la iglesia porque les has salvado el puesto de trabajo.

Por esa época, una mujer llamada Lillian Zirwas, empleada de la limpieza en la fábrica de Lynch Road, Detroit, escribió un artículito en el periódico que allí se editaba. Con un lenguaje directo, les sugería a sus compañeros: «Tal vez ahora, si es que os despiden, tengáis tiempo para reflexionar sobre las muchas veces que ganduleasteis o hicisteis la vista gorda ante una material defectuoso».

Le escribí una carta diciéndole lo mucho que me había gustado su artículo y la invité a mi oficina. Se presentó con un pastel que ella misma había horneado. Recuerdo que estaba recubierto con chocolate glaseado y que uno de los ingredientes que llevaba era cerveza. No sé cómo lo hizo, pero puedo dar fe de que es el mejor pastel que he comido en mi vida. Hasta mi esposa escribió a Lillian Zirwas pidiéndole la receta.

Por supuesto que no todos los trabajadores adoptaron la actitud de ella. Es difícil mostrarse contento después de un recorte salarial de dos dólares por hora. Sin embargo no es del todo justo decir, como hicieron en todo momento los medios de difusión, que las medidas de disminución de salarios pusieron a los obreros de nuestra empresa dos dólares por debajo de los trabajadores de la Ford y General Motors.

La explicación está en que la Chrysler, a diferencia de sus dos hermanas, paga subsidios a un número inusualmente elevado de jubilados. De entrada, nuestra mano de obra alcanzaba cotas de edad superiores a la media. Luego, había que contar los miles de trabajadores despedidos. La empresa tenía que soportar los costos de las pensiones, seguro de enfermedad y primas del seguro de vida de los trabajadores que habían tenido que quedarse en casa. Y es el trabajador con empleo, el obrero en activo, quien produce el dinero suficiente para afrontar dichos gastos.

En circunstancias normales no existe dificultad alguna, ya que hay por lo menos dos trabajadores empleados por cada uno jubilado, y su producción es suficientemente alta para cubrir el monto de las pensiones y otros beneficios sociales. Pero en 1980, alcanzamos una proporción increíblemente baja de noventa y tres obreros en activo por cada cien jubilados, una cota sin precedentes en la industria. En una palabra, había más gente sentada en casa que realizando un trabajo activo. En consecuencia, cada obrero de la Chrysler llevaba sobre sus espaldas una doble carga económica:

atender a su subsistencia... y a la de algún otro desempleado o retirado.

He aquí un sector más donde los problemas de la Chrysler eran un reflejo de lo que acontecía en nuestra sociedad. Es el mismo fenómeno que está resquebrajando el esquema de la Seguridad Social. La gente se retira pronto, vive más años y la base de población activa no es lo bastante amplia para mantenerlos a todos.

Si bien nuestros trabajadores sufrieron un recorte salarial de dos dólares la hora, la existencia de un vasto número de jubilados significaba que los costos de mano de obra no disminuyeron en la misma proporción. Un sector de los obreros no estaba de acuerdo con dicho planteamiento. Su actitud se traducía en estas palabras:

—A mí qué me cuentan, yo no soy el protector de mi camarada.

Frente a esta objeción, yo argüí:

—Eh, un momento. Las normas de vuestro sindicato se basan en la solidaridad permanente. Vosotros elaborasteis estos programas de pensión y ahora resulta que hay un montón de gente sin trabajo que se queda en casa, lo cual ciertamente es una pena. El sector del automóvil se ha ido al traste. La Chrysler tenía unas dimensiones desproporcionadas, de forma que fue preciso ajustarle la talla. Alguien tiene que pagar el coste. No iréis a repudiar ahora el plan de pensiones.

Incluso antes de solicitar concesiones al sindicato, yo había invitado a Doug Fraser a formar parte de nuestro consejo de administración. A pesar de lo que dijo la prensa, el nombramiento de Fraser como consejero no formó parte de un paquete de acuerdos negociado con el sindicato.

Ahora bien, es cierto que desde hacía muchos años la parte sindical venía solicitando una representación obrera en el consejo; pero estas peticiones se convirtieron en una especie de ritual. Dudo de que confiaran nunca en lograr esta reivindicación. Yo puse a Doug Fraser en el consejo de administración de la Chrysler porque me constaba que podía realizar aportaciones de interés. Es un hombre listo, con visión política, y no oculta lo que piensa.

En calidad de miembro del consejo de administración, Doug pudo tener una idea no mixtificada de lo que sucedía en la Chrysler desde la perspectiva de la alta dirección. Tuvo ocasión de comprobar cómo los proveedores también se avinieron a razones y de que el giro positivo de la empresa no se debió exclusivamente a los trabajadores. Se dio cuenta de que nuestros balances o cuentas de pérdidas y ganancias eran reales, y de que la palabra «beneficios» no tenía el carácter de un insulto al obrero. Tanto vio y comprendió, que algunos de los suyos empezaron a mirarle como un renegado, sólo porque les decía la verdad, en un momento en que la empresa no podía permitirse aguantar una huelga.

Su ayuda nos ha sido de grandísima utilidad. Cuando nos hemos visto en la precisión de cerrar una fábrica, él nos ha enseñado cómo reducir al mínimo el disloque y el malestar que comportan soluciones tan drásticas. Preside el comité de bienestar público, y también forma parte, al igual que yo, del comité de sanidad, junto con Joe Califano, secretario del Ministerio de Educación, Sanidad y Bienestar social (HEW: Health, Education and Welfare Department) durante la Administración Carter, y Bill Milliken, ex gobernador de Michigan. En tanto que grupo cuatripartito, probablemente sabemos tanto como otro comité cualquiera en materia de sanidad y seguridad social. En este comité se hallan representados la parte obrera, la dirección, la Administración federal y la Administración estatal. Con el decurso del tiempo fuimos nosotros los que tomamos las decisiones que luego desembocarían en esta maraña que es hoy la asistencia sanitaria nacional. Fue preciso el concurso de estos cuatro estamentos para complicar el sistema de la sanidad nacional, de modo que tendrá que ser una combinación de fuerzas parecida la que le ponga remedio.

Como era de esperar, la clase empresarial puso el grito en el cielo cuando incorporé a Doug Fraser al consejo de administración de la Chrysler. Clamaban al unísono:

—¡No hagas eso! Es como meter al zorro dentro del gallinero. ¡Has perdido la cabeza!

Por mi parte, repliqué:

—Oídme un momento. ¿Por qué os parece bien tener sentados a los Bancos en el consejo siendo así que les debéis cien millones, y en cambio veis con malos ojos que haya representación obrera? ¿No os parece que hay aquí un conflicto de intereses?

Hasta entonces, ningún comisionado de las organizaciones sindicales se había sentado en la sala de juntas de las grandes empresas norteamericanas, a pesar de que en Europa es cosa corriente, y lo mismo en el Japón, donde se trata de una práctica entronizada de antiguo. Por tanto, ¿cuál es la causa del problema? Pues que los directores generales de las grandes firmas nacionales son, en conjunto, prisioneros de su ideología. Por lo general, los altos cargos son y desean ser unos puristas. Siguen creyendo que la parte obrera es el enemigo natural y mortífero de la dirección.

Es una mentalidad anacrónica. Yo pretendo que nuestros trabajadores conozcan los recovecos internos de la empresa. Los tiempos pasados se han ido para no volver. Algunos se niegan a creerlo, pero no tardarán en comprobarlo dentro de poco tiempo. El futuro económico de los Estados Unidos va a depender cada vez en mayor grado de la cooperación entre el Gobierno, los empresarios y los sindicatos. Sólo un trabajo conjuntado puede permitirnos resistir los embates del comercio internacional.

Pero no fue únicamente un sector de la clase empresarial la que censuró la presencia de Fraser en nuestro consejo. Muchos mandos sindicales hicieron lo propio. Temían que la presencia de Fraser en el consejo de la Chrysler comprometiera su facultad de chupar hasta la última gota de sangre de la empresa. Durante toda su vida, estos individuos han mantenido la siguiente actitud: «Sácales todo lo que puedas a esos tipos de arriba porque el patrono no tomará jamás una medida favorable a los intereses del trabajador, a menos que nos la agenciemos mediante la violencia o el derramamiento de sangre».

Para cambiar esta manera de pensar son necesarias personas razonables, capaces de discutir la noción de que sólo se puede compartir beneficios cuando los hay y de que únicamente se puede aumentar los salarios cuando se produce un alza en la productividad. Quizá los tiempos todavía no están maduros para asimilar la idea. Pero sin duda llegará el momento, porque si continuamos echándonos los trastos a la cabeza y peleando por conseguir una tajada más grande del pastel, en un momento en que la tarta se está empequeñeciendo a ojos vista, los japoneses seguirán ganando terreno.

Durante la época en que trabajé para la Ford, patronos y obreros sólo se veían las caras cada tres años, a la hora de discutir un nuevo convenio. Y cada tres años te aprestabas a entrar en la sala de reuniones con ánimo pendenciero. Como no conocías a la otra parte, en seguida te dominaba una sensación: «Me cae antipático, es mi adversario».

Viene a ser como el canje de espías en un puente. Detestas a los del otro lado, aunque apruebes el intercambio.

Me alegro de haber puesto a Doug Fraser en nuestro consejo de administración, porque es un fuera de serie. No hubiese vacilado en incorporarlo a cualquier comité de los que yo pudiera formar parte. Hasta ese punto le valoro. Sabe cómo negociar, cómo realizar concesiones para llegar a un compromiso. Sabe distinguir la diferencia entre un trato favorable y un pacto negativo. Tan bueno es, que en una ocasión lo recomendé al presidente Reagan para que sirviera de interlocutor al Gobierno.

Es muy posible que si Doug Fraser hubiera estado en el consejo que presidía Lynn Townsend la Chrysler no hubiese adquirido los negocios más ruinosos de Europa. Habría bastado que un hombre con agallas preguntase: «¿A qué viene esto? ¿De verdad es un paso coherente?», y se hubieran evitado algunos de los tremendos dislates que se cometieron.

Además, ¿qué tenemos que ocultarles a los del sindicato? ¿Qué intentamos escamotearles o mantener fuera de su alcance? Necesitamos construir coches mejores y más baratos. ¿Quién más indicado para ayudarnos a lograr esta meta que un líder sindical?

Cada vez que se me reprochaba el haber puesto a Fraser en el consejo, soltaba la misma respuesta:

—¿A qué viene tanto miedo? Ocurra lo que ocurra, saldrás ganando. Si resulta que me he equivocado, ya sabréis que no merece la pena intentarlo y podrás comentarlo en el club de campo. Allí podrás desquitarte y decir: «¿No os parece que ese Iacocca es un pelmazo?». Pero si funciona, yo habré servido de conejillo de Indias y me agradecerás que te haya desbrozado el camino. ¡Puede que algún día hasta te hagas rico con esta fórmula!

XXI
Los Bancos: la prueba de fuego

Ninguno de los estamentos que trataba con la dirección se avino fácilmente a realizar las concesiones que solicitábamos. Pero una vez sabedores de lo precario de nuestra posición y convencidos de que no eran ellos solos los que iban al sacrificio, acabaron mostrándose muy cooperadores.

Salvo los banqueros. Requirió más tiempo obtener 655 millones de dólares en concepto de concesiones por parte de las cuatrocientas entidades bancarias que trabajaban con nosotros, que el trámite de los avales crediticios de 1.500 millones de dólares votados por ambas Cámaras del Congreso. En comparación con las negociaciones llevadas a cabo con los Bancos, las vistas públicas ante las comisiones investigadoras fueron sencillísimas.

La postura de los Bancos me decepcionó, pero no me sorprendió. Durante la indagatoria pública en la Cámara de Representantes y en el Senado, los banqueros se mostraron muy mal predispuestos. Walt Wriston, director del Citibank, Tom Clausen, presidente del Bank of America, y Pete Peterson, de Lehman Brothers, testificaron en contra de la concesión de los créditos federales. Peterson llegó al extremo de comparar nuestra situación con el Vietnam, dando a entender que la Chrysler podía convertirse en un atolladero sin fin.

Tuve un par de entrevistas muy encrespadas con Peter Fitts, que representaba a Citibank, y con Ron Drake, de Irving Trust. Fitts y Drake eran dos veteranos resabiados, especialistas en reajustes financieros. Su actitud hacia la Chrysler era que había allí un montón de idiotas que no sabía lo que llevaban entre manos. Las inversiones y los puestos de trabajo les tenían sin cuidado. Lo único que de veras les preocupaba era recuperar su dinero.

Como la mayor parte de los elementos bancarios, eran partidarios de que declarásemos la quiebra de la empresa. Pero me opuse con firmeza. Hice cuanto puede para convencerles de que repartiendo las cargas por igual y con un nuevo equipo directivo, la Chrysler superaría el bache.

Ron Drake y yo sostuvimos algunas discusiones acaloradas. Sin embargo, luego ocurrió una cosa extraña, y en la actualidad es mi asesor financiero particular en Merrill Lynch. En 1980 nos detestábamos, pero pasamos juntos muchas experiencias duras y terminamos siendo grandes amigos.

A finales de 1979, en que se aprobó la Ley de Concesión de Avales Crediticios, la Chrysler Corporation y Chrysler Financial (la financiera de la empresa) debían 4.750 millones a más de cuatrocientos Bancos y compañías aseguradoras. Estos créditos se habían ido acumulando con el paso de los años, durante los cuales es de suponer que nuestros banqueros estarían con la vista en otra parte, ya que ninguno de ellos pareció preocuparse por la salud de la compañía, a pesar de que todo el mundo que quisiera podía vislumbrar señales amenazadoras en lontananza.

Durante años, la Chrysler fue una verdadera mina para los Bancos, y nadie tenía mucho interés en examinar con ojo crítico la situación. Por espacio de más de cincuenta años, la Chrysler había solicitado y obtenido numerosos empréstitos de los Bancos sin dejar de atender ni una sola vez los vencimientos de las pólizas de crédito.

Desde siempre, la Chrysler había sido una empresa que contaba con medios e influencias y que recurría con frecuencia a los Bancos. Es posible que esta táctica beneficiara a los establecimientos bancarios, pero no siempre fue lo mismo para la Chrysler. Cuando se cuenta con numerosos apoyos, todo el panorama se distorsiona: los buenos tiempos son más que buenos... y los malos, mucho peores de lo que debieran.

Por lo demás, esto significaba que nuestra clasificación crediticia nunca fue tan buena como la de GM o la Ford. Como resultado, la empresa tenía que pagar un suplemento de intereses sobre los préstamos concertados. A diferencia de la General Motors, que es lo bastante grande y rentable para autofinanciarse, la Chrysler debía solicitar créditos al interés que regía en la fecha de concesión, con lo que los Bancos se brindaban de mil amores a sacarle de eventuales apuros.

Durante la época de las vacas gordas, los Bancos estuvieron en todo momento del lado de la Chrysler. Pero cuando el panorama se ensombreció, se apresuraron a echarse para atrás. Como buenos republicanos conservadores que eran, la mayoría de los banqueros se mostraron escépticos en torno al tema de la concesión de créditos federales y la ley que los sancionaba. Dado que la mayoría de los créditos bancarios habían sido suscritos por la Financiera Chrysler, los Bancos imaginaron que a tenor de lo dispuesto en el capítulo

11 de la Ley de Quiebras podían salir del trance bastante bien librados.

Pero vaya problema les venía encima. A finales de 1979, Jerry Greenwald pidió a Steve Miller y a Ron Trost, un experto en quiebras con bufete en Los Ángeles, que preparasen un «memorándum sobre liquidación de la sociedad». Este documento dejaba muy claro que poco importaba que los créditos se hubiesen concedido a la Chrysler o a la Financiera, porque en caso de declaración de quiebra *todos* los préstamos quedarían inmovilizados y bajo supervisión judicial por un período de tiempo comprendido entre los cinco y diez años, con lo que las entidades bancarias perderían un porcentaje significativo de su inversión. Además, debido a una peculiaridad legal del ordenamiento jurídico del estado de Michigan, los tipos de interés de aquellos préstamos pendientes se reducirían al 6 por 100 hasta la completa resolución del asunto. Los Bancos no necesitaron mucho tiempo para darse cuenta de que les convenía ceder y hacer las concesiones solicitadas por la Chrysler, que facilitarían la continuidad de la empresa.

De todos modos, hay que reconocer que se mostraron menos propensos al diálogo que nuestros proveedores y obreros. De un lado, su subsistencia no dependía de que la Chrysler siguiera en pie y, por otro, el número estricto de entidades bancarias afectadas era abrumador. Cuando en 1971 la Lockheed recibió préstamos con la garantía del Estado, únicamente se vieron implicados veinticuatro Bancos, todos ellos nacionales. Pero en el caso de la Chrysler, las entidades crediticias estaban diseminadas por más de cincuenta estados del país... y por todo el mundo. Desde el Manufacturers Hanover Trust de Nueva York, al que debíamos más de 200 millones, hasta el Twin City Bank de Little Rock, Arkansas, donde nuestro débito era tan sólo de 78.000 dólares. En fin, nos hallábamos endeudados con una serie de Bancos en Londres, Toronto, Ottawa, Francfort, París, Tokio... e incluso Teherán.

Cada institución de crédito tenía con nosotros una relación diferente. El Manufacturers Hanover Trust de Nueva York —popularmente conocido en los medios comerciales como Manny Hanny— mantenía relaciones con la Chrysler desde hacía mucho tiempo. Lynn Townsend formó parte de su Consejo de Administración durante nueve años, en tanto que dos de los presidentes del Manny Hanny participaron en el nuestro durante dos años. Más de una vez nos habían echado una mano en momentos difíciles. John McGillicuddy, el actual presidente del Manny Hanny, concertó con la empresa un plan de créditos renovables por valor de 455 millones. Además, prestó declaración en el Congreso en favor de la concesión de los avales crediticios.

—Creo que la Chrysler Corporation debe seguir en activo —manifestó ante la comisión investigadora—. Yo no estoy en contra por sistema de que el Gobierno acuda en respaldo de una empresa. Además, no creo que el escaso recurso a esta ayuda constituya una amenaza contra el sistema de libre empresa.

John McGillicuddy fue uno de nuestros paladines. Manny Hanny era nuestro principal acreedor bancario, y su presidente indujo a sus colegas a aceptar el capítulo de concesiones que requeríamos de ellos.

Otro de nuestros adalides fue G. William Miller, secretario del Tesoro. En el curso de su declaración ante la comisión de la Cámara de Representantes, manifestó que el caso de la Chrysler era excepcional y que los avales crediticios podían ser una solución. Miller se mostró bastante duro con los Bancos. En su opinión, debían encajar las pérdidas y componérselas como pudieran.

Pero Walter Wriston, del Citibank, era un adversario acérrimo de la concesión de ayuda crediticia. Dado que era el banquero más influyente del país, ejerció un papel de agorero. El Citibank estaba seguro de que íbamos a la bancarrota y tenían prisa por embolsarse los quince centavos por dólar que habíamos propuesto como fórmula de arreglo, además de quince centavos suplementarios en acciones preferentes. El Citibank parece complacerse en la fama de infllexibilidad de que goza la institución. A la menor ocasión, no vacilaba en poner obstáculos en la vía de la negociación.

Pero el conflicto del Manny Hanny y el Citibank no era más que la punta del iceberg. Entre nuestros acreedores crediticios figuraban los dos colosos antedichos y Bancos de provincias, entidades bancarias del país y del extranjero, y hasta un par de compañías de seguros. Había préstamos concedidos a Chrysler Corporation, préstamos a la Chrysler canadiense y créditos a la Financiera Chrysler, además de los empréstitos a varias filiales extranjeras y cartas de crédito contra futuras facturaciones.

Para acabar de empeorar las cosas, teníamos préstamos pendientes a muy distintos tipos de interés. Así, desde los empréstitos a un interés fijo del 9 por 100, bastante bajo, hasta intereses más altos a un tipo de interés flotante, al compás de los tipos mínimos o básicos (*prime*), que fluctuaba entre el 12 por 100 en enero (cuando iniciamos negociaciones con los Bancos) hasta el 20 por 100 en abril (momento en que realizamos las propuestas de concertación), para terminar en torno al 11 por 100 al cerrar definitivamente el acuerdo.

Asimismo, había Bancos cuyas líneas de crédito se habían renovado en su totalidad y otros que sólo se habían librado en parte. En otros casos figuraban créditos vencidos desde hacía seis meses, como uno de cinco millones otorgado en julio de 1979 por una entidad bancaria española y que debía haberse reintegrado a los noventa días, y préstamos a más largo plazo, entre ellos algunos concedidos por compañías de seguros y que no vencían hasta 1995.

No hace falta decir que hubo enconadas polémicas y no poca tensión entre los Bancos a la hora de decidir sobre una solución justa para todos ellos. En términos generales, los banqueros no estaban dispuestos a transigir y buscar soluciones de compromiso. Los mayores impedimentos no se derivaban del trato con la Chrysler, sino de las relaciones entre ellos mismos. Todos tenían argumentos que esgrimir para que fuesen otros los que cargaran con la responsabilidad de aceptar las concesiones.

Los Bancos norteamericanos dijeron: «Al diablo con los Bancos extranjeros». No tenía la menor idea de que lo que realmente preocupaba a la gran Banca estadounidense eran las operaciones de crédito concertadas con México, Polonia y Brasil. Atendiendo a las moratorias y falta de pago de los préstamos a terceros países, los grandes Bancos del país se hallan, hoy, en un trance parecido al de la Chrysler de hace un par o tres de años. Sin embargo, y a diferencia de lo que sucedía con nosotros, cuentan con un «tío» muy rico que responde por ellos, junto con un coro nacional que les estimula y ventila sus problemas.

No hace mucho, cuando México necesitaba mil millones de dólares para no incumplir el pago de unos créditos concertados con la Banca neoyorquina, Paul Volcker, de la Reserva Federal, les extendió un cheque por este importe durante el fin de semana; así de sencillo. A eso lo llamo yo «servicio de primera», en favor de la gran hermandad bancaria. No hubo vistas públicas ni tentativas para imponer controles, tampoco penalizaciones a los Bancos. Y, por supuesto, los mil millones que les dio el presidente de la Reserva Federal salieron directamente del bolsillo del contribuyente.

No me cabe duda de que a los Bancos les repelía la idea de la concesión de avales crediticios a la Chrysler; pero no cuando ellos eran los afectados. A pesar de los innumerables errores que cometieron al conceder estos préstamos exteriores, el Fondo Monetario Internacional (FMI) afianzó con su soporte estas iniciativas. Los Bancos querían que nosotros recortáramos el sueldo de los cargos ejecutivos, que no pagásemos dividendos y demás. En cambio, que yo sepa nadie les ha pedido cuentas de su gestión respecto a la concesión de créditos con un alto índice de riesgo. De veras que me gustaría ser el tipo encargado de sugerir a Citicorp que dejase a un lado los dividendos de los accionistas y que rebajase los emolumentos de los jefazos.

Hay una nota curiosa en lo relativo a la Junta de la Reserva Federal (el Banco Central de los Estados Unidos), y es que está integrada sólo por banqueros y ningún empresario. Si una entidad bancaria se tambalea por su mala administración, obtiene ayuda inmediata. Basta que dos Bancos insignificantes de Oklahoma se vayan al traste, para que Paul Volcker pregone a los cuatro vientos que existe una crisis de liquidez y afloje las restricciones monetarias. Pero cuando son la Chrysler o Internacional Harvester —dos empresas con casi un millón de empleos en juego— las que se tambalean, entonces se sacan de la manga la carta de la libre empresa.

Es inadmisible. Este proceder resulta discriminatorio y totalmente injusto.

Pero también los Bancos extranjeros tenían objeciones que formular. Las entidades bancarias japonesas dijeron: «Miren, cuando surge un problema en Japón, los Bancos nacionales lo solventan y la Banca extranjera recupera su inversión. El tema que ustedes plantean es de orden interno, y tienen que ser los Bancos norteamericanos los que le pongan remedio».

Por su parte, los Bancos canadienses arguyeron: «No permitiremos que los Bancos estadounidenses nos digan lo que tenemos que hacer. Ya hemos tenido que aguantar bastantes tarascadas». El Gobierno canadiense respaldó esta actitud. A cambio de la concesión de avales crediticios y de avenirse a nuestras propuestas, Canadá nos exigió garantías de que mantendríamos un determinado nivel de empleo.

Los canadienses se sentían un poco como el pequeño de la familia, que siempre hereda la ropa de los hermanos mayores. En este país se fabricaban los vehículos Chrysler de tracción trasera: los coches vivienda y el New Yorker. En aquel entonces parecía como si estos vehículos fueran una especie en trance de extinción.

Por fin, llegamos a un acuerdo. Más que hablar de cifras absolutas garantizamos a los canadienses un porcentaje de puestos de trabajo en el ámbito norteamericano, en concreto el 11 por 100. A tenor de los acontecimientos, resultó una promesa de fácil cumplimiento. Debido a que Estados Unidos no había elaborado un plan de política energética, conforme bajaba el precio de la gasolina, los vehículos de gran tamaño se vendían cada vez más. Hubo un momento en que el contingente de obreros canadienses alcanzó el 18 por 100 de la mano de obra empleada en el área de los dos países.

Los Bancos europeos declararon: «No estamos de acuerdo. ¿Recuerdan lo que le pasó a Telefunken?». Dos años atrás, el Gobierno alemán elaboró un plan de afianzamiento en favor de dicha firma, pero los Bancos norteamericanos se desentendieron y dejaron que fuese la Banca alemana la que cargase con el asunto. Como en el caso de los japoneses, la actitud de los alemanes era: «Éste es un problema de Estados Unidos. Que sean vuestros Bancos los que afronten las consecuencias».

Cuando los Bancos norteamericanos se dieron cuenta de lo que les venía encima, se volvieron súbitamente solidarios y amantes del prójimo. Su postura se equiparó a la nuestra, y poco más o menos venía a decir: «No, todos estamos metidos en el mismo barco. En un proceso de quiebra mercantil, los tribunales nos depararán a todos el mismo trato». Y es que empezaban a vislumbrar que la única solución consistía en requerir una contribución justa y equitativa para todas las entidades involucradas.

No obstante, subsistían las discrepancias. Los Bancos más pequeños manifestaron: «Al diablo con Nueva York. Los préstamos que hemos concedido a la Chrysler constituyen un porcentaje de nuestros activos superior al de estos colosos de Nueva York. Pedimos, pues, que se establezcan unas concesiones proporcionadas al tamaño de cada Banco».

Para estimular a los Bancos en el tema de las concesiones que necesitábamos, nos vimos obligados a ofrecer una prima de consolación consistente en otorgarles derechos de suscripción por valor de 12 millones de dólares, válidos hasta 1990 y que podían ejercitar desde el momento en que la cotización de las acciones de la Chrysler alcanzase los 13 dólares por acción. Cuando la junta administradora de los créditos federales se enteró de esta medida, pidió que se le otorgase el mismo trato, alegando que también ellos eran una institución crediticia, con el agravante de que corrían doble riesgo que los Bancos. En definitiva, los organismos oficiales terminaron beneficiándose de un total de 14,4 millones en justificantes de derechos de suscripción.

En conjunto, cedimos 26.400.000 dólares en derechos de suscripción, lo cual representaba, en potencia, una importante dilución de nuestro patrimonio bursátil. En aquel momento no le dimos demasiadas vueltas al asunto, ya que necesitábamos la cooperación de todos, y habida cuenta de que las acciones de la Chrysler estaban a 3,50 dólares, el cupo de 13 dólares por acción se nos antojaba un sueño todavía distante.

Ultimar un acuerdo definitivo con los Bancos nos llevó varios meses. Yo puse en marcha la negociación y asistí a las primeras reuniones, pero el peso fuerte de la tarea corrió a cargo de Jerry Greenwald y Steve Miller.

Las negociaciones con los Bancos resultaron tan complejas que Jerry apenas pudo hacer otra cosa que coordinar el plan de actuación desde Highland Park. Organizó veintidós grupos de especialistas que se reunían con él y Steve Miller todos los viernes. Este último, entretanto, inició un peregrinaje sin fin, desplazándose a Nueva York o a Washington, con viajes suplementarios a Ottawa, París, Londres y docenas de otras ciudades.

La agenda de Miller resultaba espeluznante. Pasaba gran parte del tiempo en Nueva York, donde una jornada típica de trabajo comprendía reunirse a las seis y media de la mañana en un almuerzo de trabajo con uno de nuestros abogados. Seguían luego una serie de entrevistas en cadena con los banqueros y sus abogados. A las seis de la tarde tomaba unas copas y discutía nuevamente con otro grupo de banqueros. Y a la hora de cenar mantenía contactos con un tercer contingente. A las diez regresaba al hotel con objeto de preparar el programa de entrevistas y reuniones del día siguiente. Hacia medianoche hablaba por teléfono con Japón para llegar a un arreglo con Mitsubishi y las entidades bancarias de este país.

Como vulgarmente se dice, Steve se «desmelenó», y a la vez supo conferir un toque de amigable humanidad a su misión. A la hora de tratar con los banqueros, les hacía un guiño de complicidad y manifestaba: «Oídme, la cosa no es fácil y me consta que es la primera vez que abordáis un problema de esa índole. Pero a nosotros nos ocurre lo mismo, de modo que veamos cómo podemos salvar el escollo todos juntos».

Era un trabajo a la medida exacta de Steve Miller, hombre inflexible y bien organizado, pero que también sabía cuándo había que ceder un poco. En el curso de una asamblea en que los representantes de diversos Bancos se peleaban entre sí, Steve se llevó a la sien una pistola de juguete y, bromeando, dijo:

—«Señores, si no se ponen de acuerdo sobre el particular voy a tener que pegarme un tiro.»

En otra de estas reuniones, la concurrencia mandó pedir unos emparedados a un establecimiento selecto de la zona. La respuesta no se hizo esperar: «¿Sois de la Chrysler? Lo siento, no podemos atenderos si no pagáis por adelantado». Así como suena. Éste era el ambiente que se respiraba. Allí estaba uno de los nuestros intentando acumular cientos de millones de dólares en concesiones arrancadas a los Bancos, y el tendero de la esquina nos hacía esperar media hora para traer unos cuantos panecillos de cecina y *pastrami*.

En la fase inicial de las negociaciones, Steve se reunía con los banqueros por separado; pero este método no hizo más que ahondar las discrepancias de criterio entre ellos, por lo que al poco decidió reunirlos en una misma sala de juntas. De este modo podían interpelarse directamente y comprobar hasta qué punto pueden acalorarse hombres hechos y derechos.

Fue una iniciativa determinante. Por otro lado, era la primera vez que algunos banqueros se conocían y estrechaban la mano. Steve pronunció unas palabras introductorias:

—Estoy convencido de que a ninguno de ustedes les parecerá justo mi plan —declaró ante la concurrencia—. Me daría por satisfecho si logro que sea igualmente injusto para todos ustedes. Desearía que se llevasen el proyecto a su casa y aprovecharan el fin de semana para echarle un vistazo. Volveremos a reunirnos el próximo martes, uno de abril, y entonces me dirán sí o no. Pero sepan que el margen de maniobra es estrecho. Si dan una negativa, será mejor olvidarse de todo el asunto.

Algunos banqueros amenazaron con no hacer acto de presencia el martes, pero al final comparecieron todos. Luego se supo que la asamblea con la Chrysler coincidió con una época difícil para la Banca. El mercado de la plata se había tambaleado con los Hunt Brothers; Bache pasaba apuros; los tipos de interés se habían incrementado al 20 por 100 y todo hacía presagiar que de seguir así se dispararían hasta el 25 por 100.

Si no se lograba formalizar un acuerdo con la Banca en esta reunión, podía darse el asunto por perdido. Además, considerando la recesión económica que experimentaba el país, es muy posible que la quiebra de la Chrysler fuera el comienzo de una avalancha de calamidades en el orden económico y financiero.

Reunida la asamblea de banqueros en la fecha del uno de abril, Steve abrió la reunión con unas palabras que conmocionaron a los presentes:

—Señores —dijo—, la pasada noche el Consejo de Administración de la Chrysler celebró una reunión de urgencia. A la vista de la grave situación económica, el declive de la empresa y el alza constante de los tipos de interés (sin mencionar la falta de apoyo por parte de nuestros acreedores crediticios), se decidió que esta mañana, a las nueve y media, declararíamos la quiebra de la sociedad.

El silencio llenó la estancia. Greenwald se quedó boquiabierto. Aunque formaba parte del Consejo de Administración, no estaba informado de que se hubiera celebrado ninguna reunión de urgencia. Pero, acto seguido, Miller añadió:

—Bueno será que les recuerde que hoy es uno de abril, nuestro Día de los Inocentes.

Los congregados lanzaron un suspiro de alivio. Lamentablemente, los europeos no estaban al corriente de la fecha, de modo que se quedaron perplejos, preguntándose qué demonios tenía que ver el uno de abril con el tema que estaban ventilando.

La idea de gastar una broma a la concurrencia se le ocurrió a Miller minutos antes de iniciarse la asamblea. Era un tanto arriesgado, pero la cosa resultó. Hizo que los allí reunidos situaran los hechos en una perspectiva global y analizasen las consecuencias caso de no llegarse a un acuerdo. Todos los Bancos representados en la asamblea aceptaron el plan de compromiso elaborado por Steve, a saber: reducciones y aplazamientos de intereses por un monto de 660 millones de dólares, más una concesión de préstamos a cuatro años por un importe de 4.000 millones de dólares al 5,5 por 100.

Pero el plan sólo sería efectivo si *todos* los Bancos se avenían a cooperar. Había alguna entidad bancaria, como el Banco Tejarat de Irán, que nos causaba inquietud. Les debíamos sólo 3.600.000 dólares, pero hacía poco que había sobrevenido la crisis de los rehenes de la embajada norteamericana y el Gobierno estadounidense había decretado el bloqueo de los depósitos iraníes en el país, los cuales ascendían a 8.000 millones de dólares. Nos quitamos un peso de encima cuando los iraníes accedieron al proyecto de concesiones bancarias sin oponer reparos.

En junio, casi todos los Bancos habían suscrito el acuerdo, después de lo cual se nos permitiría retirar los primeros 500 millones de los créditos federales. No obstante, nuestros recursos líquidos para atender al pago de las facturas se agotaban rápidamente, hasta que el 10 de junio de 1980 nos vimos obligado a dejar de pagar a nuestros proveedores. Una vez más, la amenaza de la quiebra cobraba visos de realidad.

Faltaba únicamente unos días para disponer de los primeros 500 millones garantizados por el Estado, pero no sabíamos si nuestros proveedores tendrían paciencia para esperar. Aunque no nos forzasen a declarar la quiebra con carácter inmediato, podían interrumpir la entrega de suministros, lo que en la práctica venía a ser lo mismo. Dadas las escasa existencias que teníamos en almacén, una demora en la entrega de piezas y componentes resultaría un desastre. Por fortuna, los proveedores cumplieron con los plazos en un momento en que estábamos al borde del abismo.

Hasta el momento, más del noventa por ciento de los Bancos habían dado su conformidad al plan propuesto por la empresa. En conjunto, representaban más del 95 por 100 de los créditos en curso; pero lo convenido en el gobierno era el acuerdo total, en un ciento por ciento, con las instituciones crediticias, de lo contrario el pacto de concesión de créditos quedaría sin vigor. El tiempo pasaba volando. Aun en el supuesto de que todas las entidades bancarias diesen el visto bueno, había que contar con la demora del papeleo y la rúbrica de los documentos pertinentes.

Por ejemplo, un Banco de Alaska había firmado los acuerdos, pero envió la documentación por correo ordinario en vez de poner el membrete de urgencia. Era inevitable que los papeles llegasen fuera de plazo, por lo que tuvimos que remitirles un nuevo juego de documentos por certificado urgente.

En Minnesota, un alto directivo bancario depositó los documentos en una bandeja cercana a su escritorio, con la idea de firmarlos a la mañana siguiente; pero por la noche, la mujer de la limpieza se confundió y los arrojó a la trituradora de papeles.

Un Banco libanés había firmado los documentos, pero la guerra civil en el país hizo imposible que pudieran salir del aeropuerto de Beirut. Finalmente, conseguimos que fueran entregados a la embajada de los Estados Unidos. La junta de administración de los avales crediticios aceptó a la postre la declaración de nuestra embajada de que los documentos estaban firmados y en orden.

En todo proceso de reestructuración financiera, la práctica común es que los grandes Bancos asuman —previo el descuento pertinente— el pasivo de los Bancos pequeños para agilizar los trámites. Sin embargo, nosotros exigimos el mismo trato para todos, sin discriminación. Nos constaba que si realizábamos excepciones nos veríamos inundados por un sinfín de peticiones en el mismo sentido.

Un pequeño número de Bancos de segundo orden opinaba sinceramente que la concesión de nuevos préstamos era tanto como tirar el dinero por la ventana. Preferían un mal arreglo, pero inmediato, a tener que soportar las pérdidas en una etapa posterior.

En mayo, Steve Miller realizó un viaje relámpago a Europa a fin de entrevistarse con los Bancos más recalcitrantes. Su tarea no se vio precisamente facilitada por un artículo del *Financial Times* en el que se afirmaba que la Chrysler tenía un plan secreto para cancelar los préstamos a los Bancos que se mostrasen reacios al acuerdo. Cada visita a un Banco iba seguida de un alud de preguntas sobre los pormenores de este plan secreto, pero los directores de las entidades se quedaban muy desengañados al comprobar que no tenían más opción que suscribir el compromiso global o mandarnos a la bancarrota.

Dentro del país, los más reticentes a estampar la firma eran los pequeños Bancos de las zonas rurales. Uno de ellos amenazaba con echar abajo todo el plan por un simple crédito de 75.000 dólares. También ellos habían oído hablar de que la empresa satisfacía bajo cuerda los atrasos pendientes a las entidades que rechazaban el acuerdo de conjunto. Estos rumores estimularon las resistencias de los más empecinados, pero uno por uno conseguimos que se sumaran al resto de sus colegas. Conforme disminuía el número de los disidentes, aumentaba la presión sobre quienes se negaban a pactar. De todos modos, a finales de mayo empecé a preguntarme si esa angustia terminaría algún día.

El caso más difícil se dio en Rockford, Illinois, con el American National Bank and Trust Company. David Knapp, presidente de la entidad, estaba convencido de que incluso con el soporte federal la Chrysler se iría al garete. El hombre, pues, se cerró en banda. Su Banco interpuso una demanda judicial en reclamación de un préstamo de 650.000 dólares, y estaba firmemente decidido a no ceder un ápice.

Sin embargo, tuvimos la suerte de que en Rockford se hallase ubicada una de nuestras plantas de montaje más importantes, y muchos de los habitantes de la zona trabajaban para la Chrysler o para nuestros proveedores. Tan pronto se enteraron de lo que sucedía, empezaron a presionar al Banco para que se sumara al resto de sus colegas y rubricase el acuerdo global.

Como dicha medida no diese resultado, Steve Miller tomó el avión para entrevistarse con Knapp. Miller ni siquiera sabía si aquél aceptaría recibirle, pero para el caso de que se negase, tenía previsto visitar al director del periódico de la ciudad y decirle que el señor Knapp se disponía a dejar sin empleo a cinco mil ciudadanos de Rockford.

El alcalde de dicha localidad concertó una entrevista entre Knapp y Miller en el consistorio municipal. Miller le expuso el plan al director de la entidad bancaria con matices optimistas. Trató de explicar que el acuerdo no era del gusto de todos, pero que al fin los restantes Bancos habían decidido aceptarlo. Puntualizó que no estaba facultado para dispensar un trato especial a ningún establecimiento bancario. Knapp le dejó hablar, pero no se avino a suscribir el acuerdo. Su posición podía resumirse con estas palabras: «Lo siento mucho, pero cuando se acepta un préstamo hay que devolverlo».

Unos días más tarde, el Banco de Rockford aceptó la propuesta. Por lo visto, David Knapp había recibido muchas llamadas de empresas que dependían de la subsistencia de la Chrysler. Políticos de toda laya se pusieron en contacto con él, y miles de afiliados al Sindicato del Automóvil amenazaron con retirar los fondos que tenían en el Banco. Incluso hubo una llamada local amenazando con hacer estallar un artefacto en el establecimiento bancario. Knapp estaba convencido de que habíamos sido nosotros.

Después del viaje a Rockford, Miller acudió a visitar a uno o dos Bancos que seguían ofreciendo resistencia. A finales de junio todos ellos habían suscrito ya el acuerdo y, así, el asunto quedó liquidado.

Esto, por lo menos, es lo que pensábamos. Una vez en posesión del pacto de avenencia colectivo suscrito por todos los Bancos, lo único que restaba era ordenar toda la documentación y dar oficialmente por terminado el trámite. Normalmente, la conclusión de este trámite se da cuando un montón de abogados se reúnen, echan un vistazo a unos pocos papeles y declaran cerrado el expediente.

Sin embargo, el caso de la Chrysler resultaba un poco más complicado. Por de pronto, se habían acumulado más de diez mil expedientes. Sólo la factura de la imprenta que reprodujo el acuerdo definitivo importó casi ¡dos millones de dólares! Amontonados uno encima del otro, los documentos habrían alcanzado la altura de un séptimo piso.

A mayor abundamiento, los papeles andaban dispersos por distintos bufetes jurídicos neoyorquinos y de otras ciudades. No obstante, la gran mayoría se hallaban almacenados en el Edificio Westvaco del 299 de Park Avenue, en Manhattan, en las dependencias de los asesores legales de la empresa, el bufete Debevoise, Plimpton, Lyons & Gates.

El lunes 23 de junio, al atardecer, se celebró una reunión en el mencionado emplazamiento para ordenar los documentos y cerrar el trámite al día siguiente. Disponíamos de una larga nómina de abogados, ya que si faltaba un solo expediente, el pacto con el Gobierno quedaría invalidado.

A las siete y media de la tarde, poco más o menos, Steve Miller se hallaba en la cafetería del piso treinta y tres del Edificio Westvaco cuando observó unas nubecillas de humo negro en el exterior, a la altura de las ventanas. Pensó que se trataba de algún escape de humos de la cocina, pero al poco se enteró de que la planta vigésima del edificio estaba en llamas.

Steve ha comentado en más de una ocasión que se hizo el propósito de hacer caso omiso del fuego, por no dar al traste con el trámite del examen de documentos y posterior visto bueno de los abogados, pero a los pocos minutos se ordenó evacuar el edificio y todos los que estaban en condiciones descendieron a pie los treinta y tres pisos hasta la calle.

Cuando los ocupantes del inmueble llegaron a la planta baja, la zona aparecía completamente acordonada por los bomberos. Las llamas se elevaban con fuerza y lamían las ventanas del piso donde se había declarado el incendio. El primer pensamiento de Steve fue: «Esto es sin duda un aviso de Dios, que manifiesta así su oposición al acuerdo pactado con los Bancos. Creo que no debiéramos haber jugado alegremente con el sistema de la libre empresa».

Los nuestros y los abogados contemplaron con creciente pánico cómo las llamas iban propagándose de un piso a otro, en tanto que los cristales de las amplias ventanas se estrellaban contra el pavimento. Por suerte, el incendio se sofocó en la vigésima planta. Los expedientes de la Chrysler se hallaban en el piso treinta y tres.

Finalmente se logró sofocar el fuego, y el grupo de empleados de la Chrysler se dirigió a un restaurante de la zona para cenar. Mientras Miller caminaba por la calle se topó con Jerry Greenwald, que acababa de llegar en avión para firmar los documentos y que en aquel momento se dirigía al Edificio Westvaco.

—Oye, el tráfico está imposible por esta zona —comentó Greenwald—. Al parecer, se ha declarado un incendio por aquí cerca. ¿Te imaginas lo que pasaría si se tratase de nuestro inmueble?

—¡Pues ha sido donde dices!

Greenwald, que sabía de las humoradas de Miller, pensó que éste le tomaba el pelo y echó a andar hasta que le cerraron el paso, y entonces advirtió que su amigo no bromeaba en absoluto.

Por último, a las dos de la madrugada, Jerry, Steve y los abogados se reunieron en el Citicorp Center y decidieron que era urgente sacar la ingente documentación del humeante edificio, de lo contrario el pacto con el Gobierno sería nulo de pleno derecho. A las dos y media se enzarzaron en una discusión con la policía que vigilaba los alrededores. Por lo visto, un buen número de bomberos habían sufrido heridas al intentar sofocar las llamas, pero el grupo logró el permiso necesario para entrar en el edificio a base de insistir en que la continuidad de la Chrysler dependía de que los papeles fueran puestos a buen recaudo.

Sin pérdida de tiempo, una veintena de hombres subieron en el ascensor. Después se dedicaron a meter todos los pliegos en cajas de cartón y carretillas de las utilizadas en el reparto de correspondencia. Al cabo de una hora, un nutrido grupo de abogados empujaban sendas carretillas por la calzada de Park Avenue, hasta el Edificio Citicorp y las oficinas de Shearman & Sterling, una de las firmas legales que representaba a los Bancos. Pasaron el resto de la noche ordenando los papeles, de forma que la sesión de cierre pudiera celebrarse según lo previsto en la agenda.

La documentación se agrupó y clasificó entre las nueve y las doce del día siguiente. Milagrosamente, no se había perdido ni deteriorado ningún expediente. A las doce, un contingente más numeroso de abogados y banqueros desfilaron hacia una gran sala de juntas en las dependencias de Shearman & Sterling para proceder al trámite de examen y visto bueno. En la estancia se dispusieron transceptores conectados con París, Detroit, Wall Street, Toronto y Washington, donde se hallaba reunido el comité administrador de los avales.

Bill Matteson, jefe de nuestra asesoría jurídica, se encargó de pasar lista, y fue mencionando la larga lista de Bancos representados en la estancia, así como los que permanecían en conexión a través de los transceptores. «¿Listos para el cierre, Toronto?» ¿Listos aquí, París?» Todos los interpelados asintieron.

El día 24 de junio, a las doce y veintiséis minutos concluyó entre resonantes muestras de júbilo el acuerdo global con los Bancos. Por fin, la ley nos reconocía el derecho a recibir el primer pago de los créditos garantizados por la Administración. Al finalizar la jornada, después de que Salomon Brothers, nuestros consejeros de finanzas, se cobraran 13.250.000 dólares en concepto de honorarios, Steve Miller endosó un cheque de 486.750.000 dólares. Se dirigió a la sede del Manny Hanny, tomó un formulario de ingreso y anotó la cifra en él, como cualquier otro titular de cuenta.

Por fin, la nueva Chrysler Corporation podía continuar su andadura sin solución de continuidad.

XXII
El modelo «K»... y escapar por los pelos

En los momentos más críticos, la única luz al extremo del túnel fueron las expectativas en torno al llamado modelo «K». Durante un par de años, casi todo lo que teníamos para ofrecer era la perspectiva de un coche construido en los Estados Unidos, de bajo consumo y tracción delatera. Las esperanzas depositadas en este vehículo fue lo que nos dio fuerza y nos ayudó a soportar las vistas públicas en el Congreso y las interminables negociaciones con los Bancos.

El modelo «K» es un producto fuera de serie. No importa que me deshaga en elogios sobre este coche, porque cuando me incorporé a la Chrysler poco o nada podía ya hacer para intervenir en su concepción.

Se trataba del turismo en el que Hal Sperlich había estado trabajando desde que entró en la empresa, en 1977. En muchos aspectos correspondía al tipo de coche en el que Hal y yo soñábamos cuando los dos estábamos en la Ford. Es el modelo que sin duda habría acaparado mis energías si Henry no hubiese estado tan tozudamente en contra de los coches económicos.

El coche o modelo «K» era –y sigue siendo– un vehículo de tracción delantera, cómodo, que da magníficas prestaciones con un motor de sólo cuatro cilindros. El consumo era de unos nueve litros por ciudad y poco más de cinco por carretera, características técnicas que hablan por sí mismas. Lo importante, sin embargo, es que superaban un poco a las del modelo «X» de General Motors, que estaba en el mercado desde hacía un año y medio. No era la primera vez que Detroit sacaba un vehículo de aquel tamaño, pero el modelo «K» era el único que disponía de suficiente espacio interior para acomodar a una familia de seis miembros y que, a la par, poseía la suficiente ligereza de peso para reducir el consumo de gasolina al mínimo.

La gran hazaña de Sperlich consistió en proyectar un automóvil a la vez resistente y de espléndida línea. Era un coche sólido. No daba la impresión, como otros vehículos económicos ya en circulación, de fragilidad y endeblez. Al igual que el Mustang, el coche «K» era pequeño* y de diseño moderno. La diferencia radicaba en que el modelo «K» podía circular con un motor de poca potencia.

En la campaña publicitaria que acompañó el lanzamiento del vehículo al mercado, destacamos el hecho de que el modelo «K» era la opción que ofrecía la técnica norteamericana a la competencia extranjera, y para subrayar este punto, muchos de los anuncios se realizaron en rojo, blanco y azul. También destacamos que el coche en cuestión era suficientemente espacioso para contener a «seis norteamericanos», lo qual constituía una pequeña andanada contra nuestros competidores japoneses. Incluso tuvimos que instalar seis cinturones de seguridad en los vehículos, lo cual incrementó levemente el precio de coste.

Pero, en realidad, la jugada maestra de marketing consistió en dejarlo con la referencia «modelo K» en vez de ponerle un nombre ya previsto: Aries (para la gama Dodge) y Reliant (para la Chrysler). Me satisfaría mucho que se me considerase el padre de la idea, pero la verdad es que todo fue fruto de uno de esos curiosos azares que ocurren por sí solos. Teniendo en cuenta los malos tragos que habíamos pasado, ya era hora de que la suerte se pusiera un poco de nuestro lado.

Cuando un coche se encuentra en los estadios iniciales de su concepción, los diseñadores o proyectistas suelen asignarle un nombre clave para uso puramente interno. En la Ford utilizábamos siempre nombres de animales, en tanto que la General Motors y la Chrysler se valen de las letras del alfabeto. En una fase posterior, la gente de marketing confecciona una lista de posibles nombres y estudia en detalle cada una de las posibilidades.

Por lo que hace a la Chrysler, todas las esperanzas de la empresa se cifraban en el modelo «K». Si no acertábamos, todo se vendría abajo. Conscientes de lo que nos iba en juego, se empezó a hablar del coche en una fase muy temprana de su concepción, mucho antes de habernos puesto de acuerdo sobre los nombres que iba a ostentar. Sin ninguna intervención de nuestra parte, pareció que la letra «K» ganó la aprobación del público.

Como es lógico, puesto que la gente sintonizó con la denominación de «modelo K», hicimos uso de ello en las campañas publicitarias, donde se indicaba que «los coches 'K' están a punto de salir al

* Conviene tener en cuenta que un coche de este tipo corresponde a lo que en Europa se considera un automóvil de tamaño mediano. *(N. del T.)*

mercado». Incluso decidimos llevar a cabo una promoción especial con un establecimiento minorista muy importante, que se tradujo en otra frase comercial con mucha fuerza. Al poco tiempo, la designación mediante la letra en cuestión adquirió tal popularidad que los nombres de los vehículos –Reliant y Aries– acabaron siendo poco más que subtítulos. En 1983 se decidió quitar la «K» de la trasera de los automóviles, a pesar de que nuestra agencia de publicidad estimaba que era un grave error.

Los modelos Aries y Reliant son, sin ningún género de duda, los coches que exigen los tiempos. Además de un bajo consumo de gasolina, son cómodos y tienen una bonita línea. Por cierto, ésta no es sólo mi opinión. La revista *Motor Trend Magazine* otorgó a los turismos mencionados el título de Coches del Año (1981), galardón que habíamos conseguido tres años antes con el Omni y el Horizon. Escribió la revista:

> Son los coches que nos hacen falta. Son demostrativos o indicativos de calidad, un signo de la nueva era. Pero hay más: denotan que, quizá por vez primera, un fabricante de coches norteamericano ha sopesado cuidadosamente la conducta del ciudadano medio que decide adquirir un coche. Con el Aries y el Reliant, la Chrysler estará en condiciones de proporcionar un vehículo sustancialmente mejor que resistirá más tiempo el frenético conducir de muchos y la clásica desidia del comprador en general.

Por su parte, Jim Dunne, jefe de la sección dedicada al automóvil de *Popular Science*, escribió:

> Suponiendo que la Chrysler pudiera haber diseñado un coche adecuado para el momento con sólo tres semanas de antelación, en vez de tres años y medio antes, hubiera proyectado un vehículo de características similares.

En la actualidad, el modelo «K» constituye la base de casi todos los productos que fabricamos. Cabe afirmar que los restantes coches de la empresa arrancan de la plataforma del «K», con inclusión de LeBaron, Chrysler E Class, Dodge 600, el New Yorker y, en menor medida, también los deportivos Dodge Daytona y Chrysler Laser.

Debido al hecho de habernos apoyado tanto en la plantaforma del modelo «K», la prensa no nos ha regateado censuras, sobre todo *The Wall Street Journal*. A juzgar por el tono de sus artículos, diríase que concebimos un coche adrede para poder embaucar al cliente.

Ahora bien, es cierto que antaño el ideal de las empresas automovilísticas de Detroit era crear un coche completamente nuevo y distinto según la escala de precios. Pero en los tiempos que corren, construir un modelo nuevo requiere una inversión de mil millones de dólares poco más o menos. En una palabra, los coches «nuevos» son hoy mera ilusión. Cada novedad que sale al mercado es una combinación de partes y componentes de modelos anteriores. Lo original suele ser el laminado del metal, la transmisión o el chasis. Pero nadie, ni siquiera la General Motors, puede permitirse el lujo de fabricar un coche a partir de cero.

Con todo, la práctica de fabricar un coche nuevo a partir de la plataforma de un modelo anterior viene aplicándose en Detroit desde hace cincuenta años. En cuanto a los japoneses, la pusieron en práctica desde el primer momento. La General Motors ha sido un auténtico virtuoso en la materia, y muchas piezas y componentes del Chevrolet se han trasladado al Buick y al Cadillac. En cuanto a la Ford, ya vimos que el Mustang era un Falcon rediseñado.

Los tipos enterados de la materia se valen de piezas intercambiables para reducir costos. Esto no solamente está permitido, sino que es indispensable. En la actualidad, realizar un coche totalmente nuevo sin tener la seguridad de vender un mínimo de unidades, es un medio infalible de ir a la bancarrota.

Por otra parte, a veces los fabricantes se extralimitan. La General Motors lo aprendió en su propia carne en dos ocasiones distintas. En 1977, la empresa se encontró falta de motores V-8 para el Oldsmobile, así que empezó a instalar motores equivalentes de Chevrolet en algunos contingentes del Oldsmobile, el Pontiac y el Buick.

Por desgracia, se olvidaron de advertirlo a sus clientes, y algunos se molestaron tanto que demandaron legalmente a la General Motors. Una vez concluida la operación, resultó que el trasvase de motores costó a la firma más de 30 millones de dólares.

Lo mismo volvió a ocurrirle con el Cadillac Cimarrón. Este modelo empezó a fabricarse a toda prisa después de que algunos expertos en marketing de la Cadillac observaban que la edad media de los compradores de este último coche figuraba entre el grupo de setenta años y los «fallecidos».

Pero el nuevo modelo era un Chevrolet disfrazado, más fantasioso, pero poco más. Hasta el mismo Pete Estes, ex presidente del Consejo de Administración de la GM, se lamentó de que el Cimarrón se parecía demasiado al Chevrolet. Los asientos de piel y el encendido automático de las luces de posición no eran elementos suficientes para diferenciarlo del coche «matriz». Los consumidores se olieron algo, y el Cimarrón resultó en un fracaso comercial.

Pero incluso cuando se tiene el producto perfecto, cabe la posibilidad de cometer errores. A la postre, el modelo «K» salvó a la compañía Chrysler, pero su primer año en el mercado coincidió con algunos de los problemas más difíciles de cuantos han asediado a la empresa.

Con gran desolación vimos que el coche «K» efectuó un mal despegue. En octubre de 1980, fecha en que presentamos el Aries y el Reliant, ambos fracasaron. A causa de una serie de fallos inesperados en la sección de soldadura robotizada, se produjo un lapso de fabricación. Para el día de la presentación necesitábamos exponer un mínimo de treinta y cinco mil coches en los aparadores de los concesionarios, pero tuvimos que contentarnos con diez mil.

Sin embargo, lo peor fue que habíamos causado gran impacto en el comprador potencial ofreciendo unos precios realmente interesantes. En aquel momento librábamos una dura guerra de precios con el modelo «X» de General Motors, nuestro principal competidor en el mercado nacional. Su modelo Citation Hatchback, sin opciones, costaba 6.270 dólares, de modo que decidimos vender el «K», sin aditamentos, al precio de 5.880 dólares.

La única manera de ofrecer un coche más barato que el de la GM y a la vez conseguir beneficios, era fabricarlo en distintas versiones. De aquí que se construyera un buen número de coches «K» provistos de aire acondicionado, cambio de marchas automático, tapizado de terciopelo y ventanillas que subían y bajaban mediante un botón eléctrico, lo que sumaba otros dos mil dólares al precio de base.

Hubiésemos debido prestar más atención a nuestro departamento de prospección de mercados. Disponíamos de datos en el sentido de que los clientes demostraron preferencia por los modelos básicos, cuyo precio rondaba los 6.000 dólares. Pero estábamos erróneamente mentalizados para actuar conforme a los modelos o versiones opcionales y, en consecuencia, sacamos un número excesivo de turismos «K» cuyo precio total oscilaba entre 8.000 y 9.000 dólares.

Fue una equivocación cara. Debiéramos haber esperado hasta que el coche «K» hubiese tenido una buena aceptación inicial y, *después*, poner en el mercado las distintas versiones. No pretendíamos dirigirnos a los compradores adinerados, ya que, para empezar, este sector de usuarios nunca se compraría un coche de las características del «K».

Menos mal que localizamos el error muy pronto y fue posible ponerle remedio. Nos constaba que los clientes acudían a las salas de exhibición de nuestros concesionarios, de modo que interés por parte del público sí había. Pero también sabíamos que muchos de ellos se iban sin hacer pedido alguno. Cuando se les preguntaba, camino de la puerta, qué defecto encontraban a los coches, su respuesta era siempre la misma: «Bueno, creía que este coche tenía un precio asequible. Pero al mirar la etiqueta vi que no era así». Tan pronto pudimos, empezamos a fabricar más modelos básicos, y al poco tiempo se incrementaron fuertemente las ventas.

En diciembre, sin embargo, surgió otro contratiempo. El tipo de interés preferencial se había disparado a la sazón al 18,5 por 100. Dos meses antes, cuando se dieron a conocer los modelos «K», los intereses eran cinco puntos más bajos. De haberse *mantenido* en un 13,5 por 100 hubiésemos vendido un número ingente de coches. Pero en aquellos días, los tipos de interés fluctuaban a diario. Automóviles y casas se convirtieron en dos bienes de difícil venta.

Me irritaba la política de incesantes cambios introducida por la Reserva Federal en lo tocante a los tipos de interés, pero no estaba en mi mano remediarlo. Podía, sin embargo, plantar cara a la coyuntura, y así lo hice.

Para combatir el fantasma de los altos tipos de interés, elaboramos un plan de descuentos flotante, a tenor del cual a todo aquel que comprase a crédito uno de nuestros coches se le garantizaba un reembolso basado en la diferencia entre el 13 por 100 y el interés en vigor el día de la compra del vehículo.

Al dar publicidad a este nuevo plan, me dije: «A Dios rogando, pero con el mazo dando», y seguramente el Señor debió de escucharme —aunque no Paul Volcker—, porque la artimaña dio resultado. Al poco tiempo, Ford y General Motors ofrecían también un plan de descuentos.

A principios de 1981 las ventas habían aumentado de forma notable. Pese a sus tambaleantes comienzos, al término del año la penetración de los modelos «K» en el mercado de los utilitarios de su tamaño era superior al veinte por ciento. Desde entonces han seguido vendiéndose bien. Mientras algunos obcecados continuaban descalificándonos, vendimos un millón de Aries y Reliant lo que nos proporcionó liquidez suficiente para concebir nuevos modelos.

Eso, sin embargo, vino más tarde. Debido al mal arranque de los «K», iniciamos 1981 en un mal estado financiero. A pesar de haber luchado con denuedo durante todo el año para contrarrestar nuestra mala prensa, no hubo más remedio que recurrir de nuevo a Washington para echar mano de otros 400 millones de créditos garantizados.

En el momento en que la empresa recurrió por vez primera a los préstamos votados por el Congreso, el comité administrador interpuso una serie de obstáculo suplementarios. Por ejemplo, no podíamos retirar la cantidad asignada de una vez, sino que había que hacerlo por partes. Las dos primeras entregas tuvieron lugar en 1980, en fechas relativamente próximas.

Pero la solicitud de una tercera entrega un año después causó muy mal efecto en la opinión pública. La mayoría de la gente no entendía lo que estaba ocurriendo, sencillamente. Veían el telediario que daba la noticia y en seguida rumiaban para sus adentros: «Vuelta otra vez a las andadas. A estos tipos se les otorgaron mil quinientos millones de dólares. ¿Por qué quieren más?».

De haber sido por mí, jamás hubiese aceptado retirar los fondos concedidos en tres plazos diferentes, ya que cada vez que esto ocurría los periódicos nos lanzaban duros titulares. Fue realmente un mal trago. No creo que el comité administrador de los créditos nos hubiese facultado a retirar el dinero de una vez, pero probablemente se habría podido acordar un fraccionamiento en dos plazos, de 600 millones de dólares cada uno.

Cada vez que solicitábamos una provisión de fondos, nuestras ventas bajaban de golpe. El consumidor estaba convencido de que la Chrysler era un pozo sin fondo. Mucha gente que tenía pensado adquirir un vehículo de la casa cambiaba de opinión y optaba por un modelo de la competencia. Es difícil establecerlo con exactitud, pero según mis cálculos, alrededor de un tercio de los 1.200 millones que a la postre recibimos, había que computarlos como ventas perdidas a consecuencia de la mala imagen que dimos ante el público. Pese a ello, no sabía de ninguna otra fórmula capaz de sacarnos del atasco.

Para tener derecho a percibir los 400 millones restantes fue preciso concertar otra ronda de concesiones. Pedimos a los bancos 600 millones suplementarios mediante la conversión de nuestros débitos en acciones preferentes. Solicitamos al sindicato una congelación del aumento salarial el índice de precios del consumo. Requerimos a los proveedores para ampliar las fechas de pago y proceder a un descuento del 5 por 100 del importe de sus facturas durante el primer trimestre de 1981. Por su parte, G. William Miller, secretario del Tesoro, pidió a los Bancos la condonación de la mitad de la deuda restante. Una vez más, la alternativa era la bancarrota.

En esta ocasión, los Bancos aceptaron condonar un total de 1.100 millones a cambio de paquetes de acciones preferentes de la empresa. Normalmente, estos títulos devengan dividendos, pero en nuestro caso no sería así hasta que no hubiésemos saldado los préstamos avalados por el Estado. Los banqueros no tomaron en serio la oferta de canjear los débitos por valores, pero los más optimistas sabían que si la Chrysler llegaba a enderezarse, recobrarían en última instancia buena parte de su dinero.

Durante 1981, la subsistencia de la empresa no fue más que una presunción que era preciso validar semana tras semana. A pesar del modelo «K», nuestras pérdidas seguían siendo cuantiosas: 478.500.000 dólares al año. Para acabar de empeorar las cosas, la junta administradora de los avales crediticios nos hizo objeto de presiones suplementarias que no contribuyeron precisamente a levantar nuestra moral.

Una de las decisiones que adoptaron requería el pago de un millón de dólares mensuales en concepto de derechos de administración. La medida me irritó, porque el pago que les hicimos en enero cubría holgadamente los gastos anuales por el concepto indicado, de modo que los 11 millones restantes eran ingresos netos para el Tesoro. ¡Ya me hubiese gustado poder concertar una operación de esta naturaleza para la Chrysler! Por lo pronto, nos hubiésemos evitado tener que solicitar el aval del Estado.

Según las provisiones de la ley votada en el Congreso, la Administración tenía derecho a un porcentaje anual del 0,5 por 100 en concepto de gastos de gerencia, pero William Miller estaba facultado para elevar la comisión hasta el 1 por 100 si estimaba que las sumas prestadas corrían algún riesgo, y esto fue lo que hizo: el 1 por 100 de 1.200 millones de dólares equivale a 12 millones anuales. No teníamos medios para negociar este punto ni oportunidad de manifestar: «Nos parece excesivo, no estamos de acuerdo». Aquellos seis millones suplementarios habrían podido utilizarse en algo más útil que en contribuir a garantizar nuestro futuro a largo plazo.

Mi segunda desavenencia con la junta o comité administrador de los créditos fue la absurda cantidad de papeleo con que nos abrumaba. Bastaba un informe global y concienzudamente pormenorizado al mes para facilitarles los datos que necesitaban, pero insistían en pedirnos más y más documentos, lo que imponía un sobresfuerzo a la ya dura brega que sosteníamos.

Por si fuera poco, encima ni se *leían* los papeles. Si surgía alguna duda, se limitaban a llamarnos por teléfono. Me cuesta entender que en una fase tan temprana de la operación concertada con el Tesoro, la junta administradora se mostrase tan inquieta y que pusiesen tanto interés en asegurarse de que todo el mundo estaba al corriente de lo que acontecía. Pero a medida que nos íbamos fortaleciendo, no se arbitró mecanismo alguno para cambiar las reglas.

Por otro lado, nos topamos con dificultades que sólo podían partir de la mente fecunda de un burócrata nato. La junta supervisora nos ordenó proceder a la venta del reactor Gulfstream, propiedad de la compañía. Para las mentes estrechas de los funcionarios federales, la posesión de un avión simbolizaba la prodigalidad de las grandes empresas. Poco importaba que el Gobierno dispusiera de un centenar de reactores privados —todos ellos pagados por el contribuyente— para poder acelerar *sus* actividades. Nadie pestañea cuando te gastas 100 millones en la compra de nuevos robots, pero cuando mandas a un directivo a las distintas factorías para explicar su uso, les parece bien... si utilizas las líneas comerciales.

¿Y si nuestro enviado tiene que desplazarse de Highland Park, Michigan, a Rockford, Illinois, o a Kokomo, Indiana? Algunas de nuestras instalaciones fabriles quedan bastante lejos de los itinerarios que cubren las compañías aéreas, y si pago a un tipo doscientos mil dólares al año, no quiero que se pase el día en las salas de espera de los aeropuertos.

Los aviones privados ahorran muchos esfuerzos inútiles a nuestros empleados. La gente que no está metida en los negocios suele tener la impresión de que la mayoría de los ejecutivos no dan golpe. No ocurre así con los que yo conozco, que trabajan doce o catorce horas diarias y cuyo tiempo es precioso para la empresa.

El avión de una empresa no es un lujo superfluo, sino una necesidad. Créanme, resultaría mucho más placentero viajar en primera clase, en un avión normal, con una simpática azafata que te sirve bebidas. No obstante, el avión privado ahorra a las empresas una gran cantidad de tiempo, a la vez que reduce en gran medida la tensión de los viajes convencionales.

Para ser justos, quiero puntualizar que no todas las medidas o peticiones que nos formuló la junta supervisora eran trivialidades o cuestiones que no venían al caso. Entre las demandas más razonables que nos plantearon estaba la de buscar activamente un socio con el que fusionarse. La primera vez que, estando ya en la Chrysler, acaricié la idea de poner en práctica el proyecto Global Motors, daba por supuesto que un acuerdo de esta naturaleza tenía que incluir forzosamente a una empresa extranjera, como la Mitsubishi o la Volkswagen. Pero después de echar un vistazo a nuestros balances, comprendí lo difícil que sería encontrar un interlocutor.

En 1981, mientras la empresa parecía que iba a hundirse de un momento al otro, la perspectiva de una fusión se estimaba la única salida de la crisis. En fin, dicen que el hambre aguza el ingenio, y cuando las circunstancias se nos volvieron a poner en contra, exprimimos nuestra imaginación al máximo. Elaboramos un plan desesperado, una idea que a primera vista podía parecer descabellada, pero que en la práctica era muy coherente. Puesto que nosotros disponíamos del modelo «K» y la Ford no contaba con un coche comparable, pensamos en proponer una fusión entre la Chrysler y la Ford.

Había infinidad de obstáculos para llevar a cabo un plan de esta índole, pero lo primero que acudía a la mente de todos era la cuestión personal entre Henry Ford y yo. «Supongamos que se acepta el proyecto de fusión —dijeron los Bancos—, pero tanto Henry como usted siguen en activo. ¿Cómo concibe la puesta en marcha de un proyecto entre ustedes dos?»

Mi argumento único era el siguiente: «Atiendan, he aquí cómo veo yo las cosas. Henry ya ha anunciado que piensa retirarse y yo tengo la misma intención. Me gustaría permanecer en mi puesto unos doce meses con objeto de hacer factible el acuerdo, y luego me desentendería de la empresa. Es evidente que el proyecto es demasiado gigantesco para dirimirlo entre nosotros dos».

El otro obstáculo grave era que una fusión de este género conculcaba, en circunstancias normales, las leyes antimonopolios. En consecuencia, me asesoré con Pete Rodino, a quien el caso Watergate había dado reputación, y con algunos elementos del estamento judicial. Todos ellos opinaron que si la empresa se hallaba en difícil trance, la normativa podía soslayarse por alguna vía. También consulté con Bob Strauss, ilustre abogado y figura destacada del Partido Demócrata, que compartía el criterio de que el obstáculo legal podía salvarse.

Solventada la cuestión de los impedimiento legales —al menos en teoría—, podíamos centrarnos en los datos reales. El año anterior, 1980, fue calamitoso para nosotros, ya que cerramos con unas pérdidas de 1.700 millones. Sin embargo, tampoco la Ford obtuvo buenos resultados, puesto que la cuenta de pérdidas fue casi del mismo orden que la nuestra: más de 1.500 millones. Pero había un factor aún más importante, y era el descenso de la penetración en el mercado. En 1978, la Ford tenía un porcentaje de incidencia del 28 por 100, pero tres años más tarde era sólo del 15 por 100.

Rogué a Tom Denomme, jefe de nuestro personal consultor, que elaborase algún boceto. Al cabo de unas semanas, Tom sometió a mi consideración una propuesta muy coherente.

Según el esbozo, Ford absorbería a Chrysler. Debido a su mayor entidad, pujanza y solvencia económica, era inevitable que fuese la empresa supérstite. Chrysler y Dodge seguirían en funcionamiento, pero como tercera y cuarta divisiones de la Ford, al lado de las divisiones Ford y Lincoln-Mercury.

Tom y yo veíamos enormes ventajas en la fusión de ambas firmas. Ellos eran fuertes donde nosotros débiles... y viceversa. Los dos habíamos trabajado juntos largos años en la Ford antes de pasar a la Chrysler, por lo que estábamos en situación de comprender las dificultades y necesidades de una y otra parte.

Caso de llevarse a cabo dicha fusión, las ventajas para Chrysler eran evidentes, tanto que se podían compendiar en una sola palabra: supervivencia.

¿Y para la Ford? Pues era un acuerdo de lo más ventajoso. En aquel momento, la Ford tenía una muy fuerte implantación en

Europa, donde invertía una desproporcionada cantidad de dinero. Pero en los Estados Unidos, apenas cubría una mínima cuota del mercado. Después de la segunda crisis del petróleo, las importaciones le asestaron un duro golpe. Aparte de la gama de turismos económicos Escort/Lynx —el bautizado pomposamente como «coche internacional» de la Ford, muy parecido a la serie Omni/Horizon de la Chrysler—, carecían de un automóvil de pequeño tamaño y tracción delantera.

Además, la Ford estaba a punto de lanzarse a una vasta inversión de miles de millones destinada a la fabricación del Tempo y el Topaz, con lo que no harían sino copiar el espacioso y pequeño turismo con tracción delantera de la Chrysler, o sea, el coche «K». En el supuesto de una fusión, se podía empezar vendiendo una versión de su Escort en sustitución de la línea Omni/Horizon a la vez que ellos harían lo propio con nuestros nuevos Aries y Reliant. A tenor de lo previsto en el borrador del plan, Ford produciría un turismo de tracción delantera, más grande, inicialmente programado para 1987, así como la mayoría de los modelos de mayor tamaño y los camiones. Nosotros suministraríamos el modelo de furgoneta 1984.

Para la Ford, una fusión con Chrysler constituía el medio más rápido y económico de recuperar la posición que antaño ocupaba y convertirse así en un sólido número dos de la producción automovilística. En un santiamén superaría a la General Motors en la venta de camiones, a la vez que se erigiría en el número uno del mercado canadiense y mexicano. En el plano interno, la fusión significaba que la penetración de la Ford en el mercado saltaría de golpe del 17 por 100 al 27 por 100.

Si se consumaba una asociación de este tipo con la Chrysler, la Ford alcanzaría un 75 por 100 del impacto de la General Motors en la venta de coches de procedencia estadounidense. A renglón seguido hubiésemos asistido a una auténtica competición. Alfred Sloan se hubiera agitado desde su tumba, ya que la nueva sociedad tendría cuatro divisiones frente a las cinco de General Motors. ¡Qué magnífico espectáculo presenciar la lid entre estas dos colosales empresas! El país se habría beneficiado con ello, y los banqueros, abogados y demás habrían aceptado la idea de mil amores, dado que hubiese sido el pacto de más envergadura jamás suscrito en la historia de la industria norteamericana.

Por otro lado, los estudios del departamento de investigación de la firma demostraban que si la Chyrsler cesaba en su actividad, la penetración de Ford en el mercado se incrementaría tan sólo levemente. En tal hipótesis, casi toda la parcela comercial de la Chrysler sería absorbida por GM y por las importaciones.

Mostramos el borrador del plan a destacados banqueros neoyorquinos y se quedaron boquiabiertos. «Como de perlas –comentaron–. Todo encaja: el producto, las redes de concesionarios; en fin, todo.»

Asimismo, elaboramos supuestos balances, y las cuentas de resultados eran fabulosas. Disponíamos de un plan de operaciones. Nos hallábamos en situación de añadir al boleto unos beneficios netos de mil millones. Lo dicho, aquellos números llevaban dinamita dentro.

Salomon Brothers, nuestra sociedad de inversiones, creía que se trataba de un proyecto muy interesante. Jim Wolfensohn, que llevaba la cuenta de la Chrysler, aceptó entrar en contacto con Goldman Sachs, que representaba a la Ford. Valiéndose de datos financieros de la Chrysler más lo que pudieron averiguar de la Ford, Salomon Brothers dio consistencia y cuerpo a la idea e hizo un informe pormenorizado en torno a las razones que aconsejaban la fusión y de qué manera podía llevarse a cabo con más efetividad.

Goldman Sachs dio pruebas de interés en la propuesta y el proyecto se sometió a la consideración de la cúpula de la Ford. En esta fase, el plan se mantuvo en el más absoluto de los secretos. Teniendo en cuenta que se trataba de una oportunidad de oro, opté por entrevistarme con Bill Ford y exponerle las excelencias del proyecto. Pero aparte de esta reunión, se tomaron toda clase de precauciones para que no transcendiera. Todo se urdió entre bastidores, a escondidas, sin dar la menor filtración a los medios de difusión.

De repente, el montaje se desmoronó estrepitosamente. Philip Caldwell, presidente del consejo de la Ford, desveló el secreto y, apropiándose por entero del proyecto, realizó unas declaraciones a la prensa. Dijo taxativamente que la Chrysler le había propuesto un acuerdo de fusión, pero que en la Ford no eran tan tontos como para eso.

La Ford se expresó en estos términos para fastidiarnos un poco, pero en ningún momento estudió con atención la propuesta. Caldwell se limitó a anunciar que el Consejo de Administración había votado unánimemente en contra de la apertura de negociaciones con la Chrysler. Con posterioridad, uno de los componentes del consejo me confirmó que el proyecto no mereció más que unos dos minutos de examen y la respuesta definitiva llegó a las veinticuatro horas, cuando lo cierto es que hubiesen necesitado veinticuatro *días* para hacerse cargo del contenido del expediente. En un solo día lo único que hicieron fue arruinar el proyecto y hacerle el juego a la dirección general de la empresa.

Desde mi óptica personal, creo que la dirección de la Ford se opuso porque sabían que les habíamos quitado la mayoría de sus mejores elementos e imaginaba que si entrábamos en conversaciones sobre el plan de fusión, tal vez se quedaban en la cuneta. Supongo que también influiría la opinión de Henry, supuestamente retirado de su actividad de la empresa. En consecuencia, sólo vislumbraron la vertiente negativa de la propuesta. Creo de veras que se perdieron una gran oportunidad.

Repliqué por mi cuenta diciendo que una fusión de esa índole hubiese redundado en beneficio de la nación y que Estados Unidos necesitaba de una empresa que pudiera competir de veras con la General Motors. Fue una verdadera lástima, porque ya tenía mis contactos en Washington dispuestos a respaldar el plan. Me habían asegurado que si lograba convencer a la Ford, harían todo lo que estuviera en su mano para facilitar la buena marcha del empeño. Pero el proyecto se fue a pique sin que la Ford se tomara la molestia de estudiarlo a fondo. De haber logrado concertar el acuerdo, los únicos que habrían removido cielo y tierra para impugnarlo hubiesen sido los de la General Motors, que habrían dicho para sus adentros: «Nosotros ya hicimos esto en los años veinte. No debemos permitir que se repita. ¿Un cártel Chrysler-Ford? ¡Ni hablar! Nos haría correr demasiados riesgos».

En caso de haberse materializado la fusión de ambas empresas, la industria automovilística norteamericana hubiese experimentado un cambio irreversible. Al minuto de haberse firmado el acuerdo, habría desaparecido toda posibilidad de que una empresa copiase los modelos de la otra. Habríamos reducido en cuatro mil millones de dólares el capítulo de inversiones. Tratándose de una compañía más vasta, se hubieran mejorado las condiciones con los proveedores y los costos fijos habrían experimentado un bajón brutal porque, al igual que GM, hubiésemos tenido la posibilidad de aprovechar muchas piezas y componentes de los respectivos modelos en la construcción de otros nuevos.

El momento era lo más propicio, y es posible que siga siéndolo. Sin embargo, tengo la impresión de que el actual Departamento de Justicia plantearía reparos. Posiblemente pondrían el grito en el cielo por tratarse de una perfecta integración horizontal de dos colosos en una situación de oligopolio que cuenta sólo con tres empresas en liza. Se habría hecho valer la ley antimonopolios para frustrar la idea. Aunque después de la creación del tándem GM-Toyota y los nuevos aires que soplan en Washington en materia de fusiones, ¿quién puede estar seguro de ello?

La idea de fusión todavía resulta coherente, a pesar de que hoy la Chrysler es una empresa reflotada. La GM tiene cinco divisiones, mientras que la Ford y la Chrysler sólo cuentan con dos cada una.

Esto es una manera segura de perder la camisa, por así decirlo ante el elevado monto de los costos fijos.

Tal como van las cosas, hacia el año 2000 no habrá más que dos competidores en liza: GM y Japan, Inc. Probablemente, una fusión entre Ford y Chrysler es la medida más vigorosa, individualmente considerada, que se puede tomar para fortalecer la industria automovilística norteamericana frente a la japonesa.

Claro está que todo depende de la perspectiva que uno adopte. En la Ford siguen pensado que el sector del automóvil volverá a ser para la empresa lo que fue en los buenos tiempos y que estará en condiciones de plantear batalla nuevamente. Pero lo cierto es que están atrapados entre los dos grandes mundiales. Por un lado, los japoneses venden los coches económicos a un precio más bajo, y por otro, la GM se lleva la palma en los vehículos suntuarios y en los de tamaño grande. En cierto modo, la Ford es la loncha de jamón que asoma por los bordes del bocadillo y a la que gradualmente otros le van echando el diente.

Pero incluso desechando la idea de una fusión con la Ford, yo confiaba en haber enderezado la Chrysler a finales de 1981. Con lo que no podía contar era con el alza continuada de los tipos de interés y la malísima coyuntura económica. El 1 de noviembre alcanzamos por enésima vez un punto crítico: ¡disponíamos tan sólo de *un millón* de dólares!

Por norma, los gastos *diarios* de la empresa ascendían a 50 millones de dólares. Por eso, quedarse con una liquidez de un millón resultaba absurdo. Era como tener un dólar y medio en la cuenta corriente. En el negocio del automóvil, un millón equivale a las monedas sueltas que uno guarda en un cajoncito de la cómoda.

Así las cosas, cualquiera de los proveedores importantes hubiese podido acabar con nosotros. Téngase en cuenta que, por lo común, el importe mensual de las facturas pagadas a proveedores ascendía a 800 millones. La única salida era solicitar un aplazamiento a todos los suministradores. Pero la cosa no es tan fácil como suena. Si les decíamos: «Eh, amigos, que vamos a demorarnos un poco en el pago», se podía producir una reacción en cadena. La confianza mutua es lo que mantiene la cohesión entre la empresa y sus proveedores, y si uno empieza a romper las reglas, la otra parte acaba obrando exclusivamente en favor de sus intereses. Se adueña de ellos el miedo, y esta actitud puede conducir fácilmente a situaciones calamitosas.

Hubo un par de pequeños suministradores que suspendieron la entrega de nuestros pedidos. Nos vimos obligados a cerrar durante un par de días los talleres de Jefferson Avenue. Con todo, conseguimos llegar a un acuerdo para que prorrogasen los vencimientos de veinte a veintidós o veintitrés días, y en algún caso a treinta. Goodyear Tire y la National Steel concertaron con nosotros contratos marginales, es decir, fuera de su actividad principal. ¡Gracias, Chuck Pilliod y Pete Love! ¡Siempre os tendré presentes por haber mantenido vuestra confianza en la empresa!

Otro aspecto que me tenía preocupado era el pago puntual de la nómina, pero nunca dejamos de cumplir y pagamos siempre puntualmente las retribuciones y demás emolumentos al personal. Sorprendentemente, lo propio ocurrió con los proveedores, aunque en algunos casos, y notificándolo con antelación, alargamos un poco los plazos de vencimiento. Hubo momentos en que me dije: «Santo Dios, necesitamos expedir mil coches más para disponer de tal o cual suma, de lo contrario el jueves no se podrán pagar los veintiocho millones previstos, o los cincuenta millones de la nómina el viernes». Un día tras otro, durante mucho tiempo, lográbamos escapar por los pelos; y es que las cifras eran muy considerables.

Debíamos hacer auténticos malabarismos. Era preciso adivinar quiénes se avendrían a un aplazamiento y decidir cuándo convenía ponerse al teléfono o dar alguna excusa. Cuando te ves obligado a gatear, acabas haciéndolo mejor que un felino doméstico.

Ni que decir tiene que en la actualidad todos los que tratan con la Chrysler saben que tenemos una cuenta saneada en el Banco y los proveedores nos aplazan los pagos a sesenta días. ¡Incluso se nos da crédito sin necesidad de pedirlo!

Es un auténtico círculo vicioso. «¿Desea un préstamo? Demuéstrenos que no lo necesita y se lo concederemos.» Si eres rico, si tienes buena cuenta en el Banco, se te ofrece crédito en abundancia. Pero si andas mal de fondos, lo difícil es obtenerlo.

Hace años mi padre me enseño esta verdad como un templo, pero me parece que no lo escuché con atención. Sin embargo, tengan por seguro que lo comprendí muy bien en noviembre de 1981.

Unas gotas de humor

De todas las maneras posibles de informar, ninguna es más concisa y penetrante que las historietas ilustradas. Durante la crisis de la Chrysler aparecieron a montones: una caricatura y su leyenda correspondiente transmitían las noticias a toda velocidad. Aquí ofrecemos algunas de las mejores (o de las peores, según se considere). La cronología de estos cuatro años (1979-1983) refleja fehacientemente nuestra cambiante fortuna.

Verano de 1979

¡Esto no es un atraco!... ¡Soy de la Chrysler!

Invierno de 1979

Invierno de 1981

Mensaje del puesto de mando: "Si saben de un hoyo más seguro, métanse en él".

Invierno de 1981

Primavera de 1982

Verano de 1982

"...Aunque hablar de conceder avales al Gobierno quizá sea un poco prematuro."

Invierno de 1983

Primavera de 1983

"Vuelve en seguida a tu cuarto y ponte a estudiar. ¿Quieres ser Lee Iacocca, sí O NO?"

REPRINTED BY PERMISSION. © 1983 NEA, INC.

Primavera de 1983

XXIII
Imagen pública, cargo público

A mediados de 1983, cuando la empresa volvía a estar sólidamente afianzada, circularon rumores de que yo pensaba presentarme como candidato a las elecciones presidenciales. Intuyo que todo ello surgió de la serie de anuncios para la televisión que hice para la Chrysler. Son muchos los que hoy creen que soy un actor. Pero eso es una cosa absurda. ¡Todo el mundo sabe que la condición de actor no le faculta a uno para ser presidente!

Durante las indagatorias públicas en el Congreso, yo firmaba los anuncios publicados en los periódicos en los que se explicaba el punto de vista de la empresa. La campaña publicitaria resultó entonces muy eficaz y, una vez terminada, nuestra agencia de publicidad decidió llevar aún más lejos la idea de subrayar mi compromiso con el público incluyendo mi imagen en las cuñas publicitarias de la televisión.

No era la primera vez. Antes de la intervención de K & E, la agencia Young & Rubicam también me apremió a aparecer en la pequeña pantalla. Yo me negaba, y solicité el consejo de mi viejo amigo Leo Arthur Kelmenson, director de Kenyon & Eckhardt.

Leo compartía mi escepticismo, y manifestó: «Lee, si estuviera en tu lugar no lo haría. El momento es poco propicio». Kelmenson recalcó que la única razón válida que justificaba mi aparición televisiva era la de reforzar la confianza que pudiese generar la Chrysler en el consumidor. Pero juzgó que en aquel momento yo no había hecho más que incorporarme a la empresa y ésta se hallaba en una situación demasiado apurada. El crédito y la confianza son valores que sólo se adquieren con el tiempo, y si no se han ganado, carece de sentido pretender utilizarlos.

Cuando Kenyon & Eckhardt me pidieron que apareciese ante las cámaras, las condiciones eran distintas. Había transcurrido más de un año y se habían producido multitud de acontecimientos.

Durante las vistas públicas llegó a conocérseme en toda la nación. La peripecia de la Chrysler aparecía transcrita continuamente en la prensa y los informativos de la radio y la televisión, y los publicitarios ardían en deseos de rentabilizar este «pasivo», valga la comparación.

En el seno de nuestro comité de estrategia del producto, en la casa central de la Chrysler en Highland Park, los ejecutivos de la agencia hablaron en términos bastante categóricos:

—Todos piensan que la Chrysler se va al garete, y alguien tiene que decirles que esto no es verdad. La persona que más confianza puede merecer es usted. En primer lugar, se le conoce sobradamente y, además, los telespectadores saben muy bien que después de aparecer en el anuncio, tiene usted que entregarse de lleno a la tarea de producir los coches que ha estado encomiando. Dejándose ver en estos anuncios, garantiza de viva voz la efectividad de la empresa.

Volviendo la mirada atrás, debo admitir que la agencia tenía razón. Es obvio que mi presencia en la pequeña pantalla desempeñó un papel esencial en la recuperación de la Chrysler.

Pero cuando se insinuó la idea, mi reacción fue de oposición decidida. Una cosa era poner la firma en unos anuncios impresos y, por citar un ejemplo, dirigir una carta abierta —o varias— al ciudadano norteamericano, y otra muy distinta realizar anuncios para la televisión. Por de pronto, no disponía del tiempo suficiente. Se comprende que los anuncios televisivos alcancen altas cotas de calidad, porque se planean y realizan con un cuidado y una creatividad que nada tiene que envidiar a la mayoría de los programas que vemos en la pantalla grande.

Sin embargo, para lograr plasmar estas cualidades —meticulosidad y aspecto creativo— se precisa un montón de tiempo. El rodaje de un anuncio es lo más aburrido de este mundo. Viene a ser como ver la hierba crecer bajo los pies. Me gusta despachar los asuntos con rapidez, pero la filmación de un anuncio publicitario de sesenta segundos requiere la más de las veces ocho o diez horas. Todo el tiempo que permaneciera frente a las cámaras era tiempo sustraído a mi trabajo en la Chrysler. No se puede cumplir a la vez con el cometido de actor y el de presidente ejecutivo en una misma jornada.

También tenía la convicción de que todo presidente de una empresa que aparece en los anuncios de la misma comete un pecado de petulancia. Siempre que he visto al consejero delegado de una firma haciendo propaganda de su producto, me ha dejado un mal sabor de boca. He trabajado treinta años en el campo del marketing, y existen unas cuantas reglas, pocas, que no conviene infringir. Podrían enunciarse así:

Cuando un cliente se muestra refractorio, ponle delante una foto de su fábrica. Si todavía gruñe y suspira, dóblale el tamaño del logotipo. Pero únicamente en casos extremos consiéntele exhibir su rostro.

Por lo demás, me preocupaba, como es lógico, que si aparecía en la televisión la gente lo considerase un último recurso, producto de la desesperada situación de la empresa, en cuyo caso podía salirnos el tiro por la culata.

Durante años ha sido costumbre contratar los servicios de figuras conocidas para anunciarse en televisión. En la Chrysler utilizamos a Joe Garagiola y a Ricardo Montalbán, a los que se añadieron después John Houseman y Frank Sinatra. Pero hasta hace muy poco, sólo un puñado de altos directivos de conocidas empresas protagonizaron anuncios publicitarios, entre los que descuellan tres personajes cuyo nombre de pila es Frank: Frank Borman, de Eastern Lines; Frank Sellinger, de Schlitz; y, cómo no, Frank Perdue, el rey de los pollos.

Además de reforzar la confianza en el producto, hay otra razón para que el patrón aparezca en imagen, aunque no es muy recomendable. Si el anuncio fracasa, es *él* quien se pone en ridículo. Siempre se le puede reprochar su exceso de presunción. Pues es bien sabido que el público, el telespectador, piensa automáticamente que la idea de aparecer en pantalla fue del empresario... aunque muchas veces no sea así.

Unos meses antes de la reunión aludida, los ejecutivos de K & E me pidieron que permitiese rodar con una cámara móvil algunas secuencias destinadas a subrayar el esfuerzo de recuperación de la empresa.

Aprovecharon la ocasión para gastar unos metros de película en una perorata que dirigí a un grupo de concesionarios, y a título experimental insertaron unas imágenes del acto al final de uno de nuestros anuncios televisivos.

A los de la agencia les gustó, y me pidieron que protagonizase un par de anuncios. Si bien comprendía los argumentos que esgrimían, seguía mostrándome reticente. Pero un día en que volaba en compañía de John Morrisey, director de la filial de K & E en Detroit, me lo dijo sin pelos en la lengua:

—Mira, hemos de inculcar en la gente que la Chrysler es una empresa del todo distinta, que nada tiene que ver con la pandilla de antes. El medio más eficaz de propagar el mensaje es que el actual patrón de la compañía muestre su imagen. No creo que pueda darse más respuesta que la de aceptar la sugerencia.

Así las cosas, convine en hacer la prueba.

Únicamente había una cosa que me atraía, y es que a diferencia de nuestros portavoces habituales, yo trabajaba barato. Una vez soporté ciento ocho tomas a lo largo de unas diez horas, y lo único que obtuve como recompensa fue un bocadillo de carne ahumada y una taza de café.

Al principio me limité a recitar unas palabras o frases de efecto, como: «No les pido que compren uno de nuestros coches para darnos un margen de confianza. Les pido que comparen, nada más», o bien: «Si compra usted un coche sin pensar en Chrysler, es un lástima... para usted y para nosotros».

Posteriormente, mi intervención adquirió ribetes más incisivos. Así, en un nuevo anuncio manifestaba: «Pueden decantarse por Chrysler o por otra marca... y atenerse a las consecuencias», o como la conocida frasecita: «Si es usted capaz de encontrar un coche mejor, cómprelo». Diré de paso que ésta fue de mi invención, lo cual quizá explique por qué la recitaba con tanta convicción.

«Si es usted capaz de encontrar un coche mejor, cómprelo» ha hecho fortuna y ha sido parodiada de mil maneras distintas. Debió de surtir efecto, porque son muchas las cartas que recibo en las que se me dice: «Seguí su recomendación. Me di una vuelta por las casas de coches y no pude hallar otro mejor».

Claro está que en otras misivas se leía: «Seguí su consejo. *Encontré* un coche mejor y desde luego que no era de su empresa». Pero esto forma parte del riesgo, y del jolgorio también. La frasecita que me había sacado de la manga pasó a formar parte de la jerga publicitaria. Intenté hacer caso omiso de los cientos de sugerencias en torno al mismo tema, como una gran valla publicitaria en Dallas que anunciaba: «Si es capaz de encontrar un bourbon mejor, bébalo», o una carta que decía: «Si es usted capaz de encontrar un limón* mejor, ¡chúpelo!».

Cuanto más anuncios realizaba, mayor era mi participación en la elaboración del texto. Ni que decir tiene que cuando el cliente sale con una idea o frase lograda, la agencia se halla en una situación un poco embarazosa, ya que debe preguntarse: «Caramba, si este renglón es tan bueno, ¿cómo no se nos ocurrió a *nosotros*?».

En un anuncio que realicé posteriormente y que tambíen se hizo popular, yo empezaba con estas palabras: «Hubo un tiempo en que la mención 'fabricado en Estados Unidos' era una garantía de calidad. Significaba lo mejor. Por desgracia en la actualidad muchos norteamericanos ya no están convencidos de que esto sea así». Aquí

* El autor juega aquí con la palabra *lemon*, que además de su sentido habitual puede significar también «cacharro», «porquería». *(N. del T.)*

yo quería añadir una puntualización: «Y con toda la razón del mundo. Probablemente nos merecíamos esta reputación, porque hubo una época en que todo lo que salía de Detroit era una porquería».

Cuando la agencia oyó estas palabras, incluso en una versión depurada, se armó un gran alboroto. Los creativos adujeron: «Éste no es lugar para hacer confesiones. Si dice usted esto, el tipo que está sentado delante del televisor y que es propietario de un Volaré del 1975 medio oxidado, les va a reclamar un millar de dólares». Al final transigí, limitándome a añadir: «Y tal vez tengan razón». Y así quedó la cosa.

En aquellos tiempos, este tipo de anuncios eran poco corriente. Pero dada la situación que atravesábamos, teníamos que llamar la atención. Debido a una serie de circunstancias ajenas a nosotros, la Chrysler tenía una identidad propia. Desde fuera, la gente tenía de la empresa una imagen muy diferente de las restantes del ramo.

En el plano del marketing, la alternativa que se nos presentaba era bien sencilla: o nos confundíamos con los demás, o aceptábamos nuestra identidad peculiar para tratar de sacar algún provecho de ella. Al optar por aparecer yo en los anuncios, en mi calidad de presidente del consejo, escogimos claramente la segunda vía.

Tanto en los anuncios televisivos como en los que previamente se insertaron en la prensa, decidimos atacar frontalmente las dudas y reservas del público. No era ningún secreto que el consumidor nacional tenía un pobre concepto de los vehículos fabricados en el país. La mayoría pensaba que los coches japoneses y alemanes eran intrínsecamente mejores que todo lo que se hacía en Detroit.

Sin pérdida de tiempo, quisimos dejar bien patente que las cosas ya no eran así, y para respaldar nuestra decisión ofrecíamos cincuenta dólares a los clientes que comparasen a fondo uno de nuestros modelos con los de cualquier otro fabricante, aunque luego terminasen comprando a la competencia.

Al mismo tiempo, procuramos no resultar *demasiado* atrevidos. Deseábamos proyectar un espíritu de confianza, pero no dar una sensación de arrogancia. Considerando la imagen que se tenía del producto Chrysler, no queríamos proclamar abiertamente que nuestra empresa fabricaba los mejores automóviles, si bien era eso lo que pensábamos.

Por el contrario, deseábamos que el cliente llegase por sí solo a esta conclusión. Por ello sosteníamos la teoría de que todo aquel que estuviera pensando comprarse un coche debía, al menos, *sopesar* la posibilidad de adquirir uno de los productos de la gama Chrysler. Estábamos convencidos de que la calidad de nuestros coches se impondría claramente a todo hipotético comprador deseoso de verificarlo. Bastaría con que a las salas de exhibición acudiera público en cantidad suficiente para que las ventas aumentasen en la proporción correspondiente. Y así sucedió.

Por otra parte, no me agradaba la idea de pasarme la vida haciendo de pregonero. Aparecer en los anuncios es un trabajo que me aburre, y lo mismo puede llegar a ocurrirle al público. En una sociedad de «usar y tirar» como la nuestra, por así decirlo, no hay héroes que valgan y todo el mundo acaba por «quemarse» en un plazo muy corto. Todas las semanas, la revista *People* saca en sus páginas a un montón de celebridades, pero a los pocos meses la mayoría de ellas parecen haberse esfumado sin dejar rastro.

Así pues, no quiero estropear la buena acogida que se me ha dispensado. Con frecuencia asomo la cara en los saloncitos de muchos hogares, y deseo retirarme de la escena antes de que la gente exclame: «Oh, no, ya vuelve a estar aquí el tipo ese».

Desde que empecé a realizar anuncios he intentado renunciar a esta actividad, pero de un modo u otro K & E siempre han hallado la manera de convencerme. Hasta hace muy poco tiempo no me enteré de que incluso habían urdido un plan secreto par incorporarme al escenario de los Teleñecos con mi propio nombre, haciendo compañía a conocidas marionetas televisivas como Miss Piggy, Kermit y los demás. Sin ponerlo en mi conocimiento, realizaron unas pruebas ante diversos auditorios en todo el país, y los asistentes estimaron que los anuncios eran divertidos, pero demasiado rebuscados y seductores. Menos mal.

Hará dos años que la Chrysler logró superar la crisis, y mi intención sería trasladar esta impresión a los telespectadores. Me gustaría que al desaparecer de la pequeña pantalla la gente dijera: «Ya no hemos vuelto a verle el pelo porque ha superado el bache. Vino a nosotros cuando las cosas iban mal, pero ahora se ha recuperado». De no proceder así, se corre el riesgo de provocar falsas alarmas.

Otro inconveniente que me han creado los anuncios es una cierta pérdida de intimidad. En una ciudad como Detroit, donde todo gira en torno a una misma rama de la industria, hacía tiempo que yo era un personaje conocido. Pero en la actualidad, con todo este asunto de los anuncios publicitarios, ni siquiera puedo transitar tranquilo por las calles de Nueva York. Recorro un tramo de calle y en tan corto espacio observo a seis personas que se vuelven a mirarme, otras tantas me paran y siete conductores vociferan mi nombre. La primera semana resultó divertido, pero luego es una molestia constante.

Dos años atrás estaba contemplando un programa televisivo en Detroit, y el presentador entrevistaba a un periodista de la ciudad. En un momento dado, aquel pidió a su invitado que contestara rápidamente a medida que él desgranaba una lista de nombres escogidos entre personajes de la localidad.

El primero fue «Iacocca».

Sin pensárselo, el interpelado contestó:

«—Fama.

»—¿Fama? —preguntó el presentador—. ¿Qué quiere usted decir? ¿Acaso que es un hombre poderoso?

»—Oh, no —respondió el periodista—. No es una cuestión de poder. Sencillamente, se trata de un personaje popular..., famoso por sus anuncios en la televisión.»

Asentí con un movimiento de cabeza y dije para mis adentros: «Estoy de acuerdo». Como alguien declaró hace ya unos cuantos años: un personaje célebre es un individuo famoso por ser muy conocido.

La fama es efímera. En lo que a mí concierne, significa ante todo irrupción en la intimidad. No me interpreten mal... En ocasiones, resulta muy agradable. Recuerdo una vez en Nueva York, mientras me hallaba en el ascensor del Waldorf, una mujer se abrió paso y, señalándome, dijo: «Iacocca, estamos muy orgullosos de usted. Siga como hasta ahora. Es todo un norteamericano», tras lo cual me estrechó la mano y salió al pasillo.

Uno de los consejeros de la Chrysler, que iba conmigo, comentó: «¿No hace esto que te sientas mejor por dentro?». Pues claro que sí, no voy a negarlo.

Al poco rato, ya en la calle, se me acercó una viejecita menuda. «Yo le conozca a usted —dijo—. Soy de Puerto Rico y sólo llevo unos años aquí, en Nueva York, pero creo que está usted haciendo algo muy bueno por este país. Es usted tan firme y tan americano...». En muchos de estos encuentros espontáneos existe un toque de patriotismo reprimido, seguramente debido al anuncio del «fabricado en Estados Unidos», o, simplemente, porque los ciudadanos de este país apoyan siempre la causa de los de abajo.

Pero la fama tiene también otras facetas. Cuando voy a un restaurante, no pasan cinco minutos sin que se me acerque alguien para hablarme de su Mustang 1965 o para indicarme que tiene un Dodge Dart que todavía funciona... o no, da lo mismo.

Aunque les cueste creerlo, soy una persona muy celosa de mi intimidad. Incluso a mí, que era el afectado, me resulta penoso recordar que hace un par de años se me ofreció presidir como gran mariscal el desfile que se celebra todos los años en Nueva York para conmemorar el Día de Colón (fiesta oficial, que se celebra el segundo lunes de octubre). Era un gran honor el que se me hacía, pero he de señalar que me puse muy nervioso al verme exhibido de aquella manera ante un millón de personas, agitando los brazos en señal de saludo, como si fuese Douglas MacArthur o cualquier otro militar famoso que regresa de la guerra.

Desde luego, me gusta que la gente me reconozca por mis actos, pero no puedo dejar de pensar que esta fama tiene poco que ver con mis auténticos logros. ¿Soy famoso por el Mustang? ¿Por guiar la nave de la Ford en los años más prósperos de su historia? ¿Famoso por haber reflotado a la Chrysler? Es un historial brillante, pero tengo la impresión de que se me va a recordar, sobre todo, por los anuncios en la televisión. ¡Maldita caja!

Hace veinticinco años me topé con unas estadísticas asombrosas. Al parecer, en los hogares norteamericanos la televisión funcionaba un promedio de 42,7 horas por semana, tal como suena. Desde aquel día la televisión me impone un temor casi reverencial, por el impacto que supone en la conciencia del ciudadano. Empecé a destinar millones de dólares para comprar espacio publicitario. En la Ford hubo un momento en que me dejé llevar y compré el ciento por ciento del espacio reservado para los partidos de la liga nacional de fútbol americano. Teniendo en cuenta que en la actualidad la tarifa es de medio millón de dólares por minuto, no podría repetir la iniciativa.

Sabía, pues, el poder que tiene la televisión, pero aún no lo había sufrido en carne propia. Como resultado de los anuncios que he protagonizado para la Chrysler, he recibido comunicaciones de casi todos los estamentos profesionales. Por ejemplo, una docena de ópticos la tomaron con mis gafas y llegaron a la conclusión de que la montura era francesa. No consideraban apropiado que las sacara a relucir en un anuncio realizado en los Estados Unidos. Después recibí una carta de tres dentistas que hablaban de mi dentadura y de los defectos que observaban en ella. Me sentí ofendido en mi amor propio y les contesté diciendo que las piezas eran todas mías y en excelente estado, además. Les preocupaba que al sonreír no se me vieran los dientes, pero me tranquilizaron diciendo que el remedio era sencillo. Por lo visto, conocían un «procedimiento de estética» para adelantarme los dientes o recortarme el labio y echármelo para atrás. Está bien. Conste que haría cualquier cosa para promocionar los coches de la empresa, pero no hasta ese punto.

Si he de juzgar por las cartas que recibo, parece que también he popularizado el uso de camisas azules con cuello blanco. Quiero añadir, de pasada, que si bien nunca he fumado puros en mis anuncios por televisión, he aparecido bastantes veces en la pequeña pantalla con un puro en la mano. Pues bien: les aseguro que es pura apariencia y no corresponde a la realidad. La prensa se empeña en afirmar que fumo entre doce y cien puros diarios. ¡Fantasías! Como mucho, tres puros, y esto en las grandes ocasiones.

También ha sido la condenada aparición en estos anuncios televisivos lo que ha dado pábulo a todos esos rumores relativos a mi intención de presentarme a las elecciones presidenciales. En un anuncio aparecía con aires patrióticos y decía: «Hagamos entre todos que el nombre de Estados Unidos vuelva a tener un significado», y la gente se identificó con estas palabras. De veras que no suponía ni de lejos que los anuncios pudieran verse bajo este prisma.

El rumor de mi candidatura a la presidencia llegó a su culminación en junio de 1982, a raíz de un artículo de primera plana aparecido en *The Wall Street Journal*, el cual empezaba así:

> En Detroit se rumorea que Lee Iacocca ansía ocupar un cargo público; pero no uno cualquiera, sino un puesto a la medida de un hombre con un ego como una catedral. Se dice que Lee Iacocca, presidente del consejo de la Chrysler Corporation, ansía ser el presidente de todos los ciudadanos. Si esto se halla al alcance de un actor de Hollywood, ¿por qué no de un vendedor de coches de Detroit?

La lógica de la argumentación dejaba mucho que desear: Iacocca pronuncia muchos discursos; realiza los anuncios televisivos que todos conocemos; es uno de los inspiradores del programa de la Estatua de la Libertad; es un personaje llamativo en un sector industrial donde los rostros no tienen nombre, y es evidente que tiene un orgullo colosal: con lo cual, aspira a la presidencia de la nación.

Por otro lado, el tema dio mucho que hablar en los medios de difusión. Montones de artículos y toneladas de correspondencia. ¿Cómo se originó el asunto? Dejándome llevar de mi intuición, yo diría que unos cuantos periodistas de Detroit se reunieron un buen día en torno a una botella y concibieron el rumor como una broma. Cuando se me preguntó por vez primera si me gustaría ser presidente, no sabía qué contestar, de modo que me salí por la tangente con una chanza: «Sí, me gustaría, pero sólo por nombramiento y durante un año». Ni siquiera hablé de «mandato», porque es una palabra que le hace a uno sentirse demasiado viejo. Ya envejecí bastante durante mi primer «mandato» en la Chrysler.

El artículo de Amanda Bennett se publicó en la columna medio humorística que ocupa el centro de la primera plana del *Journal*. Pocos día antes, Amanda publicó un comentario sobre el último burdel que quedaba en Michigan, y su artículo sobre mis supuestas aspiraciones presidenciales estaba en la misma línea. Con eso queda dicho la opinión que me mereció.

Meses más tarde, *Time* publicó un artículo alusivo a los posibles candidatos a las elecciones presidenciales de 1984, y de nuevo salió a relucir mi nombre. Según la revista, yo podía permitirme aspirar a la nominación porque poseía «un rostro muy expresivo». Otro buen ejemplo de aplastante lógica política.

El caso es que la frase en cuestión tenía su historia. En 1962, *Time* organizó una fastuosa recepción en Detroit, y Henry Luce, fundador de la revista, asistió al acto. Yo fui invitado porque en aquel entonces era un joven y prometedor subdirector de la Ford, si bien el hecho ocurrió dos años antes de la aparición del Mustang.

Durante la recepción fui presentado al señor Luce, el cual me miró y dijo: «Un rostro expresivo». Pocos minutos después, uno de los colaboradores del editor me comentó: «Cualquier día te pondrá en la cubierta. Le gustan las caras expresivas». ¡Qué me aspen si el fantasma de Henry Luce no intervino, veinte años más tarde, sacando a relucir la misma frase! De todos modos, el comentario de *Time* me impresionó mucho. ¿Realmente es así como elegimos a nuestros gobernantes?

A veces la gente termina en la Casa Blanca por razones peregrinas. En una ocasión le pregunté a Jimmy Carter qué le indujo a presentarse a las elecciones, y me contestó:

—Siendo gobernador de Georgia recibí la vista de varios candidatos a la presidencia, y vi que no eran nada extraordinario.

Entiendo perfectamente lo que Carter quiso expresar, porque la impresión me es familiar.

Aún suponiendo que me agradase la idea de ocupar el cargo presidencial, la idea no dejaba de ser un mero alarde imaginativo. No me veo haciendo campaña para llegar a la Casa Blanca. Los individuos con la pretensión de ocuparla están programados como robots dieciséis horas al día: almuerzos, cenas, la habitual ronda de banquetes, los apretones de manos, la propaganda delante de las fábricas... todo un ritual inacabable. Hay que tener muchas ganas de ser presidente para aguantar toda esta lata.

He pasado por el trance de estrechar millones de manos. Durante los últimos cuarenta años he asistido a tantas asambleas y convenciones, que me sería imposible recordarlas todas. He sostenido en la mano tantos vasos ofrecidos durante tantos cócteles, que tengo la derecha permanentemente doblada. Y me siento como si hubiese estado en todas las fábricas del mundo.

En total, sólo en el salón de baile del Waldorf-Astoria habré pronunciado algo así como un centenar de discursos. El personal del hotel que atiende estos actos se sabe la historia de la Chrysler tan bien como yo. Durante uno de los últimos discursos en ese marco, vi que algunos camareros seguían mis palabras con un movimiento de labios. Al final de la asamblea, uno de ellos me pidió un «crédito avalado» de doscientos dólares hasta el final de mes.

Pero, hablando en serio, me siento exhausto, agotado. Los años al frente de la Chrysler me han envejecido. Diez años antes tal vez me hubiese visto capaz de meterme en política. Entonces estaba lleno de energía. Pero el despido de la Ford, la larga crisis de la Chrysler y, por encima de todo, la muerte de mi querida esposa han mermado muchos de estos bríos.

Por otro lado, tampoco tengo el carácter adecuado para ser un político. Conocí bien a McNamara, y si él no pudo salir airoso y ser útil de veras a su país, seguro que yo no lo conseguiría, puesto que él era hombre mucho más disciplinado. Además, soy demasiado impaciente, y respondón hasta el extremo, no un diplomático. Por mucho que me esfuerzo, no logro imaginarme a mí mismo esperando ocho años para ver si se aprueba un proyecto de ley sobre fuentes energéticas.

Soy demasiado abierto y franco para dar la talla como político. Si un tipo empieza a preguntar necedades, lo más seguro es que le despache sin contemplaciones. Tengo la ligera impresión de que no es así como procede un presidente de los Estados Unidos.

Creo, en cambio, que el Ejecutivo norteamericano cuenta con demasiados abogados y pocos hombres de empresa. Preferiría una fórmula política que permitiera a veinte altos directivos empresariales ocuparse de los aspectos relacionados con el comercio y la industria, aunque hubiera que pagarles un millón de dólares anuales libres de impuestos. Esto sí que constituiría un estímulo y un revulsivo. No me cabe duda de que muchas personas inteligentes se interesarían más por las tareas gubernativas y los asuntos públicos.

Hace un par de años, una poderosa camarilla política de Michigan quiso convencerme de que me presentase como candidato a gobernador. ¿Por qué? Porque este cargo se considera un resorte idóneo para acceder a la presidencia de la nación. Los portavoces del grupo manifestaron:

—Usted salvó a la Chrysler, y en la actualidad la empresa marcha viento en popa. ¿Y Michigan? Tiene los mismos problemas, y hoy es el estado donde usted reside.

Yo le contesté:

—Miren, suponiendo que algún día decidiera presentarme a gobernador, les pediría que me busquen un estado con una buena tesorería, como Arizona. Tal vez entonces lo piense. Pero basta de aventuras con alguien sin un poco de dinero en el Banco. Con una vez tengo más que suficiente.

Desde que apareció el dichoso artículo del *Journal* en 1982, he tenido que dedicar no poco tiempo a desmentir los rumores de que aspiraba a presentarme a las elecciones presidenciales. Pero no hay nada que hacer, porque hasta los que sí se presentan de verdad niegan de antemano que vayan a hacerlo, y esperan a última hora para declarar sus intenciones. Así pues, eran muchos los que no me creían. «Si no aspira al cargo —se decían—, ¿por qué escribe un libro? ¿Por qué está implicado en el programa de la Estatua de la Libertad como no sea para hacer de ello una bandera política?»

Cuando vi que la gente no creía en mis negativas, decidí divertirme un poco, y desde entonces, cada vez que me preguntan si tengo intención de presentarme a las elecciones presidenciales, respondo:

—Quiero rechazar de plano estos chismes. Me parecen injustificados y perturbadores. Además, ponen nerviosa la gente que trabaja en mi campaña electoral.

Poco podía yo hacer para poner freno a esas especulaciones. Si te limitas a hablar de coches, te consideran estrecho de miras, y si abordas cuestiones internas o de ámbito internacional, piensan que te presentarás a las elecciones.

Finalmente, al término de 1983, suscribí un contrato de tres años con la Chrysler. Fue, sobre todo, esta circunstancia la que acabó con todas las habladurías en torno a mis supuestas ambiciones políticas.

Pese a no haber sido nunca candidato, aprendí no pocas cosas de los rumores sobre mis pretendidas intenciones electorales. Poco después de que el rumor se divulgara, estaba yo conversando con un ejecutivo publicitario, y el hombre apuntó una observación interesante:

—Creo haber adivinado por qué todo el mundo cree que es usted un candidato a la presidencia. Pues porque ya no hacen caso de nadie. Usted les habla, les convence de que lucha por algo y luego pone manos a la obra. No les miente ni exagera, y son ya muchas las veces que el pueblo norteamericano ha sido defraudado.

Al parecer, otra de las cualidades que se encarnan en mi persona es la de ser un buen administrador. Soy capaz de reducir costes, obtener beneficios y gestionar una gran empresa; y, ciertamente, si de algo estoy seguro es de eso. Sé lo que hay que hacer para fiscalizar un presupuesto, y he adquirido experiencia sobre lo que procede hacer para reflotar una sociedad. Es posible que los norteamericanos anden en busca de un dirigente que sea capaz de equilibrar un presupuesto y, a la vez, de devolver a la nación el temple y el coraje de antaño.

Recibo muchas cartas animándome a presentar mi candidatura a la presidencia. Esta correspondencia me ha revelado que existe un vacío genuino en este terreno. La gente anhela contar con un líder que las diga la verdad: que los Estados Unidos no son un caso perdido, sino un gran país o, por lo menos, que puede volver a serlo si enmienda los errores. La gente me escribe porque me ven en la televisión, porque discurseo y porque la Chrysler se ha recuperado. Una carta escrita de puño y letra decía: «¿Por qué no le da la vuelta a este país? ¿Por qué pierde usted el tiempo vendiendo coches?»

Los ciudadanos ansían tener a un líder que guíe sus pasos. No creo ni por asomo que vivamos en una sociedad donde se destierra el culto al héroe. Lo que ocurre es, sencillamente, que desde Einsenhower no hemos vuelto a tener un gobernante del que pudiésemos fiarnos. A Kennedy lo asesinaron. Johnson nos arrastró a la guerra. Nixon nos llenó de vergüenza. Ford era un dirigente nombrado con carácter provisional. Carter, a pesar de sus cualidades, no era el hombre adecuado para su época, y Reagan es un nostálgico del pasado.

Tarde o temprano acabaremos por encontrar a este líder. Me siento muy honrado por el hecho de que tantas personas creyeran que podía ser yo. Este detalle, por sí solo, me depara cuantas compensaciones pudiese desear.

XXIV
Una victoria agridulce

En 1982, cuando se disipó por fin el humo de la batalla, empezaron a suceder gratos acontecimientos.

Hacía solamente tres años que la Chrysler Corporation tenía que vender 2.300.000 coches y camiones para cubrir costos. Por desgracia, sólo se vendían alrededor de un millón. Bastan unos cálculos elementales para comprender que las cifras no cuadraban.

Sin embargo, en la actualidad y gracias al esfuerzo conjunto de mucha gente, hemos reducido el tope mínimo de los costos a 1.100.000 unidades. No pasó mucho tiempo hasta el día en que empezamos de nuevo a contratar personal y a firmar contrato con nuevos concesionarios.

En otras palabras, íbamos de cara a una mejora notable de las condiciones económicas de la empresa. Pero la coyuntura general del país lo impidió.

Con todo, ya bien entrado el año 1982, la economía inició un despegue, que repercutió en las ventas de automóviles. ¡Ya era hora! Al cierre del ejercicio, la empresa pudo mostrar un balance con un saldo positivo, aunque modesto.

Mi primer impulso fue convocar una conferencia de prensa para enterrar todos los epítetos y calificativos con que se nos había prodigado durante nuestra prolongada crisis. En un estilo telegramático, el despacho que pensaba mandar a la prensa era el siguiente: «Para su inmediata entrada en vigor: Señores periodistas, la Chrysler ya no sufre 'carencia de efectivo' ni se está 'debatiendo' ni experimenta 'trastornos financieros'. Si lo desean, pueden seguir llamándonos 'la tercera empresa automovilística de la nación', pero olvídense de las otras alusiones».

Al año siguiente, 1983, cerramos con un beneficio de explotación decente: 925 millones de dólares, el mejor de cuantos ha conocido la Chrysler en toda su historia, y con mucho.

Se había recorrido un buen trecho desde las vistas públicas que precedieron a la concesión de los créditos federales, en que hicimos tantas y tantas promesas. Entre otras cosas, prometimos modernizar nuestras instalaciones y dotarlas de la más avanzada tecnología. Prometimos convertir toda nuestra poducción en coches basados en la tracción delantera. Prometimos ser los fabricantes de coches con menor consumo de gasolina. Prometimos mantener un nivel de empleo de medio millón de trabajadores. Por último, prometimos ofrecer al mercado productos atractivos.

Pues bien, al cabo de tres años toda esta serie de promesas se habían cumplido.

En la primavera de 1983 estábamos en situación de lanzar una nueva emisión de acciones. En un principio se pensó en vender acciones por un valor de 12.500.000 millones, pero nuestros títulos tenían tanta demanda que acabamos lanzando una emisión que duplicaba esta suma.

Los compradores bursátiles aguardaban pacientemente en la cola. La emisión se suscribió íntegramente en el plazo de una hora. Si se tiene en cuenta que el valor global de mercado de estos títulos era de 432.000.000 de dólares, nuestra oferta pública era por su magnitud la tercera en toda la historia del país.

Ahora bien, cuando se emiten nuevos títulos suele producirse una merma en la cotización de anteriores emisiones. Pero ocurrió un hecho digno de mención. En el momento de la oferta de títulos, las acciones de la Chrysler se cotizaban a 16 $^{5}/_{8}$, pero a las pocas semanas, la intensa demanda hizo que la cotización se disparase hasta alcanzar 25 dólares, y al poco se situó en 35 dólares. Si éstas son las «mermas» que producen las nuevas emisiones, las hago mías sin pensarlo ni un minuto.

Transcurrido algún tiempo después de la venta de acciones, pagamos 400 millones de los préstamos concedidos, es decir, una tercera parte del débito. Esta parte de la deuda era la más gravosa de las tres consignaciones recibidas, ya que el interés que devengaba era muy alto, del orden del 15,9 por 100.

Pocas semanas después tomamos una decisión trascendental: pagar de golpe *todo* el importe de los créditos, siete años antes de su vencimiento. No todos los altos cargos de la compañía estaban de acuerdo, ya que la medida entrañaba cierto riesgo. Verdaderamente, hay que estar muy seguro de cuál va a ser la cifra de negocios de los dos próximos años para desprenderse de tan ingente suma de dinero.

Pero en aquel momento confiaba plenamente en el futuro. Por otra parte, me había hecho el propósito de liquidar la deuda contraída con el Gobierno lo más pronto posible.

Anuncié la decisión de saldar el débito en el marco del Club Nacional de Prensa. Era el día 13 de julio de 1983, y por pura casualidad coincidía con mi quinto año desde que Henry Ford me despidiera.

—Esta jornada compensa los tres penosos años transcurridos —declaré—. En la Chrysler tomamos a préstamo al viejo estilo: devolvemos el dinero recibido —lo estaba pasando estupendamente—. La gente de Washington tiene mucha experiencia en entregar fondos, pero muy poca a la hora de recuperarlos, de modo que tal vez convenga que el personal médico federal esté preparado por si se produce algún desvanecimiento cuando hagamos entrega del cheque.

Lo cierto es que la Administración no pudo siquiera aceptar el cheque el día en cuestión. El papeleo les obligó a demorarse un mes hasta encontrar el modo de hacerlo. Al parecer, era la primera vez que alguien les reembolsaba un crédito en estas condiciones.

En el curso de un acto protocolario celebrado en Nueva York, obsequié a los banqueros con el mayor cheque que he visto nunca: 813.487.500 dólares. También me llevé al saco treinta kilos de manzanas, no sin apuros. Durante los debates de las comisiones investigadoras del Congreso, el alcalde de Nueva York, Ed Koch, apostó conmigo treinta kilos de manzanas a que el consistorio reintegraría los créditos federales que se le había concedido antes que nosotros. Pero en el momento de liquidar nuestra cuenta deudora, el Ayuntamiento neoyorquino aún tenía pendientes más de mil millones de dólares.

Ahora que habíamos salido del atasco, pensé que había llegado el momento de divertirse un poco.

Hacía casi diez años que Detroit había dejado de fabricar coches descapotables, y yo los echaba tremendamente en falta. El último modelo producido en la zona fue el Cadillac Eldorado, que se fabricó hasta 1976. En lo que respecta a la Chrysler, su último descapotable fue el Barracuda, en 1971.

Muchas personas creen erróneamente que la Administración prohibió de repente y por las buenas la fabricación de este tipo de coches; pero no fue así, si bien la tendencia apuntaba en este sentido. En efecto, los organismos federales se coligaron para acabar con los descapotables o, al menos, para exigir la aplicación de profundos cambios en su estructura. Para entonces teníamos demasiados quebraderos de cabeza con las reglamentaciones federales, y no íbamos a sumar un nuevo problema a los ya existentes, por lo que se optó por borrar del mapa a los vehículos descapotables.

En realidad, lo que impulsó la desaparición de estos automóviles fue el aire acondicionado y la radio, ya que ambos elementos poco tienen que hacer si uno conduce un coche expuesto a los cuatro vientos.

En 1982, cuando iniciábamos nuestra recuperación, decidí sacar de nuevo el descapotable. A título de ensayo, mandé construir manualmente un prototipo a partir de un Chrysler LeBaron. Lo conduje durante el verano y me sentía más alegre que unas pascuas. Gente al volante de Mercedes y Cadillac me rebasaban y luego me hacían señas de que me echase a un lado y aparcara, como si fueran policías de tráfico. «¿Qué coche está usted conduciendo? —preguntaban todos—. ¿Quién lo fabrica? ¿Dónde se puede adquirir?»

Luego, cuando reconocían mi imagen popularizada por la televisión, se mostraban dispuestos a formular un pedido en firme sobre la marcha. Un día en que acudí al hipermercado de mi distrito, se congregó un montón de gente en torno a mí y al descapotable. Habríase dicho que estaba repartiendo billetes de diez dólares. No hacía falta ser un genio para ver que el coche suscitaba el entusiasmo de la gente.

En la oficina, decidimos prescindir del trámite de la prospección de mercados. Nos dijimos: «Vamos a fabricarlo. No ganaremos dinero, pero la publicidad será tremenda, y con un poco de suerte hasta cubriremos gastos».

Pero tan pronto se corrió la voz de que estábamos preparando el lanzamiento de un LeBaron descapotable, gente de todo el país acudió a los concesionarios para dejar paga y señal. Una de esas personas era la actriz Brooke Shields, a la que entregamos el primer descapotable a modo de promoción. Entonces nos dimos cuenta de que íbamos a vender un buen montón de aquellas «monadas». Echando cuentas, resultó que el primer año vendimos 23.000 unidades, en vez de las tres mil previstas.

No pasó mucho tiempo sin que la General Motors y la Ford sacaran también modelos descapotables. En otras palabras, la pobrecita Chrysler iba ahora en cabeza en vez de pedalear a remolque.

El descapotable lo fabricamos más que nada por pasatiempo... y para hacernos publicidad. Pero en 1984 sacamos a la calle un nuevo producto que era a la vez un pasatiempo y un coche de alta rentabilidad: la «minirrubia» T-115.

Es un tipo de coche pensado para conductores que desean un vehículo mayor que una ranchera pero más pequeño que una furgoneta de turismo. Tiene capacidad para siete pasajeros y tracción delantera. Su consumo es de 7 litros por 100 kilómetros y —lo mejor de todo— cabe en un garaje normal.

Siempre que dicto un cursillo o doy una conferencia a una escuela superior de aldministración de empresas se levanta alguien para preguntarme cómo nos las arreglamos para sacar tan prestamente aquel modelo después de nuestra prolongada crisis. «Siendo usted empresario, ¿cómo fue que decidió arriesgar setecientos millones de dólares a tres años vista en una situación de práctica bancarrota?»

La pregunta da que pensar. Pero la verdad es que no tenía elección. Me constaba que no podíamos confiar en los coches de que disponíamos y pensé que no tenía sentido batallar como lo hacíamos si después, una vez salidos del túnel, no teníamos nada que ofrecer al público.

Medio en serio medio en broma, solía decirme: «Mira, estás endeudado hasta el cuello. Así pues, ¿qué son setecientos millones entre amigos?»

A decir verdad, la minirrubia vio la luz en la Ford. Poco después de la primera crisis de la OPEP, mientras Hal Sperlich y yo trabajábamos en el Fiesta, elaboramos un proyecto al que llamamos Mini-Max. Albergábamos la idea de construir un turismo-furgoneta pequeño por fuera y espacioso por dentro. Fabricamos un prototipo y nos quedamos prendados del coche.

A renglón seguido, gastamos 500.000 dólares en estudios y prospecciones de mercado, y en el ínterin nos enteramos de tres cosas: primero, que la altura de acceso al interior tenía que ser escasa, lo justo para satisfacer a las mujeres, que en aquellos días llevaban aún falda en su gran mayoría; en segundo lugar, el coche debía tener una envergadura que permitiese aparcarlo en un garaje corriente; y, tercero, debía poseer una «nariz» con un motor delantero capaz de proporcionar sesenta centímetros de «cobertura» para el caso de una colisión.

A tenor de los datos que suministraba la investigación de mercados, muy elocuentes por cierto, cabía esperar una venta de ochocientos mil vehículos anuales... ¡Y eso que estábamos en 1974! Como es natural, me faltó tiempo para ir a ver al monarca Ford.

—Déjalo correr —respondió Henry—. Ahora no estoy para experimentos.

—¿Experimentos? —dije—. El Mustang no fue un experimento, ni el Mark III tampoco. Este coche será otro éxito seguro.

Pero Henry se empeñó en que no.

Tal como yo entiendo las cosas, si uno es el mandamás *tiene* que potenciar todo lo que sea innovación, y si uno está en la Ford su obligación es pegarle duro a la General Motors. Es preciso buscar salidas en las que nadie haya reparado. No se puede embestir de frente a una empresa tan mastodóntica; hay que burlarles y superarles en el aspecto táctico.

En consecuencia, en vez de fabricar la minirrubia en 1978 por cuenta de la Ford, Hall y yo la sacamos en 1984 en beneficio de la Chrysler. Y son ahora los clientes *de la Ford* los que nos la quitan de las manos.

En la actualidad, dicho sea de paso, los estudios de prospección son incluso más convincentes. Escribo estas palabras a mediados de 1984, y este nuevo modelo está totalmente agotado; no quedan existencias. Por otro lado, Ford y MG compiten para sacar sus propias versiones. Creo sinceramente que la imitación de un modelo es el mejor halago –y el más genuino– que uno puede recibir.

Antes incluso de que saliera a la calle, la revista *Connoisseur* lo seleccionó como uno de los coches más bien diseñados de todas las épocas. *Fortune* lo consideró uno de los diez productos más innovadores del año, y las revistas del ramo lo estamparon en sus cubiertas meses antes de que se pusiera a la venta.

Desde que concebimos el Mustang en 1964, jamás me había entusiasmado tanto con un nuevo automóvil... ni había estado tan seguro de la buena acogida que el ciudadano le dispensaría. Aún recuerdo el día en que probé por vez primera el nuevo modelo en nuestro circuito de ensayos. No podían sacarme de la pista, y seguí dando vueltas y más vueltas con el vehículo. Estaba fascinado por la pericia de los técnicos, tanto en las características de conducción como en la calidad de su marcha. Sin la menor duda, era un coche para disfrutar.

Beneficios récord, reembolso del préstamo, la minirrubia... todos ellos fueron ingredientes del triunfo alcanzado.

Pero el éxito tenía también su lado sombrío. Cuando al fin celebramos el desfile de la victoria, faltaban un montón de «soldados». Sí, ganamos la guerra, pero sufrimos cuantiosas pérdidas. Muchos trabajadores, empleados de oficina y concesionarios que formaban parte de nuestra organización en 1979, no estaban junto a nosotros para festejar y disfrutar los frutos de la victoria.

Además, estaba el asunto de los derechos de suscripción por valor de 14.400.000 dólares que libramos a la junta supervisora de los créditos federales en junio de 1980, poco antes de que recibiésemos los primeros quinientos millones acordados.

Estos certificados o cédulas facultaban al portador a comprar 14.400.000 dólares en acciones de la empresa al precio de 13 dólares por acción. Cuando se realizó esta emisión para «edulcorar» el pacto con la Administración, los títulos de la Chrysler se cotizaban a casi 5 dólares. En aquellos momentos, nadie pensaba que un día las acciones se pagaran a 13, por lo menos a medio plazo.

Pero en ese momento, con una cotización que oscilaba en torno a los 30 dólares, resultaba que el Estado había hecho el gran negocio. Además, según lo estipulado, el Tesoro podía ejercer su derecho en cualquier momento, siempre que fuera antes de 1990, año en que vencían oficialmente los préstamos.

Estas cédulas eran como una espada que colgaba sobre nosotros. En los siete años siguientes, el Estado o el tenedor de las mismas podía exigir que lanzásemos una emisión suplementaria de acciones por valor de 14.400.000 dólares a un precio base de ocasión.

Desde el ángulo de la empresa, estimábamos que ya habíamos compensado de sobra al Estado por la concesión de los préstamos garantizados. Habíamos obtenido un crédito de 1.200 millones a pagar en diez años, pero lo habíamos devuelto en tres, y en este lapso de tiempo desembolsamos además 404 millones en intereses, 33 millones en gastos de administración, más otros 67 millones para los asesores jurídicos y para los Bancos y sociedades de inversión.

Según la última cotización de nuestras acciones, los certificados de los derechos de suscripción podían valer hasta 300 millones de dólares. En conjunción con los intereses y remuneraciones, la operación podía procurar al Estado y a las entidades crediticias involucradas el equivalente a un 24 por 100 anual. Si se tiene en cuenta que el dinero federal en ningún momento corrió el menor riesgo —recuérdese que la Administración tenía derecho preferente sobre nuestro patrimonio, que valía mucho más de 1.200 millones—, el beneficio parecía poco menos que indecoroso.

Pero lo que aún era más importante: de todos los sectores que se sacrificaron en pro de nuestra recuperación, ninguno estaba en situación de obtener «ganga» alguna después del reflotamiento de la empresa. Si todos se habían sacrificado por igual en los momentos difíciles, lo normal era que se beneficiasen en la misma medida ahora que la situación era buena. Si la Administración hacía su agosto con las cédulas de suscripción de la Chrysler, ¿qué pensarían los trabajadores, los proveedores y los concesionarios, que tan duras pruebas habían soportado?

Por esta causa solicitamos a la Administración, discretamente, que nos diera los certificados de las cédulas sin más o pagando algo por ellos.

¡Vaya metedura de pata! Nuestra petición fue acogida con un rugido estruendoso de indignación. «¡Qué descaro! —escribió con un bufido *The Wall Street Journal*—. No hay otra palabra para calificar la pretensión de la Chrysler.» En esta ocasión, el *Journal* no fue la única voz discordante, sino que casi toda la prensa se nos echó encima, tildándonos de mezquinos y avariciosos. De cara al público, nuestra tentativa fue calamitosa. No hacía mucho se nos consideraba como dioses celestiales por haber devuelto el préstamo siete años antes de lo previsto, y he aquí que, de repente, se nos retrataba como granujas. Fue una amarga experiencia.

Sin pérdida de tiempo dimos marcha atrás y, a modo de compromiso, ofrecimos a la junta supervisora de la operación federal la suma de 120 millones por los derechos de suscripción. Se negaron. Ofrecimos entonces 187 millones. Tampoco se avinieron.

Finalmente, el 13 de julio, el mismo día en que liquidamos los créditos pendientes, ofrecimos 250 millones por las cédulas.

«Ni hablar del asunto —respondió la junta—. Vamos a venderlas al mejor postor.»

Y así se hizo. Don Regan, ex agente de Cambio y Bolsa, revirtió a su antigua condición e insistió en que se procediera a una subasta, lo cual, por supuesto, generaría sustanciosas comisiones para los habituales de los corros. Pero no era difícil imaginar que obraría así. Desde el principio se mostró contrario a los préstamos avalados por razones ideológicas. En el curso de tres años completos, ni una sola vez convocó una asamblea de la junta supervisora ni dio un solo paso para ayudarnos.

Los prosélitos de Reagan, encabezados por Don Regan, recitaban siempre la misma monserga: «Se les dispensará el trato estipulado con la Administración Carter, pero no moveremos un dedo ni en un sentido ni en otro. Nos tiene sin cuidado si esta actitud les beneficia o les perjudica».

A medida que la situación de la empresa mejoraba, manifesté: «Abrácenme, abrácenme y atribúyanse parte del éxito. Aunque no saquen nada más, por lo menos será un gesto político productivo». Pero la respuesta de Donald Regan y de buena parte de la Administración federal fue ésta: «Ideológicamente nos opusimos a la fianza del Estado y seguimos estando en contra. No creemos en los resultados». Hasta el final, mantuvieron que la concesión de créditos federales a la Chrysler había sentado un mal precedente.

Las relaciones se hicieron tan tensas que tuve que entrevistarme dos veces con el presidente Reagan, quien me dijo que en el plano de la equidad mi argumentación era contundente. En un viaje que realizamos juntos en el avión presidencial hasta St. Louis, pidió a Jim Baker que se ocupase del asunto.

Éste así lo hizo, por supuesto, pero le pasó de nuevo el paquete a Don Regan, que me hizo bailar lentamente al son que se le antojaba. No sé qué pasaría en la Casa Blanca, pero lo cierto es que a la postre fue Regan quien se salió con la suya.

Aún hoy me cuesta creerlo. En los ambientes en que me muevo, si un gerente da una orden y obtiene la callada por respuesta, el responsable va directo a la calle. Me parecía inconcebible que este tipo, Regan, demostrase tener más aguante y se saliera con la suya.

A la postre se nos obligó a licitar contra nuestra propia oferta de 250 millones de dólares, y terminamos adquiriendo cédulas de suscripción por más de 311 millones. Entonces, el suceso me enfureció y, si he de ser sincero, aún sigo enfadado. ¿Por qué diablos tenía el Gobierno que jugar a la Bolsa con nuestros derechos de suscripción? Yo había ofrecido 250 millones, lo cual era una oferta generosa. Pero no fue suficiente. Se habían propuesto apretarle las clavijas a la Chrysler y exprimirle hasta el último centavo.

Un congresista manifestó:

—¡Vaya oportunidad! Tenemos estos trescientos once millones y se empleen para dar una nueva formación profesional a los obreros del sector automovilístico. Ya que el dinero nos viene de la Chrysler, apliquémoslo a esta industria. Echemos una mano a los que perdieron su puesto de trabajo cuando la Chrysler tuvo que rebajar costos.

Sin embargo, los organismos federales no mostraron interés en la propuesta.

Yo sugerí otro plan:

—Puesto que no esperaban ustedes este regalo —manifesté a los representantes de la Administración—, ¿por qué no le sacan a este dinero diez veces su valor y utilizan los tres mil millones para ayudar a nuestra industria del automóvil y ponerla en condiciones de competir con Japón?

Con todo, el Gobierno optó por colocar de nuevo el dinero en el fondo de libre disposición. Me temo que los 311 millones apenas sirvieron para enjugar el déficit federal; pero mejor es poco que nada.

Las vicisitudes que acompañaron el asunto de los derechos de suscripción me dejaron un mal sabor de boca. Pero lo que en verdad agrió el éxito que supuso el reflotamiento de la Chrysler, fue el evento más doloroso —en el plano íntimo— que he padecido en mi vida.

Durante mis años en la Ford y posteriormente en la Chrysler, Mary, mi esposa, fue mi animadora y partidaria más ferviente. Ambos estábamos muy unidos, nunca dejó de prestarme apoyo.

Sin embargo, padecía de diabetes, enfermedad que deriva en múltiples complicaciones. Por ejemplo, nuestras dos hijas nacieron gracias a la cesárea y, además, Mary sufrió tres abortos naturales.

Ante todo, la persona que padece de diabetes tiene que evitar las tensiones. Por desgracia, en virtud de mi profesión, fue imposible escapar a ellas.

Mary sufrió su primer ataque cardiaco en 1978, poco tiempo después de mi despido de la Ford. Llevaba una temporada en que no se sentía bien, pero la conmoción que le produjo esta circunstancia incidió negativamente en su estado de salud.

En enero de 1980 tuvo una segunda trombosis coronaria. Ella se encontraba en Florida al sobrevenirle el ataque, y yo en un restaurante de Washington reunido con toda la camarilla que cabildeaba en nuestro favor. El presidente Carter acababa de firmar la ley de concesión de los avales crediticios, y celebrábamos el triunfo de nuestras gestiones. En medio de la celebración, recibí una llamada de Florida notificándome lo ocurrido.

Dos años más tarde, durante la primavera de 1982, tuvo un ataque fulminante de apoplejía. En estas tres ocasiones, los accesos le sobrevinieron a raíz de un clima de fuerte tensión en la Ford o en la Chrysler.

Toda persona que padezca diabetes o que viva con un enfermo de diabetes advierte fácilmente los síntomas. Mary era una diabética muy vulnerable. El páncreas cumplía sólo parcialmente su función. Seguía un régimen alimenticio estricto, pero las inyecciones de insulina que ella misma se aplicaba dos veces al día eran ya otro cantar.

Muchas veces le daba un choque insulínico, por lo general en plena noche. Entonces había que prepararle un zumo de naranja con azúcar, su cuerpo se atiesaba, traspiraba un sudor muy frío y, en ocasiones, tenían que acudir los enfermeros y pugnar con ella en el dormitorio, muchas veces para terminar con un rápido traslado al hospital.

Cuando me iba de viaje, cosa por lo demás bastante frecuente en mis condiciones, la llamaba dos o tres veces al día. Llegó un punto en que podía adivinar cuál era su nivel de insulina con solo oírle la voz. Por las noches, cuando yo no estaba en casa, cuidaba de que siempre tuviese a una persona junto a ella, puesto que el choque o el coma eran una amenaza permanente.

En honor de mis hijas, quiero manifestar que no sólo aceptaron la enfermedad de su madre, sino que la atendieron como dos angelitos.

En la primavera de 1983, Mary empeoró. Su corazón, exhausto, dejó de funcionar, y el 15 de mayo expiró. Contaba sólo cincuenta y siete años y aún era una mujer muy hermosa.

Cuánto he lamentado que no siguiera con vida para ser testigo de la cancelación del préstamo federal, que aconteció únicamente dos meses más tarde. Sé lo contenta que se habría sentido. Con todo, intuía que íbamos a salir del apuro.

—Las cosas en la fábrica van mucho mejor —dijo antes de su muerte—. Ya no sacáis la porquería de hace dos años.

Los últimos años de su vida no fueron fáciles. Mary nunca llegó a comprender cómo podía aguantar a Henry Ford. En 1975, después de la investigación que se llevó a cabo en la Ford, dirigida contra mi persona, quería que me rebelase públicamente e incluso, si era necesario, que le llevara a los tribunales. No obstante, pese a no estar de acuerdo con mi decisión de seguir en el puesto, respetó mis sentimientos profesionales y me apoyó con todas sus fuerzas.

Durante mi última etapa en la Ford, oculté a Mary y a las niñas la mayor parte de lo que estaba sucediendo, y cuando me despidieron lo sentí más por ellas que por mí. En realidad, no sabían que las cosas se habían degradado hasta aquel punto.

Después de consumado el despido, Mary se convirtió en un baluarte de entereza. Sabía que lo que yo deseaba era continuar en el sector del automóvil, y por ello me animó a aceptar el puesto que me ofreció la Chrysler... si eso era lo que me apetecía.

—El Señor hace que broten risas de las lágrimas —dijo—. Quizá tu despido de la Ford haya sido lo mejor que podía sucederte.

Pero a los pocos meses de trabajo en la Chrysler, la industria automovilística empezó a tambalearse. La gasolina es la sangre de los automóviles, y los tipos de interés el oxígeno de las empresas. Pues bien, en 1979 se conjuntaron la crisis iraní y la elevación del tipo de interés. Si estos sucesos se hubiesen producido un año antes, no habría ido a la Chrysler.

Por ningún concepto quería tirar la toalla, pero llegué a preguntarme si el curso de los acontecimientos había superado nuestra capacidad de reacción. En un momento dado, Mary me instó a dejarlo.

—Te quiero y sé que eres capaz de hacer lo que te propongas —dijo—. Pero esta montaña es insuperable. No es humillante retirarse ante un empeño imposible.

—Lo sé —respondí—, pero las cosas mejorarán.

Poco sabía yo en aquel momento que antes de que eso sucediera la situación se degradaría todavía mucho más.

Como me sucedió a mí, Mary sufrió muchísimo al ver que amigos de toda la vida nos daban la espalda, después de mi despido. Pero no se dejó llevar por el abatimiento. Siempre fue una persona decidida, una mujer de temple, y lo demostró hasta el fin.

Un día, cuando hacía poco que me había incorporado a la Chrysler, leyó en el periódico que la hija de unos amigos íntimos de los que no habíamos vuelto a saber contraía matrimonio. Los dos sentíamos mucho afecto por aquella muchacha.

—Iré a la boda —dijo Mary.

—No puedes —repuse—. Eres *persona non grata* y no has sido invitada.

—¡Eso lo dirás tú! —contestó mi esposa—. Desde luego que puedo asistir a la ceremonia. Quiero a esa chica y deseo ver cómo se casa. Si sus padres no quieren saber nada de nosotros porque te han despedido, esto es cosa de ellos, no mía.

También asistió a la asamblea anual de los accionistas de la Ford después de mi despido.

—He ido a este acto durante muchos años —manifestó—. ¿Por qué no ahora? Recuerda que después de la familia Ford somos los mayores accionistas de la empresa.

Mary se superaba cuando los acontecimientos eran adversos, y entonces se ponía al mando de la nave. En una ocasión en que nos hallábamos de visita en casa de nuestro buen amigo Bill Winn, le dio un ataque cardiaco. Mientras yo me moría de miedo, ella hizo que los bomberos trajesen un Pulmotor y mandó llamar a un cirujano del corazón que permaneció junto a ella con una sonda; todo en el lapso de veinte minutos.

Otra vez, una amiga íntima, Anne Klotz, la llamó para decirle que tenía fuertes dolores de cabeza. Mary tomó el coche y fue a verla. La encontró desvanecida en el suelo. Llamó a una ambulancia, se trasladó con la paciente al hospital y permaneció a su lado mientras le hacían una intervención de urgencia en el cerebro.

Nada la amilanaba. Era capaz de presenciar un accidente en el que alguna víctima había quedado descabezada, y su reacción era: «Bueno, ¿qué hay que hacer ahora?». Era una mujer que actuaba con prontitud, y gracias a ello dos personas le debían la vida. Cuando nuestra hija Kathi tenía diez años, un día en que iba en bicicleta se le atascaron los frenos y salió despedida por encima del manillar, yendo a caer de cabeza al suelo. Unos años antes, mi médico de cabecera me había explicado que para saber con seguridad cuándo alguien ha sufrido una conmoción celebral hay que observar si existe dilatación de las pupilas por todo el glóbulo ocular, hasta formar una masa negruzca. En seguida eché una mirada a los ojos de mi hija y vi que tenía las pupilas grandes y ensombrecidas, después de lo cual me dio un vahído. Mary, entretanto, la recogió, pidió ayuda de urgencia, la dejó en la cama de un hospital al cabo de media hora, volvió a casa, me cocinó mi sopa favorita, me obligó a acostarme poco después y nunca más volvió a hablar del asunto.

Si hoy hablasen con sus amigos, éstos les dirían: «Oh, Dios, lo que más recuerdo de ella era su coraje en circunstancias adversas. Su entereza».

Mary se interesaba mucho por los trabajos de investigación médica sobre la diabetes, y ella misma prestaba ayuda a otras personas aquejadas de la misma enfermedad. Aceptaba su estado físico con enorme valentía y se encaraba a la muerte con ánimo sosegado. «Creéis que estoy muy enferma ¿verdad? —solía decir—. Hubieseis tenido que ver a los pacientes que estaban conmigo en el hospital.»

Tenía confianza en los efectos positivos de orientar a los enfermos que padecían diabetes, y los dos, de común acuerdo, dotamos una beca de investigación —la beca Mary Iacocca— en el Joslin Diabetes

Center de Boston. Mary contaba que la diabetes era la tercera causa de mortandad en el país, después de las dolencias cardiacas y el cáncer. Pero como pocas veces aparece el término «diabetes» en los certificados de defunción, la gente minusvalora la gravedad y los estragos de esta enfermedad. Cuando murió, me aseguré de que en el certificado de defunción se hacía constar la verdad: complicaciones debidas a la diabetes.

Los dos juntos pasamos muy buenos ratos, pero Mary nunca se sintió demasiado a gusto con la vida social relacionada con mi actividad empresarial. Nunca trató de aparentar más que los otros. Tanto para ella como para mí, la familia era lo primero. En cuanto a las responsabilidades y exigencias de orden profesional, hizo lo que tenía que hacer con la sonrisa en los labios; pero sus valores prioritarios, como los míos, eran el hogar y el afecto familiar.

Realizamos muchos viajes en mutua compañía, sobre todo a Hawai, que era su sitio preferido. Pero cuando estábamos en la ciudad, pasábamos las noches y los fines de semana en casa, junto con nuestras hijas.

Jugar al golf con los amigos del trabajo nunca ha sido la idea que yo tengo de lo que es pasarlo bien. Además, entiendo que se ha exagerado el valor de la vida de relación en el ámbito de la empresa. No pretendo insinuar que hay que vivir como un recluso, pero, en definitiva, lo que cuenta es la efectividad del trabajo que realizas. Uno dedica ya demasiado tiempo a la empresa para, encima, robárselo a la familia. Fueran cuales fuesen mis actividades en aquellos años, sé que dos séptimas partes de mi tiempo —los fines de semana y muchas tardes a última hora— eran para Mary y las niñas.

Hay personas que piensan que cuanto más alto es el cargo que uno ocupa, menos tiempo hay que dedicar a la familia. ¡Ni mucho menos! En realidad, son precisamente los directivos los que disponen de más libertad y de un horario más flexible para dedicar el tiempo que se merece a la esposa y los hijos.

No obstante, conozco a muchos ejecutivos que se desentienden un tanto de la familia, cosa que me apena. En una ocasión, un joven ejecutivo se murió sentado a la mesa de despacho, y McNamara, a la sazón presidente de la Ford, remitió a todos los departamentos una nota interna en la que decía: «Se ordena a todo el personal que abandone el trabajo a las nueve de la noche». El mero hecho de que tuviese que enviar una nota de esta índole ya indica que algo andaba mal.

No se puede tolerar que una empresa acabe siendo un campo de trabajos forzados. Es imprescindible trabajar de firme, pero no lo es menos procurarse tiempo para el descanso y la relajación mental, tiempo para ir a ver al hijo o a la hija durante la hora de recreo o asistir a unas pruebas escolares de natación. Y si no se hacen estas cosas cuando los hijos aún son pequeños, ya no se presentará otra oportunidad.

Dos semanas antes de su muerte, Mary me llamó una noche a Toronto para decirme lo orgullosa que estaba de mí. La Chrysler acababa de hacer públicos los beneficios del primer trimestre. Sin embargo, durante aquellos últimos y difíciles años, yo jamás le manifesté cuán orgulloso estaba de *ella*.

Mary me animó en todo momento, y se entregó por entero a Kathi y a Lia. Sí, reconozco que mi trayectoria profesional ha sido brillante y gratificadora; pero en el fondo, comparada con mi familia, le doy una importancia muy relativa.

Hablando claro

XXV
Cómo salvar vidas en la carretera

En conjunto, los norteamericanos somos buenos conductores. En comparación con otros países, puede decirse que somos unos conductores fantásticos. A pesar de la gran cantidad de víctimas que hay en nuestras carreteras y autopistas todos los años, la tasa de mortandad por accidentes de tráfico es la más baja del mundo.

No pretendo ser un experto en la materia de conducción de vehículos, pero sí entiendo un poco de automóviles. De ahí mi aserto de que los cinturones de seguridad —y no las almohadillas o bolsas de aire— son el elemento clave para disminuir el número de muertes por accidente en los Estados Unidos.

Llevo muchos años defendiendo una causa bastante impopular: el uso obligatorio del cinturón de seguridad. En 1972, siendo director general de la Ford, tomé la iniciativa de remitir sendas cartas a los gobernadores de todos los estados de la Unión, indicándoles que nuestra empresa estaba a favor del uso obligatorio del cinturón y apremiándolos para que respaldaran una medida de seguridad que evita la pérdida de vidas humanas.

Doce años después, mientras escribo estas líneas, ni un solo estado ha aprobado la correspondiente ley implantando el uso del cinturón de seguridad. Tarde o temprano, empero, prevalecerá el buen sentido, aunque nos estamos demorando en exceso.

La oposición contra tal medida arranca de diversos frentes, pero en este terreno, como en tantos otros, el principal argumento es de orden ideológico. La noción de *imponer* al usuario una medida de seguridad no va con el talante de algunas personas. Son muchos los que ven en ello un ejemplo más de intromisión estatal en las libertades cívicas.

Este sentir es todavía más palpable en la Administración Reagan. Por desgracia, su idea desfasada de lo que es economía de libre empresa se proyecta también en el ámbito de la seguridad personal.

Cuesta creerlo, pero aún hay mucha gente que a estas alturas sigue pensando que ordenarle a un sujeto que prevenga un lance fatal, como su muerte —o la de su vecino—, no casa con el espíritu de este país. En nombre de Dios sabe qué oscuras ideas, se avienen a permitir que mueran miles de ciudadanos y a que otros tantos sufran graves heridas. En lo que a mí respecta, estas personas viven todavía en el siglo diecinueve.

Pero cada vez que salgo en defensa del uso obligatorio del cinturón, estoy seguro de recibir una montaña de cartas acusadoras escritas por individuos convencidos de que me estoy entrometiendo en su derecho a perder la vida por accidente si así les da la gana.

Sin embargo, no estoy seguro de que me entrometa en la libertad de los demás. Se exige estar en posesión del permiso de conducir, ¿verdad? Hay que respetar las luces en rojo, ¿no? Y en algunos estados es obligatorio ponerse un casco para ir en moto, ¿cierto? ¿Son los caso aludidos ejemplos de injerencia estatal, o normas de todo punto necesarias en una sociedad civilizada? De no estar en vigor algunas reglas, habría una matanza en cada esquina.

¿Y qué decir de aquellos estados que exigen a los conductores el uso de gafas graduadas? Yo me encuentro en este caso, y si un policía de tráfico de Pensilvania me hace parar y no observo dicha norma, me pone una multa. Creo que ya es hora de que en el permiso de conducir figure un apartado más que diga: «Carece de validez sin un cinturón de seguridad».

Lo siento mucho, pero no hallo en la Constitución ningún indicio de que el derecho a conducir sea un derecho natural, intrínseco de la persona. Y no lo hay porque conducir es un *privilegio*, y como tal lleva aparejado algunos deberes.

Así pues, una ley que implantara el uso obligatorio del cinturón, ¿debería considerarse como una intromisión del Estado en los derechos del individuo? Por supuesto que no. En materia de intervencionismo federal, muchos se plantean las cosas en términos maximalistas. O se está a favor de la medida o se está en contra, a rajatabla.

Pero, como en todas las cosas, hay que sopesar las circunstancias concurrentes. Existen parcelas de la vida en la que la Administración no tiene más remedio que intervenir. Estados Unidos es el único país en que se deja que los ideólogos prevalezcan sobre las exigencias de seguridad personal.

Por lo visto, estos puristas olvidan que los daños causados por la no utilización del cinturón aumentan nuestros impuestos y las cuotas de las compañías de seguros, y atentan contra nuestras vidas o la de los seres queridos. Pero no quiero entrar en debates especulativos sobre el tema, porque esto compete a los intelectuales. Nosotros debemos analizar lo práctico, lo que ocurre en la vida real.

Es indiscutible que si uno lleva puesto un cinturón que ciña hombro y cintura, es casi imposible perder la vida yendo a menos de cincuenta kilómetros. Entre otras ventajas, el cinturón impide que la fuerza de la colisión lleve al conductor a golpearse con algún elemento del coche y pierda el conocimiento, cosa que puede ocurrir incluso cuando se circula a velocidades relativamente bajas.

Pero lo que más me subleva es que incluso los adversarios del cinturón de seguridad reconocen que puede salvar vidas. Por si alguien necesita pruebas suplementarias de ello, existe un conocido estudio llevado a cabo por la Universidad de Carolina del Norte sobre los accidente de tráfico. En él se determina que el uso del cinturón reduce hasta un 50 por 100 las lesiones graves y en un 75 por 100 las heridas de efecto mortal. Además, un estudio realizado en Suecia a finales de los sesenta, sobre una muestra de casi veintinueve *mil* accidentes entre personas que usaban cinturón de seguridad, puso de manifiesto que ni uno sólo revistió consecuencias fatales.

El Servicio Nacional de Seguridad del Tráfico en Carretera (NHTSA) calcula que, de utilizarse el cinturón, el número de muertes descendería espectacularmente *por lo menos en un 50 por 100*. Sin embargo, en la actualidad sólo una de cada ocho personas recurre a este elemento protector.

Quienes me rodean no cesan de repetirme que la implantación obligatoria del cinturón de seguridad es una meta inalcanzable. Sin embargo, no creo que la mayoría de los conductores sean enemigos declarados de los cinturones. Simplemente, no se molestan en llevarlos. Los sondeos realizados demuestran que los usuarios de automóviles no se oponen a la *idea* del cinturón. Lo que ocurre es que la gente los encuentra incómodos; un elemento extraño que estorba al ocupante, lo cual es cierto.

Pero estas quejas, por lo demás, no son nuevas. En 1956, cuando la Ford ofreció por vez primera el cinturón de seguridad como una opción a la libre elección del comprador, sólo un 2 por 100 aceptaron la oferta. La indiferencia del 98 por 100 restante costó a la empresa una fuerte suma de dinero.

Pero tendrían que haber visto las razones que alegaban los conductores para desechar su uso. Había quienes se quejaban de que no hacían juego con el color del tapizado interior. Jamás olvidaré una carta en la que se decía: «Son demasiado abultados e incómodos para sentarse en ellos».

Examinemos algunas explicaciones en contra del cinturón, por más que tampoco resultan convincentes. He oído decir a la gente que no quieren ceñirse el cinturón por si se incendia el coche y quedan retenidos en el interior. Es innegable que *podría* ocurrir así, pero se da la circunstancia de que el fuego constituye tan sólo el 0,1 por 100 de las muertes por accidentes de circulación. Además, suponiendo que se vea sorprendido por un incendio en el vehículo, es tan fácil liberarse del cinturón como abrir la puerta. Y, que yo sepa, hasta el momento no se circula con las portezuelas del coche abiertas.

Otra de las razones esgrimidas para desechar el cinturón es que, en caso de colisión, puede suceder que el ocupante se vea «despedido» del vehículo en vez de quedar atrapado dentro. También aquí hay un punto de verdad. En definitiva, a veces se ha dado el caso de que, a raíz de un choque, el conductor haya salido literalmente proyectado del vehículo.

Pero esto sucede contadísimas veces. Los estudios indican que si sale usted lanzado del coche tiene *veinticinco veces* más de probabilidades de perder la vida que si permanece en el interior, protegido por el chasis del automóvil.

Otro de los argumentos es que el cinturón de seguridad sólo se hace necesario cuando uno circula por la autopista. Pero muchos no saben que el 80 por 100 de todos los accidentes y lesiones graves se producen en las zonas urbanas, a velocidades que no alcanzan los 65 kilómetros por hora.

Ha transcurrido mucho tiempo desde que los cinturones de sujeción sólo se utilizaban en los aviones. Se introdujeron en los primeros momentos de la aeronáutica, cuando uno de los principales objetivos era simplemente salir ileso de la cabina del piloto. Hacia el año 1930, la normativa federal exigió la colocación de cinturones de seguridad en todos los aviones de pasajeros.

En la actualidad, a pesar de los avances de la aviación en el orden técnico y de la seguridad, la ley todavía prescribe el uso del cinturón durante el despegue y el aterrizaje, y ello porque es un elemento protector más efectivo en tierra que durante el vuelo. Si el pasajero no cumple con la norma, la compañía aérea está facultada para obligarle a descender del avión..

En un principio, los cinturones sólo se instalaron en los bólidos de carreras. En 1956, tanto la Ford como la Chrysler ofrecieron esta opción en sus modelos, pero pocos conductores aceptaron la sugerencia. En 1964, es decir, al cabo tan sólo de ocho años, los cinturones de sujeción formaban parte del equipo habitual de todos los servicios públicos de viajeros.

Llevo casi treinta años predicando en favor del uso obligatorio del cinturón de seguridad. Empecé en 1955, con un grupo del departamento de marketing de la Ford que había decidido ofrecer elementos de seguridad en nuestros modelos de 1956. El conjunto de adminículos que presentábamos puede parecer un tanto primitivo si juzgamos por lo que hoy son los coches, pero en aquellos días era algo revolucionario. Además de los cinturones de seguridad, comprendía seguro en las puertas, visores antisolares, volante de sólida colocación y acolchado en el tablero de instrumentos. En la campaña que precedió al lanzamiento de los modelos de 1956, la empresa subrayó que los coches Ford eran vehículos seguros.

Por aquel entonces, promocionar la seguridad de un vehículo era en Detroit una iniciativa revolucionaria, hasta el punto de que, según parece, algunos altos cargos de la General Motors se pusieron en contacto con Henry Ford para sugerirle que anulara este tipo de publicidad. Desde la óptica de estos señores, nuestra campaña en pro de la seguridad perjudicaba al sector porque conjuraba imágenes de indefensión y hasta de muerte, dos factores que no facilitaban precisamente la comercialización de los coches. Robert McNamara, cuyos esquemas mentales diferían considerablemente de los de sus colegas en la Ford y en el resto de la industria automovilística, se pronunció a favor de la campaña en pro de la seguridad en la conducción, y a punto estuvo de perder el cargo...

Mientras hacíamos hincapié en este factor, Chevrolet, nuestro principal competidor, promocionaba coches con vistosas llantas y potentes motores de 8 cilindros en «V». Aquel año, Chevrolet nos dio una buena paliza. Pero al año siguiente cambiamos de táctica y potenciamos los coches «con nervio», de rápida aceleración. En vez de comercializar la seguridad del vehículo, pregonamos las prestaciones y la velocidad, y el éxito fue muy superior al obtenido un año antes.

Desde que tuvo lugar la campaña de 1956 se me ha atribuido la afirmación de que «la seguridad no vende coches», como si estuviese disculpándome por no dotar de seguridad a nuestros productos. Pero esta imputación constituye una grave deformación de lo que dije y, por supuesto, de lo que pensaba. Después del fracaso de la campaña de promoción del factor seguridad, dije poco más o menos: «Mirad, chicos, me parece que la seguridad no ha incentivado las ventas, a pesar de nuestro supremo esfuerzo para que la gente lo comprendiera».

Y era verdad. Gastamos millones de dólares y pusimos todo el empeño de que éramos capaces, pero los automovilistas no dieron la menor muestra de interés. Diseñamos los artilugios, hicimos publicidad, los promocionamos y realizamos demostraciones prácticas, pero no pudimos dar salida a las novedades en materia de protección al conductor. Los clientes solían manifestar: «Bien, me quedo con el coche, pero antes quítenme estos cinturones, de lo contrario no hay trato».

Cuando llegué a Detroit en 1956, era un fanático de la seguridad, y en cierta medida aún lo soy. Pero aprendí por mí mismo que la seguridad es un instrumento que no facilita la venta de coches, razón por la cual el Estado tendría que tomar cartas en el asunto.

En este aspecto, los cínicos llevaban razón: si uno subraya el factor seguridad, el comprador empieza en pensar en accidentes, que es lo último del mundo que desea contemplar, e instintivamente se dice a él mismo: «Basta ya. Yo nunca voy a tener un accidente. Quizá mi vecino sí, pero yo no».

Si bien la campaña a que me he referido no dio resultado, sigo estando orgulloso de haber sido uno de los precursores de los elementos para la protección del conductor, allá por el año 1956, cuando, por lo que yo sé, Ralph Nader se dedicaba a pedalear frenéticamente en una bicicleta.

A pesar del fracaso de nuestra campaña de 1956 en pro de la seguridad, la Ford continuó todos los años ofreciendo el cinturón con carácter opcional, aun cuando la competencia los suprimió porque los conductores no respondían al ofrecimiento. Recuerdo que muchos nos tomaban por locos: «Cinturones de seguridad... ¿Como en un avión? Pero si circulamos por carretera, ¡no volamos por el aire!».

Pero también recuerdo haber tenido almuerzos de trabajo en que los expertos en seguridad nos pasaban diapositivas de accidentes para que viésemos lo que sucedía después de una colisión. Era un material bastante macabro y en una ocasión tuve que levantarme porque tenía ganas de vomitar. Sin embargo, constituyó una fructífera lección. Hizo que me confirmase en la idea de que el cinturón de seguridad era, con mucho, el elemento protector más efectivo... siempre que uno se lo ciña, claro está.

A veces hay que asustar un poco a la gente para hacerles comprender la gravedad de una cuestión. En 1982 almorcé con el cuerpo de Redacción de *The New York Times*. Hablé largo y tendido sobre el tema de los cinturones de seguridad y aderecé la explicación con algunos ejemplos gráficos de su efectividad para prevenir muertes y heridas graves.

Unos días más tarde recibí una carta de Seymour Topping, jefe de Redacción. Hasta la fecha de aquel almuerzo había hecho caso omiso de aquel elemento, pero después de oírme exponer algunos sucesos horripilantes, decidió adoptar el cinturón.

A finales de la misma semana, mientras conducía camino de su casa, el coche que iba delante de él derrapó y bloqueó el carril por el que Seymour circulaba. Éste frenó a fondo para evitar la colisión, pero la calzada estaba resbaladiza a causa de la lluvia, lo cual originó un brusco giro de su automóvil, que fue a chocar contra un muro protector. Gracias al cinturón de seguridad salió indemne, y en la actualidad es un partidario acérrimo de su uso.

Aunque conduzca usted muy bien, debería llevar cinturón de seguridad. Nadie piensa que pueda sufrir un accidente, pero entre nosotros éstos se deben en un 50 por 100 a falsas maniobras de conductores en estado de embriaguez. Si es usted el «agraciado» de turno, la falta de protección puede darle un disgusto.

Hace cosa de diez años comprendí que era improbable que se implantara el uso obligatorio del cinturón a corto plazo. Entonces urdí un plan para constreñir a los conductores y pasajeros de un vehículo a utilizarlo. Con ayuda de los técnicos de la Ford, concebí un dispositivo llamado Interlock: el motor sólo se ponía en marcha después de que el conductor y el pasajero de al lado se hubieran abrochado el cinturón. La American Motors se puso de nuestra parte y aprobó el Interlock, pero la GM y la Chrysler se opusieron.

En 1973, después de una polémica bastante enconada, el Servicio Nacional de Seguridad del Tráfico en Carretera evacuó una resolución en el sentido de que todos los coches que se fabricaran en el futuro deberían llevar el Interlock. Pero hecha la ley, hecha la trampa. El público dispensó muy mala acogida al dispositivo y en seguida encontró el medio de burlar a las autoridades. Así, muchos conductores ataban el cinturón, pero sin llevarlo puesto. Sin embargo, como un peso liviano en el asiento del acompañante bastaba para desconectar el encendido, aunque fuese una bolsa de comestibles, cuando no se ceñian el cinturón los incidentes se sucedían.

El clamor general contra el Interlock fue de tal magnitud que la Cámara de Representantes, bajo la batuta del congresista Louis Wyman, republicano por New Hampshire, la emprendió con el artefacto y, en respuesta a la condena de los usuarios, el Congreso invalidó en veinte minutos la utilización del dispositivo de protección, sustituyéndolo por un timbre de alarma que daba un aviso de ocho segundos para que el conductor se abrochase el cinturón.

El Interlock tenía sus desventajas, pero sigo pensando que era susceptible de mejora y que habría salvado no pocas vidas. Después de que el Congreso dictaminara en su contra, concebí otro sistema. Se trataba de una luz especial colocada en el exterior del vehículo que se ponía verde cuando se llevaba sujeto el cinturón de seguridad, y de color rojo en caso contrario. Si la luz indicadora estaba en rojo, el conductor podía ser multado. Lo que yo tenía pensado era un artilugio similar al detector por radar, es decir, que la policía de tráfico ni siquiera tendría que parar al vehículo infractor; sólo remitirle la multa por correo. Sin embargo, después del jaleo que armó el Interlock, nadie pareció muy interesado en ello.

En materia de seguridad personal, la gente no siempre vela por sus intereses. Dado que son muchas las vidas que están en juego, la única solución es que se apruebe una ley que regule el uso del cinturón de seguridad.

Como es lógico, no soy el único individuo que mantiene esta opinión. Más de treinta países, y cinco de las diez provincias canadienses, cuentan ya con una legislación adecuada. En Ontario, a sólo unos minutos de donde yo trabajo, los accidentes mortales han disminuido un 17 por 100 desde que se decretó la obligatoriedad de llevar cinturón de seguridad. En Francia, después de promulgar una ley similar, la tasa de mortalidad por accidentes de tráfico ha decrecido un 25 por 100.

En algunas partes, la infracción se castiga con una multa, en otros sitios el seguro pierde su validez, y algún país aplica ambas penalizaciones. Sin embargo, en los Estados Unidos no rige ninguna normativa al respecto. La Administración federal suele delegar en los estados la facultad de aprobar una ley reguladora, pero hasta hoy las asambleas legistativas no han dado señales de vida. ¿Cuántas personas más habrán de morir para que tengamos el buen juicio de implantar el uso de esos cinturones?

En la actualidad, hay algunos estados que cuentan con una ley que prescribe el uso del cinturón para los niños. Ya es hora de que la protección se extienda también a los padres. Nada tan trágico como dejar la tarea a medio hacer y, de pasada, conseguir que aumente el número de huérfanos.

Ahora bien, siempre he considerado que Michigan, por ser la sede de la industria automovilística, tenía que predicar con el ejemplo y anticiparse en este punto a los demás estados. Cada vez que la asamblea legislativa de Lansing (capital del estado) afronta el tema de la utilización de este elemento protector, presto declaración en su favor o proclamo la conveniencia de adoptar el cinturón.

Hay gente que cree que la solución radica en las almohadillas, colchonetas o bolsas de aire. No estoy de acuerdo. Desde su aparición, hace ya casi veinte años, nunca he dejado de combatirlas. A veces tengo la sensación de que cuando muera —y suponiendo que vaya al cielo—, san Pedro saldrá a recibirme a la puerta para hablarme de las dichosas bolsas.

Este artilugio fue concebido en los años sesenta por un grupo de técnicos de la Eaton Corporation, empresa suministradora de elementos y componentes para la industria de la automoción. En 1969, el Servicio Nacional de Seguridad del Tráfico en Carretera (NHTSA) llegó a la conclusión de que las bolsas hinchables eran el mejor elemento protector en la circulación por autopista, y lanzó una campaña destinada a conseguir la instalación obligatoria del sistema en todos los vehículos de fabricación nacional.

Aquel mismo año, el Congreso aprobó una ley por la que se autorizaba a la Secretaría de Transportes a decretar la instalación de dispositivos de seguridad en los automóviles. Finalmente, en 1972, se prescribió la instalación obligatoria de las bolsas de aire o neumáticas, pero poco después una sentencia de un tribunal federal anuló la disposición. La Administración del presidente Ford se desentendió de las bolsas neumáticas, pero el Gabinete Carter volvió a ponerlas en vigor. En 1977, la NHTSA ordenó que para 1982 todos los conductores deberían de haber instalado en sus coches los «dispositivos de activación pasiva», expresión que suele considerarse alusiva a las bolsas de aire. Desde entonces, el tema de las bolsas permanece estancado en los tribunales y en el Congreso.

En cuanto a la bolsa de aire en sí, es de nailon con revestimiento de neopreno y va plegada dentro del cubo del volante y debajo de la guantera, junto con unos cien gramos de ácido sódico. En caso de accidente se activan unos sensores especiales que provocan en el acto la ignición de la sustancia química, la cual libera nitrógeno suficiente para hinchar la bolsa. Si el sistema funciona, la bolsa en cuestión hace las veces de un globo gigante que atempera el impacto del choque.

A primera vista parece una buena solución, pero las bolsas presentan varias y graves desventajas, que sus defensores no suelen sacar a relucir. En principio, por más que se diga que son un sistema de «activación pasiva» —es decir, que el usuario no tiene que hacer nada para que el sistema actúe—, *sólo* resultan efectivas si se utilizan *en combinación con un cinturón de seguridad*. Sin éstos, las bolsas neumáticas únicamente funcionan en las colisiones frontales.

Por sí solos, estos artilugios son inútiles en más del 50 por 100 de los accidentes y en los impactos de «rebote».

Muchas personas siguen creyendo, erróneamente, que las bolsas descritas harán innecesario el uso del cinturón de seguridad. Tengo la impresión de que en Detroit no hemos sabido explicarnos demasiado bien.

Por otra parte, esas almohadillas neumáticas o bolsas de aire pueden resultar peligrosas. Siempre cabe la posibilidad de que no se hinchen en el momento justo, o de que lo hagan cuando no es preciso. Las bolsas *pueden* activarse inadvertidamente, y cuando esto ocurre pueden provocar lesiones graves, incluida la muerte. Si una almohadilla se hincha súbitamente a destiempo, empuja hacia atrás al conductor y origina un accidente. Incluso en los casos relativamente inocuos, la activación de estas bolsas puede producir una avería cuya reparación resulta bastante cara. Además, la sustancia química que provoca el hichamiento de la bolsa no contribuye a que uno circule muy tranquilo que digamos.

Tanto si el dispositivo falla en el momento del accidente como si se activa prematuramente, constituye un excelente caso jurídico para los abogados especializados en la idoneidad de un producto y las responsabilidades civiles que se deriven. Como muchos conductores tienen la idea de que las bolsas neumáticas son una especie de panacea, no vacilarían en demandar al fabricante si —como es fácil predecir— una persona se mata o lesiona gravemente al volante de un coche provisto del artilugio protector.

A fuer de sinceros, hay que reconocer que la técnica ha progresado hasta el punto de que las bolsas o almohadillas de aire son muy de fiar. Digamos que funcionan en un 99,99 por 100 de los casos. Suponiendo que todos los coches estuvieran equipados con este artefacto y si —como en la actualidad— el número de vehículos fuera de 150 millones de unidades, eso significa que el 0,01 por 100 de las bolsas no serían fiables. Es decir, que unas quince mil veces al año —lo que equivale a cuarenta veces al día— el dispositivo no se activaría. Aun contando con que únicamente un uno por ciento de los afectados procedieran por la vía judicial, la empresa en cuestión debería hacer frente a unas responsabilidades pecuniarias dignas de tenerse en cuenta.

Las bolsas de hinchado automático constituyen uno de estos capítulos en los que a veces el remedio es peor que la enfermedad. En definitiva, no puede perderse de vista que la fuerza de su impacto es notable. Una vez, hallándome de viaje en Europa, compré un periódico inglés y me quedé muy sorprendido al leer un titular que decía: «Los yanquis sugieren la utilización de las bolsas de aire en la aplicación de la pena capital». Me imaginé que era un gazapo, pero al parecer la cosa iba en serio. El individuo que había ideado el sistema era un técnico especializado en dispositivos de seguridad, ya jubilado, oriundo de Michigan, y en su artículo alegaba que los artilugios en cuestión constituían una alternativa más humanitaria que la muerte en la silla eléctrica o por otros medios.

En la hoja de solicitud de patente, el inventor manifestaba que al hinchar una bolsa neumática directamente debajo de la cabeza del reo, los 5.400 kilos de fuerza que generaría el artilugio desnucarían en el acto al sentenciado, produciéndole la muerte más eficazmente que el lazo corredizo de la horca y con la suficiente rapidez como para impedir sufrimientos a la víctima. En fin, no me haría mucha gracia llevar instalado en el coche uno de esos artefactos.

Las bolsas hinchables no son la solución. Y, a decir verdad, dado que la normativa propuesta nunca habla de «bolsas de aire», sino de «sistema de activación pasivo», también cabría incluir a los cinturones pasivos, que no necesitan manipularse, sino que cierran automáticamente por la cintura y los hombros al cerrar la portezuela del coche. Este cinturón fue inventado por la casa Volkswagen, y se activa en el momento en que uno se introduce en el asiento y el mecanismo de cierre sujera el hombro, momento en que se bloquea automáticamente. El cinturón sujeta al conductor le guste o no y, de hecho, se ofrece como accesorio al cliente que compra un modelo Rabbit.

Sólo en una ocasión un fabricante norteamericano del sector ha lanzado al mercado coches equipados con bolsas de aire, naturalmente ofrecidas al cliente con carácter optativo. En 1974, la GM invirtió 80 millones de dólares en un plan de fabricación de estos artilugios y adquirió la maquinaria suficiente para producir trescientas mil unidades. Las bolsas de seguridad se ofrecieron como accesorios acoplables a ciertas variantes de modelos como Cadillac, Buick y Oldsmobile desde 1974 hasta 1976; pero sólo diez mil compradores hicieron uso de esta opción, lo que traducido en cifras significa que cada bolsa acabó costándole a la empresa 8.000 dólares. Como dijo entonces un alto cargo de la General Motors: «Nos hubiera salido más a cuenta vender las bolsas por separado y regalar el coche al cliente».

Me temo que diez años después de la publicación de este libro, la Administración todavía estará discutiendo sobre la conveniencia o no de instalar las bolsas de seguridad. Cuando los apóstoles de un artilugio se tornan arrogantes, no hay quien los pare. Desde el principio, las bolsas hinchables fueron una cortina de humo. Salvo acontecimientos imprevistos, lo más probable es que la polémica dure todavía bastantes años.

Pero lo que se necesita no son dispositivos hinchables, sino leyes que prescriban el uso del cinturón de seguridad. Cuanto antes se aprueben, más vidas humanas salvaremos.

Hasta que tengamos estas leyes, hágase un favor a usted y hágaselo a los suyos. ¡Abróchese el cinturón!

XXVI
El elevado coste de la mano de obra

Por ser hijo de una familia de inmigrantes que tuvo que trabajar de firme, soy un decidido partidario de tratar con dignidad al personal de las empresas industriales. Creo que al obrero hay que pagarle bien el tiempo y el esfuerzo que dedica a su trabajo. Por supuesto que no soy socialista, pero sí estimo que hay que compartir los beneficios, siempre y cuando la empresa marche como es debido y lo permita.

En 1914, el primer Henry Ford decidió pagar a los trabajadores de su fábrica cinco dólares diarios, lo cual llevó al surgimiento de la clase media. Fue una idea acertada, porque si la clase trabajadora del país no se gana la vida, podemos despedirnos de la clase media. En la actualidad, el elemento que cohesiona nuestra democracia es el obrero con un salario de quince dólares la hora. Él es quien va a comprar una casa, un coche y una nevera. Es, por así decirlo el lubricante de la maquinaria.

Los medios de difusión tienden a concentrarse en los muy acaudalados, pero es la clase media la que da estabilidad a la economía de un país y la mantiene en funcionamiento. Mientras un individuo gane lo suficiente para hacer frente al pago de la hipoteca, comer bien, tener un coche, poder enviar a su hijo a la universidad y salir con su mujer a cenar y a divertirse una vez por semana, se mostrará satisfecho. Y si la clase media está satisfecha, no tendremos una guerra civil ni una revolución.

En Estados Unidos las cosas no son como en Europa. Entre nosotros, los obreros de la industria del automóvil son tan «capitalistas» como la dirección de la empresa, lo cual nada tiene de extraño, ya que si se toma en cuenta lo que gana un trabajador afiliado al Sindicato del Automóvil, veremos que se sitúa en el estamento obrero más privilegiado del mundo. Y si hay buen dinero de por medio, nadie piensa en la ideología.

Pero las dificultades que surgen entre la clase empresarial y los afiliados al Sindicato del Automóvil no derivan de los elevados salarios que éstos perciben, sino de las cargas sociales.

Mientras las fábricas de Detroit iban viento en popa, jamás hubo problema en avenirse a las demandas del sindicato y a resarcirse cargándolas en el precio de los automóviles. La otra alternativa era afrontar una huelga y exponerse al peligro de hundir a la compañía.

Los ejecutivos de la General Motors, la Ford y la Chrysler nunca se habían mostrado muy interesados en la planificación a largo plazo. Estaban demasiado concentrados en las ventajas y beneficios del momento, de cara a incrementar las ganancias del trimestre en ciernes y a embolsarse una buena gratificación.

¿Estaban? Mejor sería decir «estábamos», porque en fin de cuentas yo era uno más. Formaba parte de aquel engranaje. Poco a poco, acabamos cediendo a todas las exigencias que nos presentaba el sindicato. Ganábamos tanto dinero que no le dábamos vueltas al asunto.

Pocas veces estábamos dispuestos a soportar una huelga, y por tal motivo nunca alegamos razones de principio y al fin optamos por transigir.

Yo participé en el asunto y hasta dije para mis adentros: «La prudencia es la madre del cordero. Mejor ceder en todas sus pretensiones, porque si se declaran en huelga perderemos cientos de millones de dólares, no percibiremos complementos de sueldo y, en lo que a mí concierne, dejaré de ingresar en mi cuenta medio millón en efectivo».

Lo que nos movía entonces era el afán de lucro. Por instinto, tendíamos a concertar acuerdos rápidos con la parte obrera y a ir de cara a lo práctico. En este punto, los que censuraban a los directivos llevaban razón: no veíamos más allá de los tres meses siguientes.

«¿Qué significa otro dólar por hora? —argumentábamos—. Que se preocupen de ello las futuras generaciones. Para entonces ya estaremos en el otro mundo.»

Pero el futuro ha llegado, y algunos de nosotros todavía estamos vivitos y coleando. Hoy pagamos por toda la contemporización y transigencia del pasado.

Volviendo la vista atrás, discierno tres aspectos de capital importancia en los que la dirección cedió siempre a las presiones y que ahora se están volviendo contra nosotros: el ajuste —sin límites— por aumento del coste de la vida; la jubilación después de treinta años de trabajo, y la asistencia médica desde la cuna hasta el lecho de muerte.

Ante todo, destacan las compensaciones por carestía de la vida (COLA: Cost-of-Living Allowance). Los ajustes que se llevan a cabo por tal concepto propician la inflación galopante. Los primeros en gozar de esta ventaja laboral fueron precisamente los trabajadores del sector del automóvil; la medida benefició a dos millones de obreros. En la actualidad, este subsidio lo perciben millones de trabajadores y funcionarios de la Administración.

Por más que quiera responsabilizar a los sindicatos, en realidad la idea no partió de ellos, sino de los empresarios del sector. En 1946, Charlie Wilson, presidente de General Motors, propuso una compensación por aumento del coste de la vida para combatir la inflación temporal que sobrevino cuando el Gobierno levantó el control de los precios.

La inflación se redujo en breve, pero los sindicatos habían sido tentados y reivindicaron la propuesta. En 1948, durante la negociación del convenio, la General Motors ofrecía un subsidio por carestía de la vida, es decir, una cláusula de ajuste proporcional que comprendía incrementos salariales en función del coste de la vida, según el baremo del índice de los precios del consumo.

Como en todo nuevo acuerdo en materia laboral, la Ford y la Chrysler sometieron a los sindicatos propuestas parecidas. Por espacio de algunos años conseguimos mantener un «techo» en las reivindicaciones por el citado aumento del coste de la vida. Pero no pasó mucho tiempo sin que los trabajadores protestaran y se superase el límite fijado. A partir de entonces, este tipo de incrementos ha adquirido un carácter insidioso, porque si en apariencia combaten la inflación, los ajustes por carestía de la vida lo que hacen en realidad es fomentarla.

Los incrementos por tal concepto son como un pez que se muerde la cola: cuanto más intenta uno equiparar el sueldo al incremento de los precios, mayor es la tasa de inflación que se genera. Pero como todos los beneficios de orden laboral, una vez introducido el mecanismo de ajuste a tenor del índice del coste de la vida, resulta imposible invalidarlo o modificarlo. Es como una bola de nieve que rueda pendiente abajo y va aumentando de tamaño paulatinamente.

Durante las décadas de 1950 y 1960 este punto jamás planteó la menor dificultad, puesto que eran épocas de vacas gordas. La industria norteamericana dominaba un vasto mercado en todo el orbe. Europa y Japón habían quedado devastados por la guerra y necesitaron años para recuperarse. Durante estos dos decenios, nuestra tasa de inflación fue baja, de un 2 por 100 poco más o menos. Por otro lado, la productividad nacional alcanzó cotas muy altas, ya que el índice de crecimiento anual fue del 3 por 100 aproximadamente. Esto significaba que las compensaciones por carestía de la vida no eran realmente una causa de inflación, ya que los incrementos salariales quedaban más que compensados por el aumento del producto nacional.

Sin embargo, en estos últimos años asistimos al proceso inverso: la tasa de inflación se ha disparado y, en cambio, la productividad ha decrecido. A menos que logremos invertir ambas tendencias, los ajustes salariales por aumento del coste de la vida se convertirán en un problema de proporciones aún mayores.

Cuando se introdujo la cláusula de revisión salarial por carestía de la vida, fue un notable beneficio en el plano laboral; pero con los años, se ha transformado en una especie de rito. Por contra, el aumento de la productividad era antes la norma, pero en la actualidad es cosa del pasado. ¿Qué tiene de extraño, pues, que los costes salariales (o costes de personal) hayan escapado como es evidente a todo control?

Hoy, el ajuste salarial inherente al aumento del coste de la vida ha hecho fortuna en la Seguridad Social, en el Medicare (Seguro Nacional de Enfermedad), en las fuerzas armadas y en los planes de pensiones de los funcionarios de la Administración. Nosotros les enseñamos malos hábitos, y los problemas que en la actualidad asedian a estos estamentos provienen de no haber puesto freno, en su momento, a la cláusula del complemento por carestía de la vida.

A diferencia de la compensación por aumento del coste de la vida, el programa llamado «Thirty and out» fue una idea del sindicato, también desacertada. Walter Reuther, fundador del Sindicato del Automóvil, lo convirtió en su caballo de batalla con la General Motors antes de su fallecimiento en 1970. Junto con la reivindicación de una compensación por carestía de la vida sin «techo» alguno, dicho programa fue la causa última de la formidable huelga de aquel otoño contra la General Motors.

«Thirty and out» estipula que un individuo que haya trabajado treinta años puede jubilarse antes de tiempo, sin que importe la edad, con derecho a cobrar una pensión equivalente al 60 por 100 de su salario, como si hubiese cumplido los sesenta y cinco.

Este programa de jubilación anticipada *parece* bueno a primera vista, ya que se elaboró con la idea de crear nuevos puestos de trabajo para los más jóvenes, pero en realidad es uno de los planes que están haciendo de Estados Unidos una nación cada vez menos competitiva. ¿Por qué? Resulta que contamos con un individuo bien dotado y trabajador de dieciocho años, lo capacitamos profesionalmente durante años y luego resulta que a los cuarenta y ocho se retira para siempre. Además de perder a un trabajador cualificado, bien especializado, tenemos que pagarle una pensión hasta el fin de sus días, un lapso que en promedio es de ¡treinta años!

Según la ley, el individuo que se ha jubilado no tiene derecho a un empleo, y si incumple la norma, se le retira la pensión. Pero un hombre de cuarenta y ocho años no se va a quedar en casa cruzado de brazos. La mayoría se hacen taxistas o realizan toda clase de trabajos y remiendos, retribuidos, claro está. Como me confesó una vez un líder sindical, estos hombres «no dejan de trabajar, simplemente cambian de empleo. La ley les conmina a permanecer desempleados, ¿pero quién va a controlarles los pasos?».

En consecuencia, algunos de los mejores electricistas que tuve en la Ford y la Chrysler son hoy conductores de taxi. Pero lo irónico del caso es que si deseo contratar a nuevo personal para cumplir aquella función, me veo obligado a formar profesionalmente a un puñado de taxistas que no tienen ninguna experiencia en materia de construcción de automóviles. ¡Realmente disparatado! El país anda realmente trastocado en una precipitada carrera hacia la mediocridad.

El programa de jubilación anticipada que es «Thirty and out» me saca de quicio. Es un crimen retirar de la circulación a un tipo sólo porque lleva treinta años en su empleo. A los cincuenta es, precisamente, cuando se halla en plenitud de facultades. A esta edad ha adquirido una veteranía impagable en diversos menesteres. Pues bien, en vez de sacar partido de sus cualidades, lo enviamos a conducir un taxi o dejamos que se quede en casa cruzado en brazos.

No estoy en contra de conceder pensiones dignas. Lo que digo es que no podemos permitirnos el lujo de pagarlas a individuos que tienen cincuenta o cincuenta y cinco años. Me gustaría transformar este plan de jubilación anticipada en otro que permita al obrero especialista retirarse igualmente con todos los derechos de antigüedad después de treinta años de trabajo, pero con la condición de que haya cumplido los sesenta o más

En caso contrario, resulta que estamos pagando 800 dólares al mes a la gente que debería ayudarnos a frenar la acometida de los japoneses, sólo que les estamos pagando para *no* ir a la fábrica. He aquí la gran contradicción y lo ilógico de esta tesitura.

El tercer gran fallo del sistema son la serie de prestaciones asistenciales de carácter médico que conllevan los distintos programas en vigor. Los programas Blue Cross y Blue Shield (fundados en 1917 y 1929, respectivamente) se han convertido ya en nuestro principal «proveedor». A decir verdad, ¡nos facturan importes más elevados que los suministradores de acero y caucho! Hoy, Chrysler, Ford y

General Motors pagan 3.000 millones de dólares al año para cubrir el seguro hospitalario, de intervención quirúrgica, medicina interna y ortodoncia, además de los productos farmacéuticos. En el caso concreto de la Chrysler, el monto de estas prestaciones médicas es de 600 millones, o lo que es lo mismo, 600 dólares por coche poco más o menos. Entre una cosa y otra, las cuentas salen por más de *un millón* de dólares al día.

Como todas las ventajas laborales que la dirección de la empresa concede al trabajador, los programas del seguro de enfermedad y de asistencia médica empezaron con un tono mesurado. Pero con el tiempo, se ha pasado de no pagar ninguna factura médica al punto actual, en que la empresa se hace cargo de todo lo imaginable: dermatología, psiquiatría, ortodoncia...; hasta de graduar la vista.

Para acabar de arreglarlo, la Administración ni siquiera descuenta del sueldo del trabajador un porcentaje de los honorarios que se pagan al médico de cabecera o los gastos de hospital. Sólo hay una pequeña excepción en las recetas; aquí, el afectado desembolsa los tres primeros dólares del importe. Ésta es mi gran reivindicación para pasar a la historia. Antes, el monto a deducir del salario era de dos dólares, y conseguí que la suma se elevara a tres dólares. Veinticinco años en la brecha de las negociaciones sindicales y no puedo apuntarme más que una victoria neta, aunque pírrica.

El meollo del asunto radica en que se ha suprimido la relación de intercambio en lo que atañe a los servicios médicos y la dispensa de productos farmacológicos. La actitud del sindicato es siempre la de dejar que sea el Tío Sam o el Tío Lee (Iacocca) el que cargue con los gastos: «¿Qué me importa a mí si cobran un pico por los análisis o por una operación? Al fin y al cabo, *no soy yo quien paga*», vendría a ser el razonamiento del beneficiario.

Al igual que el programa Medicaid (seguro de enfermedad para los menesterosos), este sistema conlleva abusos intolerables. No hace mucho descubrí que cuatro callistas se sacaban 400.000 dólares anuales únicamente con pacientes de la Chrysler. ¿Cómo es posible que un callista tenga tanta clientela? A lo mejor se dedican a arreglar un dedo por cada visita. También comprobé que en sólo un año se nos facturaron 240.000 análisis de sangre. Mucha sangre en una época en que la empresa tenía sólo sesenta mil trabajadores.

Los servicios médicos le cuestan a la Chrysler 600 dólares por coche y camión fabricados. Tratándose de los turismos económicos, la repercusión viene a ser de un 7 por 100 sobre el precio de venta oficial. Por ejemplo, en 1982 pagamos al seguro nacional de enfermedad 373 millones de cuotas relativas a trabajadores, jubilados y personas a su cargo. Además, pagamos otros 20 millones al Medicare en concepto de aportaciones suplementarias. Por último, calculamos que del monto total de las facturas liquidadas a nuestros proveedores, 200 millones se destinan a cubrir las cuotas de asistencia sanitaria de sus respectivas plantillas.

Téngase en cuenta que cada vez que se concertaba un acuerdo con el sindicato, automáticamente teníamos que hacer extensivos las ventajas o beneficios pactados a todo el personal administrativo, desde el presidente del consejo hasta el último oficinista de la escala.

Hace un par de años, Mary permaneció dos semanas internada en el hospital. El importe de la factura ascendía a unos 20.000 dólares. ¿A que no imaginan lo que tuve que pagar de mi bolsillo? ¡Pues la tremenda cantidad de 12 dólares (y esto porque le puse un televisor en la habitación)! La Chrysler pagó 19.988 dólares. El hecho de que no tenga que pagar al menos los primeros mil dólares de la factura me parece un verdadero escándalo. Pero así funciona el sistema de la sanidad nacional.

Nos hemos esforzado con denuedo por desterrar algunos de los tremendos fallos del sistema sanitario, pero es mucho todavía lo que queda por hacer. Quizá fuese una solución razonable que la Administración repercutiera en el trabajador un porcentaje de las cuotas que la empresa satisface en concepto de primas del seguro de enfermedad de su personal. Tal vez entonces la gente lo pensaría dos veces antes de solicitar alegremente análisis y chequeos suplementarios. Tal como funcionan hoy los programas asistenciales, suponen una auténtica sangría para la empresa.

Por el momento, éstas son las parcelas más importantes en las que cedimos demasiado fácilmente a la presión de los sindicatos. Y poco faltó para que tuviésemos que sumar una cuarta. Me refiero a la semana de cuatro días. Es una cuestión que el sindicato viene poniendo sobre el tapete desde hace años, si bien no le dan el nombre que en realidad merece, a saber: cinco días de paga por cuatro de trabajo.

Siempre que a sale a relucir el tema pienso en los días de la segunda guerra mundial. Francia había implantado la semana de cuatro días y Alemania la de seis. ¿Recuerdan ustedes quién salió chamuscado?

Los dirigentes sindicales son demasiado listos para hablar abiertamente de una semana de cuatro días. Les consta que el país pondría el grito en el cielo. Leonard Woodcock, que fuera secretario general del Sindicato de la Industria del Automóvil, me dijo en una ocasión: «Lee, tengo una propuesta de cuatro días de trabajo a la semana y tú ni siquiera quieres conocer los detalles». Lo que se traía entre manos era un plan insidioso para solicitar tantos días libres que en la práctica se instauraba la semana de cuatro días.

En ello radica el origen de este «lúcido» invento que se denomina «vacaciones personales pagadas», a tenor del cual todo el personal tiene derecho a un determinado número de días libres al año, sin más razón que lo justifique. En 1976, el sindicato logró la concesión de doce jornadas de asueto remuneradas: cinco en el segundo año de trabajo, y siete en el tercero. Hubo una época en que hasta el *cumpleaños* de un tío se consideraba jornada festiva, pero debido a las dificultades que entrañaba de cara al trabajo, el sindicato se avino a una modificación. Hoy, los cumpleaños se celebran todos a la vez, por lo general computando el último domingo antes de Navidad como un día laborable.

Todos los programas expuestos: reajuste salarial por incremento del coste de la vida, sin «techo»; prestaciones sanitarias sin exclusión; jubilación anticipada después de treinta años de trabajo y «vacaciones personales» pagadas son planes contrarios a la lógica más elemental. Por progresista que pueda parece eso de las «vacaciones personales», a título de ejemplo, no es lógico que la empresa pague su salario a un trabajador para que éste se quede tranquilamente en casa.

Si pretendemos sobrevivir, es absolutamente necesario que empresarios y trabajadores se pongan de acuerdo y arbitren un método más práctico de contribuir conjuntamente a la marcha de la empresa. El esfuerzo solidario que salvó a la Chrysler acabará por convertirse en la fórmula de uso generalizado.

Ya sé que no es cosa fácil. Por un lado, los trabajadores no pueden olvidar. Algunas de las confrontaciones violentas con las empresas automovilísticas en el primer tercio de siglo permanecen vivas en su memoria. No han pasado tantos años desde que, en 1937, se solicitó la presencia de la Guardia Nacional en Flint, para reprimir la actitud de los soliviantados trabajadores de General Motors y de sus líderes sindicales.

En segundo lugar, trabajadores y empresarios pertenecen a distintas clases sociales, lo que en sí ya constituye un foco de tensión. El obrero que trabaja en la cadena de montaje cree que los cargos de la empresa se pasan todo el día bebiendo café y tomando las cosas con calma.

La antigüedad en el empleo es otro de los factores que lleva a la militancia. Cuando las cosas se ponen feas, los obreros más jóvenes son los primeros en irse a la calle. En el seno del Sindicato del Automóvil, los trabajadores en paro tienen derecho a votar en las negociaciones del convenio hasta seis meses después de vencido el seguro de desempleo. Luego tienen que rellenar mensualmente una solicitud si quieren seguir votando. Muchos de los parados ni siquiera se toman la molestia.

En consecuencia, cada vez que se trata de aprobar un nuevo convenio o una concesión a la empresa, los que votan son los trabajadores con más antigüedad. Éstos son los que muestran más interés en ser militantes, porque, salvo un cataclismo, tienen el puesto de trabajo garantizado. Pero ¿qué sucede con el obrero más joven que pierde temporalmente el empleo? Desea pactar y hacer concesiones para recobrar el puesto de trabajo, pero normalmente no tiene medios de hacerse oír.

La razón de ser de un sindicato es la salvaguarda de los derechos de los trabajadores, que antaño estaban mal pagados y recibían un trato indigno. Y la verdad es que los sindicatos lograron su objetivo. Sin embargo, hoy representan a un contingente selecto que percibe elevadas retribuciones y está bien respaldado. En cierto modo, el Sindicato del Automóvil ha puesto difícil al obrero joven y no cualificado conseguir un empleo en la industria. En muchos casos, el sindicato lo ha convertido en un trabajador «invendible».

¿Cómo es posible que se haya llegado a esta situación? Los orígenes hay que buscarlos en la época en que la industria del automóvil conoció su edad de oro.

Incluso cuando dejé la Ford, en 1978, la empresa había concluido el trienio más lucrativo de su historia. Hasta ese instante, salvo raras excepciones, la singladura de los Tres Grandes del sector vino marcada por un mismo marchamo: prosperidad, siempre prosperidad.

Esta afirmación cobró especial validez en los años posteriores a la segunda guerra mundial, en que un coche tenía casi el mismo valor que los alimentos, y quienes lo fabricaban ganaban tanto dinero como sin en vez de coches tuvieran autorización para imprimir billetes de Banco. En en este sentido, la General Motors fue y sigue siendo un conglomerado que se parece más a una nación que a una empresa. La Ford era la tercera empresa más grande del país, en tanto que hasta hace poco, la Chrysler, la más pequeña de las Tres Grandes, era por su magnitud la décima firma industrial del mundo.

Para llegar a tan privilegiada situación fue precisa la concurrencia de dos estamentos muy diferentes. De un lado, la clase empresarial, al frente de la cual figuraba un grupo de altos directivos muy bien pagados. En nuestros días, la gestión de las empresas está invadida por titulados en ciencias empresariales; pero no siempre ha sido así. Durante buena parte de su historia, la industria del automóvil marchó de la mano de un puñado de empresarios, individualistas a ultranza, arrogantes, emprendedores y acaudalados.

El segundo estamento fueron los sindicatos. La United Auto Workers (Sindicato de la Industria del Automóvil), que en realidad se configuró plenamente en la posguerra, era en su terreno tan poderoso como la patronal. La UAW ha sido siempre un monopolio, en cuanto proporcionó la mano de obra que el sector necesitaba.

Dicho sindicato fue, durante la década de 1930, una rama de la CIO (Congress of Industrial Organizations: Federación de Sindicatos Industriales), que en 1935 se escindió de la AFL (American Federation of Labor: Federación Americana de Trabajadores). Antes de la escisión, la AFL había intentado repetidamente agremiar a los obreros de la industria del automóvil, pero sin resultado. Por último, tras una serie de importantes y a menudo violentas batallas con cada una de las principales empresas del sector, la UAW se consolidó como una fuerza sindical con la que había que contar.

Por mi edad no pude conocer a tiempo a Walter Reuther, artífice del sindicato del automóvil y presidente del mismo desde 1946 a 1970. Murió en un accidente aéreo en la época en que yo accedí a la dirección general de la Ford; pero me consta que era un hombre de extraordinaria lucidez. Su postura podía resumirse en pocas palabras: el trabajador tiene que cortar el pastel de forma que obtenga las mayores ventajas posibles; y en segundo lugar, cuanto más grande sea el pastel, más dinero sacarán los trabajadores.

Según cuentan los veteranos de Detroit, lo que hacía Reuther era sentarse a la mesa de negociaciones y dibujar literalmente una tarta.

—A la dirección de la empresa le corresponde hornear esta tarta —declaraba... Y a renglón seguido mostraba las diversas partes y explicaba como quien se dirige a un grupo de colegiales: —Ésta representa las materias primas, ésta los costes generales y los créditos, esta otra los sueldos de los directivos y ésta, en fin, los salarios del obrero. Caballeros, nos hemos reunido aquí porque no estamos del todo satisfechos respecto a cómo se ha repartido la tarta. Queremos dividirla en porciones ligeramente distintas.

Las manifestaciones de Walter Reuther se convirtieron en una especie de parodia humorística en toda la ciudad, porque repetía las mismas palabras en cada negociación. Era como un disco rayado. Había periodistas que escribían sus crónicas con antelación, y jamás se les advirtió un gazapo.

Reuther se ganó el respeto de los trabajadores y de la patronal porque concedía su verdadera importancia a los beneficios y a la productividad, y también porque comprendió que la suerte de los obreros iba unida por definición a la buena marcha de la empresa. A decir verdad, a veces me gustaba recordar a los actuales líderes sindicales la actitud de Reuther. Si bien fue el fundador de la UAW, su nombre no se invoca hoy con mucha frecuencia; y con razón, porque el sindicato sigue reivindicando una tajada más sustanciosa en un momento en que el pastel va reduciendo su tamaño paulatinamente.

Reuther jamás se opuso a la automación de la industria ni a los progresos tecnológicos, por más que a primera vista pareciesen amenazar los intereses de la clase obrera. Apoyó desde el principio la instalación de robots.

—Nunca os opongáis a la introducción de nueva maquinaria —aconsejaba a su gente—, porque es la manera de incrementar la productividad. Si las empresas son más productivas y aumentan los beneficios, nosotros estaremos en mejores condiciones para negociar.

Desde esta postura, empresarios y trabajadores prosperaron de consuno. Ambos sectores han ganado más dinero en Detroit que sus homólogos en el resto del mundo.

Al margen de los reproches que pueda hacer a la UAW, debo reconocer que la lúcida visión de Reuther situó al sindicato del que era líder muy por delante de otros, como el de los ferroviarios o el de artes gráficas, con su imposición de trabajadores o trabajos innecesarios y la reducción de la productividad. Por ejemplo, al ponerse en circulación la locomotora diesel, se hizo innecesaria la presencia de un fogonero que echara paletadas de carbón a la caldera, pese a lo cual el sindicato exigió el mantenimiento de esta función, que había quedado obsoleta.

Es posible que en ocasiones Walter Reuther se mostrase inflexible y tozudo, pero eso no impide reconocer que fue un hombre con visión de futuro. Una vez, el periodista Murray Kempton dijo que Reuther era la única persona que había conocido capaz de situarse en una perspectiva de futuro y anticipar los acontecimientos.

En 1948, bajó la guía de Reuther, empresarios y sindicato establecieron la negociación del convenio colectivo con validez bianual. Antes, las negociaciones con la patronal se celebraban todos los años, lo cual contribuía a crear un ambiente laboral inestable. El acuerdo de 1948, como hemos dicho, se redactó para dos años en vez de uno. Más tarde, el sindicato negoció convenio trienales con cada uno de los Tres Grandes.

En algunos sectores industriales, como en los del caucho o la siderurgia, las empresas han negociado conjuntamente convenios válidos para todo el sector. Sin embargo, la UAW ha preferido siempre tratar por separado con General Motors, Ford y Chrysler. Cada tres años, el sindicato seleccionaba una de ellas y ultimaba un acuerdo marco, muchas veces después de una huelga o, por lo menos, la *amenaza* de llevarla a cabo. El convenio resultante servía de pauta a las empresas restantes.

Este sistema de convenio laboral sobre un esquema o modelo facilitaba las cosas a una y otra parte. Una de sus ventajas era que ninguna empresa de la competencia podría recurrir a estrategias salariales. Por otra parte, la dirección estaba mejor predispuesta llegado el momento de sentarse a negociar. En definitiva, si el convenio laboral con una empresa afectaba por igual a las tres restantes (American Motors también se adhirió a la fórmula), la patronal del sector tenía menos estímulo para obtener un arreglo más favorable durante las negociaciones.

Durante los años setenta, siendo ya director general de la Ford, participé en la discusión de diversos convenios colectivos. En aquella época siempre tuve la sensación de que discutíamos con la parte obrera desde una posición ciertamente desventajosa. El sindicato nos tenía sentados sobre un barril de pólvora, y en su arsenal figuraba el arma más mortífera: el derecho a la huelga. La mera amenaza de un paro laboral constituía motivo más que suficiente para echarse a temblar.

En Detroit todo el mundo recuerda con claridad la huelga de 1970 contra la General Motors, que duró sesenta y siete días en los Estados Unidos y noventa y cinco en Canadá. Fue calamitosa, tanto para la empresa como para los trabajadores. Los 400.000 obreros que se cruzaron de brazos perdieron 760 millones de dólares en prestaciones salariales. La caja de resistencia del sindicato se agotó muy pronto, y los trabajadores tuvieron que echar mano de sus ahorros.

La empresa también recibió su lote. En 1970 la cifra de negocios disminuyó un 64 por 100 en comparación con el año anterior y, por causa de la huelga, la GM dejó de frabricar al menos un millón y medio de coches y camiones que entraban en el plan de producción de la empresa y que la hubieran proporcionado unos ingresos superiores a los 5.000 millones. Recuerdo que pensé que un sindicato capaz de doblegar a la General Motors tenía que ser muy poderoso.

Años atrás, en 1950, la Chrysler tuvo que hacer frente a una huelga que duró ciento cuatro días. Fue a raíz de este suceso cuando la Ford rebasó a la Chrysler, de modo que, hasta cierto punto, los efectos de aquella huelga aún se dejan sentir. También en la Ford tuvimos nuestra porción de huelgas, que ocasionaron pérdidas de unos 100 millones semanales. A este ritmo, cualquiera no se sienta a negociar.

Debido a las repercusiones devastadoras de las huelgas, los altos cargos de las empresas lo intentaban casi todo para evitarlas. En aquellos días podíamos permitirnos ser generosos. Debido a nuestra firme posición en el mercado, estábamos en condiciones de transigir con las reivindicaciones salariales y repercutir los costos en el comprador de un vehículo.

La respuesta a la presión del sindicato debiera haber sido el cierre patronal; pero hubiese resultado una medida muy cara, aunque quizá habría servido para acabar de una vez con las insistentes demandas sindicales. Es posible que se hubiese modificado la pauta negociadora entre la patronal y la parte trabajadora antes de que fuera demasiado tarde.

Pero jamás se ha dado un cierre patronal en la industria del automóvil. Cuando estaba en la Ford, sugerí con insistencia que se tomara esta medida, pero la General Motors se mostró en todo momento partidaria de acceder a las reinvindicaciones del sindicato, pues para ellos las liquidez no constituía un problema. Chrysler deseaba ceder por la razón contraria. En efecto, siendo la más débil de las tres, sería la primera en sentir los efectos de una huelga prolongada.

Antes de cada sesión negociadora, cuando los altos cargos de los Tres Grandes se reunían para elaborar la estrategia a seguir, siempre se hablaba de amenazar con el cierre de la empresa. Se realizaban los escarceos preliminares, pero estábamos demasiado divididos para proceder a una acción conjunta. Si la Ford, GM y la Chrysler no lograban ponerse de acuerdo en otras cuestiones a lo largo del año, con menos razón iban a armonizar sus puntos de vista en una materia de tanta trascendencia como ésta. El sindicato no tenía absolutamente nada que temer.

XXVII
El peligro japonés

Poco tiempo después de haberme incorporado a la Chrysler, me desplacé al Japón con objeto de entrevistarme con los altos cargos de Mitsubishi Motors. Tiempo atrás, en 1971, la Chrysler había adquirido el 15 por 100 de las acciones de la sociedad y concertado un acuerdo para importar algunos lotes de los excelentes turismos económicos que fabrica la firma y comercializarlos bajo la marca Dodge o Chrysler. Desde aquella fecha estamos asociados con Mitsubishi.

Las conversaciones se desarrollaron en la ciudad sagrada de Kioto. Durante un descanso, salí a pasear con el señor Tomio Kubo, el dinámico presidente del consejo de la empresa. Mientras caminábamos por los templetes privados y jardines adyacentes a los santuarios del recinto, pregunté a mi nuevo amigo por qué la firma había construido su gigantesca fábrica de motores en un rincón tan idílico y tranquilo de la campiña.

Kubo se echó a reír y respondió:

—Lo cierto es que nuestra instalación de Kioto empezó siendo la primera fábrica de aviones del Japón. Fue aquí donde se construyeron nuestros bombarderos durante la guerra.

—Pero ¿por qué aquí, en medio de tan maravilloso paisaje? —pregunté.

—Voy a explicárselo —dijo—. Antes de la guerra, el presidente de ustedes y la señora Roosevelt vinieron a este lugar de vacaciones y se quedaron prendados del recinto. Cuando se rompieron las hostilidades, el señor Roosevelt dio instrucciones para que Kioto no fuese bombardeada. Tan pronto como nuestro Servicio de Inteligencia se enteró de esta orden, decidimos construir la fábrica de aviones en un lugar cuya seguridad estaba garantizada de antemano.

Después de escuchar sus palabras, me limité a mover la cabeza y apostillé:

—Me parece que en el amor y en la guerra no hay reglas que valgan.

Kubo asintió y luego dijo:

—¿Qué otra cosa podíamos hacer? En el Japón velamos por nuestros intereses. Lo que no entiendo es por qué su país no hace otro tanto.

Tampoco yo lo entiendo. En la actualidad estamos librando otra contienda con el Japón, aunque gracias a Dios no es una confrontación bélica. Se trata de una guerra comercial. Pero como nuestros gobernantes se empeñan en no ver las cosas tal como son, llevamos camino de encajar una derrota.

No vayamos a equivocarnos: la pugna económica con el Japón va a ser determinante para el futuro de los Estados Unidos. Tenemos que vérnoslas con un competidor de altos vuelos y, en igualdad de condiciones, me daría por satisfecho si la partida terminase en tablas.

Lo malo es que no estamos en las mismas condiciones. Jugamos el partido en un campo que no es llano, sino que está muy inclinado en favor del contrincante. Como resultado de ello, nos vemos en la precisión de actuar con una mano atada a la espalda. ¡No es extraño que estemos perdiendo la guerra!

Digamos, para empezar, que las empresas japonesas no han sido dejadas a merced de sus propias fuerzas, sino que mantienen una estrechísima relación con la Administración, que les apoya incondicionalmente. El organismo que les aglutina es el MITI (Ministerio de Industria y Comercio Internacional), cuya misión es determinar qué empresas son esenciales para el futuro del país y ayudarlas en la investigación y concepción de nuevos productos.

Para un observador norteamericano, el MITI quizá le parezca una pandilla de burócratas adocenados que meten las narices donde no deben. Pero no es así. En el Japón, la función pública atrae a muchos de los jóvenes más dotados y prometedores. Si se tiene en cuenta, además, que los Ministerios de Comercio, Economía y Finanzas son las parcelas más prestigiosas y valoradas en el ámbito gubernamental, no es difícil imaginar el potencial humano con que cuenta el MITI. Este organismo ministerial ha cometido algunos errores típicos, pero el impacto que en conjunto ha ejercido en la industria japonesa ha sido realmente impresionante.

Cuando el Japón inició su recuperación económica en la posguerra, el Gobierno consideró como industrias básicas la siderurgia, los automóviles, la industria química, la industria naval y la de construcción de maquinaria. Dicho de otra manera, el rumbo económico de la nación no se dejó al libre juego de la economía liberal. Ahora bien, el Japón no es como la Unión Soviética, cuya economía está totalmente planificada. Todo lo contrario. Lo que ocurre es que los japoneses han establecido unos objetivos prioritarios y un orden de prelación que facilitan el trabajo armónico de la Administración y de la industria para conseguir los objetivos a escala nacional.

A consecuencia de esta estructuración, las empresas automovilísticas japonesas han gozado de un conjunto inapreciable de ayudas estatales: préstamos del Gobierno, amortización acelerada, ayuda a la investigación, protección arancelaria contra las importaciones y una serie de importantes limitaciones a las inversiones extranjeras. Debido a ese esfuerzo concertado, la producción automovilística del Japón ha pasado de 100.000 vehículos a mediados de los cincuenta a los 11 millones que fabrica en la actualidad.

Sin embargo, al margen de la ayuda que los fabricantes japoneses hayan recibido, merecen igualmente nuestro respeto y admiración. Se han acreditado como técnicos y planificadores prudentes y avezados. No se limitaron a ver los toros desde la barrera, sino que se lanzaron al ruedo. Proyectaron y diseñaron productos de primerísima calidad, valiéndose de una tecnología punta. Construyeron coches económicos debido a la politíca energética nacional, que grava fuertemente la gasolina por carecer de recursos petroleros en suelo japonés.

No es extraño que ni la guerra árabe-israelí de 1973 ni el derrocamiento del sha en 1973 les agarrara desprevenidos.

Otra de las ventajas del Japón es que los impuestos son los más bajos de todos los países industrializados, y una de las razones por las que pueden permitirse esa tributación tan benévola radica en la escasa importancia de los gastos de Defensa en el presupuesto nacional. Desde el término de la segunda guerra mundial, nosotros les hemos librado de la molestia. Después de su rendición, les dijimos: «Muchachos, basta de fabricar armamento. Ya habéis visto lo que os ha pasado. Pero estad tranquilos, que nosotros os defenderemos. Para empezar, queremos que os entretengáis haciendo cositas útiles y pacíficas..., coches, por ejemplo. Incluso os enseñaremos cómo se fabrican. ¡Los de Detroit os echarán una mano!».

Y así se hizo. Pero en el intervalo alumbramos un coloso. Hoy, este gigantón cuenta algo más de treinta y cinco años, es un adulto crecidito y posee ya una impresionante musculatura. Ha sembrado la confusión en el sector automovilístico norteamericano y seguirá haciéndolo a menos que encontremos el modo de frenar su acción.

Pero ¿cómo competir con un país que sólo gasta 80 dólares por persona en material militar cuando nosotros gastamos diez veces más? Mientras nos afanamos en proteger a los *dos* países, los japoneses disponen de cuanto dinero les da la gana para aplicarlo a la investigación industrial.

Otra circunstancia que propicia la actividad económica del Japón es la debilidad artificial del yen. La manipulación de la moneda es de por sí suficiente para doblegar a cualquier nación. Los Bancos y las empresas japonesas se han puesto de acuerdo para que el yen se mantenga depreciado y los precios de exportación atraigan al mercado exterior.

Por desgracia, la manipulación del yen resulta difícil de demostrar. Siempre que me he lamentado de este hecho en Washington, la Administración me pide pruebas. Todo el mundo quiere conocer con exactitud cómo opera este mecanismo depreciativo que los japoneses ponen en práctica.

Lo cierto es que no tengo la menor idea. No dispongo de una embajada en Tokio, Londres o Zurich que me ayude a encontrar la respuesta. Nuestra Administración federal, concretamente el Tesoro de los Estados Unidos, cuenta con una plantilla de 126.000 funcionarios. ¡Qué lo averigüen *ellos*!

Todo lo que sé es que si veo un animal que camina como un pato y grazna como tal, hay muchas posibilidades de que sea realmente un pato. Y cuando nuestro tipo de interés básico sube del 10 al 22 por cien y baja otra vez al 10 por 100, mientras en todo este tiempo la paridad del yen se mantiene invariable a 240 con relación al dólar, tengan por seguro que algo huele a podrido en Tokio.

Como mínimo, el yen está devaluado en un 15 por 100. Puede que no parezca mucho, pero la repercusión sobre el precio de un Toyota último modelo es de 1.000 dólares menos. ¿Cómo diablos quiere la gente que Detroit compita con unas condiciones de este género?

Siempre que sale a relucir el tema, los japoneses alegan que no es que el yen sea demasiado débil, sino que el dólar es demasiado fuerte. Sin duda hay algo de verdad en ello y, por lo demás, la política fiscal que se ha seguido últimamente no contribuye a paliar el problema. La Administración Reagan tiene su parte de culpa, porque la política de restricción monetaria (o de dinero caro) y los elevados tipos de interés han hecho del dólar una divisa muy apetecida por los inversores extranjeros.

Uno de mis temores es que dentro de diez años la Chrysler tenga una saneadísima cuenta de explotación, con un incremento del margen de beneficios del orden de los mil dólares por vehículo, y que entonces el yen sufra una repentina fluctuación que dé al traste con lo que tanto esfuerzo nos costó cristalizar.

No podemos continuar como hasta ahora. Ha llegado el momento de que nuestro Gobierno pida explicaciones, porque las excusas que se nos dan son poco convincentes y la conducta de nuestros competidores amenaza con socavar la economía nacional. Deberíamos conceder a los japoneses un plazo de noventa días para que nos digan por qué el yen está devaluado y qué medidas piensan adoptar al respecto.

Por último, está la cuestión del libre comercio o libre cambio, aunque mejor diría el *mito* del libre cambio. Que yo sepa, el libre comercio sólo se ha dado cuatro veces en la historia. Una, en los libros de texto. Los tres pueblos que lo practicaron de manera efectiva han sido los holandeses, aunque por poco tiempo; los ingleses, en los inicios de la revolución industrial, y, por último, los norteamericanos, después de la segunda guerra mundial.

Los ingleses pudieron llevarlo a cabo hace doscientos años porque entonces no existía una verdadera competencia. Tan pronto emergieron otras economías industriales, Gran Bretaña abandonó el libre cambio.

De igual modo, durante unos años, Estados Unidos llevó la voz cantante en el concierto mundial. Con el tiempo, esta prepotencia ha menguado, pero mentalmente seguimos anclados en 1947.

El libre comercio es algo estupendo.. siempre que todas las partes en liza se atengan a las mismas reglas. Pero el Japón tiene sus propias normas, por lo que estamos en constante desventaja.

Vean, si no, cómo opera el sistema. En el momento en que un coche japonés es izado a bordo de un buque de transporte con rumbo a los Estados Unidos, la Administración concede al exportador japonés una desgravación de 800 dólares poco más o menos. Se trata, obviamente, de una desgravación sobre el producto, o mejor, de una prima a la exportación perfectamente legal a tenor de lo dispuesto en el Acuerdo General sobre Aranceles y Comercio (GATT). Dicho en otras palabras, un ama de casa de Tokio paga más por un Toyota que si lo comprara en San Francisco.

¿Cuál debe ser nuestra respuesta? Bueno, en Europa han tomado por costumbre recurrir a unos derechos de aduanas que compensen la bonificación que Japón concede al exportador.

¿Es esto libre comercio? Por supuesto que no. ¿Es una medida lógica? No hace falta jurarlo.

Sigamos con el Toyota. En el Japón se vende a 8.000 dólares. En el momento en que llega a San Francisco, el precio se reduce a 7.200 dólares. Pero si este mismo Toyota se descarga en Francfort, el precio sube a 9.000 dólares, y si el punto de destino es París, sale por 10.500 dólares. Como nosotros somos el último bastión de la libre empresa nos toman por bobos.

Ahora bien, ¿cómo podemos ceder a las importaciones el 25 por 100 de un mercado de doce millones de coches y encima pedirles que no se lleven el 35 por 100? Sería un caso único en la historia que un país ofrendara, por así decirlo, productos generadores de empleo y después dijera a los japoneses: «Quedaos con lo que os plazca, y nos encargaremos nosotros de los costes sociales».

Hasta que se logre equilibrar un poco el déficit de nuestra balanza comercial, deberíamos limitar la penetración japonesa en el sector del automóvil con una propuesta taxativa: «Chicos, tenéis derecho a un 15 por 100 del mercado, pero nada más».

Europa lleva más años sobre sus espaldas y es, por tanto más experimentada. Si el libre comercio resulta tan importante, ¿por qué allí ponen barreras a las importaciones?

Italia dice que el límite máximo de coches japoneses que puede tolerar es de 2000 unidades por año. Francia manifiesta que el límite es el 3 por 100. ¿Y qué decir de Alemania, el gran paladín del libre cambio? A ellos no les gustan las regimentaciones y los cupos tan restrictivos, pero cuando vieron que los japoneses se les «comían» el 11 por 100 del mercado interno, ¿qué hizo el Gobierno? Sencillamente, conminó: «No más de diez por ciento ». Lo mismo vale para Gran Bretaña.

Por desgracia, a la Administración estadounidense esta actitud le parece inconcebible. Muchos altos cargos federales parecen creer que aún somos los únicos productores del mundo y que tenemos que mostrarnos magnánimos. Pero han transcurrido cuarenta años desde la segunda guerra mundial y ya es hora de reconocer que la coyuntura ha cambiado.

Entretanto, ¿puede afirmarse que los japoneses juegan limpio en lo tocante a los productos que importan de Estados Unidos? ¡Ni hablar del asunto! No hace mucho, un grupo de altos funcionarios del Departamento de Comercio se reunió con sus homólogos japoneses para discutir sobre estos desequilibrios. Nuestra gente quería hablar de la carne de res y de los productos cítricos, que en el Japón están protegidos por elevados aranceles, a la vez que abrir nuevos mercados para otros productos.

Los japoneses dijeron que ninguno de estos puntos eran negociables e, impertérritos, aseguraron estar dispuestos a suprimir las tarifas aduaneras sobre el zumo de tomate. Imagínense, no sobre los tomates, sino sólo sobre el zumo. ¡Fantástico! Esta concesión rebajaría en unos cuantos miles de dólares el déficit de nuestra balanza comercial con el Japón, que asciende a 30.000 millones de dólares.

Pero, además, el Japón restringe la venta de productos farmaceúticos estadounidenses, y no permite importar material de telecomunicaciones ni de óptica electrónica. Han establecido una trama de casi quinientos cárteles protegidos por el Gobierno, que practican la fórmula del doble precio y de la adjudicación de contratos públicos por licitación restringida. El mercado japonés se halla protegido por una infinidad de exigencias a cual más disparatada y por un papeleo que imposibilita vender allí muchos productos norteamericanos.

Por ejemplo, su sistema de reclasificación del producto es una auténtica vergüenza. Centrémonos en las hojuelas de patatas fritas, que les encantan. En un principio se catalogaron como un producto «elaborado», lo que conlleva un arancel del 16 por 100. Pero cuando un fabricante estadounidense amenazó con irrumpir de modo significativo en el mercado japonés, ¿a qué no adivinan lo que sucedió? Pues que de repente las patatas fritas pasaron a catalogarse como «artículos de confitería», lo cual conllevaba un baremo del 35 por 100.

Con todo, mi ejemplo favorito es el del tabaco. El Japón permite la venta de nuestros cigarrillos, pero únicamente en el ocho por ciento de los puestos de tabaco, aparte una tasa de cincuenta centavos por cada cajetilla. ¿Verdad que todo eso no suena realmente a mercado libre?

Hasta 1981, los fabricantes de cigarillos norteamericanos no podían anunciarse en el Japón... salvo en inglés. Quizá fuera conveniente copiar el modelo y exigir que la empresa como Datsun y Toyota hagan publicidad en japonés. ¿Se imaginan los aspavientos que una medida de este género provocaría? Me pregunto cómo se dirá «Oh, qué sensación» en japonés.

Cuando alguien me pregunta si soy partidario del libre comercio o del proteccionismo, respondo que de ninguna de las dos cosas. Me opongo al proteccionismo, pero también a una legislación excesivamente benévola en materia de comercio exterior. Téngase en cuenta que Estados Unidos es prácticamente el único país industrializado del mundo que no posee una política comercial coherente y adecuada a las exigencias del momento. Somos la única nación que practica casi literalmente el libre comercio, y por ello nos están vapuleando seriamente.

Por la razón apuntada, propongo una solución intermedia a la que llamo comercio *justo*. Esta fórmula incluye determinadas restricciones temporales, con carácter selectivo, contra el único país del mundo que tiene con nosostros un balanza comercial absolutamente decantada a su favor.

He aquí el estado de la cuestión: les mandamos trigo, maíz, soja, carbón y madera. ¿Y qué hacen ellos? Nos venden coches, camiones, motos, equipos de sondeo petrolífero y artilugios electrónicos.

Pregunta: ¿Cómo llamaría usted a un país que exporta materias primas e importa bienes manufacturados?

Respuesta: una colonia.

Así las cosas, ¿deseamos mantener una situación de este género con el Japón? Ya pasamos una vez por un trance similar y terminamos arrojando un montón de té en aguas del puerto de Boston.* Sin embargo, hoy por hoy nos limitamos a presenciar pasivamente cómo los japoneses van conquistando un sector industrial tras otro.

De momento, son los amos de la electrónica, de las prendas y artículos deportivos, de las máquinas fotocopiadoras, de las cámaras fotográficas y de un veinticinco por ciento de la industria del automóvil.

De pasada, se han hecho también con una cuarta parte de la industria siderúrgica. Los japoneses son muy avispados para introducir el acero que producen. Lo pintan de color, le ponen cuatro ruedas y lo llaman automóvil.

A la vez que nos mandan su modelo Toyota, en realidad exportan algo más tracendente que los coches. Nos mandan desempleo. Las subvenciones de que gozan las empresas japonesas tienen por objeto mantener un nivel de pleno empleo, y de momento esta táctica les da resultado. Su tasa de desempleo es del 2,7 por 100, mientras que la nuestra es tres o cuatro veces más elevada.

¿Qué nos preparan para la siguiente ronda? No es ningún secreto, porque han tenido la gentileza de decírnoslo: aviones y ordenadores.

Ahora bien, no quiero que nadie interprete equivocadamente mi actitud hacia los japoneses. Sí, me molesta que juguemos con ellos con desventaja, y me irrita que nos quedemos ahí quietos sin hacer nada. Pero, en el fondo, el Japón no actúa dolosamente. Como dijo Kubo, ellos no hacen más que velar por sus intereses. A nosotros nos corresponde hacer otro tanto con los *nuestros*.

Por el hecho de pregonar en voz alta esta situación de desigualdad mientras mis colegas del sector no abren la boca, la gente piensa que albergo resentimiento contra el Japón. Incluso circula por el país un chiste que refiere el caso de una maestra que hace una especie de examen de historia a sus alumnos:

«—Vamos a ver, niños —dice la maestra—. ¿Quién dijo una vez: «Lo único que lamento es no tener más que una vida que sacrificar por mi patria»?

* Mención al incidente conocido como Boston Tea Party (1773), que dio lugar a la guerra de independencia norteamericana. Grupos de colonos bostonianos, enfurecidos por los nuevos impuestos con que los ingleses gravaban la importación de té, se disfrazaron de pieles rojas, abordaron los navíos ingleses y arrojaron al mar los cargamentos de dicho producto. Según el autor, el papel de los ingleses lo asumen actualmente los japoneses. *(N. del T.)*

»Una japonesita sentada en primera fila de la clase se levanta y contesta:

»—Nathan Hale, en 1776.

»—Muy bien —aprueba la profesora—. Veamos ahora. ¿Quién dijo: "Dadme la libertad o dadme la muerte"?

»—Patrick Henry, en 1775 —dice la misma niña puesta en pie.

»—¡Magnífico! —exclama la maestra—. Niños y niñas, considero estupendo que Kiko conozca las respuestas, pero todos los demás debierais sentiros avergonzados. No olvidéis que vosotros sois norteamericanos y ella es japonesa

»Entonces, se oye que un chiquillo sentado en el fondo del aula murmura:

»—Ah, *joded* a los japoneses.

»—Bien —salta la profesora—. ¿Quién pronunció estas palabras?

»Y se oye una voz que dice:

»—¡Lee Iacocca, en 1982!»

Es un buen chascarrillo, pero en realidad admiro mucho a los japoneses. ¿Por qué? Por la sencilla razón de que saben de dónde vienen, dónde están y a dónde van. Y lo que es aún más importante: han elaborado una estrategia global para alcanzar su meta.

También saben cómo fabricar excelentes coches. A decir verdad, en la década de 1970 sus vehículos eran mejores que los nuestros. Ahora ya no es así, pero mucha gente sigue creyéndolo.

¿Cómo se las arreglan para fabricar tan buenos coches? En principio, está la cuestión de la mano de obra. Los costos salariales son muy inferiores a los nuestros. Los trabajadores japoneses ganan a lo sumo un sesenta por ciento de lo que perciben entre nosotros. No cuentan con un reajuste automático ligado al índice de precios del consumo, como el obrero norteamericano, ni con un cúmulo de prestaciones sanitarias por cuenta de la empresa que repercuten en varios cientos de dólares sobre el precio de un coche.

Por otra parte, los trabajadores japoneses son más productivos que los de estos pagos. No digo que sean *mejores*, sino que se rigen por una reglamentación laboral distinta.

En sustancia, sólo hay dos categorías laborales: trabajadores especializados y no especializados. Según las necesidades de la jornada de trabajo, un mismo trabajador puede realizar diversos menesteres. Si el pavimento está sucio, agarra una escoba y barre el suelo sin preocuparse de si esta tarea entra o no en sus funciones específicas. Como es lógico, este sentido de la responsabilidad conlleva una eficacia mucho mayor.

Este sistema sería inconcebible en Detroit, donde el obrero tiene asignadas unas tareas muy concretas. Al lado de los criterios de simplicidad y sentido común que privan en las fábricas japonesas, nuestra reglamentación sindical y la normativa de los organismos federales parecen de lo más absurdo. En la actualidad, el Sindicato del Automóvil contempla alrededor de ciento cincuenta categorías de empleo o clasificaciones profesionales. Mientras que la actitud del obrero japonés es: «¿De qué forma puedo contribuir?», su homólogo norteamericano suele pensar para sí: «Esto no me incumbe».

Los sindicatos japoneses trabajan en estrecha conjunción con la dirección de la empresa. Las dos partes comprenden que su suerte depende de la eficacia del otro bando, y por ello la relación que se establece es de cooperación y respeto mutuos. Como se ve, algo muy distinto del antagonismo y el recelo que tan honda tradición tienen en nuestro país.

El trabajador japonés es minucioso y disciplinado. Si algo se tuerce, trata de enderezarlo sin demora. Si surge un contratiempo en la cadena de montaje, interrumpe el trabajo hasta que se subsana el inconveniente. Posee un gran amor propio y concibe su trabajo como una mística. En el Japón nunca oirá decir que un obrero se presenta al trabajo con resaca. Tampoco existe el sabotaje industrial, y no se aprecia un desapego general hacia la empresa.

Es más, una vez leí que algunas firmas industriales japonesas tuvieron que multar a sus capataces porque muchos se empeñaban en trabajar los días festivos o durante sus vacaciones. ¿Se imaginan algo parecido en Michigan o en Ohio?

Además, también la clase empresarial japonesa se rige por otras pautas y esquemas de valores, que a nosotros tal vez nos parezcan extraños, pero que sin duda contribuyen al éxito global de la compañía y de la industria nacional. El ejecutivo estándar de una empresa automovilística no gana ni por asomo lo que sus colegas norteamericanos, ni tampoco tiene opción a la compra de acciones o al pago de rentas diferidas.

Lo más probable es que antes de ejercer su cargo haya pasado por una cadena de producción. Imagino que los directores y gerentes norteamericanos se sorprenderían mucho si supieran que el director general de Mitsui fue con anterioridad líder de su sindicato en la empresa. A diferencia de sus homólogos de Detroit, el ejecutivo japonés vive en el mismo ambiente que el trabajador y no en una atmósfera completamente extraña.

Toda esta serie de factores apuntados se traducen en una realidad irrefutable, y es que en el Japón, la Administración, los sindicatos y la patronal están todos del mismo lado. Al contrario que en nuestro país, donde entre obrero y empresario existe un antagonismo de larga tradición. Y a pesar de lo que piensa la gente, tampoco las relaciones de la empresa privada con el Gobierno son buenas.

Una vez más echo la culpa a los ideólogos, quien al parecer entienden que cualquier injerencia del Gobierno en la economía nacional, por pequeña que sea, socava un poco más nuestro sistema de economía competitiva. Es cierto que en ocasiones se da un grado excesivo de intervencionismo; pero mientras vayamos a la zaga del Japón, se hace cada vez más evidente que también ocurre el caso contrario, es decir, la ausencia de colaboración con el Estado.

Hay que tomar medidas. Es preciso reemplazar el libre comercio por el comercio *justo*. Si el Japón –o cualquier otra nación– protege sus mercados nosotros debemos hacer lo propio. Si se fomenta la industria nacional, hay que responder con la misma estrategia, y si un país hace juegos malabares con su moneda, hemos de adoptar las decisiones pertinentes para ajustar el tipo de cambio.

No sé cuándo despertaremos de nuestro letargo, pero conviene que sea pronto, pues de lo contrario, dentro de unos años nuestro bagaje económico se reducirá a los autobancos, los puestos de hamburguesas y las galerías de videojuegos.

¿Es realmente esta imagen la que deseamos para los Estados Unidos a fines del siglo veinte?

XXVIII
Devolver su esplendor al país

En la actualidad, *todo el mundo* habla del déficit presupuestario. Sin embargo, debido a la precaria situación de la Chrysler unos años atrás, he tenido el dudoso honor de empezar a preocuparme por esta cuestión un poco antes que la mayoría de la gente. Los elevados tipos de interés amenazaban con llevarnos a la bancarrota, y parecía obvio que mientras la Administración federal continuase agenciándose más del cincuenta por ciento del crédito público, los tipos de interés no iban a bajar gran cosa.

Así que, en el verano de 1982, escribí un artículo para *Newsweek* en el que proponía un método sencillo para reducir a la mitad el gasto público. En ese año, el déficit era sólo –*¡sólo!*– de 120.000 millones. Mi plan comprendía un recorte de 30.000 millones del gasto federal y el ingreso de 30.000 millones en las arcas del Estado.

Había tenido ocasión de comprobar por mí mismo que la Chrysler pudo superar el bache gracias a la acción concertada de los dirigentes empresariales, los trabajadores, los Bancos, los proveedores y la Administración. Así pues, me pregunté: «¿Por qué no aplicar también el postulado de la 'igualdad de sacrificio' al déficit federal?».

El esquema era simple. Como primera medida, recortaría los gastos militares en un 5 por 100, lo que equivaldría a 15.000 millones, sin perjudicar con ello a ninguno de los programas de armamento.

Después, convocaría a los demócratas y les diría: «Mirad, chicos, quiero que os las apañéis para rebajar otros quince mil millones con cargo a los programas sociales que habéis puesto en marcha durante los últimos cuarenta años».

Sigue luego lo más difícil. Después de reducir el gasto público en 30.000 millones de dólares, habría que obtener unos ingresos exactamente del mismo orden. Para ello lograríamos 15.000 millones con una sobretasa sobre el petróleo de importación, con la intención de forzar a la OPEP a mantener el precio del crudo a 34 dólares el barril. A renglón seguido, añadiría un gravamen de cincuenta centavos a la gasolina que se expende al público, lo que nos procuraría otros 15.000 millones.

Aun con este incremento de la presión fiscal, el combustible y el crudo serían más baratos en los Estados Unidos que en los países no integrantes de la OPEP y, además de los ingresos mencionados, encima contaríamos con una incipiente política energética. Así, la próxima vez que los árabes se nos echasen encima, sabríamos cómo responderles.

Sumados, estos «cuatro quinces» rebajarían el déficit a razón de 60.000 millones anuales. La ventaja de este plan es que reparte equitativamente el sacrificio entre todos: demócratas y repúblicanos, empresarios y trabajadores.

Después de elaborar el proyecto me entrevisté con todos los presidentes del consejo que conocía en Wall Street y les pregunté lo siguiente:

—¿Qué pasaría si el presidente apareciera en la televisión y anunciara que iba a reducir a la mitad el déficit público?

Todos estuvieron de acuerdo en que una iniciativa de este tipo desencadenaría el mayor alud de inversiones de la historia del país. Nos devolvería credibilidad como nación y, además, demostraría que sabíamos muy bien lo que llevábamos entre manos.

No hace falta decir que el plan jamás vio la luz. Pero tampoco puede afirmarse que cayera en saco roto. Miles de lectores de *Newsweek* escribieron para dar su conformidad. Incluso recibí una llamada de la Casa Blanca pidiéndome que acudiera para entrevistarme con el presidente.

Al entrar en el despacho oficial del primer mandatario, el presidente Reagan me saludó con el artículo de *Newsweek* en la mano.

—Lee —manifestó—, me gusta eso que has escrito. También a mí me preocupa el déficit acumulado, pero Richard Wirthlin, encargado de los sondeos de opinión, me dice que una contribución sobre la gasolina sería la medida más impopular que pueda tomar.

«Un momento —pensé—. ¿Es que este país se gobierna a base de encuestas? ¿A eso se reduce la función presidencial?»

El presidente quería hablar del presupuesto de defensa.

—Con Carter nos quedamos cortos en este terreno —dijo—. Hemos de gastar mucho más en materia de seguridad nacional. No acabas de tener una visión de conjunto.

—Esto es verdad —repliqué—. No logro entenderlo. Y no quiero parecer presuntuoso. Pero en la actualidad, el presupuesto de defensa rebasa los trescientos mil millones de dólares. Créame, como empresario que soy me comprometo a reducir en un cinco por ciento *cualquier* capítulo de gastos sin que usted se entere siquiera. La verdad es que no he hecho otra cosa en mi vida.

Bien, de aquella entrevista celebrada en agosto de 1982 no salió ninguna medida para paliar el déficit público. Hoy la cifra supera ya los 200.000 millones. Mientras escribo estas palabras, en la primavera de 1984, seguimos frotándonos las manos, indecisos.

Por desgracia, el déficit presupuestario no es más que la punta del iceberg. Por si alguien duda de que hemos perdido parte de nuestra prepotencia económica, ahí van estas preguntas:

¿Por qué la patria de Walter Chrysler, Alfred Sloan y el primer Henry Ford topa con tantas dificultades para fabricar coches y venderlos a precios competitivos?

¿Por qué la tierra de Andrew Carnegie tiene tantos problemas para soportar la competencia siderúrgica?

¿Por qué la cuna de Thomas Edison importa buena parte de los tocadiscos, radios, televisores, vídeos y electrónica de consumo?

¿Por qué el país de John D. Rockefeller pasa apuros con el petróleo?

¿Por qué la nación que vio nacer a Eli Whitney tiene que importar contingentes tan elevados de máquinas herramientas?

¿Por qué el hogar de Robert Fulton y de los hermanos Wright ha de hacer frente a una competencia tan enconada en medios y material de transporte?

¿Qué se ha hecho de aquella máquina industrial que en otros tiempos fue la envidia y la esperanza del resto del mundo?

¿Cómo es que en menos de cuarenta años se ha podido desmantelar el «arsenal de la democracia» y terminar en una coyuntura económica tan endeble en tantos sectores absolutamente básicos?

La pérdida de nuestra privilegiada posición no se produjo en un día. La erosión gradual de nuestra fortaleza y poderío empezó en los años felices de la posguerra. Pero nunca en toda su historia los Estados Unidos se han mostrado tan vulnerables como en el último decenio.

Para empezar, un buen día nos despertamos y descubrimos que algo que llevaba las siglas OPEP tenía poder suficiente para doblegar al país. Como el fisiólogo Pavlov con sus perros «condicionados» y la campanilla, la OPEP no tenía más que tocar la suya y respondíamos a sus deseos. Hoy, transcurridos más de diez años, seguimos sin disponer de un plan digno de este nombre para afrontar esta colosal amenaza económica.

En segundo lugar, y en nombre del libre comercio, permanecemos cruzados de brazos viendo cómo el Japón se va adueñando sistemáticamente de nuestra base industrial y tecnológica. Mediante la sabia combinación del potencial inherente a su cultura y mentalidad y una serie de injustas ventajas comerciales, el Japón es un país con posibilidades de arrebatarnos nuestros mercados de toda la vida.

En Washington llaman a esto economía competitiva, y están encantados con ella. En Tokio lo denominan *Veni, vidi, vici* (la economía del «Llegué, vi y vencí») y, creánme, ellos aún están más satisfechos que nosotros. En efecto, los japoneses han venido por estos pagos, han visto cómo iban las cosas y han empezado a conquistar terreno. Así pues, hasta que pongamos algunas barreras prácticas al disfrute de nuestra antigua clientela, seguiremos supeditados a la iniciativa japonesa.

Tercero, la Unión Soviética se ha puesto a nuestro nivel en cuanto a potencial nuclear conjunto, y los Estados Unidos ya no tienen una ventaja militar capaz de decidir un conflicto armado. En la actualidad se dispone de un programa definido para recobrar el liderazgo, pero se le ha dado tanta prioridad sobre otros objetivos que empiezo a preguntarme qué se piensa *proteger* con los nuevos sistemas de defensa. Sin una sólida infraestructura en los sectores vitales de la industria, no somos más que una nación erizada de misiles que rodean un país de fábricas vacías, trabajadores sin empleo y ciudades en trance de descomposición. ¿Es esto una política sabia y coherente?

Por último, en un pasado reciente Estados Unidos perdió de vista la fuente de su grandeza y poderío. De una nación cuya fortaleza ha derivado siempre de las inversiones en la producción y el consumo de bienes, hemos pasado a ser, en cierto modo, un país encandilado por la inversión especulativa en títulos y valores.

En efecto, las principales empresas del país destinan fuertes sumas a la compra de acciones de otras sociedades. ¿A dónde va a parar esta masa ingente de recursos monetarios? ¿Acaso a construir nuevas fábricas? ¿A producir bienes de equipo? ¿A innovar el producto?

Parte de este capital sí, ciertamente, pero muy poco. Casi todo el dinero acaba en los Bancos y otras entidades financieras, que le dan una salida totalmente distinta y lo prestan a países como Polonia o similares. Esto no favorece mucho a Estados Unidos. Pero al menos, cuando estos países se declaran en quiebra y los Bancos ponen el grito en el cielo, consiguen lo que nunca lograron la Chrysler, International Harvester y el sector de la construcción, a saber: convencer a la Reserva Federal de que abra la espita y otorgue facilidades de crédito, en vez de endurecer las condiciones de concesión de empréstitos.

Todos los meses se crea un nuevo tipo de instrumento financiero con la exclusiva finalidad de absorber el poder adquisitivo del consumidor y enriquecer a las casas de corretaje y a las sociedades mediadoras en el mercado del dinero. Viendo tanto trasiego con los altos tipos de descuento y tanta emisión de bonos cupón-cero, no puedo dejar de pensar que jamás en la historia del país un flujo tan enorme de capital ha producido resultados tan poco consistentes y duraderos.

En el momento actual, las empresas más importantes son las siderúrgicas, las fábricas de coches, la industria electrónica, la aeronáutica y los tejidos. Si queremos preservar millones de puestos de trabajo es preciso que salvaguardemos estos sectores, porque constituyen sendos mercados para el sector servicios y la tecnología punta. Son, también, industrias básicas para el interés nacional. ¿Es concebible acaso una estructura militar y defensiva sin el soporte de una saneada industria siderúrgica, automovilística y de fabricación de maquinaria?

Sin una firme plataforma industrial de apoyo, podemos decir adiós a nuestra seguridad nacional, y también a la mayoría de empleos de alto rendimiento productivo. Si escamoteamos a la industria estos puestos de trabajo que se pagan entre diez y quince dólares la hora, habremos socavado la economía en bloque. ¡Oh, que se nos viene abajo la clase media!

En consecuencia, hay que tomar algunas decisiones drásticas. Si no reaccionamos pronto, en el año 2000 la siderurgia y la industria del automóvil serán un monopolio del Japón. Y lo que es más grave: se lo habremos regalado sin oponer resistencia.

Hay personas a las que esta derrota les parece inevitable. Incluso piensan que sería mejor apresurarse a ceder estos sectores a la competencia, abandonando nuestro soporte industrial, para centrarnos en la tecnología punta.

Ahora bien, no discuto ni por un instante la importancia de la tecnología más avanzada en el futuro industrial de Estados Unidos, pero afirmo que no es factor suficiente para salvaguardar nuestra economía. La importancia de la técnica más avanzada radica precisamente en que su clientela la constituyen muchos otros sectores de la industria nacional.

Y en primer lugar, el sector del automóvil. Somos nosotros los que utilizamos todos los robots. El grado de información del diseño y el utillaje de fabricación es más elevado que en cualquier otra rama industrial. Empleamos los ordenadores para obtener un consumo más bajo de combustible, para descontaminar los gases de escape y para conferir precisión y calidad a las técnicas de fabricación.

Son pocos los que conocen el hecho de que los tres clientes más importantes de la industria de la electrónica —con exclusión del Pentágono— son la General Motors, la Ford y la Chrysler. Sin Detroit, no existiría el Valle del Silicio (alusión a la mencionada industria y, concretamente, a los microprocesadores). Si un sector se dedica a fabricar *chips,* alguien tiene que *utilizarlos.* Y eso es lo que hacen las empresas automovilísticas. En la actualidad, hay por lo menos un microcomputador en los coches que fabricamos, y nuestros modelos más llamativos llegan a tener hasta ocho.

Los *chips* no se venden en la ferretería envueltos en bolsas de color marrón, sino que deben ser utilizados. Y las industrias básicas de la nación son las que usan éstos y otros materiales. Cierren las fábricas de coches y se acabó la clientela. Echen el cerrojo a las empresas automovilísticas y ya pueden hacer lo mismo con la industria del caucho, la siderurgia, etcétera, además de perder uno de cada siete puestos de trabajo en el cómputo global del empleo.

¿A dónde nos llevaría una contingencia de este tipo? Seríamos un país cuyos ciudadanos se dedicarían a servirse hamburguesas mutuamente y a vender microcircuitos o *chips* al resto del mundo.

No vayan a interpretarme mal. Ya he dicho que la tecnología punta va a configurar nuestro futuro económico. Pero por grande que sea su importancia, jamás dará empleo al número de personas que hoy necesitan las industrias básicas. Es una lección que deberíamos tener bien aprendida después del desmantelamiento de la industria textil. Entre 1957 y 1975, nada menos que 674.000 trabajadores del ramo textil perdieron su puesto de trabajo en Nueva Inglaterra. No obstante, a pesar del tremendo auge de las industrias de alta tecnología, sólo el 3 por 100 de estos despedidos —unos 18.000 trabajadores— encontró empleo en las fábricas de ordenadores y componentes electrónicos.

Casi el quíntuplo terminaron empleándose en el comercio minorista y en el sector servicios, con sueldos más bajos de los que percibían anteriormente. Dicho de otra manera, el trabajador de una fábrica de tejidos de Massachusetts que perdía el empleo, tenía cinco veces más de probabilidades de terminar en un McDonald's —para entendernos— que en empresas como Wang o Digital Equipment. No se puede tener a un soldador de Detroit, de Pittsburgh o de Newark, vestirle con una bata blanca y exigir que empiece a programar ordenadores en una empresa de electrónica.

Así pues, la solución no radica en respaldar al sector de tecnología avanzada a expensas de nuestras industrias básicas. La respuesta estriba en auspiciarlas a las *dos* conjuntamente. Hay un espacio para todos en el cuerno de la abundancia, pero antes es preciso que se elabore un plan concertado de alcance nacional.

En resumen: nuestro país necesita con apremio una política industrial configurada de manera racional.

En la actualidad, el término «política industrial» lleva aparejada una carga explosiva. Es como gritar «¡Fuego!» en un cine atestado de público. Son muchos los que se llevan un susto de muerte cuando oyen esta expresión.

¿Acaso no quieren que Estados Unidos sea una nación poderosa y solvente en el plano económico? Pues claro que sí; pero pretenden que esto ocurra sin el menor asomo de planificación. Quieren que Estados Unidos sea un gran país de manera más bien *fortuita,* casi accidental.

Los ideólogos alegan que la puesta a punto de una política industrial supondría el fin del sistema de libre empresa tal como hoy lo entendemos. Está bien. Pero estos señores deben tener muy en cuenta que nuestro maravilloso sistema de economía libre comprende un déficit público de 200.000 millones, un programa de gastos federales que escapa a todo control y un déficit por balanza comercial del orden de los 100.000 millones de dólares. La verdad es, lisa y llanamente, que la economía de mercado no siempre funciona con eficiencia. Vivimos en un mundo muy complejo y, de vez en cuando, hay que detenerse a repostar.

A diferencia de algunos individuos que hablan de política industrial, no estoy diciendo que el Gobierno deba escoger entre vencedores y vencidos, entre otras cosas porque ha dado sobradas pruebas de que no está preparado para acometer la empresa.

Además, en este aspecto concreto, no quiero que la Administración se interfiera en la marcha de mi empresa... ni de ninguna otra. Pueden creerme, las actuales reglamentaciones de los organismos federales ya son de suyo perjudiciales como para añadirles otras nuevas.

Desde mi óptica peronal, tener una política industrial significa reestructurar y revitalizar nuestras llamadas «industrias declinantes» o sea, las que pasan por una coyuntura difícil. Es preciso que el Gobierno participe activamente en la tarea de ayudar a la industria nacional a superar con éxito el desafío de la competencia exterior y de las cambiantes condiciones del mundo actual.

Casi todos admiramos a los japoneses por su clara visión del futuro, la cooperación entre la Administración, los Bancos, la empresa y el trabajador, y su forma de obtener ventajas de estas cualidades. Pero en el momento en que alguien habla de imitarles, en el acto se conjura la imagen de la Unión Soviética y de sus planes quinquenales.

La gente debería entender que planificación no equivale a socialismo. Lo único que supone es contar con un plan de acción con una meta. Significa coordinar todas las piezas de la política económica en vez de hacerlo por etapas, de una forma deslavazada, en estancias sombrías y por iniciativa de personas que sólo piensan en sus intereses particulares.

¿Acaso planificar es una actividad antiamericana? En la Chrysler lo hacemos a menudo, al igual que las empresas bien gestionadas. También planifican los equipos de fútbol americano, las universidades, los sindicatos y los Bancos. También los Gobiernos de todo el mundo... menos el nuestro.

No avanzaremos un paso si antes no desechamos la descabellada idea de que todo lo que sea planificar a nivel nacional constituye un ataque contra el sistema capitalista. Debido a estos temores absurdos, somos el único país industrializado que carece de una verdadera política industrial.

A decir verdad, esta afirmación no es del todo cierta. Estados Unidos *tiene* una política industrial... sólo que es un desastre. Todo aquel que esté familiarizado con lo que ocurre en Washington, se guardará de alegar que si la Administración echara una mano a la industria norteamericana violaría en alguna medida el sistema de la libre empresa. ¡Washington es el emporio de las subvenciones!, y cada subvención que se otorga equivale a una determinada política industrial.

Tomemos como ejemplo los avales crediticios (soy un experto en la materia, dicho sea de paso). La Chrysler no fue el primero de la cola. Con anterioridad, se habían concedido préstamos avalados por valor de 409.000 millones de dólares. En la actualidad, la cifra se eleva a 500.000 millones, y sigue en aumento. Esto es política industrial.

Tenemos luego los gastos de defensa. Eisenhower ya nos advirtió de lo que se nos venía encima cuando habló del complejo militar-industrial. Este conglomerado nos lleva a gastar 300.000 millones de dólares al año. Es la única industria protegida que queda en el país y la única en la que, por ley, no se permite intervenir a los japoneses.

De ahí que cuando la Chrysler decidió vender su división de tanques, mucha gente preguntase: «¿Por qué no venden las fábricas de coches y se quedan ustedes con los tanques? ¡Esto les garantiza 60 millones al año, protegidos y resguardados!».

Sigue después la NASA y los programas espaciales. También eso es política industrial. Fue el alunizaje de nuestra cápsula la que aceleró y propulsó la industria electrónica.

Tenemos también, el Export-Import Bank. El 80 por 100 de sus operaciones se destina al mantenimiento de cuatro líneas aéreas.

Esto puedo llegar a entenderlo, pero lo que ya no me cabe en la cabeza es que se emplean 95 millones sacados del bolsillo del contribuyente para prestárselos a la firma Freddie Laker. ¿Y con qué fin? Pues para destinarlos a la compra de aviones DC-10 y así fastidiar un poco a Pan Am y a la TWA, dos empresas norteamericanas, en el capítulo de vuelos trasatlánticos. Pero Freddie Laker quebró y los 95 millones se esfumaron. ¿Qué clase de política industrial es ésa?

¿Y qué decir del Fondo Monetario Internacional? Este organismo avala a países extranjeros que se han endeudado por encima de sus posibilidades y que no pueden hacer frente a los pagos. No hace mucho, Paul Volcker concedió a México mil millones suplementarios para mantener su crédito intacto y, a la vez, para echar una mano a algunos grandes Bancos estadounidenses que inicialmente le concedieron cuantiosos préstamos. Sin embargo, para obtener 1.200 millones con que reflotar a la Chrysler —una empresa norteamericana—, tuvimos que pasearnos por el Congreso durante semanas. Vuelvo a preguntar como vengo haciéndolo: ¿Qué clase de política industrial es ésa?

Entretanto, el FMI concede a Polonia créditos al 6 por 100, mientras pedimos a los polacos norteamericanos que compren casas a un interés del 14 por 100. Si los demócratas no saben sacar provecho a tales desaguisados es que realmente *merecen* perder las elecciones.

¿Y la política tributaria? El conjunto de la industria automovilística destina el 50 por 100 de sus ingresos al pago de impuestos y contribuciones, pero la Banca sólo el 2 por 100. He aquí otra variante de política industrial.

Así pues, tenemos una política industrial; o, más exactamente, *cientos* de políticas industriales. Lo malo es que están repartidas por todos los sectores y apenas repercuten —en el supuesto de que lo hagan— en nuestras industrias de base.

¿Entraña la política industrial un concepto nuevo de tendencia radical? Ni mucho menos. En esta tierra ya existía una política industrial antes incluso de que alcanzara la categoría de nación. Allá por el año 1643, Massachusetts reconoció a una fundición de nueva planta una serie de privilegios destinados a incentivar la producción de hierro con una vigencia de veinte años, con lo que estimulaba el auge de una floreciente industria.

En fecha más próxima, en el siglo diecinueve, se arbitró una política industrial que comprendía un fuerte respaldo federal a los ferrocarriles, al proyecto del Canal del Erie (el trazado principal de una vasta red de canales) e incluso a nuestras universidades.

Ya en el siglo veinte, la Administración ha otorgado subvenciones a la construcción de autopistas, a la fabricación de caucho sintético, a las compañías aéreas, al programa espacial para llevar un hombre a la luna, a las empresas dedicadas a la producción de circuitos integrados, a la industria de tecnología avanzada y a otras muchas empresas.

En los últimos veinte o treinta años hemos contado con una política industrial... *agrícola*, que ha dado fantásticos resultados, hasta el punto de que actualmente el tres por ciento de la población alimenta a todo el país, y encima provee a no pocas naciones de muy lejanas latitudes. Pues bien, ¡a eso se le llama verdadera productividad!

¿Cuáles fueron las razones de este éxito? Por supuesto, la explicación no acaba diciendo que se escogió un suelo fértil, que el clima favoreció las cosechas y que los agricultores trabajaron de firme. Estos precedentes ya se daban cincuenta años atrás, y todo lo que se logró fueron tormentas de arena en las zonas desérticas (*dust bowls*) y catástrofes naturales.

La diferencia radica en la existencia de una variada gama de proyectos auspiciados por la Administración. En este conjunto de medidas entran las subvenciones federales a la investigación del suelo; los funcionarios asesores de los condados, que informan e instruyen al campesino; las explotaciones agrícolas piloto; la electrificación del campo y los proyectos de irrigación, como fue en su tiempo la famosa TVA (Administración gestora del Valle del Tennessee); el seguro para las cosechas; los créditos a la exportación; la subvención a los precios agrícolas; los controles de la producción agrícola; y, más recientemente el programa «Payment in Kind», que retribuye al agricultor por *no* plantar determinados cultivos. Contando este último programa únicamente, el Estado desembolsa más de 20.000 millones de dólares al año.

Con este conjunto de ayudas federales (alguno diría que «interferencias» federales) se ha logrado un auténtico milagro. Nuestra política industrial agrícola ha suscitado la envidia del resto del mundo.

Y yo digo: si tenemos una política industrial referida a la agricultura y otra con respecto a los gastos militares, ¿por qué demonios no se puede arbitrar también una política industrial para la industria, valga la redundancia?

Me parece que mi postura acerca de la política industrial es la misma de Abraham Lincoln cuando alguien le dijo que el general Ulysses S. Grant se emborrachaba a menudo. Lincoln ordenó:

—Averigüen qué marca de whisky bebe y que manden unas cajas a mis otros generales.

A continuación expongo en seis puntos mi proyecto para sentar los cimientos de una nueva política industrial.

Primero. Para 1990 convendría haber alcanzado una autonomía energética, y a tal fin sería preciso gravar el crudo y las gasolinas en el puerto y en el surtidor. Con ello restauraríamos la ética conservacionista (preservar los recursos naturales) y estimularíamos la inversión en fuentes de energía alternativas. No hemos de adormecernos en la contracción de la demanda que se da en el momento presente. La OPEP siempre actuará en favor de sus intereses, y nada les favorece tanto como los precios altos y las restricciones en el suministro. Los norteamericanos están dispuestos a pagar un precio por esta autonomía energética. Son conscientes de que no puede lograrse sin sacrificios.

Segundo. Hay que poner límites precisos a la competencia de los japoneses en el ámbito de algunas industrias básicas. Debemos poner en marcha un plan de urgencia para las mismas y, en el ínterin, prescindir de las cláusulas restrictivas que establece el GATT (Acuerdo General sobre Aranceles y Comercio). No hemos de disculparnos ante nadie por dejarnos llevar por el buen sentido y por aplicar medidas de contención al tráfico comercial con el Japón. En la actual coyuntura histórica del país no nos podemos permitir el tener relaciones comerciales con una nación que insiste en su derecho a vender, pero que se niega a comprar.

Tercero. Como bloque nacional debemos hacer frente a la realidad de los costes y de los dispositivos de provisión de fondos inherentes a la puesta en marcha de programas de ayuda federal. En Washington están dándole mil vueltas al asunto porque políticamente es un tema delicado. Pero la respuesta ha sido y sigue siendo obvia: no podemos continuar desembolsando más de lo que ingresamos, y esto presupone un reajuste laborioso.

Cuarto. Estados Unidos necesita aumentar el número de ingenieros superiores, de científicos y de técnicos. En proporción, el Japón genera aproximadamente cuatro veces más de ingenieros que nosotros y, en cambio, nuestras universidades producen quince veces más de abogados. Hay que otorgar subvenciones a la enseñanza especializada y destinar créditos a promover el estudio en los campos de la tecnología avanzada. Tanto los soviéticos como los japoneses se han concentrado en la tarea de erigir una sólida plataforma tecnológica, y nosotros es evidente que vamos rezagados con respecto a ellos.

Quinto. Se necesitan nuevos incentivos para incrementar la investigación aplicada en el sector privado y acelerar la modernización de las fábricas y la productividad en las industrias básicas. Una de las salidas es la desgravación fiscal a la inversión aplicada a la investigación, y la amortización acelerada (en doce meses) de las inversiones orientadas a la productividad.

Sexto y último. Se precisa de la elaboración de un programa a largo plazo que tienda a reconstruir las arterias comerciales de los Estados Unidos: carreteras, puentes, vías férreas y navegación fluvial. Nuestra infraestructura –de vital importancia para el reforzamiento y expansión de nuestro poderío industrial– se está deteriorando a un ritmo alarmante, y urge ponerle freno. Un programa de esta índole podría financiarse en parte con los tributos sobre el petróleo de la OPEP, y a la vez serviría de gigantesco amortiguador a los desajustes del empleo que comportaría forzosamente el aumento de la productividad y la automación industrial.

Para poner en práctica este conjunto de planes, habría que crear una Comisión de Industrias Básicas, una especie de foro en el que se dieran cita altos funcionarios de la Administración, sindicatos y empresarios para encontrar el modo de salir de la maraña en que estamos atrapados. Pero antes de emprender una acción conjunta, cada parte debe aprender a escuchar a las demás.

Esta comisión tripartita tendría la misión de recomendar medidas concretas para revigorizar nuestras industrias básicas, así como restaurar y potenciar su competitividad en el mercado internacional.

Quede bien claro que *no* propongo un sistema de «apalancamiento» para todas las empresas que se hallen en situación precaria. *Necesitamos un programa que conceda subvenciones sólo cuando las empresas norteamericanas hayan aceptado repartir equitativamente los sacrificios entre la dirección de la firma, los trabajadores, los proveedores y las entidades financieras*. Este plan dio buen resultado en el caso de la Chrysler, y también es probable que sirva para el resto de la nación.

Suponiendo que una firma comercial o una industria solicitara ayuda, como tuve que hacer yo cinco años atrás, la mencionada comisión, pensando siempre en el bolsillo del contribuyente, preguntaría: «¿Qué se nos pide? ¿Qué se le viene encima al ciudadano?». En otras palabras: «¿Cuál es la contribución de la parte empresarial y cuál la de los trabajadores?».

Yo he pasado por la experiencia, y la respuesta es bien sencilla. Se trata de que la empresa se comprometa a emprender una serie de medidas *antes* de que la Administración empiece a conceder créditos, a restringir las importaciones, a primar la inversión con desgravaciones fiscales o a subvencionar la investigación técnica. La dirección de la firma tiene que avenirse a reinvertir los beneficios en parcelas que generen nuevos puestos de trabajo *dentro* del país. Además, quizá tenga que conceder a los trabajadores una participación en los beneficios y a poner un techo a los precios.

En cuanto a los sindicatos, tienen que salir de la bruma del pasado y aceptar la introducción de cambios en muchas reglamentaciones laborales que menoscaban la productividad, como eso de implantar 114 categorías profesionales en las plantas de montaje, cuando seis serían suficientes. Y es posible que tengan que avenirse a una serie de restricciones que disminuyan los costes de la asistencia sanitaria, hoy desorbitados, pero profundamente enraizados en nuestro esquema de seguridad social.

Si ni la empresa ni los trabajadores aceptan sacrificar alguna ventaja, entonces no hay nada que hablar. No se puede pretender que el Gobierno preste su concurso mientras no se ponga un poco de orden en la propia casa. Dicho de otra manera, aquí no se regala nada a nadie. Sobre eso no debería haber dudas. Todo aquel que solicite ayuda habrá de tener una idea clara de las exigencias que su petición lleva aparejadas.

Si lo que digo suena un poco como un Plan Marshall para los Estados Unidos, les diré que así es exactamente. Puesto que nuestra nación pudo ayudar a reconstruir Europa occidental después de la segunda guerra mundial, si fuimos capaces de crear el Fondo Monetario Internacional y una docena de Bancos internacionales para el desarrollo a escala mundial, parece lógico pensar que también podamos reconstruir, hoy, nuestra propia patria. Si el Banco Mundial —que es una institución lucrativa— consigue prestar ayuda efectiva a las naciones en vías de desarrollo, ¿por qué un nuevo Banco de fomento, a nivel nacional, no puede hacer otro tanto en favor de las maltrechas industrias norteamericanas?

Tal vez lo que estemos necesitando sea un Fondo Monetario *Norteamericano*. ¿Qué tiene de malo constituir un Banco de fomento nacional dotado con un fondo de 5.000 millones de dólares para que nuestras industrias y sectores básicos vuelvan a ser de verdad competitivos?

A principios de 1984, la Comisión Kissinger solicitó 8.000 millones para la reconstrucción económica de «América Central». Ahora bien, hasta entonces siempre había creído que esa denominación geográfica se refería a estados como Michigan, Ohio e Indiana (¡ya ven qué ingenuo soy!) ¿Qué pasa con *nuestra* «América Central»? ¿Cómo es posible que destinemos 8.000 millones a robustecer la economía de otros países a la vez que dejamos en la estacada a las empresas implantadas en nuestro propio territorio?

Hay quienes afirman que una política industrial no es más que un socialismo de mala ley. Si ello es así, que me den una buena dosis de este socialismo, porque o nos damos prisa, o nuestras zonas vitales se transformarán en yermos industriales.

Toda política industrial que se emprenda en Estados Unidos deberá incluir una política fiscal y monetaria. Es imposible disfrutar de una economía estable y saneada con tipos de interés muy altos o que fluctúan a cada momento. Los elevados tipos de interés que hoy conocemos son artificiales, producto de la acción humana, y lo que el hombre hace también lo puede deshacer.

Volviendo la vista atrás, el 6 de octubre de 1979 se me antoja un día infausto. Fue el día en que Paul Volcker y la Junta de la Reserva Federal decidieron la flotación del tipo de interés preferente. En esta circuntancia, los monetaristas razonaron: «El único modo de atajar la inflación es controlar la oferta monetaria, y al diablo con los tipos de interés».

Tal como descubrimos a nuestra costa, esta decisión desató una oleada de catástrofes económicas. Tiene que haber otra manera de frenar la inflación que no sea endosársela a los trabajadores de la industria del automóvil y de la construcción. Cuando en el futuro los historiadores estudien en retrospectiva nuestros métodos para reducir la tasa de inflación y contemplen los estragos que causaron las medidas arbitradas, es posible que los comparen con los derramamientos de sangre de la Edad Media.

El primero en recibir el impacto fue Detroit. Sufrimos la crisis de ventas más prolongada en el lapso de cincuenta años. Luego le tocó el turno al sector de la construcción y, finalmente, la ventolera arrasó al resto del país, o poco menos.

Antes de que se disparase el tipo de interés preferente, los índices sólo alcanzaron una vez la cota del 12 por 100, y esto aconteció durante la Guerra Civil. Pero en la actualidad, después de llegar al 12 por 100, han seguido subiendo. En un momento dado, alcanzaron el 22 por 100, un interés usuario arropado por las leyes. Algunos estados tienen una legislación que autoriza la percepción de tipos de interés de hasta el 25 por 100, rondando situaciones que casi entrañan una intención dolosa. La Mafia aplica el término *vigorish* a los intereses usurarios sobre sus préstamos, y nos hallamos en un contexto en que, a veces, ese vocablo tendría validez general.

Pero por perjudiciales que sean los tipos del 20 por 100, lo peor es el denominado «efecto yoyó». Desde el 6 de octubre de 1979 al mismo mes de 1982, los intereses subieron (o bajaron) en ochenta y seis ocasiones, o sea, a razón de una fluctuación cada 13,8 días. ¿Cómo es posible la menor planificación en tales condiciones?

Cuando los tipos de interés son elevados, el ciudadano destina una considerable cantidad de dinero a la compra de activos financieros a corto plazo. Pero ganar dinero especulando con dinero no es productivo, y no crea empleo. Y los que, como nosotros, *sí* creamos puestos de trabajo, que invertimos en la productividad, que deseamos expandirnos y pagar los impuestos que en justicia nos corresponden, terminamos de cabeza en el río en espera de unas míseras gotas crediticias que nos permitan seguir en la brecha y ofrecer unos cuantos empleos más a la masa de parados.

Los altos tipos de interés incitan a los ricachones a entretenerse con este nuevo juego consistente en sacar dinero del dinero. Cuando el dinero es caro, invertir en la investigación aplicada resulta arriesgado. Cuando los intereses están por las nubes, es mejor adquirir una empresa que crearla a partir de cero.

De las diez fusiones de empresas norteamericanas más sonadas en la historia de los Estados Unidos, nueve se han llevado a cabo durante la Administración Reagan. Una de las más importantes fue la protagonizada por U.S. Steel. Bajo la protección de los precios antidumping (comprar acero norteamericano nos supone 100 dólares más por coche), la U.S. Steel absorbió a la Marathon Oil por 4.300 millones, suma obtenida en su mayor parte mediante préstamos. Mejor hubiese sido que se utilizara en la compra de modernos hornos con inyección de oxígeno y elementos de fundición continua (proceso de fundición con solidificación continua) para competir con los japoneses.

Cuando los trabajadores de la siderurgia vieron lo que acontecía, se enfurecieron tanto que exigieron reinvertir en la industria del acero cualquier futura concesión salarial.

Es inaudito que la clase empresarial norteamericana tenga que recibir lecciones de la parte obrera sobre el *modus operandi* de nuestro sistema.

¿Y qué decir de DuPont, que compró Conoco por 7.500 millones y en el intervalo triplicó su deuda hasta los 4.000 millones? DuPont tiene que pagar en intereses 600 millones de dólares al año sólo para el servicio de esta deuda. ¿No hubiésemos salido ganando todos si DuPont hubiera destinado esta suma a concebir y perfeccionar los productos originales e innovadores que le dieron fama mundial?

O tomen el ejemplo de Bendix, United Technologies y Martin Marietta, que solicitaron préstamos por el valor de 5.600 millones para financiar su «canibalismo» empresarial sin crear entretanto un solo puesto de trabajo. Este circo de tres pistas únicamente terminó cuando la Allied le echó una carpa encima y puso fin a todo el asunto.

Piensen en lo que voy a decirles. En el decenio que va de 1972 a 1982, la plantilla de empleados y trabajadores de nuestras quinientas empresas industriales más importantes descendió de manera apreciable. La oferta de nuevo empleo —bastante más de diez millones de puestos de trabajo— provino de otras dos fuentes. Una de ellas, la pequeña empresa, y la otra —deploro admitirlo— la

Administración, que tal vez sea el único sector que queda con un crecimiento real de empleo.

¿Por qué no se aprueba una ley que diga que cuando una empresa solicita créditos para absorber a otra y despojarla –quedándose con sus elementos más útiles y valiosos–, los intereses pagados sobre dichos préstamos no son deducibles del impuesto de sociedades y demás? Sería una forma expeditiva de acabar con estos abusos.

En la actualidad, si se quiere adquirir una empresa competidora la ley suele prohibirlo, ya que constituiría una infracción de la legislación antimonopolios. Pero si se quiere comprar una firma que se dedica a menesteres completamente distintos, no hay problema.

¿Cuál es la lógica de este mecanismo? ¿En razón de qué un tipo que se ha pasado la vida trabajando en el sector siderúrgico puede devenir un empresario del petróleo? Necesitará años para conocer el negocio, y lo que es peor, la iniciativa no resulta productiva.

Si redujésemos los tipos de interés y termináramos de una vez con esta locura de las fusiones, podríamos expulsar a los «mercaderes del templo» de la economía nacional. Tendríamos la oportunidad de volver a negociar al estilo que nos es propio, es decir, reinvirtiendo y estableciendo una sana competencia, en lugar de que las empresas se absorban entre sí. A la par que se crearía más empleo, aumentaría el número de partícipes en nuestro crecimiento económico. Los costos de carácter social en los distintos niveles de la Administración –local, estatal y federal– se reducirían de forma apreciable. Finalmente, se produciría una acumulación de capital y las instalaciones fabriles volverían a expandirse.

Como todo el mundo sabe, para rebajar los tipos de interés es preciso reducir apreciablemente el gasto público. Me parece que ha llegado el momento de quitarle a la Administración su tarjeta de crédito. En la actualidad, Washington utiliza más de la mitad del crédito disponible (exactamente el 54 por 100) para financiar la deuda nacional.

A pesar de todas las promesas electorales del presidente Reagan, la deuda nacional se ha desorbitado. Un siglo y pico atrás, en 1835, la deuda federal no pasaba de 38.000 dólares. En 1981 rebasó la barrera de los 100.000 millones por vez primera en la historia. Hoy ha alcanzado ya los 200.000 millones de dólares. Según las previsiones, se espera que en los próximos cinco años ronde la fantástica cifra de los 1.500 *billones* de dólares.

Ha sido preciso que transcurriera un largo período –de 1776 a 1981– para acumular un déficit de tamaña magnitud. Piénsese bien. Llegar a tan critica situación nos llevó doscientos cinco años, con ocho guerras, dos depresiones graves, unas doce recesiones, dos programas espaciales, la colonización del Oeste y los mandatos de treinta y nueve presidentes de por medio. Pues bien, ahora resulta que en sólo cinco años doblaremos esta marca. Todo ello en época de paz y en una etapa llamada de «recuperación económica».

En otras palabras, hay en el país 61 millones de familias, y vamos a permitir que se empeñen en 3.000 dólares anuales *sin su permiso*. Es como si el Tío Sam utilizara sus tarjetas de crédito sin tomarse la molestia de comunicárselo ni preguntarles. La consecuencia de todo ello es que estamos hipotecando el futuro de nuestros hijos y nietos. Habida cuenta que muchos de ellos todavía no están en edad de votar, lo hacemos nosotros por procuración, en su nombre, y la verdad es que sacamos poco partido del mandato que nos han otorgado. En mi valoración particular, los mandamases de Washington responsables del presupuesto se merecen de verdad un suspenso.

Debemos atacar el déficit presupuestario y nuestras restantes dificultades económicas antes de que terminen por asfixiarnos. Ni que decir tiene que cuando uno quiere solucionar problemas graves, ha de estar dispuesto a tomar medidas impopulares. Como hijo que soy de la Gran Depresión, profeso enorme admiración por Franklin D. Roosevelt. Fue mucho lo que este hombre hizo por su país, a pesar de que los ideólogos y puristas le atosigaron sin cesar. Supo actuar como crisol de la nación, incluyendo en sus decisiones a los excluidos de toda laya. Tuvo el coraje de ofrecer un trabajo a gente que se dedicaba a vender manzanas en las esquinas.

Pero, por encima de todo, supo ser pragmático. Cuando tuvo que hacer frente a dificultades que parecían insuperables no permaneció cruzado de brazos, sino que *hizo* cosas, lo cual requiere mucho más temple que adoptar una actitud pasiva. Roosevelt no respondió a las penosas circunstancias de la Depresión con gráficas y diagramas, con curvas de rendimiento ni teorías como las que se enseñan en las escuelas superiores de administración de empresas. Tomó medidas *concretas*. Siempre se mostró dispuesto a probar nuevas fórmulas, y si no daban resultado, volvía a la carga y exploraba inmediatamente otras sendas.

Hoy se necesitaría en la capital federal una buena dosis de este espíritu. Los problemas que nos acechan son gigantescos e intrincados; sin embargo, hay soluciones. No siempre fáciles ni cómodas, pero están ahí.

Las grandes cuestiones que esperan respuesta no son competencia del Partido Demócrata ni del Partido Republicano. A los partidos les corresponde dilucidar cuáles son los medios apropiados, pero todos tienen que hacer causa común en cuanto al objetivo final, que no es otro que el de restaurar la grandeza de los Estados Unidos.

¿Podemos acometer con éxito esta empresa? Alguien ha dicho que, tratándose de causas nobles, es glorioso incluso el propio fracaso. Así pues, hay que intentarlo, y si lo hacemos creo que lograremos salir del atolladero.

En definitiva, somos un pueblo con una mente fecunda que habita además en un suelo bendecido con el don de la abundancia. Con una idea clara de nuestro rumbo, y contando con los gobernantes adecuados y con el respaldo del pueblo norteamericano, será difícil que no podamos culminar nuestra misión. Estoy convencido de que este país puede ser de nuevo un símbolo luminoso y resplandeciente del poder y de la libertad, al que nadie se atreva a hostigar y que, a la vez, despierte la admiración de todas las demás naciones.

Epílogo

La gloriosa dama

Cuando el presidente Reagan me pidió que presidiera la Comisión para el Centenario de la Estatua de la Libertad y de Ellis Island (el punto de arribada de los inmigrantes, en la bahía de Nueva York), estaba metido de lleno en la tarea de salvar a la Chrysler. Aun así, acepté la propuesta. La gente me preguntaba: «¿Cómo has aceptado el encargo? ¿Es que no tienes ya bastantes preocupaciones?».

Pero el menester que se me encomendaba tenía otros móviles. Lo que me impulsaba era el cariño que sentía hacia mi padre y mi madre, que solían hablarme de Ellis Island. Mis padres no eran más que un par de advenedizos. No conocían el idioma, ni tampoco sabían qué hacer cuando desembarcaron en el país. Eran pobres, no poseían bien alguno. La isla formaba parte de mi ser. No me refiero al lugar geográfico, sino a todo lo que representaba y la dura experiencia que conllevaba.

Pero el hecho de que me haya comprometido en la restauración de estos dos símbolos gloriosos es más que un tributo a mis padres. También yo puedo identificarme con esa experiencia a la que aludía, y ahora que estoy metido en ello, he descubierto que casi todos los norteamericanos con que me tropiezo piensan y sienten del mismo modo.

Los diecisiete millones de inmigrantes que cruzaron las puertas de Ellis Island tuvieron numerosa descendencia. Ellos dieron a los Estados Unidos un centenar de millones de hijos, lo cual significa que cerca de la mitad de la ciudadanía de nuestro país tiene sus raíces en este lugar.

Ahora bien, lo que el país anhela es recuperar sus orígenes, volver a los valores esenciales. Trabajo esforzado, respeto hacia el trabajador, lucha en pro de una mayor justicia... He aquí lo que simbolizan la Estatua de la Libertad y Ellis Island.

A excepción de los indios nativos, el resto somos todos emigrantes o hijos de emigrantes. Por tal motivo, me parece importante desterrar los clichés a los que tan acostumbrados estamos. Los italianos contribuimos al progreso de la nación con algo más que los espaguetis y las pizzas. Los judíos aportaron algo más que sus curiosas roscas de pan. Los alemanes, más que las salchichas de cerdo y la cerveza. Todos los grupos étnicos fueron portadores de su cultura, su música y su literatura, fundiéndose en el crisol norteamericano, pero, a la vez, manteniendo vivo el espíritu de su idiosincrasia cultural en el continuo roce de grupos y nacionalidades diversos.

Nuestros padres vinieron a esta tierra y formaron parte de la revolución industrial que cambió la faz de la tierra. En la actualidad, asistimos a los albores de una revolución de avanzada tecnología sin precedente en la historia, y todos tenemos el alma en vilo. Cuando estamos al borde de una gran transformación —como es el caso de nuestra época— nos asalta el temor de que muchos vayan a salir maltrechos, y quizá nosotros estemos entre los perjudicados. De aquí que haya tanta gente presa de la desazón. Muchos se preguntan a sí mismos: «¿Sabremos actuar tan bien como nuestros padres a la hora de afrontar el cambio, o vamos a quedarnos a la intemperie?». Al mismo tiempo, nuestros hijos empiezan a preguntar: «¿Debemos refrenar nuestras ilusiones y reducir nuestro nivel de vida?».

Quiero decirles desde estas páginas que no tiene por qué ser así. Si nuestros abuelos supieron salir del atolladero, quizás vosotros podáis hacer otro tanto. Tal vez no lo sepáis, pero lo pasaron mal, muy mal. Se entregaron con generosidad, porque deseaban que tuviéseis una vida más alegre y menos dura que la suya.

Cuando las cosas se pusieron difíciles, mi madre consideró la cosa más natural del mundo ponerse a trabajar en una fábrica de seda para que yo pudiera estar a media pensión en el colegio. Hizo lo que debía. Cuando me incorporé a la Chrysler me encontré con un avispero, e hice lo que era mi deber.

Pensémoslo bien. Los últimos cincuenta años pueden iluminar la senda de los próximos cincuenta. Las últimas cinco décadas nos han enseñado a distinguir entre lo bueno y lo malo, que el trabajo denodado es la única garantía de éxito, que las cosas se logran con el sudor de la frente, y que es necesario rendir el máximo. Éstos son los valores que forjaron la grandeza de nuestra patria.

Y éstos son los valores que encarna la Estatua de la Libertad. La gloriosa estatua es, precisamente, un hermoso símbolo de lo que significa ser libre. La realidad es Ellis Island. La libertad no es más que el billete de entrada; pero para subsistir y prosperar, hay que pagar un precio.

Estoy satisfecho porque he conseguido triunfar profesionalmente. Pero no fue cosa de un día. Necesité casi cuarenta años de dura brega.

La gente suele decirme: «Ha triunfado usted en toda la línea. ¿Cómo lo ha conseguido?». Repito entonces lo que mis padres me enseñaron. Aplíquese con esfuerzo al trabajo. Procúrese toda la educación que pueda, pero después, por lo que más quiera, ¡*haga* algo! No se quede ahí, quieto, dejando que los acontecimientos ocurran sin su participación. No es tarea fácil, pero asombra comprobar que si uno trabaja con empeño y constancia, en una sociedad libre se puede llegar tan alto como uno desee; sin olvidar, por supuesto, dar las gracias a Dios por los dones que le haya otorgado.

Puesto que he dedicado casi toda mi vida a la venta —de productos, de ideas, de valores—, creo que resultaría un poco incongruente que antes de poner fin a este libro no pasara el «pedido» de rigor. Pues ahí va:

Les encarezco su colaboración en la tarea de restaurar la Estatua de la Libertad y Ellis Island. Envíe su contribución —deducible de la declaración sobre la renta— a la siguiente dirección: Fundación Estatua de la Libertad-Ellis Island, Box 1986, Nueva York, NY 10018. ¡No deje que se apague la llama de la estatua!

Recuerde, aunque sólo sea eso, que Cristóbal Colón, mi padre y yo le estaremos eternamente agradecidos.

Indice de nombres

www.ingramcontent.com/pod-product-compliance
Lightning Source LLC
LaVergne TN
LVHW101936220826
846093LV00006B/34

* 9 7 8 9 5 6 3 1 0 0 9 5 2 *